臺灣研究新跨越·政治思辨

張文生 主編

目錄

總序

第一篇 臺灣憲政問題研究

臺灣「憲政改造」對國家統一的影響
　　一、「中華民國憲法」之角色與功能
　　二、臺灣「憲政改造」之功利性
　　三、臺灣「憲政改造」對國家統一的影響
　　四、結語

陳水扁透過「憲政改造」推動「法理臺獨」活動分析
　　一、陳水扁透過「憲政改造」推動「法理臺獨」的主要表現
　　二、陳水扁推動「憲政改造」的具體內容
　　三、陳水扁推動「憲政改造」的政治手段
　　四、結語

「臺灣法理獨立」的表現形式、特徵及危害
　　一、「法理臺獨」的含義
　　二、陳水扁當局推動「法理臺獨」的主要表現
　　三、「臺獨」勢力拋出的各種「新憲法」版本
　　四、「法理臺獨」的危害

「中華民國第二共和憲法草案」評析
　　「修憲」、「制憲」、「行憲」之爭與臺灣「憲政秩序」
　　　　塑造中的「國家認同」
　　臺灣「憲政秩序」的法理意涵和政治功能
　　「修憲」、「制憲」、「行憲」與臺灣「憲政秩序」的塑造

臺灣「憲政秩序」塑造途徑與「國家認同」的關係
結語

第二篇 臺灣政治文化研究
影響臺灣政治文化變遷的外部因素分析
一、臺灣政治文化變遷概貌
二、臺灣政治文化變遷的內外因素評估
三、影響臺灣政治文化變遷的外部因素分析
四、結語

二二八事件中的本省人與外省人
一、本省人有沒有毆打、殺害外省人？
二、是哪些人毆打、殺害外省人？
三、持續了多長時間？死傷多少人？
四、本省人怎樣保護外省人？
五、外省人怎樣保護本省人？
六、幾點看法

信任危機對臺灣政治生態發展的影響
一、信任危機產生的原因
二、信任危機對政黨政治和民眾政治參與的影響
三、幾點結論

臺灣惡質選舉文化對民眾投票行為之影響分析
臺灣惡質選舉文化的表現及成因
惡質選舉文化與選民的投票參與
惡質選舉文化對民眾投票傾向的影響

臺灣難以實現政治穩定的政治文化根源
　　一、臺灣政治體系結構的缺陷和失衡
　　二、臺灣「民主政治」發展的惡質化傾向
　　三、臺灣民眾政治參與心理和行為偏差
　　四、結語

馬英九的政治思維與大陸政策主張
　　一、馬英九的政治思維：以自由、民主、人權為基調
　　二、馬英九的大陸政策主張：以「擱置爭議」為核心
　　三、兩岸關係既有機遇也有挑戰

臺灣客家族群政治文化特性分析
　　一、臺灣客家族群的政治認知
　　二、臺灣客家族群的政治情感
　　三、臺灣客家族群的政治評價
　　四、結語

第三篇 民進黨研究
民進黨發展變革的組織行為模式分析
　　　理論架構和分析途徑
　　　民進黨發展變革的成長模式
　　　民進黨發展變革的動因模式
　　　民進黨發展變革的問題和趨勢

民進黨當局滋生貪腐現象的政治文化根源剖析
　　一、體系文化根源：黨政司法制度的缺陷
　　二、過程文化根源：政商勾結的非法尋租

三、政策文化根源：利益價值取向的偏差
　　四、結語

民進黨當局政治危機頻發的制度性因素分析
　　政治危機與制度之間的關係
　　權責分配協調制度的缺陷
　　權力監督制衡機制的缺乏
　　危機爭端解決機制的缺失
　　結語

陳水扁應對政治危機的心理與行為模式分析
　　一、理論架構和分析途徑
　　二、陳水扁應對政治危機的心理認知模式
　　三、陳水扁應對政治危機的策略行為模式
　　四、陳水扁操弄政治危機的根源和影響
　　曇花一現的「新民進黨運動」

民進黨在野後的七大困境
　　困境之一：扁家弊案
　　困境之二：「臺獨」路線
　　困境之三：世代更替
　　困境之四：派系鬥爭
　　困境之五：人頭黨員
　　困境之六：排藍民調
　　困境之七：財務困難

臺灣政治轉型中的「臺獨」運動演變
  一、「臺獨」運動與民主化進程的內在邏輯
  二、「臺獨」運動與政治民主化進程的複雜互動
  三、「臺獨」運動如何綁架和異化臺灣民主政治進程
  四、「臺獨」運動的演變和因應之道

民進黨基層經營初探
  一、導言
  二、民進黨基層經營的組織體制
  三、民進黨與各種社會民間團體的關係
  四、結語

第四篇 臺灣政治參與研究
2006年臺灣政局綜述
  一、2006年臺灣政局發展脈絡
  二、島內政局發展的特點
  三、臺灣政局的未來走向

臺灣政壇「第三勢力」的發展空間分析——一種公共選擇的視野
  一、選舉規則與政黨數目
  二、選民偏好與政黨數目
  三、新選民與新政黨
  四、結語

關於2005年底「三合一」選舉之後臺灣政黨格局的幾點觀察
  一、關於臺灣縣市長選舉結果分析的觀察
  二、關於「三合一」選舉結果之後臺灣政黨格局變化及其影響的觀察

三、關於民進黨發展前景問題的觀察

臺灣當局舉辦「防禦性公投」的過程與影響
　　一、臺灣「公投法」的通過與陳水扁提出舉辦「防禦性公投」
　　二、臺灣當局籌劃舉辦「防禦性公投」及美臺的相關互動
　　三、「防禦性公投」題目的公布及其影響
　　四、國親聯盟因應「防禦性公投」的策略變化及其作用
　　五、陳水扁執意舉辦「防禦性公投」的原因及手法
　　六、臺灣當局舉辦「防禦性公投」的影響

臺灣統「獨」鬥爭中的中間勢力分析
　　一、臺灣中間勢力的界定
　　二、臺灣中間勢力的分類及分布特點
　　三、臺灣中間勢力的相關立場和基本心態
　　四、臺灣中間勢力的實力及社會基礎
　　五、臺灣中間勢力發展原因及基本特徵
　　六、結語

國民黨全面執政與兩岸關係發展前景分析
　　一、國民黨全面執政與島內政治生態的演變趨勢
　　二、國民黨全面執政與兩岸關係的發展前景
　　三、國民黨全面執政與我們的應對之道

臺灣立委選舉中的配票行為研究
　　——以 2004 年第六屆立委選舉為例
　　一、配票行為的概念、方式與條件
　　二、2004 年立委選舉中各政黨的配票行為

三、配票行為的效果分析
　　四、結語

臺灣社會的政治參與研究
　　一、臺灣社會的政治參與方式
　　二、臺灣社會的政治參與特點
　　三、臺灣社會政治參與的個案分析

90年代以來臺灣民眾「國家認同」危機的成因分析
　　——一種「斯德哥爾摩現象」的解讀
　　一、臺灣民眾認同危機與「斯德哥爾摩現象」
　　二、臺灣民眾的認同出現「斯德哥爾摩現象」的原因分析
　　三、臺灣認同危機的「斯德哥爾摩現象」角色分析
　　結語

臺灣第7屆「立法委員」選情分析
　　基本情況
　　選舉特點
　　從大環境分析選情
　　具體選區分析

2008年臺灣總統選情分析與預測
　　一、選情分析
　　二、各縣市選情具體分析

第五篇 臺灣對外關係理論研究
　　當代「臺灣民族主義」淺析

一、當代「臺灣民族主義」的建構工具
　　二、當代「臺灣民族主義」的分析
　　三、當代「臺灣民族主義」的實質及其批判
　　四、結語

新制度主義視角下的社會資本和兩岸關係
　　一、兩岸關係是一種制度
　　二、制度變遷中兩岸合作的供給不足
　　三、社會資本：兩岸合作的行動資源
　　四、社團：兩岸合作的物質載體

冷戰後歐臺關係的現狀、困境及前景分析
　　一、冷戰後歐臺關係發展的現狀
　　二、冷戰後歐臺關係發展面臨的困境
　　四、結論

美國臺海危機管理：結構模式與現實困境
　　二、美國臺海危機管理的現實困境
　　三、美國臺海危機管理的出路
　　四、結論

冷戰後美日對臺戰略的比較研究
　　一、影響美日對臺戰略的因素分析
　　二、美日對臺戰略表現特徵的比較分析
　　三、美日對臺戰略的結構困境及其出路
　　四、結論

總序

　　1895年清政府被迫割讓臺灣，進一步激發了中國人變法圖強的堅定意志。115年以來，兩岸中國人為此不懈努力，經歷了無數的挫折，也走了許多彎路。回顧過去的歷史，我們可以總結出許多經驗和教訓，其中知識的偏頗和缺乏系統性的思維可能是值得檢討的眾多問題之一。作為政治精英個體，兩岸的許多前輩先賢，他們各自都有對國家和民族問題極其深刻的洞察和體會，他們提出的主張也都有一定的合理性。但是，在如何吸納其他人的觀點，如何採納其他政黨的合理主張方面，我們太需要夠調和鼎鼐、博採眾長的精英。學會欣賞對方的優點，真正做到有容乃大，其實並非易事，除了要有高尚的道德精神外，更需要有全面的知識和能力。這一點對於從事臺灣研究的專家學者來說同樣是適用的，當我們的國家擁有一大批知識淵博且胸懷寬廣的兩岸關係研究精英群體時，我們就有可能實現115年來的夢想。

　　感謝所有關心我們的人，感謝全院教職工不懈的努力和奉獻！

劉國深

第一篇　臺灣憲政問題研究

臺灣「憲政改造」對國家統一的影響[1]

劉國深

　　儘管內戰造成的兩岸敵對關係尚未正式結束，中國境內仍然存在著兩個對抗性政權，依照中華人民共和國憲法和臺灣方面所依循的「中華民國憲法」，大陸與臺灣同屬一個中國的法理基礎和政治基礎並未改變，國土意義上的兩岸一體性是兩岸政治關係現狀的重要內涵。法理和政治意義上的「一個中國」不僅得到聯合國的確認，而且是國際社會成員的共同認知（與「中華民國」維持「邦交關係」的國家並未承認所謂的「臺灣共和國」）。「兩岸一中」的法理聯結和政治邏輯是維護海峽兩岸和平穩定的政治底線。

　　眾所周知，在過去的60年，大陸方面從未正式承認或接受過「中華民國憲法」，因為中共方面認為這部「憲法」的產生過程缺乏民意基礎，甚至直接以偽憲法稱之。但是，近年來出現了一種「詭異」的現象：一些輿論認為大陸方面「很在意『中華民國憲法』」，甚至有人笑稱大陸方面開始「捍衛『中華民國』」，有些人聽到上述說法「會心一笑」。更有趣的是，那些整天把「臺獨」掛在嘴上、並且公開叫嚷著要「正名制憲」的政治人物也在「需要的時候」再三公開宣誓「效忠『中華民國憲法』」。

　　1990年以來，臺灣修改「中華民國憲法」的「憲政改造」活動已經進行了七次，兩岸關係經受了一次次的嚴峻考驗。2006年夏天，身陷「倒扁」風暴中的陳水扁再次公開叫喊要在其任內完成「憲政改造」工程，催生「一部合時、合

身、合用的臺灣新『憲法』」,人們又開始擔憂國家主權和領土完整統一的現狀是否將受到新的嚴重衝擊。因此,從臺灣政治發展和兩岸關係的角度,系統地檢視「中華民國憲法」的角色與功能,深入研究臺灣「憲政改造」活動的政治本質,將有利於我們更加深刻地瞭解臺灣政治發展的進程、本質以及未來趨勢,同時也有利於我們思考兩岸關係的未來走向。

一、「中華民國憲法」之角色與功能

憲政主義是西方資產階級革命的產物,有著鮮明的反對封建專制主義的內涵,憲政主義思想已經成為世界政治文明的重要內容之一。憲政主義要求建立法治政治,防止掌權者濫用職權,保護平民百姓的合法權益不受侵害;憲政主義要求實施民主政治,要求執政者必須尊重民意,接受人民的檢驗和約束。上述憲政原理為世界各國所公認,同時也為兩岸中國人所贊同。

中國的憲政主義思想發端於清末,以康有為、梁啟超為代表的君主立憲主張和孫中山為代表的「五權憲法」思想,都是在當時環境下變法圖存,振衰起敝的進步要求。中國共產黨不僅認同憲政主義,而且是憲政主義的積極推動者。抗日戰爭時期,中共在陝北根據地建立的「三三制」政權標幟著中共新民主主義憲政思想的形成,中共還制定了《陝甘寧邊區憲法原則》。毛澤東在1940年2月2日發表的《新民主主義憲政》一文中說:「憲政是什麼呢?就是民主的政治。」抗戰勝利初期,中共方面還參與了制定「中華民國憲法」的起草籌備工作。

1945年8月15日日本宣布投降後,毛澤東應邀於8月28日到重慶與蔣介石進行多次會談;當時的國民政府方面派出王世杰、張群、張治中、邵力子四位代表,與中共方面的代表周恩來、王若飛兩人,在友好和諧的氣氛中進行商談,內容涵括「和平建國的基本方針」、「政治民主化問題」、「國民大會問題」、「人民自由問題」、「黨派合法問題」、「地方自治問題」、「解放區地方政府問題」等,中共方面還直接提出了修改《五五憲法草案》的建議。最後,國共雙

方達成以下共識：「結束訓政，實施憲政，並應先採必要步驟，由國民政府召開政治協商會議，邀集各黨派代表及社會賢達協商國是，討論和平建國方案及召開國民大會各項問題。現雙方正與各方洽商政治協商會議名額、組織及其職權等項問題，雙方同意一俟洽商完畢，政治協商會議即應迅速召開。」[2]

1946年1月，國民黨主導的政治協商會議召開，包括國民黨、共產黨、民主同盟等黨派都派代表參加。遺憾的是，由於國民黨方面不僅違背「雙十協定」，而且拒絕中共和民盟提出的民主政治要求，甚至撕毀「政協決議」、取締中共和民主黨派的合法地位，最終單方面制定「中華民國憲法」，「從草擬、修改、審議，到制定，全程由國民黨主控，已是無可爭議的事實。」[3]因此，中共和民盟等黨派理所當然地拒絕接受這部於1946年12月25日通過的、缺乏程序正當性和民意基礎「中華民國憲法」，並稱其為偽憲法，國共內戰再起。1948年4月30日，中共號召組織各民主黨派和各界人士召開中國人民政治協商會議，成立聯合政府。經過一年多的準備、討論和草擬，1949年9月29日，中國人民政治協商會議通過了《中國人民政治協商會議共同綱領》，以此為「目前時期全國人民的大憲章」，在憲法頒布前作為新中國的根本大法。1954年9月，新中國政府第一部憲法頒布，中國境內兩個對抗性政權各據一部「憲法」的局面自此形成。

顯而易見，「中華民國憲法」制定過程中的爭執是國共兩黨分道揚鑣的開始，此後雙方既然是對抗性政權，互不承認對方的合法性也是順理成章的事情。中共方面不承認「中華民國憲法」，國民黨方面也將中華人民共和國政府視為「叛亂團體」。兩岸之間的這種敵對關係邏輯只有在時空環境改變，兩岸重新交流交往之後才有改變的可能。筆者認為，現在已開始出現雙方心平氣和地解讀對方的「憲法」的可能。其實大陸方面不承認「中華民國憲法」並不等於完全否定其中客觀的、合理的成分，作為中國近現代立憲主義發展傳承，這部「憲法」承襲了民國初年以來的立憲運動成果；特別是承接了1936年的「五五憲草」的內容，折射出幾代中國政治精英分子的汗水和智慧。筆者認為，「中華民國憲法」成為1946年之前中國歷史上體系最完整的一部「憲法」版本，對於其中的進步精神和積極因素，歷史將會給予恰如其分的評價。其實，「中華民國憲法」與中華人民共和國憲法在政治上除了對立對抗的因素外，還存在著許多交集，時空環

境的改變，使這些交集越來越成為兩岸和平穩定的基礎，成為維繫中國國家統一的積極因素。

　　在臺灣，人們對「中華民國憲法」的角色與功能的認知也是相當矛盾的，政客們需要時把它「奉為圭臬」，不需要時棄之如敝屣。為了與中共打內戰，這部「憲法」公布不到半年，國民黨政府就制定「動員戡亂時期臨時條款」予以凍結，因此，在1990年之前，這部「憲法」在臺灣並沒有真正實施過。直到大陸方面提出「和平統一」政策後，國民黨當局才逐步「解除戒嚴」、「終止動員戡亂時期」，回歸「憲政」，這部「憲法」的角色與功能才得以展現。90年代以來臺灣的「本土化」、「民主化」進程正是在「中華民國憲法」的基礎上和平地展開。李登輝「依憲政制度倫理」繼承領導者的地位，又在「中華民國憲法」的保護下兩次當選「中華民國總統」；民進黨更在2000年在「憲法」保護下不流血地取得了政權。有人説，「中華民國憲法」是民進黨政權的護身符，什麼都可以改變，就是「中華民國」的招牌不能變，這句話形象地說明了「中華民國憲法」對民進黨政權的重要性。近年來「中華民國憲法」甚至成為陳水扁的「免死金牌」，這部「憲法」既保護了他的人身安全，也是他的權位「正當性」的保護傘。2006年8月12日陳水扁到凱達格蘭學校演講，他從「憲法」以及「憲政」層次回應外界要他下臺的聲浪，他説，「總統做不好，不論是罷免、彈劾甚至倒閣等，都是憲政秩序非常重要的一環，大家都必須遵守，『如果要用流血革命手段，這不是民主進步，而是民主退步』。」[4]

　　在憲政主義的大旗下，遵守憲法是所有人必須無條件履行的職責，反之則是革命的行為。在整個90年代，作為執政黨的國民黨，捍衛「中華民國憲法」是他們的唯一選擇，而黨內的權力鬥爭也可以經由「修憲」這一可控的政治遊戲規則調整達到目的。民進黨內雖然一度出現「體制外革命」的呼聲，但最終還是回到體制內。多數民進黨人認為「體制內革命」才是成本最小，收益最大的選項。因此，無論是政治現實面還是從政治理想面來説，民進黨人都很難徹底擺脫「中華民國憲法」的羈絆。「激進臺獨勢力」之所以始終未能取得多數，與「中華民國憲法」的框限有直接關係，此時，這部「憲法」正在履行維護國土統一的功能。

時空環境的改變，我們對「中華民國憲法」的角色與功能的定位和看法也必須相應調整，臺灣多數民眾對這部「憲法」有他們的感情和堅持，對此我們需要在一個中國原則下予以尊重和包容。這部「憲法」中的許多規定，對於維護中國統一有積極意義，對於裡面的合理內核和有利於國家統一的部分應該予以肯定。至於這部「憲法」與中華人民共和國憲法的衝突性和競爭性問題則應留待兩岸和平談判過程和結束敵對狀態之後解決，時間和空間的發展將為我們提供無限的可能。

二、臺灣「憲政改造」之功利性

受大環境影響，戰後臺灣精英階層政治文化結構一直朝著「美國化」的方向發展，美式政治認知和政治價值成為臺灣社會精英的主流文化，國民黨精英和民進黨精英大體上都是如此，因此，如果要依照美國憲法的藍本進行「憲政改造」，修改甚至制定出一部「新憲法」並不困難。但實際上，這部「憲法」越修越不像樣，問題就在於「修憲」的動機不單純。我們不能將臺灣的「憲政改造」與「臺獨分裂」畫等號，也不能將臺灣的「憲政改造」完全等同於爭權奪利，臺灣的「憲政體制」的確存在民主和效能不足等問題。但是，從過去15年的七次「修憲」過程和結果來看，真正以民主政治為目的進行「修憲」者只是少數。「憲政主義」在臺灣已經被高度「工具理性化」了，除了少數學者和政治家仍然以政治民主化為出發點外，大多數的「憲政改造」參與者是將「憲政主義」當做工具在使用：以維護「憲政體制」為名拒絕改革者有之；以「憲改」為爭權奪利的工具者有之；以「憲改」作為對抗大陸的武器者有之；以「制憲」作為「臺獨建國」理想捷徑者亦有之，其中又以權力鬥爭的工具性運用者居多。

以整個中國為架構制定的「中華民國憲法」，在占中國領土和人口不到2%的地區實施，猶如「嬰兒穿著老人的衣裳」，十分怪誕。正是由於這種體制上的不合理性，造成了極大的權力競逐空間。國民黨政權內的部分人（如「老國

代」）利用這種荒謬性結構謀取小團體和個人私利；而另外一部分人則不顧歷史和現實刻意放大這種體制缺陷，煽起民粹主義或省籍意識，以獲取擊倒政治對手的巨大能量。

國民黨政權在臺灣實行40年「沒有憲法的威權統治」，雖然在相當長時期內達到了政權鞏固的目的，但高壓統治累積的反對能量與壓力成正比，這是臺灣「憲政改造」的原動力。臺灣學者齊光裕認為，國民黨當局宣布「解除戒嚴」的背景因素有五個，包括兩岸因素、國際因素、島內經濟社會發展因素、反對運動衝擊因素和領導人主觀因素等。他將大陸因素擺在首位，或許是認為臺灣政治改革的直接動力是兩岸關係環境的變化，兩岸關係的環境因素的確是迫使國民黨政權非改革不可的重要原因。「解嚴並非政府接受中共的『和平統一』策略，但中共『和平統一』的推動下，增加了臺海表面穩定的氣氛，緩和過去劍拔弩張的緊張態勢，則是政府得以考慮解嚴的重要因素」。[5] 1987年7月1日，蔣經國宣布臺澎地區自7月15日起解除戒嚴，開啟了臺灣政治改革之門。

臺灣「憲政改造」的內部引爆點是1990年3月的「第一屆國民大會第八次會議」，在這次會議上，「國大代表」利用選舉「第八任總統、副總統」的機會，自行決議增加出席費，自行決議每年集會一次，行使「創制複決權」，並自行決定「增額國代」的任期從6年延長到9年。這些自肥擴權的舉動更加突顯「憲政體制」的荒謬性。從3月19日開始，臺灣各地大學生展開靜坐抗議。學生們提出了「解散國民大會、廢除臨時條款、召開國是會議及訂定民主改革時間表」等四大訴求。

當時在黨內統治地位岌岌可危的李登輝借力使力，「其本人雖無力迅即解決經年累月所堆陳的政治結構問題，卻有著憲政改革的決心，正好配合國內民間的強烈要求，透過非體制內的國是會議方式，壓制黨內反對力量，取得改革動力。」[6]在「國是會議」召開前，李登輝邀請民進黨主席黃信介茶敘，黃信介代表民進黨提出了四項訴求，其中第一項就是要求「制定『憲政』體制改革時間表」。李登輝則回以「將在兩年內完成憲政改革目標」，同時指出，「不能違反中華民國認同」。[7]

1990年6月底7月初的「國是會議」圍繞著「健全『憲政』體制」和「謀求國家統一」兩大重點展開。這次會議的共識包括：「第一屆中央民意代表」必須全部退職；地方自治應以民選、自主為基本要求；現行總統選舉方式應予改進；終止「動員戡亂時期」，廢止「臨時條款」；「憲法應予修訂」等。特別值得注意的是，是否在「憲法增修條文」中規範兩岸關係的問題被提了出來。國民黨認為必須將「憲政改革」與國家統一問題一併討論，而民進黨人則認為國民黨預設統一立場，他們不願與國民黨協商這一問題，他們將重點放在「憲政改革」上。

　　從1991年的第一次「修憲」，到2005年「國民大會」複決通過的第七次「修憲」，權力鬥爭成為臺灣「憲政改造」的主旋律。1991年4月，國民黨以議席優勢強行通過了「中華民國憲法增修條文」，基本上落實了「國是會議」有關臺灣內部權力再分配的遊戲規則重新制定，本土勢力的政治要求第一次得到大規模伸張。

　　1992年5月的第二階段「修憲」，在「國代」選舉中受到重挫的民進黨利用國民黨內的「直選」與「委選」之爭，在「修憲」中堅持採用「總統直選」。民進黨主張「總統直選」，內含族群間的權力再分配考慮。民進黨大老張俊宏透露：「我們認為一旦『總統』直選，外省人想要選『總統』是很難的」[8]。張俊宏本人雖然強調不能否定外省族群的參政權，但許多民進黨人確實懷有「父債子還」，阻止外省人掌權的政治報復心理。

　　1994年的第三次「修憲」和1997年的第四次「修憲」的核心內容是總統擴權。在「總統直選」的「加持」下，「行政院長副署權」被剝奪，總統擁有「行政院長」任命權，無須「立法院」同意，可以解散「立法院」、可以提名「大法官」、「考試委員」、「考試院正副院長」、「監察委員」、「監察院正副院長」。原本「偏內閣制」的「雙首長制」改成了「總統制」，形成「中華民國超級大總統」。此外，為了防止出現「葉利欽效應」，第四次「修憲」還終止了「臺灣省省長直選」，「精簡省級政府」，權力收回「中央」，「省主席」改為官派。從此總統的權力甚至比「終止動員戡亂時期」之前還要大，輿論認為這樣的結果不僅沒有「回歸憲法」而且簡直是「回歸臨時條款」。

1999年的第五次「修憲」和2000年的第六次「修憲」的重點是「國會制度」改革，「國民大會」與「立法院」上演了一出權力爭奪戰。第五次「修憲」的結果，變成了一場國民黨和民進黨「國大代表」抗拒兩黨中央的「擴權延任」鬧劇。為爭取與「立法院」平起平坐的地位，自擁「修憲權」的兩大黨「國代」跨黨合作，將「國民大會代表」的產生和任期依附於「立法委員」的選舉，同時將自身的任期延長至2002年6月30日止。臺灣社會各界輿論對此一片譁然，紛紛予以譴責，國民黨、民進黨和新黨一致要求進行第六次「修憲」，讓「國大」虛級化。值得一提的是，「總統選舉」制度改革也是第五次「修憲」的重要內容，但由於陳水扁此時已準備參選，如果採取絕對多數當選的制度，陳水扁一定無法當選。所以，在民進黨堅決反對下，「總統選舉絕對多數制」的提案沒有通過。這是臺灣政黨利用「憲改」謀取政黨私利的又一事例。也有輿論認為，第五次「修憲」期間李登輝之所以縱容國民黨籍「國代」「延任自肥」，目的是為他自己的延任找藉口。

　　臺灣學者朱雲漢評論說：「如果長期以來，我們的政治領導人物不斷出現踰越憲法職權的越界行為，我們的政治精英普遍欠缺信守民主遊戲規則的道德信念，我們如何可能期待我們的『國大代表』能夠對『憲法』產生敬畏之心；如果長期以來，我們的政黨領袖不斷將修憲協商視為政治角力的遊戲，廟堂諸公不斷將基本政治遊戲規則的操弄視為權力布局的手段，我們又如何能期待『國民大會』不沉溺於『修憲』擴權的遊戲，不在權錢交易的過程中食髓知味。」[9]朱雲漢分析相當深刻，以「憲改」為名行奪權之實已不是個別政黨和政治人物的問題了。

　　2000年3月24日「司法院大法官會議」做成釋字第四九九號解釋，宣布第五次「修憲」條文即日起失效。2000年4月，「第三屆國民大會第五次會議」進行第六次「修憲」，決議「國民大會」改為「任務國大」，任期為一個月；職權限定為「『立法院』所提『憲法』修正案、『領土變更案』的複決」、「議決『立法院』提出之『總統』、『副總統』彈劾案」，原有之「修憲提案權」、「『司法、考試、監察三院』人事同意權」、「對『總統』、『副總統』的彈劾及罷免權」、「領土變更提案權」等轉移給「立法院」。

2004年8月，獲得「修憲提案權」的「立法院」第一次行使「修憲權」，在民意壓力下，出現寒蟬效應，無人敢出面「反對改革」。最後通過「立委席次減半」、「單一選區兩票制」、「廢除任務型國大」、「公投入憲」等「修憲案」。2005年6月，第一屆也是最後一屆「任務型國大」開議，為了本黨的利益，原本勢不兩立的國民黨與民進黨聯手贊成「立法院」提出的「修憲案」、原本「視如寇仇」的親民黨和「臺聯黨」在面對「生死存亡」危機時也聯合反對，結果國民黨與民進黨獲勝，第七次「修憲案」複決通過，「憲改」的「工具理性」操作模式再度得到印證。

　　綜上所述，臺灣15年來的「憲政改造」歷程，無非就是一場權力鬥爭的遊戲，「憲政主義」只是各方爭相使用的工具而已，在權力和利益面前，民意、民主、理想、原則統統靠邊站。有臺灣學者認為，越理越亂，越修越爛，到90年代末，臺灣的憲政主義不僅沒有進步，而且有倒退的趨勢。[10] 2005年6月10日的《聯合報》也發表社論指出：「十幾年改下來，政治行動者的共識越來越低，人民對『憲法』的尊敬越來越少」；「我們只好再次面對這個現實：一部越修越糟的『憲法』」。臺灣的「憲政改造」固然是臺灣政治文化的產物，卻也同時是臺灣民眾接受憲政主義震撼教育的過程，相信臺灣民眾對憲政主義的認知、情感和價值取向必將改變，對於維護國家統一來說未必不利。

　　臺灣「憲改」過程中存在的「工具理性」傾向也是臺灣選舉文化的媚俗傾向和民粹主義的必然產物。在政策跳票的情況下，為了固守政治地盤，只好用指鹿為馬的欺騙方式，變著花樣繼續「修憲」，造成惡性循環。2003年11月11日，陳水扁在接見美國布魯金斯研究院訪問團成員時說：「目前的『憲法』條文有三分之二需要修改調整，既然超過一半以上條文需要修改，已非『修憲』，而是『制憲』。」其實，陳水扁自己也清楚，臺灣並無「制憲」的條件與可能，只不過他有他自己的「制憲」定義，他的支持者中也有一部分人需要「正名制憲」這樣的安慰劑。因此，當他面臨政治困境或選舉壓力時，「制憲」的政治騙術仍得演下去，臺灣社會將繼續為這樣的騙局買單。

三、臺灣「憲政改造」對國家統一的影響

　　筆者認為，臺灣「憲改」的「難產」，除了主事者「心術不正」的因素外，國家認同問題才是影響臺灣「憲政改造」更深層次的原因。除了民進黨內一批人長期公開主張完全拋棄「中華民國憲法」，「重新制定臺灣新憲法」外，李登輝執政中後期以後也開始有意識地利用「修憲」，意圖切斷兩岸之間的法理關係和政治關係。

　　臺灣「憲改」過程中的「統獨」鬥爭從第一次「修憲」過程就展開了。在第一次「修憲」時，國民黨方面主張在「增修條文前言」部分載明「為因應國家統一前之需要，依照憲法第二十七條第一項第三款及第一百七十四條第一款之規定，增修本憲法條文」的字句。民進黨強烈反對，但在當時的條件下，國民黨的主張還寫進了「增修條文」中。這是關鍵性的一步，歷史應該高度肯定這一條文，這段文字對於兩岸關係來說意義重大，這是臺方對兩岸法理關係最權威性認定，也構成了「修憲」後兩岸政治關係的重要基礎，其後的所有「修憲」活動的「法源」都基於此。因此，這段文字已經成為衡量臺灣方面兩岸政治立場的重要指標。

　　1992年5月開始第二階段「修憲」時，正值民進黨將「建立臺灣共和國」的主張納入黨綱的「臺獨狂熱期」，「制憲建國」成為民進黨這一階段的訴求重點，民進黨甚至搶先召開「人民制憲會議」，提出了「臺灣憲法草案」。在「二屆國代」選舉過程中，民進黨人首次公開將「臺灣獨立」的政見作為該黨的選舉口號。選舉結果民進黨大敗，所謂「制憲」也就成為空談。後來，民進黨人曾一度試圖從「司法院大法官會議」解釋入手，重新解釋「中華民國固有疆域」不包括中國大陸等地。1993年11月16日臺「司法院大法官」釋字第三二八號解釋：「我國領土固有疆域之界定屬重大政治問題，而不應由釋憲機關解釋」。民進黨人重新「釋憲」失敗，轉而追求「零存整取」式的「臺灣獨立」，「總統直選」、「廢省」、「廢除國民大會」、「公投入憲」等就是其中的主要內容。因此，最近10多年來民進黨提出的「修憲」主張不僅只權力鬥爭這條主線，「分

離主義」這條副線也值得我們重視。

　　從90年代初期開始，李登輝對涉及兩岸的「憲政」議題越來越有興趣，他注意到這一議題可能帶來的選票邊際效應，為此，他甚至公開附和民進黨人的「臺獨」主張。1999年7月9日，李登輝在接受「德國之聲」記者採訪時完整概括了他個人的「憲改理念」[11]：「1949年中共成立以後，從未統治過臺澎金馬。我國並在1991年『修憲』，增修條文第十條將『憲法』的地域效力限縮在臺灣，並承認中華人民共和國在大陸統治權的合理性；增修條文第四條明訂『立法院』與『國民大會』民意機關成員，僅從臺灣人民中選出。1992年的『憲法』更進一步於增修條文第二條規定『總統、副總統』由臺灣人民直接選舉，使所建構出來『國家機關』只代表臺灣人民，『國家權力統治』的正當性也只來自臺灣人民的授權，與中國大陸人民完全無關。」

　　「1991年『修憲』以來，已將兩岸關係定位在『國家與國家』至少是特殊的『國與國』的關係，而非一合法政府，一叛亂團體，或一中央政府，一地方政府的『一個中國』的內部關係。所以北京政府將臺灣省視為叛離的一省，完全昧於對歷史與法律上的事實。也由於兩岸關係定在特殊的『國與國』關係，因此沒有再宣布臺灣獨立的必要。」

　　李登輝的如意算盤是透過這種解釋製造「第二共和」的輿論，為自己繼續當總統尋找制度理由。時任「國大議長」的蘇南成透露：李登輝提出「兩國論」是與「總統延任」掛鉤的，後來「因為美國出面干預才逐漸煙消雲散，總統延任案也因此破局」。[12]李登輝對「修憲」的工具性運用也體現在「中央地方關係」的調整上。為了防堵宋楚瑜「功高震主」，同時也為了建立「總統制」，李登輝在「廢省」議題上與民進黨一唱一和：「就民進黨而言，『臺灣共和國』的理念下，有『臺灣國』，就不好有『臺灣省』，因而廢省之主張，基本上是民進黨之共識。國民黨亦知民進黨廢省之心切，乃擬以取消立法院閣揆同意權，交換民進黨所欲達成之廢省，兩黨高層一拍即合。」[13]

　　民進黨執政後，為了維持一個有利的政權生存環境，一度淡化「制憲」的主張，甚至試圖利用「中華民國憲法」營造一個比較寬鬆的政治環境。例如，陳水

扁、謝長廷等先後公開宣稱過「四不一沒有」、「憲法一中」、「依照『中華民國憲法』處理兩岸關係問題」，甚至公開表示「依照憲法、法律及其法源，廈門和高雄是一個國家的兩個城市」。這些說法雖然有其策略性的考慮，但確實為民進黨政權創造出新的發展可能，無論是臺灣內部的「泛藍」支持者還是中國大陸，對於上述說法的態度基本上是正面的。遺憾的是，2003年以後，民進黨領導層漸漸地屈從於「臺獨基本教義派」的選票壓力，重新回到「公投、制憲、正名」的老路，兩岸關係再次走進「死胡同」。對於陳水扁在「憲改」問題上的權謀性質，我們不妨看看陳水扁在90年代初說過的一段話：「兩岸關係是兩國關係，大陸政策是外交政策，現在一個中國下，有兩個獨立自主國家，那就是治權互不及於對方的中華民國與中華人民共和國，不過這兩個國家未來是否能合併成為一個國家，那是未來發展的事情，因為本人相信天下合久必分，分久必合。未合之前，中共是中共，臺灣是臺灣」。[14]

　　筆者認為民進黨人的「制憲」口號更多的是政治權術運用，臺灣社會內外環境已越來越不允許民進黨人以「制憲」手段改變兩岸領土一體性的現狀。「90年代初民進黨主張制憲的聲音一直很大，國民黨裡面也有些人有這樣的想法，但為什麼沒有走上這個途徑？其中當然有很多政治現實的考量，它還是必須納入兩岸關係，甚至到目前為止，任何主張制憲的人都不可能迴避這個問題，這是臺灣的特殊情況。」[15]隨著兩岸關係的發展、臺灣內部形勢的變化、中國國際地位的提升，以「臺獨」為指向的「憲政改造」活動將變得更加困難。1993年11月16日的「司法院大法官」釋字第三二八號解釋對兩岸學者都有很大啟發：兩岸領土主權關係不僅僅是法律問題，更是現實的政治問題。

　　臺灣的「憲政改造」困境不在於「憲法」條文本身，臺灣內部的權力分配制度重建並不困難，困難的是這部「憲法」所依循的國土疆界認定分歧，困難在於中國內戰關係尚未從法理的角度上完結，困難在於兩岸政治現實和國際政治秩序。透過「憲改」尋求「臺灣獨立」，意味著要不要為了所謂的「獨立」與臺灣內部的政治反對派、與海峽對岸進行一場戰爭。即使有戰爭的準備和決心，「臺獨」人士也不得不考慮國際社會成員的態度問題。

四、結語

目前實施於臺灣的「中華民國憲法」是當年中國人在中國的土地上制定出的一部「憲政主義」文獻,雖然兩岸之間對此定位與評價不同,但它在臺灣仍然具有最高法律效力,對於維繫兩岸和平穩定和統一也有一定的正面意義。對於臺灣民眾在「憲政改造」中提出的效能、效率、民主等要求,大陸方面樂觀其成。大陸更關切的是這些訴求背後是否包藏著分裂國土的目的。我們既要避免將臺灣人民要求實施民主憲政的主張簡化為「臺獨」分裂主義,也要謹慎提防臺灣「憲政改造」過程中可能出現的分裂國土問題。

兩岸關係的最終主導權掌握在全體人民手中,文字遊戲無法改變客觀事實,片面的「法理臺獨」冒險行為必將迫使大陸以非和平的方式解決兩岸政治對立問題。筆者認為,未來一年多時間裡臺灣當局或許還會推動新一輪「憲政改造」活動,但是,影響臺灣「修憲」的制約力量已經越來越多元了:民主化的動力、政治權力再分配的驅動力、分離主義的張力、「反分裂、反臺獨」的制約力、國際社會的牽制力、「中華民國憲法」內在的定力……這些因素決定了臺灣狹隘的「憲政改造」只能是「狗咬尾巴,原地打轉」罷了。

正本清源,臺灣「憲改」的出路在於正確面對和處理兩岸政治關係。隨著兩岸關係的平穩發展,臺灣終將迎來一部為各方面所接受的,用來規範未來臺灣社會、經濟制度,規範臺灣居民基本權利與自由的制度,規範臺灣行政、立法、司法和軍事等方面的制度和政策,並且為臺灣其他普通法律所遵循的「合時、合身、合用的基本大法」。

陳水扁透過「憲政改造」推動「法理臺獨」活動分析[16]

張文生

2000年陳水扁上臺以來，一直圖謀透過「憲政改造」實現「法理臺獨」，並不餘餘力地加以推動。在大陸的強大壓力和臺灣民意的反對下，陳水扁的圖謀面臨重重困難，但是陳水扁的政治本質沒有改變，企圖透過「憲改」制定一部「合時、合身、合用的新憲法」的目標沒有改棄。「法理臺獨」是現階段影響兩岸關係和平穩定的嚴重威脅，反對「法理臺獨」也是現階段「反臺獨、反分裂」鬥爭的重要內容。

一、陳水扁透過「憲政改造」推動「法理臺獨」的主要表現

從2000年選舉的競選活動開始，陳水扁即把推動「憲政改造」作為落實「法理臺獨」的重要手段。在2003年競選連任的過程中，陳水扁提出了「2006年制憲，經過公民投票，2008年實施新憲法」的具體目標。2005年在第七次「修憲」完成之後，陳水扁宣布要「激活第二階段憲改」的工程，並加以具體落實。陳水扁透過「憲政改造」推動「法理臺獨」的活動成為現階段兩岸關係的重要威脅。

1.「憲政白皮書」提出「確立臺灣的國家地位」的主張。

1999年12月20日，陳水扁在競選總統的過程中發表「憲政白皮書」，作為競選政見的重要內容。陳水扁在「憲政白皮書」中不僅明確地主張「制憲」，而且赤裸裸地提出了「明確化臺灣的主權獨立國家地位」的主張。「憲政白皮書」共分七章，其中第一章開宗明義即提出「確立臺灣的國家地位」，認為「由於中華民國憲法還是大中國憲法，不承認臺灣主權獨立國家的事實，所以這一階段臺灣的獨立狀態只能說是事實上（de facto）的獨立，還不是法律上（de jure）的獨立」。明確地建議「將中華民國（臺灣）的領土作一適當、明確的確認」，例如規定為：「中華民國之領土包括臺灣、澎湖、金門、馬祖及其附屬島嶼以及其他國家權力所及之地區。憲法第四條之規定不適用之」；或者規定為：「本憲法

適用於臺灣。本憲法所稱之臺灣指中華民國主權所及之區域，大陸地區指中華人民共和國主權所及之區域」。同時強調涉及「臺灣主權獨立狀態」之變更，應經臺灣人民公決」。[17]

在陳水扁為公布「憲政白皮書」所發表的新聞稿中，將其「憲政」主張內容劃分為16條，其中第1條即提出「確立臺灣的國家地位——憲法中應承認臺灣為主權獨立國家的現狀與事實；至於對臺灣主權獨立現狀的任何變更，皆應經臺灣人民公投同意」。第16條則更進一步主張「制憲」，反對「修憲」，即「制憲或修憲的選擇——我們主張應為臺灣打造一部新憲法，並積極提倡制憲的理念，致力於國民制憲共識的形成，以達制憲的終極目標」。[18]

2.拋出「2006年公投制憲，2008年實施新憲法」的時間表。

在2003年以前，「臺獨」勢力的「制憲」活動主要是以民間運動的形式推動。其間雖然民進黨介入甚深，甚至成為「制憲」運動的主導力量，但是由於民進黨長期處於少數黨的地位，無力主導臺灣的「憲改」進程，島內外也不具備「制憲」的社會環境，不得不以現實主義的態度來面對「憲改」，把鞏固執政權作為第一步，並未把「制憲」主張放在核心訴求中。

隨著民進黨實力的增長和執政地位的鞏固，陳水扁當局推動「憲政改造」的信心增大。2003年9月28日，在民進黨17週年黨慶的場合，為了提升總統選舉的選情，陳水扁首度打出了「催生新憲法」的主張，表明：「公元2006年，民進黨將和二千三百萬臺灣人民共同催生臺灣新憲法」。[19]國民黨和親民黨認為，陳水扁正式提出了「臺獨時間表」、「獨立宣言」。

2003年10月6日，陳水扁在接受《華盛頓郵報》專訪時表示：「在一中原則之下，臺灣就不可能是一個主權獨立的國家」，因此，「臺灣不只是憲政體制有問題，其實也是一個不完整的國家」。[20]同年10月25日，陳水扁在與獨派大老商定之後，進一步拋出「公投制憲」的時間表，公開宣稱：「臺灣人民要建立臺灣成為正常、完整和偉大的國家，需要一部合身、合用的新憲法，透過公投方式，2006年共同催生新憲法，2008年正式公布實施」。[21]此後，「公投制憲」成為陳水扁推動「法理臺獨」的核心內容和主要表現，也成為現階段兩岸關係發展和

穩定的主要威脅。

3.頑固堅持「為臺灣催生一部合時、合身、合用的新憲法」的立場。

2004年3月20日，陳水扁再次當選之後，仍多次強調堅持「公投制憲」的政治立場。為了降低內外壓力，陳水扁調整策略，試圖在「公投制憲」與「統獨」之間劃出一條分界線，既要完成「制憲」，又要「維持現狀」。2004年3月底4月初，陳水扁先後接受《華盛頓郵報》、英國BBC、日本《讀賣新聞》記者的專訪，強調堅持「2006年公投制憲，2008年實施新憲」的政治立場，但同時表示：「這只是我們憲政改革的時程表，不是獨立或任何改變我們現狀的時間表」。[22]然而，陳水扁的辯解顯然無法取信於海峽兩岸和國際社會，中國政府發表的「5·17聲明」不僅指出了兩岸關係面臨的嚴峻形勢，而且給臺灣當權者指出了兩條道路、兩種前景的無可迴避的選擇。

在內外壓力之下，2004年5月20日，陳水扁在「就職演說」中針對「新憲法」問題進行了政策性的宣示。一方面他仍然堅持「在2008年阿扁卸任總統之前，能夠交給臺灣人民及我們的國家一部合時、合身、合用的新憲法」，另一方面又表示「涉及國家主權、領土及統獨的議題，目前在臺灣社會尚未形成絕大多數的共識，所以個人明確的建議這些議題不宜在此次憲改的範圍之內」。[23]2004年6月16日，在「黃埔建軍暨建校八十週年校慶典禮」中，面對臺灣各級軍官及軍校學生，陳水扁除了再次宣示「將依循現行憲法及增修條文的程序，完成憲政改造工程，以期在卸任之前交給國人一部合時、合身、合用的新憲法」，同時強調「憲改工程，不是『修憲』與『制憲』的文字之爭，重要的是，我們要透過『合憲』的程序，催生一部『新憲』。這部新憲法不會碰觸國家的主權、領土與統獨問題，而是以實現政府良好治理與政府體制改造為依歸」。[24]陳水扁當局試圖迴避「制憲」的敏感性，而代之以「憲政改造」的字眼；試圖迴避主權、領土與統獨爭議，而強調政府體制改造。

然而，陳水扁始終沒有放棄「為臺灣催生一部合時、合身、合用的新憲法」的立場。2004年11月27日，在參加「群策會」舉辦的「臺灣新憲法」研討會時，陳水扁瘋狂地叫囂：「我們必須為臺灣熱愛自由、勇敢追求民主與人權的偉

大人民，催生一部合時、合身、合用的臺灣新憲法」。並且表示：「要終結小孩穿大衣、硬將中國『憲法』在臺灣實施的『憲政』亂象。不論環境多惡劣，國際壓力有多大，2004年3月20日我們在各種壓力之下完成歷史上第一次『全國性的公民投票』，2006年年底我們也要透過『公民投票』來複決第一部『新憲法』，2008年5月20日，阿扁卸任的那一天，臺灣『新憲法』要正式實施。這就是阿扁連任『總統』最大的意義，是阿扁對臺灣人民的承諾，也是阿扁的歷史使命，希望大家共同響應」。[25]由此可見，陳水扁把2008年實施「新憲法」作為他任內的「最大意義」和「歷史使命」，將不遺餘力地推動所謂的「新憲公投」。他認為「憲政改造」——「這一條正確的道路，我們將繼續勇敢地走下去，直到臺灣人民擁有一個正常、完整、進步、美麗而偉大的國家為止」，陳水扁還把這一宣示列為民進黨的「三個不變堅持」之一。[26]

4.提出「激活第二階段憲改工程」的主張。

2005年6月7日，在民進黨和國民黨兩大政黨嚴厲督陣之下，臺灣「任務型國代」完成了第七次「修憲」，通過了包括「廢除國民大會」、「公投入憲」、立委席次減半、立委任期由三年延長為四年、單一選區兩票制等重大議題的「修憲案」。「公投入憲」使得公民投票成為臺灣「憲法性」的規定，客觀上為「法理臺獨」和「統獨公投」作了法理上的準備，給兩岸關係埋下隱患。

在「修憲」結束後，陳水扁提出第二階段「憲改」的主張，表示：「在第一階段『憲改』工作完成後，第二階段『憲政』改造工程將正式激活」；「期盼在卸任『總統』前，能為臺灣催生一部合時、合身、合用的新『憲法』」。[27]陳水扁還著手推動「民間憲改聯盟」，拉攏各黨派和社會各界為其「憲改」背書。可是陳水扁的主張遭到泛藍陣營的堅決反對，宋楚瑜指出：「二次『修憲』，說穿了根本是為了『制憲』正名鋪路」。[28]國民黨要求陳水扁「適可而止」，認為「『修憲』案通過後，應該全力拚民生經濟」，反對立即進行第二階段「憲改」。[29]但陳水扁仍一意孤行地推動「新憲法」，8月1日成立了「憲改辦公室」，任命「國師」李鴻禧之子李俊俋擔任辦公室主任，目的是所謂「激活第二階段『憲改』推動工程」，從事所謂「『憲法』公民教育、協助民間推動『憲

改』」，還表示「歡迎各界踴躍提出『憲法』版本」。[30]

雖然陳水扁企圖掩蓋第二階段「憲改」的政治本質，多次保證「『憲政』改革不會涉及統獨、領土等敏感爭議」，「不會出現法理臺獨」，但是陳水扁利用第二階段「憲改」落實「中華民國臺灣化」，去除「憲法」的「一中架構」的目的卻表露無疑。2005年6月25日，陳水扁在「臺灣法學會」舉辦的「主權、憲法與臺灣的未來」研討會上表示：「隨著新的臺灣『國家主權』論述的確立，以及舊有意識形態的退去，臺灣已做好全面推動『憲改』的心理準備」。第二階段「憲改」正是去除「大中國意識形態」，要以「主權屬於臺灣人民」的這個新的「國家主權論述」，「取代以往以『大中國意識』為基礎的主權概念」。他還表示，「一定能在2008年，當他卸任『總統』之前，為臺灣催生一部合時、合身、合用的新『憲法』」。[31]

5.鼓吹「自下而上」地推動所謂「憲改工程」。

由於民進黨及整個泛綠陣營在臺灣「立法院」的弱勢地位，要依循正常程序推動「憲改」對陳水扁來說幾乎是不可能的任務。為了突破體制內的侷限，民進黨當局將「憲改工程」推向體制外，主張自下而上、先民間後政黨進行推動。在2006年的元旦講話中，陳水扁表示：「至於最重要的『憲改』工程，未來的推動必然是由下而上、由外而內、先民間後政黨，以全民共同的智慧與力量，在2008年為臺灣催生一部合時、合身、合用的新『憲法』」。「如果臺灣社會條件夠成熟，明年2007年舉辦『新憲公投』，誰說不可能？這是臺灣『國家』的總目標，也是政黨輪替最重大的意義所在」。[32]在2006年春節講話中，陳水扁再次拋出了「新憲」時間表，表示2006年內將臺灣新「憲法」定稿，2007年舉辦「新憲公投」。2006年2月份，民進黨主席游錫堃甚至公開表示，「民進黨『新憲』版本尺度會比較寬，有可能觸及『國旗』、『國號』及『領土』等問題」。[33]但是顯然游錫堃具有強烈冒險性的宣示得不到民進黨內的一致支持，2006年3月14日，民進黨「立法院黨團憲政改造方案小組」完成「憲改」草案版本，確定暫不處理「國號、國旗及領土」更改等議題。

二、陳水扁推動「憲政改造」的具體內容

　　基於客觀環境，陳水扁在2004年5月20日的「就職演說」和2005年2月24日的「扁宋會」10點共識中均承諾，「憲政改造」排除涉及「國家主權、領土及統獨」的議題，但是這種負面表列的語言並沒有改變陳水扁推動「憲政改造」的真正本質。陳水扁推動「憲政改造」，其本質是企圖實現「法理臺獨」的階段性目標，即徹底去除臺灣現有「憲法」和法律體系中的「一個中國」架構，即臺灣法律體系中的「法理一中」。可是為了爭取民意的支持，陳水扁在推動「憲政改造」過程中強調「行政體制改革」、人權、民生等具體內容。

　　在「憲政改造」的具體內容方面，可謂是包羅萬象，內容龐雜，涉及到社會各階層、各行各業、各社會群體，而這正是陳水扁極力加以利用的關鍵點。「憲改」內容的多元性，有助於將「憲改」訴諸社會各階層的參與和支持，有助於將推動「憲改」與選舉動員相結合，從理念上、實際利益上和組織上擴大民進黨的社會支持基礎。

　　不可否認，「中華民國憲法」相對於臺灣現行的行政體制，確實存在著大而無當的弊病。實際上臺灣現行「中華民國憲法」中的許多條文早已形同擺設，不具有任何的現實效力。臺灣民眾對於李登輝在任12年連續6次「修憲」的做法也深有怨言。但這並不等同於臺灣民眾支持陳水扁去除「法理一中」。這也是陳水扁當局不得不在「憲改」上次避統獨議題，而突出「憲政改造」的目的是「為了政府的良好管理，為了提高國家競爭力」，並且強調「行政體制改革」，認為「憲改工程就是要思考政府體制的走向、以及採取三權分立或是維持五權分立的現狀」。[34]

　　1.「行政體制改革」始終是陳水扁為推動「憲政改造」進行宣傳的核心內容。

　　以「行政體制改革」為名推動「憲政改造」，其好處是避免了敏感的統獨議題，取得了「憲改」的合法性。早在2003年，陳水扁提出「催生新憲法」的議

題時，民進黨的「立院黨團」即表示將「新憲法的輪廓，鎖定在要採取五權分立或三權分立、總統制或內閣制、單一國會或加上任務型國大等體制的討論」。[35]時任民進黨「立院黨團幹事長」的陳其邁表示「民進黨的想法無涉國號、國名，只集中在單一國會、總統制、三權分立的憲政體制」；時任「總統府祕書長」邱義仁也表示「推動新憲法不必與更改國號畫上等號」[36]。陳水扁連任之後，在「就職演說」中表示：「憲政改造的工程是為了政府的良好管理及效能的提升、為了確立民主法治的根基，更是為了國家的長治久安。其中，立即而明顯的問題包括：三權分立或五權憲法、總統制或內閣制、總統選制為相對多數或絕對多數、國會改革及相關的配套條文、國民大會的定位與存廢、省政府組織的存廢、投票年齡的降低、兵役制度的調整、基本人權與弱勢權益的保障、國民經濟條款……可以說是工程浩大、影響至深。」[37]陳水扁也曾表示：「完成第一階段之憲改，我們還必須進行第二階段憲改工程，處理包括是否實行總統制或內閣制、要實施三權分立或維持現行五權憲法、行使公民權年齡降低至十八歲、募兵或徵兵的規定、少數民族專章、勞動三權入憲以及基本人權保障等議題」。[38]陳水扁還多次主張調整臺灣現行的選舉時程。他認為應當改為每兩年選舉一次，一次選舉「中央公職人員」，再一次選舉地方公職人員，而「總統解散國會」的權力取消，以免打亂選舉時程。

2.「百分之百新聞自由」也是陳水扁面對媒體時多次強調要「入憲」的內容。

在面對國際新聞媒體的場合，陳水扁多次表示要「將捍衛、保障百分之百新聞自由的信念入憲」，如2004年7月1日陳水扁會見國際通訊社代表時表示：「政府是為了人民而存在，同時，政府也是為了維護百分之百的新聞自由而存在，希望在未來的憲政改造工程所提出的新憲法版本中，我們能讓捍衛百分之百新聞自由的條文入憲」。[39]

3.少數民族權益、18歲公民權、兵役制度改革等給「憲改」穿上「人權保障」的外衣。

為了拉攏少數民族，陳水扁主張重新定位臺灣當局與少數民族之間的關係，

「希望在憲法中能夠針對政府與少數民族的夥伴關係有所規範,以落實『國中之國』,成立少數民族族自治區的理想」。[40]為了拉攏青年選民,陳水扁提出18歲公民權寫入「憲法」和改革兵役制度的主張。所有這些內容,陳水扁都不忘貼上「人權」的標籤,目的是給「憲政改造」穿上「人權保障」的華麗外衣,他曾表示:「第二階段的憲改比第一階段憲改更加實際,在有關人權的方面,除了將公民權的年齡降低到十八歲、增加少數民族權益的專章、勞動三權入憲以外,還會把國家人權委員會的設立賦予憲法的法源,並依據國際人權的標準,充實憲法對人權的相關保障條款」。[41]

表一:陳水扁當局「新憲法」各議題所涉及之「憲法」條文

議題	所涉「憲法增修條文」	所涉「憲法」本文	
「單一國會」	第一條(已經修改)	第三章「國民大會」	整章刪除,共九條
「國會」席次減半、單一選區兩票制	第四條(已經修改)	第六章立法	第六十四、六十五、一百三十四、一百三十五條
「總統」選舉採絕對多數或相對多數	第二條	第三章「國民大會」	第二十七、三十條
「內閣制」或「總統制」	第二、三、四條	第四章「總統」	第三十七、三十八、三十九、四十、四十三、四十四、四十九、五十、五十一條
「內閣制」或「總統制」	第二、三、四條	第五章行政	第五十三、五十四、五十五、五十六、五十七、五十八、五十九、六十、六十一條
		第六章立法	第六十四、六十五、七十一、七十二、七十五條

續表

議題	所涉「憲法增修條文」	所涉「憲法」本文	
五權分立或三權分立	第一、二、三、四、五、六、七、八條	第四章「總統」	第三十七、四十四、四十九、五十一條
		第五章行政	第五十五、五十六、五十七、五十八、六十條
		第六章立法	第六十三、六十五條
		第七章司法	第七十八、七十九條
		第八章考試	整章刪除，共七條
		第九章監察	整章刪除，共十條
「閣揆同意權」	第二條	第五章行政	第五十五條
二級政府或三級政府	第九條	第十一章「中央與地方之權限」	第一百零八、一百零九、一百一十一條
		第十二章地方制度	第一百一十二至第一百二十條
		第十三章「基本國策」	第一百四十七條
基本人權新觀念	第十條	第二章人民之權利義務	第七、八、九、十、十一、十二、十三、十四、十五、十六、十七、十八、十九、二十、二十一、二十二、二十三、二十四條
		第十三章「基本國策」	第一百四十二至一百六十九條
弱勢關懷	第十條	第十三章「基本國策」	第一百五十一、一百五十二、一百五十三、一百五十四、一百五十五、一百五十六、一百五十七條
國民經濟條款		第十四章「基本國策」	第一百四十三條、第一百四十四條
「修憲公投」	公投複決以寫入第一條及第十二條	第十四章「憲法之施行及修改」	第一百七十四條
十八歲公民權		第二章人民之權利義務	第一百三十條
徵兵或募兵		第二章人民之權利義務	第二十條

三、陳水扁推動「憲政改造」的政治手段

由於臺灣的政治現實，依據法定程序推動「憲政改造」顯然面臨難以克服的障礙，陳水扁不得不另闢蹊徑，採取自下而上的運動式「憲政改造」，其目的是

藉助於民意迫使泛藍陣營特別是國民黨在「憲改」問題上屈服，進而謀取選舉中的政治利益。

1.自上而下發動群眾，以群眾運動的形式推動「憲政改造」。

陳水扁曾經表示，為了完成「第二階段憲政改造」的目標，將「全力尋求朝野各政黨、社會各界及各階層的參與及支持，積極凝聚共識」；「憲法是屬於每一位國民的，在憲政改造的過程當中，我們保留愈開放的討論空間，採納與照顧愈多不同意見和感受，憲政改革成功的阻力就會越小」。[42]為了取得在野黨的支持，陳水扁有意組織由各政黨和社會各界代表組成的「憲政改造委員會」，但是由於臺灣藍綠兩大陣營的嚴重對抗，泛藍陣營拒絕為陳水扁的「第二階段憲改」背書，跨黨派「憲政改造委員會」無法組成。陳水扁改而在總統府設立由祕書長負責的「憲政改造推動工作小組」，並針對不同的社會階層和社會團體展開了一系列的所謂「憲政改造」徵詢之旅。2005年8月1日，陳水扁又在該小組中設立「憲改辦公室」，功能為「憲法公民教育、協助民間推動憲改、不預設憲法版本」。原「總統府祕書長」游錫堃也曾表示：「二階段憲改不是像過去由精英主導，由政黨提出版本、協商；是由下而上，全民凝聚共識」，「期盼各政黨、各民間團體、各縣市都能提出憲法版本」。[43]

名為「由下而上」，實質上是「由上而下」進行鼓動，陳水扁重新施展其操縱民粹的一貫伎倆，以群眾運動的形式來推動「憲政改造」，主張「憲政改造的推動不但需要有政黨與社會各界、各階層的參與，更要有公開透明的公眾辯論，以及草根民主的全民教育」。[44]

2.啟動萬場「憲改」座談會，將「憲改」動員與選舉動員相結合。

2005年6月16日，時任「總統府祕書長」游錫堃與臺灣媒體茶敘時，針對「第二階段憲政改造」工程事宜提出7點說明，主張「憲政改革一定需要全民的參與」；「唯在『憲政改造委員會』正式籌設之前，我們仍應該做好一切準備工作。其重點在於深耕憲改土壤，散播憲改種子，擴大全民參與憲政改革的機會，讓民眾不分老少，不分階層身分，都有機會充分瞭解與討論憲政改革議題」；「因此，原『總統府憲政改造推動工作小組』將加強功能，以長期來扮演催生、

播種的工作,讓憲改的種子能夠四處播散,讓憲改的討論能夠遍地開花。初步決定,將有以下三項重點工作:(一)催生『民間憲改聯盟』的成立,讓所有對憲改有看法的團體,能夠有一個透明公開的交流討論平臺,甚至最後提出民間版的憲改版本。(二)召集憲改志工或有志於憲改工作的青年,培育他們成為憲改種子師資,致力於社會教育與倡導工作。(三)鼓勵所有民間團體、各高中大專院校都能夠成立研究憲改的相關社團,針對憲改議題進行研究、參與和討論,提出修憲意見」。[45]

2005年9月3日,游錫堃披露陳水扁將在9月中旬宣布啟動一萬場「憲改」座談,將包含演講、辯論、座談、論壇等形式,全臺灣八千個村裡,每個村裡至少有一場,希望透過「座談到村」、「宣導到府」的方式讓民眾認同「憲改」,進而「凝聚全民的國家認同」。游錫堃還表示,「未來『憲改』修正案的公民複決可能與選舉合辦,三個時機包含2007年『立委』選舉、2008年『總統大選』,或者『立委』與『總統大選』合併舉行的選舉」。[46]游錫堃的說法再次顯露了陳水扁耍弄政治權謀,將「憲改」動員與選舉動員相結合,準備重演「公投綁大選」的政治故伎。

表二:臺灣當局所謂推動「憲政改造」的紀要與成果

2004年5月20日	陳水扁在「就職演說」中揭示「憲政改造」工程與推動「憲改」工作的決心
2004年6月—2004年7月	蘇貞昌召開多次會議，就成立「憲政改造推動工作小組」之相關事宜加以研議
2004年7月14日	「憲政改造」徵詢之旅－蘇貞昌拜訪柏楊
2004年7月15日	「憲政改造」徵詢之旅－蘇貞昌拜訪台灣新聞記者協會
2004年7月21日	「憲政改造」徵詢之旅－蘇貞昌與勞工團體代表座談
2004年7月23日	「憲政改造」徵詢之旅－蘇貞昌與婦女團體代表座談
2004年7月26日	「憲政改造」徵詢之旅－蘇貞昌與社會福利團體代表座談
2004年7月28日	「憲政改造」徵詢之旅－蘇貞昌與「改革國會行動聯盟」談「國會改造」
2004年8月23日	「立法院」三讀通過「憲法增修條文修正案」
2004年8月27日	「憲政改造」徵詢之旅－蘇貞昌與青年代表座談
2004年8月31日	「憲政改造」徵詢之旅－「勞動權入憲」南區座談會
2004年9月9日	「憲政改造」徵詢之旅－「勞動權入憲」中區座談會
2004年9月16日	「憲政改造」徵詢之旅－「勞動權入憲」東區座談會
2004年9月23日	「憲政改造」徵詢之旅－「勞動權入憲」北區座談會
2004年10月31日	蘇貞昌出席「行政院研考會」與台大法律學院公法研究中心合辦的「新世紀台灣憲改」研討會
2005年6月6日	游錫堃針對陳水扁「憲政改革」的理念加以闡釋說明
2005年6月7日	「國民大會」複決通過「立法院」所提「憲法增修條文修正案」
2005年6月10日	陳水扁公布「憲法增修條文修正案」
2005年6月16日	游錫堃與媒體茶敘並說明「第二階段憲政改造工程」事宜
2005年7月20日	游錫堃針對推動「第二階段憲政改造」工作表達看法
2005年8月1日	「總統府」成立「憲改辦公室」
2005年9月3日	游錫堃接受中央社專訪時談及「第二階段憲改」之推動
2005年9月14日	陳水扁出席「憲政改造種子教師策勵營」
2005年9月20日	「21世紀憲改聯盟」成立
2005年10月10日	陳水扁「國慶祝詞」將「憲政改造」列為六大改革之一
2005年10月24日	「行政院研考會」公布「民眾對憲政改革議題的看法」民意調查結果
2005年10月25日	「總統府」的「憲改部落格」啓用

續表

2005年10月28日	陳水扁為「新興民主的憲政改造-國際視野與台灣觀點」研討會致開幕詞
2005年10月29日	「宜蘭縣民間憲改聯盟」成立
2005年12月10日	「21世紀憲改聯盟」發表「人權清單」版本
2005年12月24日	「21世紀憲改聯盟」發表「政府體制」版本
2006年1月1日	陳水扁「元旦文告」首度明確「憲改」訂出時間表。
2006年4月25日	游錫堃針對「21世紀憲改聯盟」公布該聯盟第一版完整憲改草案發表看法

資料來源：臺灣當局總統府「憲政改造專題」網站http://constitution.president.gov.tw/index/index.php。

四、結語

陳水扁雖然念念不忘透過「憲政改造」推動「法理臺獨」，但是由於島內外政治的現實，使陳水扁企圖透過「公民投票」完成「憲改」的進程步履維艱，既面臨島內民意的反對，也面對兩岸關係和國際社會的壓力。

依據臺灣現行的「憲法增修條文」第12條的規定：「『憲法』之修改，須經『立法院立法委員』四分之一之提議，四分之三之出席，及出席委員四分之三之決議，提出『憲法』修正案，並於公告半年後，經『中華民國』自由地區選舉人投票複決，有效同意票過選舉人總額之半數，即通過之，不適用『憲法』第一百七十四條之規定」。其中設置了兩個高門檻，其一為「四分之三出席『立委』的決議同意」；其二為公民複決的「有效同意票過選舉人總額之半數」。這兩個高門檻均不容易通過，連民進黨立委林濁水都承認二階段「憲改」成功的機會只有萬分之一。2006年3月14日，陳水扁在接受德國《法蘭克福廣訊報》專訪也不得不表示：「『憲政』改造是高難度政治工程，要在任期內完成是不可能的任務」。[47]

「立法院」表決「新憲法版本」是「憲政改造」必須過的第一關，從現階段臺灣政黨政治的格局看，泛綠陣營的民進黨和「臺聯黨」根本無法取得「立法

院」的多數支持。馬英九接任國民黨主席後明確堅持「目前沒有修憲的必要」。[48]沒有國民黨的支持，陳水扁依據現有程序推動「憲政改造」根本沒有現實可能性。

臺灣民意的反對，也是遏止陳水扁進一步推動「憲政改造」的重要因素。臺灣民眾對於民進黨執政以後集中於政治意識形態鬥爭的施政作為是普遍不滿的。2006年5月，臺灣《中國時報》的民調顯示，如果「修憲」是為了讓「臺灣獨立」更具法理基礎，只有19.9%的受訪民眾贊成；55.7%的受訪民眾不贊成。[49]沒有民意的支持，陳水扁推動「新憲公投」不可能成功。

「臺灣法理獨立」的表現形式、特徵及危害[50]

張文生

自從2003年9月28日，陳水扁在民進黨十七週年黨慶時提出「催生新憲法」的主張以來，「法理臺獨」成為影響兩岸關係最具危險性和危害性的「臺獨」分裂活動。此後，陳水扁透過「公投立法」、「防禦性公投」、「公投入憲」、「廢除國統會和國統綱領」等舉措不斷推進「法理臺獨」的進程，尤其是企圖透過推動「第二階段憲改」實現「法理臺獨」的階段性目標，使得「反臺獨、反分裂」鬥爭進入一個短兵相接的政治較量時期，反對「法理臺獨」是現階段維護兩岸關係和平發展的重要任務。

一、「法理臺獨」的含義

2005年1月28日，全國政協主席賈慶林同志在江澤民同志《為促進祖國統一大業的完成而繼續奮鬥》重要講話發表10週年紀念會上的講話中指出：「在各種不斷升級的『臺獨』分裂活動中，最具危險性和危害性的，臺灣當局圖謀透

過所謂『憲政改造』實現『臺灣法理獨立』，也就是妄圖以所謂『憲法』和『法律』的形式，改變大陸和臺灣同屬於一個中國的現狀，把臺灣從中國分割出去」。這是對於「法理臺獨」的一個較為科學、準確和完整的定義，揭示了「法理臺獨」所包含的三個層面的意義。

第一，「法理臺獨」的目的是要「改變大陸和臺灣同屬於一個中國的現狀，把臺灣從中國分割出去」。

雖然大陸、臺灣和美國對於兩岸關係現狀的認定各不相同，但是中國政府對於海峽兩岸同屬於一個中國的現狀的認定是相當明確的。2005年3月4日，胡錦濤總書記就新形勢下發展兩岸關係的四點意見的講話中指出：「1949年以來，儘管兩岸尚未統一，但大陸和臺灣同屬一個中國的事實從未改變。這就是兩岸關係的現狀。」對於這一現狀的認定，不僅在《中華人民共和國憲法》中有明確的依據，而且臺灣現行「憲法」、「法律」也有相關規定；不僅是中國國內法的規定，而且是國際法的重要規範。「法理臺獨」的根本目的就是要否定、背棄、推翻為兩岸人民和國際社會廣泛支持的「一個中國」原則，改變臺灣屬於中國的一部分的法理基礎，把臺灣從中國分割出去。毫無疑問，這是赤裸裸的「臺獨、分裂」行徑。

第二，「法理臺獨」的方式是妄圖透過修改「憲法」和「法律」的形式來實現「臺獨」。

「法理臺獨」的主要危害是改變臺灣屬於中國的一部分的法理基礎，其主要形式是臺灣當局透過修改「憲法」和「法律」的形式來實現的。從「憲法」層次看，臺灣現行的「中華民國憲法」及其「增修條文」仍然保留了海峽兩岸同屬一個中國的法理架構；從「法律」層次看，臺灣現行的「兩岸關係條例」等相關法律對於海峽兩岸維持了「一國兩區」的法理定位。臺灣法理上的「一中架構」是確保兩岸關係和平穩定並最終實現統一的重要基礎，從法理上遏制了「臺獨」勢力的活動空間。「法理臺獨」走向極端，其實質就是法律上宣布「臺獨」，實現「一邊一國」的兩岸關係定位，給兩岸關係帶來無窮的後患。

第三，臺灣當局圖謀透過所謂「憲政改造」實現「法理臺獨」是現階段最具

有危險性和危害性的「臺獨」分裂活動。

　　2003年10月，陳水扁拋出了所謂「公投制憲」的時間表，宣稱要在「2006年討論新憲法，經過公民投票，2008年新總統就職後實施」。2005年6月份臺灣當局完成第七次「修憲」，把「公民投票」寫入了「憲法增修條文」，隨即陳水扁提出推動「第二階段憲改」的主張。2006年9月，陳水扁宣稱對「憲法」中有關「領土範圍」的規定，「應該認真思考予以必要的處理」。2006年10月15日，陳水扁表示：「大家可以朝辜寬敏提出的『第二共和憲法』的方向來思考」。2007年3月4日，陳水扁提出「四要一沒有」，即：「臺灣要獨立、臺灣要正名、臺灣要新憲、臺灣要發展、臺灣沒有所謂左右的問題，只有統獨的問題」。事實表明，陳水扁不僅無意緩和島內外統獨對立的政治僵局，而且準備藉助於衝撞「紅線」的「新憲法」挽救內外交困的政治危機，陳水扁把2007年、2008年當做其進行「法理臺獨」闖關冒險的重要時機，甚至宣稱「今天不做，明天會後悔」。對於陳水扁的「臺獨」冒險，海內外的中國人必須高度警惕，堅決反對和粉碎其分裂主義的冒險行徑。

二、陳水扁當局推動「法理臺獨」的主要表現

　　陳水扁當局推動「法理臺獨」的政治目的，是要在島內挑起中國意識與臺灣意識之爭，從而在選舉中謀取最大的政治利益。陳水扁當局推動「法理臺獨」的舉措主要表現在兩個方面，一是透過「憲改」完成「一邊一國」的法理架構，二是透過修改「法律」如「兩岸關係條例」實現兩岸關係的重新定位。

　　臺灣當局推動的「憲改」，至少有三個方面是我們判斷其是否涉及「法理臺獨」的重要標準：第一，是否涉及「國號」的變更；第二，是否涉及「領土範圍」的改變；第三，是否改變涉及兩岸關係定位的法理基礎。

　　其一，是否涉及「國號」的變更，這一部分可能性不大。

　　1999年5月民進黨「全代會」通過了「臺灣前途決議文」，其中明確認定：

「臺灣,固然依目前『憲法』稱為『中華民國』」,透露出民進黨對於「中華民國」的「國號」無奈地接受。2005年3月1日,陳水扁本人也表示「我必須要坦誠,我不能夠騙自己,我也不能夠騙別人,我做不到,我就是做不到。在我的任期之內,要把我叫的『國號』改為『臺灣共和國』,我做不到,我也相信李登輝『前總統』在他的12年『總統』任期內,他也沒有做到,縱使今天『總統』給他做,他也做不到」。

其二,是否涉及「領土範圍」的改變,這一部分是陳水扁及民進黨儘可能試圖突破的方面。

陳水扁曾經多次保證「憲改不涉及敏感的主權、領土和統獨議題」,但陳水扁一向玩弄文字遊戲,其中並非沒有手腳可以做。1999年12月,陳水扁發表的「憲政政策白皮書」明確建議「將『中華民國』(臺灣)的領土作一適當、明確的確認」,並且提出了兩種方案,例如規定為:「『中華民國』之領土包括臺灣、澎湖、金門、馬祖及其附屬島嶼以及其他國家權力所及之地區。『憲法』第四條之規定不適用之」;或者規定為:「本『憲法』適用於臺灣。木『憲法』所稱之臺灣指中華民國主權所及之區域,大陸地區指中華人民共和國主權所及之區域」。

在陳明通拋出的「中華民國第二共和憲法草案」前言中規定:「國家管轄領域僅及於臺澎金馬與其附屬島嶼,以及符合國際法規定之領空、領海與鄰接水域」。其實質就是要將「中華民國的領土範圍」侷限在「臺澎金馬」。當然,「領土範圍」的變更,同樣會面臨島內外的巨大壓力,因此,「憲改」明確界定「領土範圍是臺澎金馬」的可能性也不大,但是有可能留給其他法律進行規範,或由「司法院大法官會議」針對某個司法個案作出「憲法」或法律解釋,從而實現對「領土作一適當、明確的確認」的目標。

其三,是否涉兩岸關係定位的改變。一旦臺灣當局完成「制定新憲法」的過程,改變涉及兩岸關係定位的法理基礎是必然的。

「中華民國憲法」延續了「一個中國」的架構,1990年代以來臺灣當局雖然完成了七次「修憲」,但始終保留了「增修條文」第十一條作為兩岸關係定位

和規範的法源,即規定「自由地區與大陸地區間人民權利義務關係及其他事務之處理,得以法律為特別之規定」,該規定對於兩岸關係的定位是明確的,即「一國兩區」的架構。可以預見的是,如果臺灣當局推動「憲改」,制定「新憲法」,對於兩岸關係定位的「一國兩區」架構將不復存在,是否將兩岸關係明確定位為「一邊一國」,如修改為「中國和臺灣人民權利義務關係及其他事務之處理,得以法律為特別之規定」,或在「新憲法」中將「中華民國」與「中華人民共和國」並列,也將直接衝擊兩岸關係的定位。2007年3月份,民進黨「第二階段憲改研議小組」召集人陳明通拋出的「中華民國第二共和憲法草案」版本即將「兩國論」寫入所謂「第二共和憲法」的前言。而更為直接和露骨的是,將陳水扁不斷宣揚的「臺灣主權三段論」寫入「新憲法」。陳水扁的「臺灣主權三段論」即所謂「中華民國是一個主權獨立的國家,國家的主權屬於二千三百萬臺灣人民,臺灣前途的任何改變,只有臺灣二千三百萬人民才有權利決定」。一旦臺灣當局在「新憲法」中改變兩岸關係的定位,無疑也是「法理臺獨」的重要體現。

三、「臺獨」勢力拋出的各種「新憲法」版本

根據相關媒體的統計,「臺獨」勢力拋出的「新憲法」版本已經有15部。其中包括在歷史上各種政治勢力和「臺獨」分子拋出的不同版本,也包括近年陳水扁推動「第二階段憲改」過程中各種政治勢力和「臺獨」分子拋出的各種版本。這些不同版本的「新憲法草案」在具體的內政建構上雖然主張各有不同,但是在建構新的國家認同,建立「新國家」,確認新的「領土範圍」,制定新的「國旗、國歌與國徽」的主張方面意見是相同的。毫無疑問,這些「新憲法草案」也是民進黨當局和島內外「臺獨」勢力推動「公投制憲」的「新憲法」內容的重要基礎和參考文獻。現針對其中較有代表性的幾部草案進行簡要的比較分析。

（一）歷史上「臺獨」勢力拋出的各種「新憲法」版本

1.許世楷版「臺灣共和國憲法草案」

1975年許世楷起草，1988年改寫後發表於《臺灣公論報》，同年12月由鄭南榕主編的《自由時代週刊》再次發表。全案共分8章99條，該案第一章「總論」直接確認臺灣的「國家」認同問題，把「國名」定為「臺灣共和國」，與其他版本不同之處是該案規定「臺灣共和國的領土，不包括金門、馬祖等中國沿岸諸島嶼」。該案在政體上主張「內閣制」、「國會」分上下兩院。

2.黃昭堂版「臺灣共和國憲法草案」

全文分為8章68條，前文部分即宣布「建立臺灣共和國」，總綱部分規定了「國名、國民、主權、領士、國旗」等，是一部赤裸裸的「臺獨建國憲法」。政體上實行「責任內閣制」，總統由間接選舉產生，「內閣總理」對議會負責。其前文及總綱部分如下：

「前文

國家是一群渴望在同一國家生活的人的運命共同體、基於這個認識、臺灣的居民宣布建立臺灣共和國。政府就是為國民服務、保衛國土與國民、增進國民幸福的機關、鑑於長久以來、臺灣處於殖民地獨裁政治、為保證臺灣共和國國民永遠享受自己民主的生活、訂此憲法、作為國家基本大法。

第一章　總綱

第1條〔國號〕

國號定為臺灣共和國。

第2條〔國民〕

凡有臺灣共和國國籍者、為臺灣共和國國民。

第3條〔主權〕

臺灣共和國主權屬於臺灣共和國國民。

第4條〔平等〕

臺灣共和國國民不論性別、出生地、財產、學歷、經歷、在政治上、社會上、文化上一律平等。鑒於少數民族長期不幸之處境、應特別加以優遇以外、各種族一律平等。

第5條〔領土〕

臺灣共和國的領土是臺灣本島與其附屬諸島及澎湖諸島、永遠不得變更之。

凡屬於他國的領土、一律不得併入臺灣共和國領土。

第6條〔國旗〕

臺灣共和國國旗定為……」

3.黃昭堂版「臺灣憲法草案」

這是黃昭堂宣稱「供臺灣人國民黨員參考而做的,而以中華民國憲法修改而來」。全文分為11章106條,並未明確規定「國名」,但是將領土範圍規定為「澎湖群島、臺灣本島以及其附屬諸島」;政體上規定總統由選民直選產生,實行總統與「行政院長」分權的「雙首長制」。其「臺獨」色彩仍然相當鮮明,主要體現在第一章「總綱」部分。

「第一章　總綱

第1條

臺灣為民有民治民享之民主共和國。

第2條

臺灣之主權屬於國民全體。

第3條

具有臺灣國籍者、為臺灣國民。

第4條

臺灣領土是澎湖群島、臺灣本島以及其附屬諸島、非經公民投票、不得變更之。

第5條

臺灣各種族一律平等。

第6條

臺灣國旗定為綠色底白色……」

4.新潮流版「臺灣共和國憲法草案」

1989年新潮流系在選舉過程中組成「新國家聯線」，拋出「臺灣共和國憲法草案」的新系版本，作為「新國家連線」的共同政見。該案全文共分4章11節128條，並附「制憲」程序、過渡原則與「制憲」原則的說明。在序言中，該版本開宗明義地宣稱「決心建立臺灣共和國來追求自己和後代子孫的自由和幸福」，並在第一章總論就國家認同問題作出了規範：「臺灣共和國為民主、法治、文化與社會國家。臺灣共和國為非軍事結盟之武裝中立國家」（第1條）；「臺灣共和國領土包括臺灣島及其有效管領之島嶼」（第3條）；「國旗、國歌與國徽以法律定之」（第5條）。在政體上主張「內閣制」、「單一國會」。

5.林義雄版「臺灣共和國基本法草案」

1989年林義雄從海外帶回臺灣的版本。全文共分為8章130條，在前言部分即表明建立「臺灣共和國」的依據和原則，其特色是專辟第二章「國士」部分，規定「臺灣共和國的領土包括臺灣島與它的附屬島嶼」；在政治體制上主張「雙首長制」、「單一國會」，並明定「基本法是共和國最高法律」。

6.李憲榮版「臺灣民主國憲法草案」

曾任「世臺會會長」的李憲榮起草，其特點是將所謂的「國名」確定為「臺灣民主國」，「領土範圍」包括「臺澎與所屬島嶼」，實行「總統制」、「單一國會」。

7.鄭寶清版「臺灣基本法草案」

1990年4月由時任民進黨祕書處主任的鄭寶清起草完成,作為民進黨參與「國是會議」幕僚小組提報中常會討論的版本,代表了民進黨內基本法派的意見。該案全文共分7章73條,主張「總統制」、「單一國會」,將臺灣重劃為5省2市,以基本法的形式迴避了「國名、主權、領土」等敏感的統獨問題。

8.1991年「人民制憲會議」制定的「臺灣憲法草案」

1991年8月26日凌晨出爐,稱為「臺灣憲法草案」,該案共分11章108條,主張「總統制」及「單一國會」的政體,總統選舉採絕對多數制,以公民投票的方式完成「制憲」與「修憲」。這是一部赤裸裸的「臺獨建國憲法」,會議過程網羅了民進黨主要政治人物及島內主要獨派代表人物和法政學者,較為充分和完整地反映了民進黨的「制憲」主張。該草案主張從根本上改變臺灣現有的「國名」、「國旗、國徽、國歌」以及「領土範圍」。這一點在「臺灣憲法草案」的第一章就進行了公然的宣告:

「第一章　總綱

第一條　臺灣為民有、民治、民享之民主共和國,國名為臺灣共和國。

第二條　臺灣之主權屬於國民全體。

第三條　凡具有臺灣之國籍者為臺灣之國民。

第四條　臺灣之領土包括臺灣本島、澎湖群島、金門、馬祖、附屬島嶼及國家權力所及之其他地區。

第五條　國旗、國徽及國歌以法律定之。」

9.1994年8月第二次「臺灣人民制憲會議」修訂的「臺灣共和國憲法草案」

1994年6月及8月召開了所謂的第二次「臺灣人民制憲會議」,將「臺灣案法草案」更名為「臺灣共和國憲法草案」。全案修改為12章113條,增列序言及第9章族群部分,在序言中表明決心「創建獨立自主的現代『國家』,特制定本『臺灣共和國憲法』」,並賦予總統「得就國家重大事項,依法提交公民投票」的權力。

（二）陳水扁推動「第二階段憲改」過程中各種「臺獨」勢力拋出的「新憲法」版本

1.「908臺灣國憲法草案」

2005年5月29日，島內極端「臺獨」勢力成立「908臺灣國運動」組織，設立專門的項目小組積極從事「制憲」活動。2005年11月11日，「908臺灣國運動」公布的「臺灣國憲法」第一版，全文共124條；經過修改，2006年8月12日，公布「908臺灣國憲法草案」完成版，全文共分8章，111條。「臺灣國憲法草案」沒有明確規定「國名」，但自稱為「臺灣國」，第一章即「國民」規定人民的權利義務，沒有設立「總綱」。但第1條規定：「臺灣國的一切權力屬國民全體。」第2條規定：「本憲法生效時，有下列資格者即為臺灣國國民。（1）在本國設有戶籍者。（2）居住外國，但在本國國土內出生且無他國國籍者，如有他國國籍，須在本憲法生效時起六個月內，放棄他國國籍，始得成為臺灣國國民。」其「臺獨」性質也相當鮮明。

2.「21世紀臺灣憲改聯盟內閣制版本」

2006年5月，「21世紀臺灣憲改聯盟」拋出了「內閣制」的「憲改」版本，全文共分為4章124條，在政體上主張總統由間接選舉產生，由「內閣總理」掌實際權力，對「議會」負責。在第二章「國家」第一節「總綱」部分，規定了「主權、國民、領土」等內容，其實質也是為了將臺灣所謂「主權」侷限在「臺澎金馬」，具體條文如下：

「第二章　國家

第一節　總綱

第43條　我國為自由、民主、法治及社會之共和國。

第44條　我國之主權屬於國民全體。

第45條　具有我國國籍者為我國國民。

第46條　本憲法規範效力所及範圍為我國領土。

第47條　我國國旗以法律定之。」

3.「21世紀臺灣憲改聯盟總統制版本」

2007年1月25日,「21世紀臺灣憲改聯盟」拋出了「總統制」的「憲改」版本,全文共分為4章148條,在政體上主張「總統制」,總統由選民直接選舉產生,總統直接主持「部長會議」。該版本在第二章「國家與憲法原則」第一節「總綱」部分的規定基本上與「內閣制」版本「總綱」部分的規定相同,只是增加了有關「環保」和「追求和平」兩項條文,其「臺獨」性質沒有變化。

4.李鴻禧版「臺灣憲法草案」

2007年1月27日,號稱陳水扁的「國師」李鴻禧領銜的所謂「新憲工作室」,公布「臺灣憲法草案」。該版本全文共125條,在政體上主張「總統制」,「總綱」僅規定「臺灣立國的憲政基本價值與國體,並揭　國民主權原理與權力分立原則」,而有爭議的「領土、國旗、國歌」部分未列入。

5.陳明通的「中華民國第二共和憲法草案」

依據陳水扁的意見,作為民進黨「第二階段憲改研議小組」召集人的陳明通起草了「中華民國第二共和憲法草案」,並且在2007年3月18日與25日在臺灣大學社科暨法律學院國際會議廳召開研討會,公布了「中華民國第二共和憲法草案」。該草案的要害是在「前言」部分將所謂「領土範圍」加以實質限制,並且將「中華民國」與「中華人民共和國」並列,甚至主張由公民投票決定兩岸關係。雖然陳明通在草案說明中,認為「將來的憲政體制是包含原憲法的總綱,以及『第二共和憲法』的全部」,然而該草案貫徹「兩國論」的意圖的非常明顯的。

除了以上一些主要的較完整的「新憲法」版本之外,民進黨立委王幸南、林濁水、陳金德、尤清等人也提有不同的版本或個別條文,如王幸南在提出的「憲改」版本中有關「主權」部分就主張:「國家主權全部或一部之拋棄或讓渡,非經『中華民國』全體公民過半數之投票,有效票過半數之同意,不得為之。與中國大陸任何形式之合併,亦同。『中華民國』與中華人民共和國間人民權利義務

關係及其他事務之處理，得以法律為特別之規定。」這樣的條文也是赤裸裸地把「兩國論」寫入所謂的「憲法」。

四、「法理臺獨」的危害

「法理臺獨」的本質就是改變海峽兩岸同屬一個中國的法理架構，其目的不僅僅是圖謀在島內建立「臺灣是一個主權獨立國家」的法理架構，而且企圖讓國際社會接受「一邊一國」的法理架構。在海峽兩岸中國人的共同遏制下，這樣的圖謀是不可能實現的，但是卻給兩岸關係帶來了深刻的危害。

1.「制憲——公投——建國」是「法理臺獨」的路線圖

1991年10月，民進黨召開五屆一次全代會，將「基於國民主權原理，建立主權獨立自主的『臺灣共和國』及制定新『憲法』的主張，應交由臺灣全體住民以公民投票方式選擇決定」的主張寫入黨綱，提出「依照臺灣主權現實獨立『建國』，制定『新憲』，使法政體系符合臺灣社會現實」，「依照臺灣主權現實重新界定臺灣『國家領域主權』及對人主權範圍」。至此，民進黨確立了「制憲——公投——建國」三部曲的「臺獨」路線圖。

民進黨上臺以後，積極推動第二階段「憲改」，其目的就是要改變大陸和臺灣同屬於一個中國的法理現狀。2005年6月25日，陳水扁在「臺灣法學會」舉辦的「主權、憲法與臺灣的未來」研討會上表示：「隨著新的臺灣國家主權論述的確立，以及舊有意識形態的退去，臺灣已做好全面推動憲改的心理準備」。「第二階段憲改」正是去除「大中國意識形態」，要以「主權屬於臺灣人民」的這個新的「國家主權論述」，「取代以往以『大中國意識』為基礎的主權概念」。2006年9月20日，民進黨「第二階段憲改研議委員會」將不涉及「總綱」部分的「新憲草案」提交民進黨中常會討論，部分民進黨中常委對不修改「憲法總綱」部分的「新憲草案」不滿，民進黨仲裁會主委陳繼盛就表示：「這種憲改一點理想也沒有，憲改重點就是前六條，其他都是枝枝節節，至少要明列疆域為臺、

澎、金、馬」。隨即陳水扁指示朝「『第二共和憲法』的方向來思考」。這充分說明，臺灣當局「憲改」的目的不是為了提高行政效率，也不是為了所謂的「新聞自由」，其核心是要透過「憲改」來落實「制憲——公投——建國」的「臺獨」路線圖。

2.「第二共和憲法草案」的實質是貫徹李登輝的「兩國論」

1999年7月9日，李登輝接受「德國之聲」專訪，拋出了「兩國論」。李登輝表示：「1991年修憲以來，已將兩岸關係定位在國家與國家，至少是特殊的國與國的關係，而非一合法政府、一叛亂團體，或一中央政府、一地方政府的『一個中國』的內部關係」。李登輝提出「兩國論」不是臨時起意，而是祕密研究了一年多，李早就指示「國安會」祕密成立「強化中華民國主權國家地位專案小組」積極研究這個問題，總統府祕書長由黃昆輝召集，副祕書長林碧炤、資政丁懋時、「國安會」祕書長殷宗文、諮詢委員蔡英文等人組成。李登輝「兩國論」的目的不僅僅是要從政治上改變兩岸關係的定位，而且是要從法理上改變兩岸定位，並且提出了一系列修法、「修憲」的步驟，包括廢除「國統綱領」、「國統會」；修改涉及兩岸定位的法律；「制定新憲法」等。陳水扁上臺後積極推動「法理臺獨」，其實很多方面是在貫徹李登輝的「兩國論」。「第二共和憲法草案」一方面規定所謂「國家管轄領域僅及於臺澎金馬與其附屬島嶼，以及符合國際法規定之領空、領海與鄰接水域」；另一方面將「中華民國」與「中華人民共和國」並列，完全是李登輝「兩國論」的法律翻版。

3.「法理臺獨」嚴重危害兩岸關係的穩定

雖然從客觀力量對比分析，陳水扁要在「立法院」達到四分之三多數完成「新憲法」成案的可能性不高，但是陳水扁為了支持民進黨2008年勝選，為了繼續在下臺後發揮影響力，仍會不遺餘力地推動「法理臺獨」的進程。「臺獨」勢力拋出的種種「新憲法」版本，其最終目的是建構新的國家認同，建立「新國家」。任何一種版本的通過都有可能觸及《反分裂國家法》第八條的規定，將給兩岸關係帶來災難性的後果。

「中華民國第二共和憲法草案」評析[51]

張文生

2007年3月18日與25日,臺灣智庫及「中華亞太菁英交流協會」在臺灣大學社科與法律學院國際會議廳召開「審議式民主:『中華民國第二共和憲法草案』研討會」。會議公布、說明並討論了民進黨「第二階段憲改研議小組」召集人陳明通等人起草的「中華民國第二共和憲法草案」。3月28日,國臺辦新聞發言人楊毅指出:「所謂的『第二共和憲法草案』,迎合陳水扁謀求臺灣『法理獨立』的圖謀,公然納入兩岸『一邊一國』的分裂主張,否定大陸和臺灣同屬一個中國的事實,企圖製造國家和民族的分裂」[52]。

1.「第二共和憲法草案」是落實陳水扁「法理臺獨」指示的版本。

2005年6月份,臺灣當局完成第七次「修憲」,陳水扁隨即提出推動「第二階段憲改」的主張,雖然社會各界的反響不大,但是民進黨仍然積極地加以落實。民進黨在黨內成立了「第二階段憲改研議委員會」,負責黨版「新憲法草案」的起草和研究。「第二階段憲改研議委員會」分為人權小組和體制小組,由臺灣大學「國家發展研究所」的陳明通教授擔任召集人,召開了20多次的幕僚會議,提出了「總統制」與「內閣制」的兩種版本的條文草案。2006年9月20日,「新憲草案」提交民進黨中常會討論,部分民進黨中常委對不修改「憲法總綱」部分的「新憲草案」不滿,民進黨仲裁會主委陳繼盛就表示:「這種憲改一點理想也沒有,憲改重點就是前六條,其他都是枝枝節節,至少要明列疆域為臺、澎、金、馬」[53]。陳繼盛的主張得到中常委蔡同榮與葉菊蘭的支持。

在黨版「新憲法草案」正式頒布之前,2006年9月18日、9月20日、9月24日民進黨分別召開了三次研討會,其中9月24日名為「臺灣憲政的困境與重生——總統制與內閣制的抉擇」研討會引起各界的高度關注,陳水扁在講話中宣稱:有關「領土範圍」的規定,「這種嚴肅的憲政議題,同時也是有關民主轉型重大的省思,在維持現狀的大前提下,臺灣內部是不是應該容許有更充分討論的

空間。」「我們是不是也應該認真思考予以必要的處理。」[54]陳水扁有關考慮修改「領土範圍」的言論，使「新憲法」議題再次炒熱，島內外的統獨神經再次緊繃。

雖然陳水扁因涉嫌弊案陷入內外交困的環境中，但是他試圖透過挑起統獨和省籍對立轉移社會輿論焦點，尤其是對透過「憲改」推動「法理臺獨」的企圖仍未死心。2006年10月15日，陳水扁出席獨派大老辜寬敏的生日晚宴，首度表示「願意凍結現行憲法，新訂一部第二共和憲法」，以「建立自己的國家」。[55]11月1日，英國《金融時報》刊載對陳水扁的專訪，陳水扁再次鼓吹要「催生一部合時、合身、合用的新憲法」，並且露骨地表示：「其實『第二共和』就是要凍結現行『憲法』，制定臺灣『憲法』。」[56]。

陳水扁提出以「中華民國第二共和」作為「憲改」方向之後，以陳明通為召集人的「第二階段憲改研議委員會」結合臺北大學法學系陳慈陽教授、中央大學法律與政府研究所副教授陳英鈐等人迅速起草了「中華民國第二共和憲法草案」，並在2007年3月發表，以迎合陳水扁推動「法理臺獨」的政治進程。

2.「第二共和憲法草案」是貫徹李登輝「兩國論」的表現。

所謂「第二共和」的說法，並不是陳水扁的首創，也不是辜寬敏的發明。有人指出，最早是由日本學者若林正丈在《臺灣：分裂國家與民主化》一書中提出來的，若林正丈認為臺灣進入1990年代以後，解除戒嚴，廢除「動員戡亂時期臨時條款」，政治體制實現了「臺灣化、民主化」，即「脫內戰化」，臺灣政權在本質上發生改變，「與中國大陸民意無關」。後來，李登輝公開沿用了若林正丈的說法，在與中嶺雄合寫的《亞洲的智略》一書中宣稱：「中華民國已不再是原來的中華民國，而是『新的共和』（New Republic），也就是『第二共和』。」[57]。2002年李登輝組織「群策會」，發表「臺灣21世紀國家總目標」，宣稱「歷經六次憲政修改，主權在民的民主精神落實了中華民國『第二共和』的建構」[58]。

由於所謂的「第二共和」在一定程度上可以調和「中華民國」與「臺灣共和國」的分歧，偷渡「臺灣共和國」的實質，因此，後來連頑固「臺獨」分子辜寬

敏也樂於加以利用，2006年7月21日，辜寬敏在《中國時報》發布政治廣告，要求陳水扁「凍結舊憲法制定中華民國第二憲法」。10月15日，得到陳水扁的呼應後，辜寬敏表示：「第二共和即凍結現行中華民國憲法，由臺灣人制定自己的憲法，名稱叫什麼都沒關係，如果未來國家有辦法實行過去的中華民國憲法，再將它恢復，『但那是不可能的』」。[59]

陳水扁上臺以來，積極推動「法理臺獨」的進程，其中許多措施依據李登輝的規劃推進，尤其是李登輝在下臺之前拋出的「兩國論」方案，幾乎是陳水扁按表操課的原版。1999年7月9日，李登輝接受「德國之聲」專訪，拋出了「兩國論」。李登輝表示：「1991年修憲以來，已將兩岸關係定位在國家與國家，至少是特殊的國與國的關係，而非一合法政府、一叛亂團體，或一中央政府、一地方政府的『一個中國』的內部關係」[60]。李登輝提出「兩國論」不是臨時起意，而是祕密研究了一年多，李早就指示「國安會」祕密成立「強化中華民國主權國家地位專案小組」積極研究這個問題，由總統府祕書長黃昆輝召集，副祕書長林碧炤、資政丁懋時、「國安會」祕書長殷宗文、諮詢委員蔡英文等人組成。李登輝「兩國論」的目的不僅僅是要從政治上改變兩岸關係的定位，而且是要從法理上改變兩岸定位，並且提出了一系列修法、「修憲」的步驟，包括廢除「國統綱領」、「國統會」；修改涉及兩岸定位的法律；「制定新憲法」等。「第二共和」是李登輝「兩國論」的規劃方向，在他看來，「過去六次修憲，主要著眼點在憲政權力的分配與運作，不在憲法的基型，完全沒有觸及到建構國家（nation-building）的要素，這就是今天臺灣『認同』缺少憑籍的重要因素，也是『第二共和』還得要在憲法上努力的地方」[61]。陳明通拋出的「第二共和憲法草案」一方面規定所謂「國家管轄領域僅及於臺澎金馬與其附屬島嶼，以及符合國際法規定之領空、領海與鄰接水域」；另一方面將「中華民國」與「中華人民共和國」並列，可以說完全是李登輝「兩國論」的法律翻版。

3.「第二共和憲法草案」是陳明通作為學者個人的作品。

「中華民國第二共和憲法草案」全文分為前言和十三章，共計177條，其中核心部分如「前言」、政府體制、「憲法之修改、施行及過渡」條款等均由陳明

通所起草。在他看來,「新憲法」的目的是要解決「臺灣的民主化涉及國家（nation）與國家機關（state）兩個層次的解構與重建問題」,「而制定『中華民國第二共和』憲法則是其中的一個選項,而且是比較務實可行的選項」。[62]陳明通對於臺灣現行制度的問題與困境不能說沒有深入的認識與研究,但是在具體的解決問題的方向與理由中,卻帶有強烈的民進黨色彩和「臺獨意識形態」。

「第二共和憲法草案」的關鍵部分是「前言」,約有212字,依據陳明通的說法,其目的是:「一、以歷史事實及現實裝描述兩岸關係的演變。二、以『第二共和憲法』作為臺灣與『中華民國』的憲法連結。三、為協商兩岸終局政治安排提供憲法授權」[63]。然而,縱觀陳明通為此所作的論述與說明,其目的是要證明陳水扁的「臺灣主權三段論」,即所謂:「中華民國是一個主權獨立的國家,國家的主權屬於二千三百萬臺灣人民,臺灣前途的任何改變,只有臺灣二千三百萬人民才有權利決定」[64]。為此,陳明通不僅否定「中國」作為國家的概念,而且否定孫中山領導辛亥革命創立「中華民國」只是政府繼承的過程；不僅否定「開羅宣言」和「波茨坦公告」的國際法地位,而且借用「臺灣地位未定論」的陳詞濫調以否定臺灣、澎湖作為中國領土不可分割的一部分的事實。

雖然「第二共和憲法草案」是陳明通作為民進黨「第二階段憲改研議委員會」召集人為迎合「法理臺獨」的圖謀所拋出的「新憲法」版本,但是其中也不乏陳明通個人作為學者的理念和思想。由於起草過程倉促,其中也有不少自相矛盾之處。為了取得社會的認可,陳明通在公布「第二共和憲法草案」的同時,借用西方政治學的概念,召開了以「審議式民主」為題的研討會。審議式民主（deliberative democracy）又稱為協商民主,其著眼點是「面對高度多元的社會,如何透過制度化的機制來化解社會衝突、塑造一種公正而有活力的公共生活。它強調民主不僅僅是投票,民主也不僅僅是參與。它強調在投票前應有一個公共審議的過程,使得公民可以透過自由而公開的討論,深化他們對於共同利益的理解。」[65]不過,打著「審議式民主」的口號推銷「第二共和憲法草案」,顯然不是著眼於「投票前應有一個公共審議的過程」,而是因為臺灣社會對於陳水扁當局推動的「新憲公投」毫無共識,根本不可能推進到「公民投票」階段,只能以所謂「審議式民主」聊以自慰而已。

4.「第二共和憲法草案」是試圖向統獨各方壓力妥協的產物。

陳水扁提出「公投制憲」的主張以來，引起島內外各界對其「法理臺獨」行徑的高度警惕。為了緩解島內外各界的壓力，陳明通在起草「第二共和憲法草案」時有意識地試圖避開敏感的領域，表達所謂的「善意」。比如，第一，繼續延用「中華民國」的「國號」，以示對歷史的承認與延續，「新憲法」稱為「中華民國第二共和憲法（簡稱臺灣憲法）」；第二，既不用「主權領域」，也不用「領土範圍」這樣的敏感用語，而稱為「國家管轄領域」；第三，陳明通在說明中表示「原憲法的總綱」並沒有廢除：「此次憲改完成後，將來的憲政體制是包含原憲法的總綱，以及『第二共和憲法』的全部」[66]；第四，2007年1月初，草案完成之後，陳明通透過臺大國發所教授、前海基會主祕周繼祥將草案送到北京，徵詢國臺辦的意見。[67]

陳明通認為，「這一套憲草顧慮到各方期望，以中華民國出發並保留中華民國之名」[68]，然而，給所謂的「新憲法」冠以「第二共和」的名稱，表面上看，似乎是「第一共和」的延續，代表了一定程度的繼承性和連續性，目的是化解島內外堅持「一個中國」原則的力量的巨大壓力。但是在島內「臺獨」勢力的心目中，「第二共和憲法」是一種不得已的情況下的暫時的選擇，所謂「第二共和」不過是「臺灣共和國」的暫代名詞而已。「第二共和憲法」的核心是要凍結「中華民國憲法」第一章「總綱」部分尤其是有關「固有疆域」的規定。所謂「第二共和憲法」的最終目的是將臺灣「主權領域」限縮在臺澎金馬，貫徹陳水扁的「臺灣主權三段論」，以區別於在法理上堅持「一個中國」原則的1947年生效的「中華民國憲法」。「第二共和憲法」雖然保留了「中華民國」的名稱，但是輸入了「臺灣共和國」的實質。

「第二共和憲法」至少部分實現了「臺獨」勢力孜孜以求的「公投制憲」的政治主張。第一，所謂「凍結」實際上是廢除了原「中華民國憲法」。雖然表示未來在可能條件下，恢復適用原本「憲法」的條文，「但那是不可能的」，這僅僅是一種自欺欺人的作法。第二，達到了「催生一部合時、合身、合用的新憲法」的目的。這部「新憲法」與原有的「中華民國憲法」有本質上的差別，其

「適用範圍」侷限於臺灣。第三，處理了「固有疆域」問題，將「領土主權範圍」限縮在「臺澎金馬」地區。第四，對於兩岸關係進行重新定位。把「一邊一國論」的精神寫入「憲法」，從根本上改變「中華民國憲法」及其「增修條文」對於海峽兩岸的「一國兩區」的法理定位。

「第二共和憲法」是陳水扁「公投制憲」主張的變種。陳水扁承認「在我的任期之內，要把我叫的『國號』改為『臺灣共和國』，我做不到」，「我做不到，我就是做不到」[69]。但是，在維持「中華民國」的「國號」不變的情況下，陳水扁當局儘可能地滿足「臺獨」勢力「公投制憲」的政治要求，達到既「制定新憲法」，又降低內外壓力的目的，因此，所謂「第二共和憲法」就成為各方壓力下的妥協性的選擇。

5.「第二共和憲法草案」是島內外各界都不滿意的草案。

陳水扁拋出「第二共和憲法」的主張之後，島內藍綠陣營都不滿意。民進黨內政治人物一頭霧水，不知道陳水扁葫蘆裡賣的什麼藥。民進黨立委林濁水質疑「這是什麼碗糕？」他認為，「第二共和憲法」在陳水扁任內沒有實踐的空間，不必要發明很多沒有意義的名詞分散焦點。原民進黨內「世代論壇」認為凍結現行「憲法」「無根據、無可行性，也沒必要」，呼籲「應修憲而非制憲，且不應動總綱」。[70]

所謂「第二共和憲法」並不能滿足所有「臺獨分子」的慾望，「臺獨」勢力既要「制憲」，又要「正名」，最終目標是要把「中華民國」改為「臺灣共和國」。在他們看來，陳水扁不過是在捧辜寬敏的場，做面子給辜寬敏罷了。他們認為，目前獨派的目標，一是「倡導制憲的必要性」，二是「推動全面『正名』」，都與「第二共和」無關。獨派政治勢力如民進黨和「臺聯黨」之間，仍然在爭奪「臺獨」的主導權。「第二共和憲法」作為「公投制憲」的變種，一旦進入實際的運作程序，必然會激起「臺獨」勢力更加膨脹的野心，失控的「臺獨戰車」一旦啟動，恐怕不是陳水扁所能主導的。

藍營則公開指責「第二共和憲法」的目標是「法理臺獨」，不僅在臺灣內部沒有共識，也不會獲得美國認同。國民黨政策會副執行長兼大陸事務部主任張榮

恭認為，「中華民國第二共和憲法」草案，明白表露「兩國論入憲」及推動「統獨公投」，明顯違反陳水扁的「四不」承諾，目標是「法理臺獨」，企圖對中國大陸「以獨求戰」。國民黨「立院黨團」則抨擊「第二共和憲法」草案「主張總統由國會議員選出，閣揆由國會議員互推，將讓國家名器、大位被少數人操縱，民初『曹錕賄選』戲碼可能重演」。[71]

臺灣輿論也指出了由於「第二共和憲法草案」倉促起草，內容與文字粗糙草率、自相矛盾。臺灣《聯合報》社論不無譏諷地指出：「『第二共和憲草』的第一句話就出錯。前言的第一句話是『中華民國創立於一九一一年』，但史實卻是『中華民國創立於一九一二年』」。[72]

6.「第二共和憲法草案」是不可能實現的方案。

在陳明通看來，「第二共和憲法草案」是「比較務實可行的選項」，然而，「第二共和憲法草案」的政治設計不僅脫離了臺灣的現實，而且也違背了「一個中國」的兩岸政治和法理現狀，注定了該「草案」是一項不可能實現的方案。

（1）「第二共和憲法草案」有關「內閣制」的政體設計完全脫離了臺灣的政治現實。

「第二共和憲法草案」在政治體制上採取採取三權分立和「內閣制」的設計，由總統、「國務院」、「國會」和「憲法法院」及「最高法院」所構成。總統為虛位職務，改為間接選舉，另設「總統選舉推薦委員會」提名人選向「國會」推薦，經全體「國會議員」二分之一以上同意為當選；總統任期改為六年，連選得連任一次；總統不再掌握政治實權，公布法律，發布命令，須經「國務院總理」之副署及有關「部會首長」之副署。「最高行政機關」改稱「國務院」，設「總理」一人、「副總理」二人，由「國會議員」出任；「國務院總理」由總統提名，經「國會」全體議員二分之一以上同意任命。

「第二共和憲法草案」有關「內閣制」的政體設計完全脫離了臺灣的政治現實，即使民進黨內也是意見分歧，難以接受。臺灣現實中的政治體制是所謂傾向於「總統制」的「雙首長制」，無論是蔣氏父子當政時期，還是李登輝或陳水扁

執政階段,在實際的運作中都是以總統為政治權力的核心。經過1996年以來的直選之後,總統挾持民意擴張權力的趨勢更加明顯。把權力中心轉移到議會的設計只是個人主觀的想像,既沒有歷史傳統也沒有現實的政治文化足以支持。

另外,臺灣民眾經過多次的「總統直選」,無論其過程多麼荒誕,臺灣民眾已經習慣於用手中的選票選擇臺灣領導人,早已拒絕「委任直選」的政治設計,不太可能接受間接選舉的設計。更何況臺灣地狹人少,近98%都是漢民族,不存在直接民主的地域和文化侷限,間接選舉的設計毋寧說是民主政治的倒退。臺灣「中選會主委」張政雄就坦率地表示:「這樣的選舉方式比較不公正,被操控的機率會比較大,賄選的可能性也更大了」[73]。

(2)「第二共和憲法草案」缺乏足夠的民意支持。

陳水扁在內外交困的弊案泥沼中掙扎,把「第二共和憲法」當做一根救命稻草抓住不放。然而「第二共和憲法」本質上仍然在兜售「公投制憲」。臺灣泛藍陣營各政黨和支持群眾對於「第二共和憲法」的「法理臺獨」的本質已經有了清晰的認識,不可能支持此種危害兩岸和平發展的「臺獨新憲」版本。多數臺灣民眾也拒絕為弊案纏身的陳水扁的「法理臺獨」主張買單,陳水扁當局也沒有能力動員群眾支持「新憲法」。臺灣年代民調中心相關民調顯示,47%的民眾不贊成陳水扁「新憲法」的主張。[74]所謂「第二共和憲法」既阻擋不了排山倒海的「倒扁」民眾走上街頭,也挽救不了陳水扁搖搖欲墜的權力危機。

不僅一般的臺灣民眾不相信陳水扁,而且連向陳水扁提議「第二共和憲法」的辜寬敏也認為,陳水扁剩下一年半的任期,「應該做不到」。「他有很多地方相當搖擺,有人希望他能長大,但看起來很難」[75]。「第二共和憲法」在臺灣沒有實踐的空間。

(3)「第二共和憲法草案」違背了「一個中國」的兩岸政治和法理現狀。

2005年3月4日,國家主席胡錦濤指出:「1949年以來,儘管兩岸尚未統一,但大陸和臺灣同屬一個中國的事實從未改變。這就是兩岸關係的現狀。」[76]「第二共和憲法」目的就在於改變兩岸同屬於一個中國的現狀,把陳水

扁當局「一邊一國」的兩岸政治定位法理化。對於這一點，陳明通本人也不諱言，他認為「兩岸一邊一國是事實」。

然而，大陸和臺灣同屬一個中國的事實不僅是大陸的主張，也是臺灣現行法律的架構。改變一個中國的現狀，將嚴重危害兩岸關係的和平穩定。《反分裂國家法》第八條明確指出：「『臺獨』分裂勢力以任何名義、任何方式造成臺灣從中國分裂出去的事實」，「國家得採取非和平方式及其他必要措施，捍衛國家主權和領土完整」。[77]臺灣當局推行改變大陸和臺灣同屬一個中國現狀的任何「新憲法」版本，都將是對中國國家主權和領土完整的嚴重挑釁，將給兩岸關係帶來災難性的後果。

「修憲」、「制憲」、「行憲」之爭與臺灣「憲政秩序」塑造中的「國家認同」[78]

李鵬

自從1990年5月20日，李登輝在就職演說中表示「以兩年為期完成憲政改革大業」，拉開臺灣長達十幾年的「憲政改革」序幕以來，「憲改」一直是臺灣政治鬥爭的中心內容。[79]2003年9月以來，陳水扁數度發表講話，聲稱要進行「憲政改造工程」，在2006年為臺灣「催生新憲法」，「新憲法版本經由公民投票的方式由人民直接決定」之後，「2008年實施新憲法」，臺灣圍繞「憲改」的政治鬥爭進入一個新的階段。目前，臺灣各種政治勢力圍繞「修憲」、「制憲」還是「行憲」，是尊重還是改變現有「憲政秩序」等問題展開激烈較量。這種較量不僅衝擊到島內政治生態和兩岸關係的發展，而且對臺灣民眾的「國家認同」傾向也會產生一定的影響。本文將運用憲政理論和自由主義制度認同理論來分析臺灣「憲改」爭議對「憲政秩序」的塑造和對民眾「國家認同」的影響。

臺灣「憲政秩序」的法理意涵和政治功能

秩序是法的基本價值之一。憲政秩序是現代社會政治文明的重要標誌，它是一種民主政治秩序，是民主存在的一種基本形式；它不僅是對憲法、憲政的價值追求，而且是現代政治法律社會的基礎。[80]美國學者丹‧萊夫認為，「憲政意指法律化的政治秩序，即限制和箝制政治權力的公共規則和制度」。[81]中國也有學者認為，憲政是以實行民主政治和法治為原則，以保障人民的權力和公民的權利為目的，是立憲、行憲、護憲和修憲的政治行為的運作過程。[82]憲政秩序由憲政實體、憲法規範和憲法至上的權威三個要素構成，憲政實體包括國家、公民、政府或行政當局、政黨和相關利益集團等；憲法規範是指對憲政行為造成指導和規範作用的準則；憲法至上的權威是指作為根本大法的憲法應該具有最高權威，效力必須高於其他任何普通法律和規範。

憲政秩序同時具有法理意涵和政治功能，這是由憲法的雙重屬性，即政治性和法律性所決定的。從法理意義上說，憲政秩序首先是一種法律秩序，是構建和遵循憲政秩序的基礎，它首先是一個法律文件，應該具有法律的一般特性，即具有明確的規範性、可操作性、強制性和可訴性。[83]但並不是有了憲法就一定能夠形成憲政秩序，只有真正實現了憲法的至上性，才能夠轉化為憲政。從政治功能來說，任何憲法的制定和憲政秩序的塑造往往都是政治活動的結果，在某種程度上造成確認政治鬥爭結果的功能。各種憲政主體之間透過一定的政治關係，相互作用，達到一種平衡狀態，形成一定的以憲法為規範的秩序，就是憲政秩序。[84]有人甚至認為，政治權力在憲法範圍有序運行的形態就是憲政秩序。因此，憲政秩序雖然是以憲法規範為基礎，但必須建立在憲政實踐的基礎之上，透過建立在公民認同基礎上的憲政制度，以及制憲、修憲、維憲等活動來保證憲政運行的連續性、一致性和穩定性，才能夠創造和維護一種現實和穩定的政治和社會狀態。

臺灣當前「憲政秩序」的基礎和依據是經過七次「增修」之後的「中華民國憲法」，在1991年4月「動員戡亂時期」結束之前，國民黨當局所強調的「法統」還包括「動員戡亂時期臨時條款」，它也是國民黨當局聲稱「憲政秩序」的

重要法律文件之一。從「法理」意涵和政治功能上說，無論是「增修」前還是「增修」後「中華民國憲法」，都體現出了一定的「憲政秩序」精神，而「臨時條款」則是對「憲政秩序」的破壞。1947年「中華民國憲法」的制定從形式到內容再到程序都具備了作為一部法律的基本構成要件，不可否認它當時具有法律性，即它在本質上是法，具有法的屬性。圍繞著「中華民國憲法」形成了當時的「憲政秩序」，它「反映了當時國民黨企圖偽造民意和壓制革命民主力量，以便獨占中國政權的企圖，也保留了當時複雜環境中進步力量與反動勢力之間鬥爭的某些痕跡」[85]，這是它政治功能的表現。在法理層面，當時的國民政府、各個黨派、民眾等都是憲政主體，「中華民國憲法」也體現出以「三民主義」為指導的資產階級民主共和制的憲法規範，而且是當時中國形式上具有最高效力的法。有學者甚至指出，當時的「中華民國憲法」可以說是新中國成立前中國歷史上最進步的憲法，如果撇開國民黨的本質，從形式到內容看，這部憲法當時確實具有先進性。[86]

1949年以前，以「中華民國憲法」為基礎的「憲政秩序」效力形式上及於全中國。1948年5月，「臨時條款」公布施行，賦予國民黨政府超越「中華民國憲法」的權力，「憲政秩序」在很大程度上遭到破壞。1949年中華人民共和國成立以後，國民黨當局為了繼續以「中華民國政府」的名義統治臺灣，將「中華民國憲法」和「臨時條款」都作為其延續「中華民國法統」的工具。從這個時期一直到李登輝開始「憲政改革」，以「中華民國憲法」為基礎的「憲政秩序」對大陸的規範功能已經消失，而臺灣也不存在真正現代民主政治意義上的「憲政秩序」。憲政是以憲法為前提，以民主政治為核心，以法治為基石，以保障人權為目的的。1949年以後，中華人民共和國憲法取代了「中華民國憲法」在中國的規範功能，形成了新的憲政實體，也體現了憲法至上原則。而國民黨當局在臺灣施行的「中華民國憲法」的最高地位只能從「憲法」文本中去理解，「憲政秩序」依然是依靠蔣介石、蔣經國等人的個人權威在維護，他們實際上擁有超越「憲法」和法律的權力，臺灣人民的民主自由權利受到壓制，形成了「有憲法無憲政」、「有憲法無法治」的不正常狀態，「憲政秩序」只不過是他們維護自身政治統治的工具和藉口。雖然其間國民黨也進行了「政治革新」，但都是以不觸

動包括臨時條款在內的「中華民國憲政體制」為前提進行的，實際上還是要維護國民黨的「法統」地位和特權統治。[87]

1990年代初，以「臨時條款」為最高法律依據的「憲政體制」遇到了空前危機，剛剛上臺的李登輝不得不著手進行「憲政改革」，重新塑造符合當時時空背景的「憲政秩序」。「憲政改革」的主要內容是終止「動員戡亂時期」、廢除「臨時條款」、全面改選「國會」、修訂「憲法」中不適用的條款等。李登輝時期，經過六次「修憲」，臺灣基本上完成了以「中華民國憲法」及其「增修條文」為主的「憲政架構」，並在171條規定了體現至上原則的「法律與憲法牴觸者無效」條文；「增修條文」第五條也規定「政黨之目的或其行為，危害中華民國之存在或自由民主之憲政秩序者為違憲」。可以說，形式上已經構成了帶有「民主政治」特點的「憲政秩序」。這次「憲政改革」的法理意涵是，它採取的是「不動文本、以增修條文列其後」的「修憲」方式，是建立在尊重「中華民國憲法」的基礎之上的，是為「因應國家統一前之需要」修訂的，「增修條文」的法律地位應屬於特別「憲法」，確保了「憲法」至上的法律地位。[88]同時，開始建構起符合西方民主政治和政黨政治發展要求的「憲政規範」。在政治功能方面，經過「憲政改革」和六次「修憲」，臺灣當局暫時緩和了「憲政危機」，加快了政治轉型的步伐，在一定程度上解決了「憲法領域」與「有效統治領域」不一致的問題，搭建起了「中華民國在臺灣」的政權架構，也為臺灣其他黨派提供了進一步發展的空間，當然也加劇了圍繞著統「獨」、本土等問題的矛盾。

2000年上臺的民進黨對「憲政改革」後的「憲政秩序」並不滿意。作為一個具有「臺獨」理念的政黨，民進黨當時就希望透過「選舉新國會、制定新憲法、建立新國家」來徹底否定以「中華民國憲法」為基礎的「憲政體制」，建構起一個「新國家憲法」基礎上的「憲政秩序」。2003年陳水扁正式提出「催生新憲法」的主張，聲稱「在90年代那種剛從威權時代脫離，臺灣人民還未能對於憲政的全盤架構有高度共識，而且反動勢力虎視眈眈的政治環境中，這種在舊架構裡漸進微調的模式，是不滿意但可以理解的」，但現在「臺灣應該成熟到可以對憲政結構作一次完整的規劃與調整」，在「已經確立的主權國家基礎上、配合實際的『憲政』運作經驗，必須能夠更負責的提出一套完整的『憲政』主張，

讓臺灣不但是一個民主『國家』，而且更能夠是一個民主深化、有均衡制衡機制的『憲政國家』」。[89]陳水扁所提「憲政改造工程」法理意涵是要擺脫現有以「中華民國憲法」和「增修條文」為依據的舊的「憲政秩序」，重新建構一個全新的「憲法架構」體系，並將其作為指導未來「憲政」行為的至上規範。其政治功能就是要透過「憲改工程」一方面是「為了政府的良好管理及效能的提升、為了確立民主法治的根基，更是為了國家的長治久安」[90]，另一方面則要透過制定「一部合時、合身、合用的新憲法」讓臺灣成為「主權獨立」的「正常、完整、偉大的民主國家」。

「修憲」、「制憲」、「行憲」與臺灣「憲政秩序」的塑造

任何秩序都是靜態與動態的統一，憲政秩序也不例外。「憲政秩序」的真正價值，不僅僅由靜態的憲法規範構成，更在於這些規範的動態良性運行。靜態構成服務於憲政秩序的動態運作，以憲政秩序良性運行為目標。要想塑造一個良性運行的憲政秩序，從動態來看，憲政主體必須能夠做到尊憲、護憲和行憲；從靜態來看，憲法規範本身必須適應它所處的政治、社會、經濟環境，只有將靜態與動態有機地結合起來，才能夠達到憲政秩序的目標。同時，憲法的至上性和權威性也有賴於靜態穩定性和動態適應性的結合，尊重以憲法至上為原則的「憲政秩序」並不意味著不能對憲法有任何的更動。從法理上講，任何法律都是調整一定社會關係的，而社會關係是處於不斷變化之中的，法律隨之調整理應是正常現象。特別是社會轉型時期，法律的調整力度會更大，即使是具有高穩定性的憲法也往往無法完全滿足和適應社會關係變動的需求。在這種情況下，就容易產生改革可能違憲，出現憲法危機，而守憲則使改革難以深入，使憲政秩序的構建者處於滿足社會轉型時期變動需要還是滿足憲法穩定性需要的兩難困境。[91]為瞭解決這樣的困境，人們設計了各種的憲政程序，透過不同的途徑來尋求憲政秩序穩定

性與適應性的平衡。一般來說,釋憲、修憲、制憲是最普遍運用的三種途徑,但三種途徑的使用對塑造憲政秩序所產生的效果是不一樣的。

　　從法理上理解,釋憲是在不改變現有憲法條文的基礎上,「運用高超的法律解釋的技藝,對憲法進行全面充分的理解,由此將社會變遷導致的新要求納入到憲法的框架中,從而消弭憲法文本的穩定性與社會生活的巨大變化之間的衝突和緊張」。[92]修憲是確保現行憲法基本形式和主要內容不變的情況下,依照憲法規定的修改程序,對憲法中不再適應社會現實的條文進行調整。而制憲在很大程度上意味著對原有憲法的徹底廢棄。這三者之間各有利弊,釋憲有利於保持憲法的穩定性和連貫性,但釋憲能夠發揮的功能有限;修憲雖然對於彌合憲法規範與社會現實之間的縫隙造成了一定的過渡和緩衝作用,但如果過於修改頻繁也會讓人感到憲法思路的雜亂無章,更容易摧毀人們對憲法的信心並損傷憲法的穩定性和權威性;[93]制憲雖然能夠解決憲法局部修改無法適應全局性變動的需求,但因涉及對原有憲法的摧毀,方式相對比較激烈,處理不慎就會帶來社會動盪和憲政危機,甚至可能導致對憲政秩序的徹底破壞。

　　在臺灣目前施行的「中華民國憲法」及「增修條文」中,對「釋憲」和「修憲」都有明確的規定。「中華民國憲法」第78條和第113條分別規定,「司法院解釋憲法,並有統一解釋法律即命令之權」,「憲法之解釋,由司法院為之」。從1991年5月到2005年6月,臺灣對「中華民國憲法」的七次修正都是根據第174條的規定進行的,即「由國民大會代表總額五分之一之提議,三分之二之出席,及出席代表四分之三之決議,得修改之」或「由立法院立法委員四分之一之提議,四分之三之出席,及出席委員四分之三之決議,擬定憲法修正案,提請國民大會複決。此項憲法修正案,應於國民大會開會前半年公告之」。2005年6月,臺灣最後一屆「任務型國民大會代表」通過五項修正案,其中對「修憲」程序進行了修改,即「增修條文」第12條的規定,「憲法之修改,須經立法院立法委員四分之一之提議,四分之三之出席,及出席委員四分之三之決議,提出憲法修正案,並於公告半年後,經中華民國自由地區選舉人投票複決,有效同意票過選舉人總額之半數,即通過之,不適用憲法第174條之規定。」第七次「修憲」的過程證明,即使是修改「修憲」的程序,也必須遵循修改前「憲法」的規

定來進行，這樣才能確保「憲政程序」的公正性，以及「憲政秩序」的穩定性和適應性。

　　從上述條文中，我們可以看出，無論是「釋憲」還是「修憲」，都是在遵循現有「憲政秩序」的情況下進行的，都是為了更好的「行憲」而採取的步驟。嚴格意義上說，「釋憲」並不屬於臺灣「憲改」的範疇，因為它不涉及「憲法」本身的任何改變，「修憲」和「制憲」才是具有「憲改」屬性的途徑。目前臺灣島內各派政治勢力在「憲政秩序」塑造中的分歧主要集中在兩個方面，一是今天的臺灣到底「憲改」和「行憲」哪個更重要更迫切？二是「第二階段憲改」從意圖和性質上看到底是「修憲」還是「制憲」？對這兩個問題的回答關係到今後臺灣「憲政秩序」塑造的走向，如果「憲改」更重要，「憲改」的性質是「制憲」，臺灣現行的「憲政秩序」就面臨徹底重塑的可能性；如果是「行憲」更重要，「憲改」的性質是「修憲」，現有的「憲政秩序」就能夠得以維持。

　　2005年6月7日，當「國民大會」剛剛通過「修憲案」，陳水扁當天下午馬上聲稱要「正式啟動第二階段憲改」，加速籌組「憲政改造委員會」，進行「憲政體制」的全面改造，在2008年卸任之前，為臺灣「催生一部合時、合身、合用的新憲法」。對陳水扁如此急迫地想推動「第二階段憲改」，臺灣的在野黨均表達了反對的意見。國民黨主席馬英九指出，臺灣現在的問題不在「修憲」，而是應該「行憲」；要學會尊重「憲法」，除了遵守「憲法」條文之外，重要的是遵守「憲法」的精神。[94]馬英九進一步表示，臺灣「修憲」的頻率算是相當高，現在的重點是「行憲」，希望大家好好實施這部「憲法」，不是繼續去「修憲」，常常「修憲」的結果會降低人民對「憲法」的尊重，對於培養「憲政」修養不是很正面的做法。[95]從理論上說，「憲改」與「行憲」並不矛盾，它是兩個相互關聯的階段，「憲改」是要塑造一種更符合臺灣社會政治現實的「憲政秩序」架構，而「行憲」則重在對「憲政」的實施。臺灣法學會「憲法委員會」主委陳慈揚就認為，「行憲」重要，但不代表「憲改」不重要，「行憲」是「憲法」的實踐，從「憲法」規範效力的角度來看，目前臺灣「憲法」本文、「增修條文」之間的交相傾軋，卻也是臺灣不得不面對的問題。[96]

筆者認為，目前臺灣島內圍繞這個問題爭議的癥結在於，臺灣經過七次「修憲」後的「憲法」和當前的「憲政秩序」是否還是完全不能適應已經變化的臺灣社會政治現實，到了非改不可的地步；還是臺灣島內某些黨派和政治人物由於「憲政意識」和「憲政素養」的缺乏，出於黨派和個人的政治私利將「憲改」作為政治鬥爭和選舉操作的工具來運用。有學者在回顧臺灣十幾年來的「憲改」歷程後得出結論，臺灣的「憲改」已完全褪去了民主化色彩，成為島內各種政治勢力較量、爭奪政治資源的重要手段，「憲改」的「成果」也往往是各派政治勢力相互角力、妥協的產物。[97]從陳水扁和民進黨近年對「憲改」議題的操弄來看，「第二階段憲改」同樣適合於上述結論。

　　對於「第二階段憲改」的意圖到底是「修憲」還是「制憲」，陳水扁並沒有正面回答，只是表示，「我們要的是實質內容的憲改，是合時、合身、合用的新『憲法』，而不在於文字之爭，更重要的是能夠確實推進憲政改造工程，以增進政府效能，提高國家的競爭力及臺灣主體意識，並為我們的國家社會奠定長治久安的基礎」。[98]但臺灣島內關於「修憲」還是「制憲」的爭議並沒有因此結束，即使在泛綠陣營內部，「臺獨基本教義派」強烈主張「正名制憲」，而其他人則傾向遵循「修憲」的程序來制定「新憲法」。其實，要想判斷「第二階段憲改」的意圖到底屬於「修憲」還是「制憲」的範疇，需要從「憲改」的程序、形式、內容和結果三個方面來分析。李登輝明確主張「制憲」而非「修憲」，其主要理由就是，從程序上和內容上看，「修憲的權限是在制憲的框架下才能夠進行，亦即修憲必須以原有憲法的立憲精神為基礎來進行修訂，不能踰越、甚至全盤推翻原有憲法的基本精神及其範疇」，他認為「一部代表中國的憲法」，不能夠由「2300萬人民來修訂它」[99]。但陳水扁卻刻意迴避了傳統的「修憲」、「制憲」二分法，強調的是「新憲」，可能指的是全新制定的「新憲法」，也可能指的是重新回覆的「舊憲法」，甚至也可能指的是經歷一次大幅修改或多次修改之後、面貌已經很不相同的「舊憲法」。[100]

　　陳水扁為「憲改工程」所設定的程序是「憲政改造工程之推動，必須要符合由下而上、由外而內、先民間後政黨之精神，依循現行憲法程序，最後仍需立法院四分之三之同意，以及人民公投複決。任何不符合此種程序的主權議題，不僅

無益現狀的維持,也將不會被處理」[101]。從形式和內容來看,陳水扁表示不再「因應個別議題,進行雜亂的局部調整」,而是「對憲政結構作一次完整的規劃與調整」,意味著將完全推翻現有「中華民國憲法」的架構,另起爐灶;在具體內容上,除了「有關涉及國家主權、領土及統獨的議題,由於目前在臺灣社會尚未形成絕大多數的共識」,「不宜列入此次憲改範圍」之外,其他重要議題如「政府體制」、「兵役制度」、「人權保障」等均會涉及。如果真的按此進行,那麼最後的「新憲」版本就極有可能是一部名稱依然是「中華民國憲法」,依然暫時保留「涉及國家主權、領土及統獨的議題」條款,但其他內容均被徹底變更的「新憲法」。至於「憲改不涉及國家主權、領土及統獨的議題」,並不是陳水扁當局主觀上不想涉及,而是客觀環境不允許他涉及。因此,從意圖、內容和結果來看,「憲改」已經涉及現行「憲政秩序」的巨變,在一定程度上帶有「制憲」的色彩。有臺灣學者認為,陳水扁「新憲法」的「法的本質是憲法上之制憲權本質之修憲權行使」[102],即透過「修憲」程序達到「制憲」的效果。因此,陳水扁當局的意圖明顯帶有投機色彩,實際上為今後實質「制憲」留下「進可攻、退可守」的空間,若社會對於「制憲」有高度共識,則可制定一部全新的「憲法」;若僅對「修憲」有共識,也可在「修憲」的基礎上,型塑「新憲」。[103]

臺灣「憲政秩序」塑造途徑與「國家認同」的關係

不論臺灣「憲改」的結果是透過「修憲」調整當前的「憲政秩序」,還是透過「制憲」塑造新的「憲政秩序」,還是主張「行憲」維護當前的「憲政秩序」,有一個無可迴避的問題就是,臺灣「憲政秩序」的塑造途徑和變化對民眾「國家認同」傾向有重要影響。「修憲」和「制憲」對民眾「國家認同」的影響不僅僅在最後的結果,「修憲」或「制憲」的過程本身就帶有改變或重新建構民眾新的「國家認同」傾向的功能。這主要是因為,「修憲」或「制憲」涉及「國家認同」中的制度認同層面的內容。臺灣學者劉文斌將臺灣民眾的「國家認同」

分為「族群認同」、「文化認同」和「制度認同」三個層面，他引用自由制度主義的觀點，認為「文化認同和族群認同不足以提供國家強有力的凝聚力」，而「制度認同」是「國家認同中最重要的因素」；而「在臺灣，最足以呈現對制度認同的基礎，就是對現行『中華民國憲法』的認同問題」。[104]

其實，目前臺灣島內的「修憲」、「制憲」、「行憲」之爭就是圍繞著改變、推翻還是尊重「中華民國憲法」來塑造「國家認同」展開的。「制憲」的目的是要塑造出一個新的「國家認同」，「修憲」則是在現有「國家認同」基礎上進行調整和修正，「行憲」對「國家認同」的影響則取決於具體實行什麼樣的「憲法」版本。國民黨主席馬英九認為，當前的「中華民國憲法」是建立在「一個中國」基礎上的，而依照這部「憲法」的解釋，「一個中國」就是「中華民國」。按此邏輯推論，馬英九所主張的「行憲」是希望臺灣民眾認同目前雖經七次修改，但仍在實行的「中華民國憲法」，並在此基礎上建構對「中華民國」的「國家認同」。

實際上，從1991年臺灣的第一次「修憲」至今，臺灣民眾的「國家認同」傾向已經發生了一些變化，這些變化與歷次「修憲」的過程和結果都有很大關係。在兩蔣時期，臺灣當局塑造的「國家認同」是建立在認同「中華民國制度」，否認中華人民共和國制度基礎上的「泛中國制度認同」[105]，強調代表中國的是「中華民國」，臺灣民眾都是中國人。李登輝上臺後，開始試圖透過「修憲」來轉變民眾的「制度認同」傾向，這也是「憲政秩序」塑造中政治功能的體現。由於受到現實政治環境的制約，李登輝一直無法從根本上改變「中華民國憲法」中與「國家認同」有直接關係的涉及「領土」、「主權」、「國民」、「國旗」、「國號」等條文，但他卻從來沒有停止利用「修憲」的過程來潛移默化地改變臺灣民眾對原有「中華民國憲法」的「制度認同」，並塑造一個「在臺灣的中華民國」是一個不同於「過去的中華民國」，也不同於中華民國的「國家」的企圖，他透過「修憲」將臺灣民眾的「國家」觀念和政治實踐限定在臺澎金馬地區。

在李登輝時期制定的「憲法增修條文」中，會直接影響到民眾「國家認同」

傾向的條文不多，主要有：「為因應國家統一前之需要」，劃分「自由地區與大陸地區」、「總統、副總統」、「國大代表」、「立法委員」均由「自由地區人民」選舉產生的條文等。有學者解讀這些條文表明臺灣「明確承認中華民國憲法效力不及於中國大陸的事實」，即「承認國家的分裂狀態」[106]。在1997年的第四次「修憲」中的「凍省」，即將省的體制從「中華民國政治體制」中「精簡」，也具有與過去代表整個大陸的「中華民國」做出區隔的涵義。1999年7月9日，李登輝在「兩國論」中對他任內的「修憲」進行了詮釋，聲稱：「在1991年的修憲，將憲法地域效力限縮在臺灣」，使臺灣「所建構出來的國家機關只代表臺灣人民，國家統治的正當性也只來自臺灣人民的授權」，「1991年修憲以來，已將兩岸關係定位在國家與國家，至少是特殊國與國的關係」，「所以沒有宣布臺灣獨立的必要」。[107]而據臺灣前「陸委會主委」蘇起透露，根據「兩國論」再進行「修憲」和「修法」是當時李登輝下一步的動作，即將「領土」條文改為「中華民國領土為本憲法有效實施地區」，並刪除「增修條文」中「國家統一前」的文字，這樣就可以將「領土」完全縮於臺澎金馬，強調「中華民國臺灣」。[108]

利用「修憲」來區隔「過去的中華民國」和所謂的「中華民國（臺灣）」，以及區隔臺灣和中國大陸的做法在陳水扁上臺之後依然延續。2005年6月的臺灣第七次「修憲」廢除了「國民大會」，加入了「公投入憲」，即在「修憲」、「罷免」、「領土變更」等問題上最後由「中華民國自由地區選舉人投票複決」的條款。但陳水扁顯然已經不再滿足於只是透過類似前幾次「修憲」的方式來達到改變民眾「國家認同」和重新塑造「憲政秩序」的目的。2003年9月28日，陳水扁提出「憲政改造工程」，並在第七次「修憲」完成後馬上著手推動「第二階段憲改」，方式則是重新提出完整的「憲法」版本，透過「修憲」程序來完成。有學者指出，陳水扁和民進黨的「制憲」或「修憲」主張，就制度認同的層面而言，將徹底地與「中華民國」的舊制度劃清界限，在新認同的基礎上，進行「新國家」的再造；對於陳水扁及其所代表的民進黨追求臺灣自主的決心而言，制度認同已朝向臺灣自主意識傾斜。[109]

雖然陳水扁在「憲改」到底是「修憲」還是「制憲」的問題上態度曖昧，但

卻並不避諱就是要利用「憲改」影響臺灣民眾「國家認同」的動機。他在2002年提出「一邊一國」論，即「臺灣是一個主權獨立的國家，簡言之，臺灣跟對岸中國一邊一國，要分清楚」。陳水扁還公開宣稱，「中華民國的主權屬於2300萬臺灣人民，中華民國就是臺灣，臺灣就是中華民國，這是任何人都不能否定的事實」，「臺灣是一個主權在民、享有充分自由與人權的國家，土地面積3萬6千平方公里」[110]；「在臺灣主體意識的發揚以及人民渴望當家做主的民主浪潮之下，國家認同已然成為不分族群、無可迴避的嚴肅課題」[111]。從制度認同的角度來解讀，就是陳水扁希望在建構「臺灣主體意識」的基礎上，推動對「臺灣」這個與大陸完全不同的「主權獨立國家」的認同，「憲改」實際上就是陳水扁希望從制度層面來落實上述主張，塑造一個以此為核心的全新的「憲政秩序」。他曾公開宣示，「憲改」就是「要終結小孩穿大衣、硬將中國憲法在臺灣實施的憲政亂象」[112]；如果臺灣新「憲法」版本通過，便可以更有效地貫徹「臺灣主體意識」路線。因此有學者認為，陳水扁在推動制定「新憲法」的過程中，將無法迴避「國家主權、領土及統獨的議題」。[113]

結語

　　一個國家或地區塑造怎樣的「憲政秩序」將影響到這個國家或地區的長治久安。臺灣近年來出現的政治亂象、經濟下滑、社會環境惡化的狀況很難說與島內各種政治勢力圍繞「憲改」、「國家認同」的紛紛擾擾沒有一定的關係。在正常的情況下，「憲政秩序」首先是一種民主秩序，民主就意味著權力屬於人民，人民應該在「憲政秩序」中占據主導地位。但在臺灣，有著不同政治私利的政黨和政治人物卻一直將「憲改」作為政治鬥爭的工具，把持著「憲改」的程序、內容和方向，使得當局、政黨、社會、民眾等「憲政主體」之間的關係無法達到平衡。在進行「憲政秩序」塑造的過程中，有些黨派和政治人物缺乏「憲政素養」，不尊重「憲法」至上原則，甚至公然「違憲」，使「憲政秩序」的法理意涵大打折扣，也難以使「憲政秩序」自身實現穩定性和適應性，同時確保社會和

諧穩定的政治功能。這種「憲政秩序」塑造中的缺失又導致了「憲改」過程中「修憲」、「制憲」還是「行憲」的爭議，產生了不同的「國家認同」導向，直接的後果就是使臺灣民眾的「國家認同」傾向出現混亂，對「憲政秩序」失去信任和信心，對臺灣政治和兩岸關係的發展都產生不利的影響。

第二篇　臺灣政治文化研究

影響臺灣政治文化變遷的外部因素分析[114]

劉國深　李煒

　　儘管臺灣政治文化仍然呈現出明顯的中國傳統政治文化特性，傳統的政治符號、政治規則隨處可見，但是，無論是相較於大清帝國時代還是相較於兩蔣時代，甚至與李登輝執政時期相比，臺灣的政治文化一直在變遷當中。對於這一變遷的原因，人們更多的是從臺灣內部政治、經濟和社會發展的邏輯關係去尋找原因，這樣的研究的確有其合理性。然而，對於臺灣這一特殊的政治次體系來說，來自外部的壓力和影響對其政治文化變遷的影響異常顯著，不能用一般的內外因關係去解釋。

一、臺灣政治文化變遷概貌

　　如果說今天的臺灣民眾政治認知、政治情感和政治價值取向與大陸有很大的差異，那麼，漢人移民臺灣後經歷的特殊歷史遭遇就是最主要的原因，其中有臺灣內部本身的因素，也有來自大陸和國外的環境因素。根據明清以來的臺灣歷史發展，臺灣政治文化的變遷大致經歷了四個時期。

　　第一，明清時期（1661年—1895年）。受大陸閩粵各省漢移民湧入臺灣的影響，傳統儒家文化與對大陸故土的思念之情構成在臺漢人的主要精神寄託，他

們的政治文化也基本沿襲了大陸傳統，即使是對臺灣產生的歸屬感也不過是在「大中華體系」下的地方認同而已。在這一時期，包括臺灣在內的整個中國對西方「近代國家」的概念還不甚了了，除了政權歸屬的情感面和人們對週遭政治現象認知的個性化發展外，地區性的臺灣政治文化還處於形成期。除了西班牙、荷蘭等外部因素的短期影響外，外部環境的影響相對較小。

第二，日據時期（1895年—1945年）。1895年清政府割讓臺灣予日本，在殖民者與被殖民者的對立關係中「『臺灣人』在相對於『日本人』的脈絡中形成一個社會政治群體」，大部分臺灣人是以中華傳統的漢文化來抵制日本「皇民化」帶給臺灣的衝擊，基本保留了對「中華民族意識」的政治認知與情感。[115]但處於日本殖民統治階級周邊的經濟、政治利益集團中的小部分臺灣人卻出現「皇民化」傾向，日本政治文化從局部侵蝕了臺灣傳統的政治文化體系，這是外部力量引起臺灣政治文化發生顯著變遷的開始。

第三，兩蔣時期（1945年—1987年）。這一時期的臺灣政治文化又可分為兩個階段，表現為「惰性穩定」與「異化嬗變」相繼而行的特點。[116]在1950年代至60年代的惰性穩定期內呈現的基本態勢是：「獨裁政治體制凌駕於經濟制度與社會組織之上，文化價值體系與舊傳統一脈相承，政治化了的儒家倫理為價值體系的最高準則」，「蔣氏政權」藉此維護其「法統」地位，並以「反共意識」強化臺灣人對「中華民國」的認同，實現其「反攻大陸」的目的。[117]值得注意的是，隨著國民黨政權的進入臺灣，曾經受到侵蝕的臺灣政治文化的中國傳統政治文化性格得到強化，但兩岸政治和軍事對峙也成為保持國民黨獨裁政治文化的護身符。進入1970年代至80年代中期後，臺灣政治文化開始進入異化嬗變期。國民黨威權政治文化體系開始無奈地接受西方政治文化的挑戰，政治文化結構出現多元化趨勢，儘管仍勉強地維持著國民黨傳統政治文化的特徵，但美國式自由、民主、公平、正義等價值體系逐漸取得臺灣政治文化的道德制高點。

第四，本土化時期（1988年至今）。這一時期一方面是臺灣本土化運動風起雲湧，另一方面是中國大陸在國際上的快速崛起，臺灣政治文化進入深刻變革階段。強人政治體制的結束帶來了美式西方自由民主理念在臺灣的泛濫；族群政

治的操弄又使「大中華意識」逐漸退居幕後,「臺灣主體意識」走上前臺。具體而言又可分兩個階段,一是,李登輝主政階段。他強力推動提升「本省人」權力和地位的「本土化」政策,本省政治精英逐漸掌握了政治、經濟資源,「臺灣本土意識」成為分離主義運動的助力,李登輝試圖以「新臺灣人」的理念增強臺灣人的「臺灣主體意識」。二是,陳水扁主政階段。民進黨當局加快「臺灣本土化」與「去中國化」的步伐,試圖將工具性的「臺灣主體意識」與「中國意識」對立,上升為「臺灣國」與「中國」的對立,加重了臺灣內部國家認同的混亂與政治動盪。這一階段,來自美國、日本、大陸的外部環境因素交互作用,其中大陸因素的影響力呈明顯上升趨勢。

歷經上述四個不同時期的變遷,臺灣政治文化已發展出自身的特色,既有現代性的一面,也有異化的因素。為瞭解臺灣政治文化變遷的未來趨勢,我們有必要對影響臺灣政治文化的內外因素進行比較與評估。

二、臺灣政治文化變遷的內外因素評估

如果我們做一個比喻,把政治體系分為「硬體」和「軟體」兩個部分,那麼各種制度化和結構化的政治組織、機構和規則就是政治體系的「硬體」部分,而構成「軟體」的東西則是政治文化。猶如計算機運行需要軟體和硬體相互兼容一樣,政治文化也需要與政治制度相匹配。[118]政治文化與政治制度和組織範疇相對,屬於精神範疇,正如阿爾蒙德指出:「政治文化是一個民族在特定時期流行的一套政治態度、信仰和情感,是在本民族的歷史和現在社會、經濟、政治活動進程中形成的」。[119]人們的政治態度、信仰和情感是在特定時空條件下對某一具體事務或問題產生的心理反應,隨著時空環境的改變,人們政治態度、信仰和情感也將發生變化;另一方面,政治文化形成與改變也是可以人為引導的,所有的政治體系都透過政治社會化型塑符合自身政治體系發展需要的政治文化。這兩個特徵決定了政治文化是一種含有多種變量的社會意識形態,它不斷隨著主客觀

條件和環境的改變而變化。

從發展變化的觀點來看，政治發展體現了政治制度與社會經濟結構的動態變化過程，政治體系的變遷反映著內部和外部社會、經濟、文化、政治各要素間的互動關係。從橫向看，政治發展中的「變遷」指標描繪了政治體系從一種假定的前現代的傳統型向現代型過渡的變化過程。[120]從縱向看，政治發展包含三個層面的變化，即：物質技術、組織制度及由思想觀念和政治心理構成的文化層面。可見，政治文化的變遷是政治發展過程中一個重要的組成部分，它隨著政治現代化的實現從傳統型向現代型轉變。

臺灣政治發展是近代以來中國政治發展的一部分。臺灣政治文化屬於中國政治文化體系內的區域性政治亞文化，在特定的內部及外部因素的共同影響下，表現出獨特的變遷歷程。其中，內部因素主要包括臺灣經濟基礎的變遷、政治民主化與政黨政治的發展，族群政治及省籍矛盾的表面化等。相比之下，外部因素的內涵界定比較複雜。首先，國共內戰遺留關係的延續使兩岸政治體系長期處於相對隔絕的狀態，兩岸各自發展出中國傳統政治文化系統下的政治亞文化，大陸政治文化相對於臺灣政治文化變遷來說具有一定的外在性。除了大陸這一「國內境外」因素，國際社會更是臺灣政治文化變遷的外部因素。雖然性質不同，但大陸因素與美國、日本等國外因素對於臺灣來說，都可以視為臺灣政治文化變遷的外部因素。

在目前研究臺灣政治文化變遷的論著中，學者們大多從臺灣社會內部尋找變遷根源。其中，大陸學者辛旗的《時代悲情、文化變遷、兩岸關係》一書對臺灣社會形態、政治體制及文化價值體系的轉變進行了系統的研究，並指出：「臺灣的社會與文化變遷本質上講，是中國社會歷史變遷的一部分，是中國自鴉片戰爭以來傳統社會向近代化、現代化艱難嬗變過程的繼續」。[121]臺灣學者彭懷恩的《中國政治文化的轉型——臺灣政治心理取向》從臺灣政治體制變遷的角度分析臺灣政治文化的變遷，認為臺灣政治文化的變遷主要體現在1980年代從傳統威權政治文化轉變為現代民主政治文化。臺灣學者黃國昌的《中國意識與臺灣意識》對臺灣社會中的「中國意識」、「臺灣意識」及「省籍意識」的流變深入分

析後指出：這些政治意識的變化主要由於它們「累積了歷史、政治、社會、文化等包袱，又為『有心人』、『無心人』隨意運用，成為激烈的爭論『論題』。」¹²²

上述對臺灣政治文化變遷的研究明顯偏重內因的分析，而很少對影響變遷的外因加以關注。即使有所涉及，也只是就日本「皇民化運動」和美國民主思想對臺灣政治文化的影響進行史實性分析，缺乏對外因全面、深入的綜合考察，而這正是本文要集中解決的問題。

按照馬克思主義哲學基本原理，事物發展變化是內部與外部因素共同作用的結果，內因為主，外因為輔，但這並不意味著外因的作用無足輕重。相反，在事物變化過程中，外部因素往往起著刺激、催化的作用，甚至可能對內因造成反制效果。政治現代化理論中的「外源被動模式」更多的關注於外部力量對社會內在政治文化的影響，這種研究取向是眾多臺灣政治文化變遷研究中很少觸及的課題。

儘管內部因素在臺灣的政治文化變遷過程中起了主導作用，但是，臺灣的政治發展模式相當特殊，臺灣政治文化的中國文化底蘊、日本殖民文化的深刻影響、美國勢力對臺灣的深度介入，內戰遺留的兩岸敵對關係的長期延續，都使得臺灣的政治變遷深受國內境外的大陸因素、國外美日因素的異乎尋常的影響。其中，在東西方兩大意識形態陣營對抗的大背景下，西方政治文化對臺灣政治文化又有著特別顯著的影響，因此，用西方政治學理論解構臺灣政治文化變遷就具有特別的穿透力。

在政治發展範疇內思考政治文化的變遷，所謂的政治現代化是一個重要尺度。西方的政治現代化理論認為，先發展國家的現代化模式是一種「內源自發型模式」，即現代化的動力來自國家內部，現代化的過程是一個自發的自然演進過程。而後發展國家的現代化則屬於「外源被動模式」，即現代化是外部壓力和外力推動的結果。對於後發展國家，現代化就是引進或輸入西方文明機制，克服和改造傳統因素的過程。因此，後發展國家的現代化策略基本是：（1）輸入西方文化以改造傳統文化；（2）積極爭取經濟援助，引進資金、技術，實行經濟資

本主義化或市場化，對傳統經濟結構進行改造；（3）透過移植資本主義民主制度，促進社會的發展和穩定。[123]臺灣作為一個後發展社會，它的政治發展模式屬於後者，並以「挑戰—回應」模式實現自身政治文化的變遷，即發展過程中，臺灣的角色始終是一個「因變項」，而非扮演主導角色的「主變項」。在臺灣，政治現代化導致政治生活的變遷，改變了社會原有的內在結構，引起了政治文化的變遷。

歷史上，隨著大陸移民不斷向臺灣遷徙，中原的政治文化思想在臺灣生根發芽，而移民的持續過程也伴隨著變化著的中原政治文化在臺灣的更新。日據時期，「皇民化運動」對那個時代的臺灣人的影響也不可低估。一方面，日據臺灣的50年不僅僅使臺灣人民與大陸在時空上處於隔離狀態，更使臺灣人產生一種「被母國遺棄」的悲情；另一方面，日本的同化政策深刻影響著臺灣人的日常生活，一些身處殖民統治集團外圍的臺灣人的社會心理與文化認同出現偏離，「日本情結」逐漸占據了他們的心靈。這股流毒漫延至今則成為李登輝之類的「媚日分子」進行「臺獨」分裂活動、對抗「中國意識」、阻礙兩岸統一的精神鴉片。

國民黨政權退踞臺灣後，面對強勢的官方政治文化，臺灣很快接受了來自大陸的國民黨政治文化主流地位，原有的殖民地政治文化的影響力日漸邊緣化。作為西方圍堵中國大陸的前進基地，臺灣的國民黨政治文化僅逐漸受到美國式西方政治文化的侵蝕，自由民主價值觀在臺灣民眾的政治文化結構中的比重日益增加。國民黨官方主體的政治文化甚至受到質疑和挑戰，在臺籍資本精英的推動下，威權型政治文化日漸向現代民主型政治文化轉變。就在西方政治文化立足未穩，國民黨官方政治文化奄奄一息之際，殖民地政治文化沉渣泛起，成為影響臺灣政治文化變遷的又一不可忽視的因素。

大陸因素方面，其政治文化也是影響臺灣政治文化變遷的主要構成要素。這種影響有正向的，部分臺灣人認識到大陸政治相對穩定的價值，但更多的是反向的作用。對抗性結構下，大陸政治文化被扭曲、醜化。「凡是大陸堅持的，臺灣政界往往就反對；凡是大陸反對的，臺灣政界往往就堅持。」大陸一貫堅持「和平統一、一國兩制」，而臺當局卻一再渲染大陸對臺的軍事威脅，破壞「和平統

一」的氛圍，且不時宣揚如果臺灣接受大陸的「一國兩制」，那麼臺灣就有被大陸「吞併」的危險。相反，大陸堅決反對「臺獨」的分裂行徑，但「臺獨」分子卻不遺餘力地倡導「臺灣主體意識」，推動「去中國化運動」，炒作「修憲、制憲及公投」等議題。迄今為止，大陸政治文化對臺灣政治文化發展的正面作用尚難體現。

綜上所述，本文在承認臺灣內部因素的決定性作用前提下，著重研究外部因素在臺灣政治文化變遷過程中的角色與功能。

三、影響臺灣政治文化變遷的外部因素分析

按照通行的說法，政治文化是由政治認知、政治情感和政治價值取向三大面向組成，大陸、美國、日本這三大主要外部因素對臺灣政治文化的影響涵括政治認知、政治情感和政治價值取向三個不同層面，但又各有側重，1949年以後，大陸因素對臺灣政治文化變遷的影響主要體現在人們對大陸的認知和情感層面，其中又以認知最為重要；日本因素對戰後臺灣政治文化的影響既體現在認知方面也體現在情感方面，其中又以情感方面最耐人尋味；美國因素對臺灣政治文化變遷的影響則更多地體現在政治價值取向層面。以下分而論之。

1.影響臺灣政治文化變遷的大陸因素。

政治認知是人們對政治現象的感性與理性認識的總和，是人們政治態度、情感乃至價值觀念形成的基礎。政治認知部分來自個人成長過程中的家庭教育，但更多是來自學校的正規教育，社會生活及政治、經濟、文化環境。51年的日本殖民統治已經使一些臺灣人的政治認知出現混亂，1949年以後，兩岸中國人完全處於兩個不同的政治社會化體系中，政治認知差異日漸擴大。

1895年，清政府「割讓臺灣」予日本，慶幸的是，中國傳統文化有強大的生命力，在日據時期並沒有消亡，多數臺灣人對臺灣與大陸的歷史關係持有清晰的認知。但不幸的是，1949年國民黨退踞臺灣，兩岸因內戰再次隔絕，從此雙

方無法有效地進行訊息交流，在缺乏理性的政治溝通環境的情況下，臺灣人難以得到有關中國大陸的全面訊息。為實現「反攻大陸」的目標，當年的國民黨當局還對大陸和中國共產黨進行負面的政治宣傳，又恰逢大陸先後出現「大躍進」、「文化大革命」等錯誤，政治經濟現代化進程受阻，這些負面效應的疊加影響了臺灣民眾對大陸的政治認知。在部分臺灣人心目中，大陸基本上是「一片殘破的舊山河，大陸人吃樹皮、啃草根，過著牛馬不如的生活」，以及「共產共妻的大陸鐵幕」、「極權統治」的負面印象。

1980年代中後期，臺灣傳統威權政治文化在民主化進程中逐步解體，臺灣民眾的政治認知隨之走向多元化和現代化，開始有機會接觸一些新的資訊，而此時的大陸卻發生了「六·四風波」，在西方媒體的惡意扭曲之下，正在熱衷於西方民主、自由政治文化的臺灣人對大陸政治體系，甚至對中國產生了巨大的疏離感。李登輝主導下的臺灣當局更是利用「千島湖事件」、「臺海危機」給中國大陸扣上「專制」、「武嚇」等政治帽子，進而宣揚「分裂分治」、「兩國論」，誤導臺灣民眾對大陸的認知和情感，導致部分臺灣人對大陸、中國等政治概念的認知混亂，少數極端者則把「臺灣」與「中國」對等起來。多數臺灣人就是在這樣的政治社會化背景下瞭解大陸，思考兩岸問題和臺灣前途問題。

另一方面，我們也注意到，隨著兩岸民間交流的擴大，開始有一些經常往返於兩岸的臺灣民眾對大陸的認知出現變化，來自大陸的大量訊息也開始改變著臺灣民眾的政治認知。進入新世紀後，由於大陸經濟實力迅猛提升，政治民主化進程日益加快，積極、靈活、務實的對臺政策加大了雙方交流的廣度和深度，更多的臺灣人對大陸、對兩岸問題的政治認知也在潛移默化中改變。

近年來大陸影視劇，如《大宅門》、《雍正王朝》等，在臺灣屢創收視新高。所以能獲得上至政黨領袖下到普通民眾的喜愛，一個重要原因就是中華民族傳統文化的獨特魅力與臺灣民眾心中固有的中華傳統文化修養相互契合，獲得共鳴。此外，中國大陸經濟持續保持高速增長，經濟總量居世界前列；對外貿易額突破萬億美元，成為全球第三大貿易國；外匯儲備居世界第一，目前大陸已成為臺灣的第一大貿易夥伴和貿易順差來源。據統計，2006年兩岸貿易額高達

1078.5億美元,其中臺灣對大陸的貿易順差為663.7億美元。[124]大陸與臺灣緊密的經貿關係為臺灣產業的升級和經濟的再騰飛提供了廣闊的空間。「共生利益」的不斷加大使臺灣民眾在大陸政治認知方面日趨理性。再者,大陸有關部門陸續頒布一系列有利於兩岸民生交流的務實政策,如:推動落實「春節及中秋包機」,對部分臺灣水果實行零關稅,對臺生同等收費,開放大陸遊客到臺灣旅遊等,向臺灣人民持續釋放誠意和善意。大陸開放、務實的行事風格很大程度上扭轉了島內部分民眾對大陸的誤解和敵意,據臺灣「陸委會」2005年5月20日公布的民調顯示,島內民眾認為大陸「不友善」的比例大幅減少,從2004年12月的54.8%下降到2005年5月的37.3%。[125]我們相信,共同的語言,共同的民族血緣和親緣,使臺灣大多數民眾對大陸仍具有依戀感和歸屬感,加之現實「共生利益」的擴大更加深了臺灣民眾內心的這種情感,這對未來兩岸的政治文化的重新融合具有積極重要的推動作用。

概言之,歷史上不同時期的大陸都在一定程度上以外部刺激的角色影響著臺灣民眾的政治認知,影響著臺灣內部政治文化的變遷,且這種影響還在進行中,並將影響著兩岸互動的整個歷史過程。

2.影響臺灣政治文化變遷的美國因素。

二戰後,崛起的美國秉持「美國例外論」的文化意識形態向全球開始擴張。[126]從1949年1月20日杜魯門提出的「第四點」援外計劃到美國和平隊的全球活動,不僅從經濟、技術上控制了第三世界國家,而且開始了以美國價值觀、民主觀為藍本的文化及意識形態的全球改造。

從政治現代化理論看,現代化體現著傳統性和現代性之間互相消長的關係。在臺灣政治文化變遷中,民主、自由價值觀在傳統與現代兩種政治文化的激盪中成為臺灣人政治信仰的主要選擇,而美國的制度和價值觀念又在臺灣人的心理層面上加強了西方民主的示範效應。此外,為在亞太地區進行戰略擴張,美國以民主、自由的意識形態建構美臺間的同盟身分,尤其是冷戰時期的美臺《共同防禦條約》,為美國向臺灣傳輸資本主義制度和民主自由觀念提供了法律性平臺。然而,美國主政者的意圖則是在臺灣建立美式自由民主模式,以用於和平演變中國

大陸。

美國的民主自由價值觀壓力從外部推動了1980年代的臺灣「民主化運動」，除在民主理念上的引導外，在政策方面也給予「臺灣民主化運動」以高度讚賞與肯定。美國負責亞太事務的前助理國務卿西古爾稱讚蔣經國允諾解除「戒嚴」，開放「黨禁」和允許反對黨成立，代表臺灣政治制度的大幅演進，讚許蔣經國促成這項進展的遠見和決斷。1986年5月，美國少數議員成立了「臺灣民主促進委員會」。同年9月28日，民進黨宣布成立。美國政府要求臺灣當局不得對民進黨成立一事做出過度反應。[127]美國柯林頓政府也將「擴展民主」作為外交政策三大支柱之一，重視發揮臺灣「民主制度」對大陸的「示範」作用。

臺灣作為美國宣講民主的「窗口」，從不同渠道接受民主、自由觀念的洗禮。首先，臺灣留美學生成為美國政治文化在臺傳播的主要載體。臺灣人面對美國的民主自由，社會多元化，公民參政議政的巨大吸引力，產生了「嚮往美國」的心理，這使得傳統政治信仰在美式民主自由觀的衝擊下失去了競爭力，進而民主自由觀念成為大部分臺灣人的心理主流。臺灣《中國論壇》原編輯林瑞對這一現像有過深入的分析，他指出：「臺灣在政治經濟等方面長期依賴美、日等工業國家，連帶在學術上亦復如此，留學美國成了臺灣新興知識分子領袖群體必須經過的『通過儀式』」，「重要大學的教授，其碩士、博士階段主要是在美國所養成，更是不爭的事實」，「他們在許多看法及思考方式上，受美國的影響較深」，「美國的帝國主義文化對於戰後臺灣的支配，舉凡政治、軍事、文化、教育等，無不有深刻影響」。[128]其次，當代臺灣政治精英唯美國馬首是瞻。當代臺灣崛起的一大批政治精英，如：李登輝、連戰、宋楚瑜、馬英九等大多是1980年代前後返臺的留美學生。80年代中後期，這些人成為臺灣政界的領導人物，他們對美國的信仰與膜拜推動了美式民主自由制度在臺灣的傳播，久而久之臺灣社會形成了「唯美國是尊」的氛圍。

李登輝曾自豪地講：「依據政黨的說法，我們朝向一個更自由，更民主的社會邁進，已經使世人對我們十分讚許，尤其民主先進國家的人士，以他們的標準來衡量，更是如此。」[129]臺灣前「行政院長」郝柏村也曾毫不掩飾地承認：

「我們確實是親美。」[130]最終,臺灣人的政治信仰主體由「三民主義」轉變為美國的自由民主思想。孫中山的「三民主義」以中國傳統政治文化的積澱為基礎,兼收了西方政治思想的精髓,在「政治革新」前成為臺灣人傳統的政治信仰。但國民黨對臺灣的威權統治扭曲了「三民主義」的真諦,選舉權、罷免權、地方自治權等公民權利在臺灣都未得到真正落實,這為美式自由民主思想在臺灣的傳播提供了可操作性空間。1950年代的《自由中國》事件,60和70年代的《文星》、《大學》等雜誌推動了西方民主思想在島內的早期傳播。70年代中後期,「中壢事件」和「美麗島事件」適應了臺灣人日益增強的政治參與的客觀需求,充當了臺灣民主化運動爆發的「導火線」,使西方自由民主思想在臺灣獲得再發展。80年代,臺灣的民主運動進入規模化、組織化、長期化的階段。此時,美式政黨政治的標準成為黨外人士批判國民黨政權最有力的武器。在巨大的社會壓力下,1986年3月國民黨不得不宣布「政治革新」,隨後解除「戒嚴」,開放「黨禁、報禁」等。90年代以來,臺灣當局抓住「臺灣人高度認可民主、自由」的心理,將自己定位為信奉自由民主的西方社會的一員。

總之,美國因素的影響深入到臺灣社會的政治、經濟、文化等各個領域,使臺灣社會瀰漫著「崇美媚美唯美」的氣氛,從而臺灣人在感情和心理上對美式自由民主的信仰日漸深刻,不少臺灣人甚至直接認同美國政治文化。

3.影響臺灣政治文化變遷的日本因素。

從清政府割臺到臺灣光復的約50年的時間裡,臺灣政治發展基本上遵循了殖民地依附型模式。臺灣對日本的「依附」體現了不發達地區與發達國家間的「中心／外圍」關係,即不發達地區對發達國家的高度依賴性。從社會發展角度來講,這種依賴關係往往展現出日本作為外部因素對臺灣社會內部所施加的重大影響。在高度依賴關係下,臺灣的經濟結構、社會結構、政治結構、階級階層等社會指標都因受到日本殖民統治的影響而產生變遷,而生存環境的改變對臺灣民眾政治意識的變化起著無法忽視的推動作用。「戰後40年,國民黨統治下的臺灣,實施的教育基本上還是抗日的教育。但或許是囿於當時國共對峙的局勢,和『蔣政權』本身所面臨的困境,全面性殖民歷史的清算在臺灣並沒有發生,這給

那些還不自覺的『皇民』留下了苟活的空間。」[131]日據「後遺症」對部分臺灣人的政治情感的影響主要體現在國家認同異化上，具體表現為：

第一，日據時代的「皇民化教育」使部分臺灣人的國家認同發生改變。這一時期，「日本人學法國人對阿爾及利亞的統治方式，推行同化政策」，把整個東亞「分成內地與外地，並模仿英聯邦方式，依英格蘭統合蘇格蘭、威爾斯、愛爾蘭等模式，大力開發臺、鮮、滿，使之內地化而成為大日本帝國的一部分」。[132]在這種殖民政策的指導下，日本殖民當局透過政治社會化灌輸完全不同於傳統中國政治符號和內容的政治訊息。日本天皇、日本國旗、殖民當局的制度和官銜名稱、日本武士道精神等成為當時臺灣人最常接觸到的符號訊息。久而久之，日本式的政治知識及價值觀深深根植於一些臺灣人（大部分是社會地位較高，家庭條件較好的臺灣人）的腦海中，致使他們的「中國認知」發生了根本性的改變。他們不再視自己為中國人，極少數人甚至形成了「天皇認同」，導致了他們對歷史的誤判。以臺灣人被迫入日本籍為例，部分臺灣人就「將臺灣人迫於生存不得已入日本籍說成是『依個人意志，自作國籍的選擇』」。[133]

第二，在「媚日情結」驅動下，部分臺灣政治精英的國家認同產生偏差。日本「殖民精神」和物質利益的誘騙培植了少數臺灣人的「日本情結」，成為日本「皇民化運動」最有力的辯護人。2001年3月，日本漫畫家小林善紀的《臺灣論》在臺出版，書中對日本帝國主義觀點和言行進行了無歷史根據的美化，一時間在臺灣社會引起強烈的反彈。但臺灣社會中的「媚日」群體對小林善紀的《臺灣論》卻大加好評，並為書中違背客觀事實的言語進行辯護。在日本生活的臺籍人士金美齡及與日本政治、經濟、工商界素有往來的李登輝、許文龍、蔡焜燦等人最為活躍。這些人自小接受日本文化的教育，思想意識中依然保有「皇民化」的政治認知，甚至還習慣於用日文文法思考問題。李登輝最具代表性，他懷有強烈的「戀日情結」，以至他曾宣稱「22歲以前是日本人」。1994年3月底，李登輝在與日本作家司馬遼太郎的談話中提到，「『中國』這個詞也是含糊不清的」，並自詡是《聖經‧出埃及記》中的摩西，宣稱「要建立一個脫離中國的國家」。[134]顯然，接受日本「皇民化教育」的臺籍政治精英的「國家認同」發生了扭曲，他們罔顧歷史，否定臺灣是中國的領土，否定臺灣是中國的一部分。

第三，日本對「臺獨」勢力的扶植有力推動了「臺獨」意識形態在島內的傳播，造成部分臺灣人國家認同的混淆。戰後，日本很快成為「海外臺獨」的大本營，直到今天，日本右翼仍在透過各種途徑影響著臺灣的政治思想。日本政界有一批長期支持「臺獨」的「臺灣幫」，他們主動附和李登輝的「臺獨」主張，為「臺獨」勢力的發展提供國際生存空間和支持。日本外務省前亞洲局長加藤在國會指出：「對中國關於『臺灣是中國的一部分』的主張，日本表示『理解與尊重』，但卻不承認」，「臺灣問題是中國內政，那是中國的說法，而不是日本的說法。」[135]進入1990年代以來，為維持在亞洲的主導權，日本選擇「臺灣問題」作為遏制中國崛起的「王牌」。《日美共同防衛指針》的頒布深化了日本對臺灣重視程度，一些日本的右翼學者稱：「臺灣問題應以全亞洲的角度來因應」，「日本和臺灣的地理歷史構造、經濟和人際關係的密切是比『五十年殖民統治』來得更深，日本必須充分認識到臺灣對日本的重要性。」[136]日本親臺分子的曖昧態度完全符合「臺獨」分子使「臺灣問題」國際化的分裂圖謀，極大地鼓舞了「臺獨」分裂勢力，間接激化了島內的統「獨」爭議，導致了臺灣民眾國家認同的混亂。

四、結語

中國大陸、美國、日本因素在影響臺灣政治文化變遷過程中有各自的主導面，孰重孰輕，在不同時期有不同的表現。但從整體變遷過程看，這三方面因素對臺灣政治文化的變遷具有交錯的複合影響力。臺灣政治文化的本體仍然是中國政治文化的一部分，但美、日等外國政治文化的影響是深刻的。中國大陸的政治文化也在變遷之中，隨著兩岸民間關係尤其是經濟關係的發展，兩岸之間的政治文化互動必然更加密切，中國大陸的政治文化在受到臺灣政治文化影響的同時，如何反過來影響臺灣政治文化發展的方向？這是個值得進一步研究的課題。

儘管我們強調內部因素的決定性作用，但是，對於臺灣這樣一個對外界依附

性較強的移民社會來講,在多數情況下,外部因素往往對其社會的發展變遷起著更為重要的直接推動作用,甚至在某些時期的某些方面超過內部因素的影響力。外部因素一方面促進了臺灣政治文化的發展與現代化,另一方面又造成了臺灣政治文化的異化和混亂,甚至成為少數政客用來愚弄人民、謀求個人政治權力的政治工具。因此,進一步深化對影響臺灣政治文化的外部因素的研究,準確評估不同時期影響臺灣政治文化變遷的內因與外因,以及它們之間的關係,重視在臺灣特殊社會形態下外因對其政治文化的塑形作用,是準確把握臺灣人政治態度、情感和信仰動態變化趨勢的重要途徑,對消弭兩岸民眾間的歷史誤解、增進兩岸人民的感情交流、促進兩岸政治文化融合具有積極的理論指導意義。

二二八事件中的本省人與外省人[137]

陳孔立

關於「二二八事件」時期本省人與外省人的關係問題,有這樣一些結論性的看法:

李敖指出:「二二八的事件就是在一九四七年二月二十八號,臺灣發生了一個民變,發生了以後臺灣人就殺外省人,連殺了十天。然後外省人的增援部隊到了臺灣,又開始殺臺灣人。殺臺灣人的過程裡面,這些軍人他不曉得誰該殺誰不該殺,結果臺灣人檢舉來殺,所以最後一段就是臺灣人來殺臺灣人,整個的故事就這麼個故事。」[138]

賴澤涵等在《「二二八事件」研究報告》中指出:受難的臺人,自信並無反叛政府的行為,卻死於軍警的鎮壓,或祕密處決,有的則因軍隊的掃射成為冤魂。大陸籍人士並非盡皆貪官汙吏,而部分人士卻成為代罪羔羊,為不法群眾盲目攻擊,因而傷亡。[139]

顯然,當年國民黨當局殘酷鎮壓了臺灣民眾,當今的國民黨主席馬英九承認那是「官逼民反」,為此,他代表國民黨向受難者親屬表示道歉。至於在這次事

件中,外省人被毆打、殺害應當也是事實。但是,臺灣出版的一些著作卻不講或少講本省人毆打、殺害外省人,只講外省人鎮壓、屠殺了本省人,並強調本省人保護了外省人;於是,有的言論則認為不應當抹殺外省人被本省人毆打和屠殺的事實,這一部分受難者也應當得到平反。有一位「二二八事件」的親歷者寫信給我,迫切希望歷史學者能夠把「二二八」的真相告知後人。

二二八事件發生時,我還是福州一所中學的高中生,在我的記憶中,當時有親戚在臺灣的福州人,紛紛打電報去臺灣,電報局裡擠滿了人,電文卻幾乎一樣,只有兩個字:「安否」?事件之後,有大批外省人回到福州,報上説「福州旅臺者紛紛逃回」,他們「飽歷臺變驚險」,而「留臺者均急於求去」。這是當年作為臺灣鄰居的「外省人」對二二八事件的一種「記憶」。

楊渡《二二八的六個最基本問題》一文指出:「今天臺灣研究二二八的人,彷彿只有一種聲音,卻忘記了臺灣人也曾是暴動的發動者、加害者。在二二八的歷史裡,本省人外省人都有受害者。如果事情只有一種面向,歷史怎麼會有真實?和解,應該是一種互相傾聽、互相瞭解的過程,而不是單向的。」[140]這個意見值得重視。

是的,究竟本省人有沒有毆打、殺害外省人?為什麼本省人要打殺外省人?為什麼又要保護外省人?是誰打殺外省人?時間多長?死傷多少?當時外省人與本省人的關係究竟如何?這些歷史的真相有必要給予釐清,如果有意掩蓋真相,「歷史的傷痕」將永遠無法撫平,「二二八事件」的處理就不能得到比較完滿的終結。

百尺竿頭,何不更進一步?

一、本省人有沒有毆打、殺害外省人?

臺灣學術界對於這個問題有三種不同的説法,第一種是不講毆打殺害外省人的事實,他們對「二二八事件」的講述主要從3月8日開始;第二種是指出了

「毆打」「辱罵」外省人的事實；第三種則指出外省人被殺害的事實。

黃秀政等所著的《臺灣史》指出：「此時民眾遷怒外省人，因此在臺北、基隆、板橋等地開始有民眾毆打外省人，從2月28日至3月5日實為外省人在臺灣最艱苦的時期（當然此一期間也有不少臺人保護外省人）。」[141]

戴國煇著《臺灣總體相》指出：「一看到外省人，就處以私刑，還襲擊外省人經營的店鋪，逞兇加暴。」「曾經是日本人向包括漢族系臺民在內的中國人呼喝的『清國奴』的罵聲，如今居然由本省人嚮應該是同胞的外省人亂罵一通。」[142]

戚嘉林著《臺灣史》則指出了外省人被殺害的事實：「瘋狂毆殺迫害外省人」，「腥風狂襲臺北外省人」，「許多外省人橫遭凌辱毒毆，慘死異鄉臺北」，「外省人哀號、求饒、撲地、呻吟、濺血、橫屍、斷魂」。[143]

賴澤涵等《二二八事件概述》在「說明十九」中提到三月一日在臺北：「不少外省人無端挨打」，「盲目排斥外省人的暴動」，「據聞，外省人被打死者至少有十五人，有些被木棍打成癱瘓」。[144]

其實，在當年發表的原始資料中，有關外省人被打、被殺的記載俯拾即是。被臺灣學者李筱峰稱為「有良心的中國記者」唐賢龍，在他所著的《臺灣事變內幕記》中就有觸目驚心的記載，沒有必要一一引述。近年來臺灣又發表了不少口述歷史，也提供了相關資料。事實證明，被打、被殺的主要是外省一般民眾，而不是貪官汙吏。正如當年的《新聞天地》所報導的：「他們沒有目標的看見外省人就打，結果呢，原先作為對象的高貴大員絲毫無損，而遭殃的卻是餓不死吃不飽的小公務員、商人、婦孺。」

因此，歷史的真相應當是：

當時確實出現過「毆打」「殺害」外省人的事實。

只承認「毆打」不承認「殺害」是不夠的。

如果連「毆打」都不承認，那更不符合歷史真實。

可是，至今臺灣仍然有些人對此卻視而不見，在他們的文章、談話中，極力掩蓋、抹殺或不承認這些歷史事實，企圖歪曲歷史真相，實在令人遺憾。

二、是哪些人毆打、殺害外省人？

以下原始資料記載了毆打、殺害外省人的人，但說法有所不同。

一是流氓。參加「處委會」治安組工作的湯德章問臺灣籍刑事：「到底是誰在打外省人，刑事說，都是市內的流氓，於是他（湯）就叫了各地友頭（角頭）來開會，向他們拜託，並說，不可以當土匪搶人，我請大家來幫忙。」

二是前臺籍日本兵。「二二八爆發首日，主要的行動者是失業的前臺籍日本兵，穿著日本軍裝，戴著日本軍帽，模仿日本士兵喝斥的語調。」

三是流氓和失業的臺籍日本兵。「據研究，在事件中痛打外省人的，多數是臺灣本地的流氓和從海南被日軍徵召入伍而在戰後返臺失業的臺籍士兵。至於廣大善良的臺灣同胞卻是保護外省人的。」

四是有「浪人」參加。「那些從海南島回去的兵，從福建回去的浪人，行動最為凶暴。」「施暴動粗的，主要有兩種人：一、為戰後由海南島、大陸各省以及南洋各地回來的、原日本軍『志願兵』、徵兵、軍伕等。二、為福建一帶及火燒島回來的浪人流氓。」「我們被一群浪人攔車盤查，為什麼稱他們為浪人呢？因為他們都是一副日本打扮：頭綁日本巾，手持武士刀。都是五十歲以下之壯丁，二三十人一夥，攔人攔車查問。我們廈門也講臺語，因此未遭毒手，但當時我親見車外兩位男子被盤問砍殺的整個過程。」[145]

五是失業工人、饑餓百姓。「一些蟄伏良久的流氓地痞，和由海外返回的退伍軍人，以及大多數失業的工人，饑餓的老百姓，更迅速糾集起來，到處毆打外省人。」[146]

六是青年學生。「在這次事跡中，鋒頭最健、也最傻瓜、最可憐的應是忠義

服務隊和學生了（忠義服務隊也以學生為主要分子），這些大中學生（有的還是未成年的小孩子）『不知』也可以說是『樂於』被人利用。」「他們打了自己的同胞兄弟，學生打了先生、同學。」

七是有日本人。「日本朝日新聞談到了，它說，二二八事件中，擔任學生代表及忠義服務隊副隊長，現為二二八關懷協會總聯絡的這個廖德雄談話，談到了當時有一百多個日本人死掉。」「有日本人介入了二二八事件，在鬧事。」

以上原始資料表明，參加毆打、殺害外省人的，不單純是那些「流氓、浪人、臺籍日本兵」，也有一些本地民眾，特別是青年學生參與了行動。同時，根據記載，當年某一位臺灣省籍高級知識分子也主張「應該加諸於大陸人的暴力，以及對公務員的傷害，來表達極端的憤怒」。

李敖說：「我將這些資料告訴大家，二二八今天絕對被簡化成外省人殺臺灣人是不對的，因為臺灣人也殺外省人，並且這裡面還有日本人介入，有美國人介入。這些真相我們搞清楚以後，才發現它不是那麼簡單的一個案子。可是只有我們這種歷史家這麼有耐心的，把這真相一點一點掏出來，才知道二二八不是今天所說的那麼簡單，二二八原來有國際的背景，其中有日本人和美國人。」[147]他說明了事件的複雜性。

我想，如實地把當年打人的人和主張打人的人說出來，可以看出，除了一些流氓浪人、退伍日本兵以外，還有一些普通民眾和青年學生，支持者還包括某些「知識精英」。指出這一事實，目的不是為了說明這些人都是「壞人」，而是為了說明事件的複雜性。他們之所以會有這樣的思想、會被人煽動或自覺參與這種行動，不是用簡單的理由，諸如「受到奴化教育」、「先進文化與落後文化的衝突」，或是「打不到大的貪官汙吏，便拿毫無保障的小公務員出氣」的說法就可以解釋的。

應當指出，即使是「穿著日本軍服、掛著日本指揮刀」的，也不都是壞人，有這樣的事例：三月七日在從臺南開往臺北的火車上，有些本省人拿槍對準外省記者進行檢查。這時，有一個穿著軍服、掛著日本指揮刀的臺灣人說道：「他們（指記者們）都是好人」。並解釋說，這次人民運動完全是要改革不良政治，檢

查的原因是怕你們有武器，怕共產黨破壞鐵路。外省記者在文章中表達了對這位「穿日本軍服」的本省人的謝意。

由此可見當年本省人與外省人關係的複雜性。所以，對於這個問題，需要從臺灣特殊的歷史背景、當年國民黨政府對臺灣的統治，以及臺灣同胞的複雜心態，做綜合的研究，才能得到正確的認識。不要對複雜的問題做出簡單的解釋。

三、持續了多長時間？死傷多少人？

毆打、殺害外省人，持續了多少時間，也有不同的記載：

一是只有一天。「以外省人為主要洩憤對象，包括基層公務人員。但這現象很快在第二天就被制止了，也就是二月二十八出現打外省人的情況，到二月二十九這個現象就被有志之士制止了。」（按：當年沒有二月二十九日，應是三月一日）「到了3月1日，毆打外省人的事就沒有了。」

二是只有兩天。「毆打外省人之情況，以二月二十八日下午的臺北市最為嚴重，三月一日又持續了一天，以後就很少聽到了。」

三是延續到3月5日。「從2月28日至3月5日」。

美國駐華大使司徒雷登向國務卿報告，3月4日臺北來電說：臺北沒有再發生攻擊外省人的事件，但島上其他地方仍有騷亂不安之情形。

四是幾天。「二二八事發的幾天後，臺灣的士紳出面組織二二八事件進程委員會穩定局勢，這種報復性的騷動也較為少見了。」

五是一星期。「至少一星期時間」，「殘酷地毆打外省籍的官員和老百姓，其中也有因傷重致死的。」

六是十幾天。「在事變的十幾天時間裡，最主要的一件工作應是打『阿山』也。」「十幾天裡，學生出盡風頭，連十幾歲的學生也參加行動。」

上述說法，有的是明顯錯誤的。即使在臺北也不是只有一天、兩天，《二二八事件研究報告》指出：「三月五日，（臺北市）秩序已經完全恢復」，「治安也顯著好轉，盲目毆打外省人的暴行已減少」。

其他地區三月五日以後情況，在《研究報告》中有如下記載：

「（高雄）暴徒奸黨及陰謀分子，即乘機煽惑學生、無知民眾與失業青年，供給武器，使其四出騷動，搶掠外省人財物，將外省人集中看管。」

「三月五日下午五時，有十餘名激進民眾，帶著槍、刀、手榴彈到（高雄）招商局宿舍，將全體人員拘捕，集中管理，並洗劫財物。」

三月六日，宜蘭蘇澳公路，「沿途各站均有暴民攜帶武器，登車檢查行旅，凡遇外省人即予扣留毒打。」

花蓮「三月五日事起之初有公務員四人（本、外省各二人）遭毆輕傷。」

從以上記載，可以看出，毆打、殺害外省人的情況，基本上在三月五日已經得到制止，而在邊遠地區，則還可能有個別的事例。吳濁流回憶說：三月五日「臺北市可以說完全鎮靜下來，但地方卻相反地陸續在紛亂中」。還有的報導說：「在偏僻地區仍間或有一些流氓乘機搶掠外省人的財物」，「外省人仍不敢在街上走動」。

總之，毆打外省人大約持續了六七天的時間。「十幾天」的說法，也沒有確切的史料根據。

此外，對於外省人被本省人毆打、殺害的人數，也有多種說法：

一是死亡147人。「外省人死亡合計為147人」。

二是傷亡400多人。「中央社報導：到3月3日止，臺灣人傷亡一百人，外省人傷亡約四百人。」

三是1300人。「據估計傷亡的人數至少是一千三百人」。

四是二三千人。「從2月28日至3月7日左右，街上、公交車、火車、汽車、腳踏車上被打死的外省人就有二三千人之多，也有不少良善的臺灣同胞不怕冒險

地搶救掩護不少外省人。」

五是死亡398人。根據朱浤源的研究，當年被「暴民」加害者，死亡398人，失蹤72人，受傷2131人。作者同時引用民進黨當局二二八基金會的「受難人數」：死亡673人，失蹤174人，受傷1237人。他的結論是：「2月28日開始的短短幾天之內，政府及民眾被暴徒傷害的，高過後來3月6日之後較長的時間中，政府軍被迫出兵平亂，所造成傷亡的人數。」[148]這個看法是否正確，還有待證實。

總之，究竟有多少人在二二八事件中傷亡，至今尚未有明確的結論。至於外省人的傷亡人數，估計也難有定論。儘管如此，故意誇大和縮小傷亡數字都是不可取的。正如當年著名本省籍人士丘念臺所說的：「地方當局透露，外省籍同胞被暴民殺死幾千人；而民間卻說事變期中，臺民死傷近萬。根據我的調查訪問，雙方實際傷亡數字，不及上列傳說的十分之一，乃至不及百分之幾。他們為什麼要誇說死亡數字呢？難道死多了人變成為有理的一方？這種故作誇大的做法，大概是亂世變態心理的表現吧。」[149]

難道時至今日，這樣的「變態心理」和「誇大做法」還要繼續下去嗎？

四、本省人怎樣保護外省人？

有關本省人保護外省人的事實，臺灣、大陸的不少出版物都給予肯定。《臺灣史》指出：「有不少臺人保護外省人」[150]；《簡明臺灣史》指出：「廣大臺灣民眾保護了外省同胞」[151]；《臺灣二二八事件檔案史料》指出：「許多外省籍公教人員、商人、學生都受到臺灣同胞的保護」[152]。原始資料、口述歷史以及臺灣省專賣局的檔案中都詳細記載了有關事實，有些事跡十分感人。以下列舉一些事例：

（一）本省籍著名人士

作家吳濁流說：「二二八事件是個不幸的事件。這個時候最重要的是保持冷靜，不要迫害外省同胞。」

作家楊逵說：「二二八發生時，外省人都不敢出來，我就把他們安排在一家旅館保護。」

牧師黃武東說：從廈門、汕頭來的外省會友被打得遍體鱗傷，「我乃設法讓他們先洗浴，讓他們換過衫褲，在傷處敷藥，然後漏夜帶他們到已接收的西門教會牧師宿舍中躲藏。」

國民參政員林獻堂將財政處長嚴家淦保護在自己家中的故事，更是作為典型事例，廣為流傳。當時林獻堂以自己的生命為嚴家淦做擔保，他說：「這個人對臺灣是好的，你們要嚴家淦的話，先要踩過我的身體才可以過去。」不僅如此，當臺中等處的外省籍公務員被暴徒拘禁於集中營，並決定全部殺光時，林獻堂發出警告：「你們如果把外省籍的公務員殺光，國軍來了就要把臺中的人民殺光」，九百多個外省籍公教人員的性命才得以保全。

（二）平民百姓

許多史料記載了這些事實，指出：「大多數臺灣老百姓依然是很善良的，並且在重重嚴密的監視當中，還想盡方法來保護外省人」，「許許多多的本省家庭保護了外省同事、老師、朋友」，[153]「有很多臺灣人暗地保護外省人，否則將有更多外省人傷亡」。[154]在臺中一帶，有200多名外省教員受到本省人的保護，有的躲到本省人的親戚家中。當年的《新聞報》指出：「幸賴大多數良善臺胞發揮同胞愛，用各種方法保護外省人」，「自二月二十八日至三月十五日，散處全島外省人多仰賴良善臺胞私人保護，這種高情厚誼使身受者永誌不忘」。

下面是一些事例：

廈門人何志聰說：他的父親當時的鄰居有一家魚販夫婦，他們吩咐父親不要外出，有人來時，可從竹籬小門逃到他家的田園裡躲避。「那扇籬門拯救了父親一命」。

「本省人王先生兄弟冒著危險，領我們到他家避難。王家的人把僅有的米煮

成稀飯給我們吃,而他們則用地瓜粉煎粿吃,這種情形實在令人感動。」

當時就讀師範學校的張永福回憶,他下課時發現有人在打「阿山」(外省人),趕緊趨前把人架開,還說:「貪汙那有輪到他們的份」。他再晚一點,那人就會被打死。

有一個臺灣人,帶著幾個外省人跑到中山堂去躲避,結果被亂民擋下來,幾個外省人自然不能倖免,連帶路的臺灣人也一併被打死。

一個外省人被本省人追逐,一位姓王的臺灣人出來救助,令其躲進他太太的房裡。追逐者要搜他的家,王不肯,被打得遍體鱗傷,但依然橫臥在門口,不讓人進去。等到王已奄奄一息時,追逐者湧入搜尋,終未發現。這個外省人倖免一死,但姓王的本省人卻已氣絕身亡。

失業人員吳深潭保護新竹縣長朱文伯的事例也很感人。當朱被打重傷時,吳把他安置在朋友家裡加以掩護,但又不便送入醫院或請醫師治療,就去購買藥物,施行緊急治療。第二天戒嚴,常有槍聲,為安全起見,又趁夜化裝,走避吳家,藏匿四天。吳出外探聽消息,不幸被流彈所中,右手折斷兩指,左手手掌穿洞,流血很多,但沒有絲毫怨言。

臺南曾文區民眾保護區長丁名楠(陳儀的外甥)的事例也很典型。丁在當地有很好的名聲,二二八發生時,當地年輕人將他保護起來,保證他的安全。當「國軍」到來時,丁要當地青年放下武器,他會保證他們的安全。可是有人當場端起槍,拉開保險,準備向他射殺。這時持槍者的家屬反而靠攏到丁的周圍進行保護,這樣才化解了「一場箭在弦上的危機」。後來,丁名楠遵守他的諾言,軍隊到來時,他保證曾文區沒有任何衝突,當地百姓沒有傷亡。

楊熾昌回憶說:他的好朋友(臺南)市參議員翁金護,為了保護外省人,將他們安置在今康樂街,安排住宿,準備膳食。但後來卻被以「監禁外省人」的罪名被捕,「好心被雷打」。

新營鎮長沈義人回憶說:為了收容外省人,他向各界募款買東西,去募款的都是婦女會的成員。事後政府卻說這是欺侮外省人,讓他們失去自由,是犯法行

為。

（三）「集中保護」

有些地區對外省人採取了集中保護的措施。例如，高雄旗山地區由士紳召開治安維持會，保護外省人安全，乃將之集中青年旅社。嘉義中學的老師、學生做飯、送飯到收容所，照顧外省人。宜蘭縣將外省人集中於開化樓給予保護，並設立救護所，救護傷患。虎尾區本省人陳明崙帶領外省人到中山堂集中，加以保護，其他人不敢欺負。高雄的澎湖同鄉會和三青團收容了不少外省人，並為他們療傷。臺中師範的師生收容了兩百多名男女老幼的外省同胞，加以保護照料，地方人士捐助白米，用十幾口蒸汽飯鍋，炊出乾飯，由市婦女會合作，捏成飯糰，配以醃菜、蘿蔔乾，每天三頓，按口配給。

至於高雄第一中學，也集中保護了外省人。但卻有不同的記載。一種是正面的，即「集中保護」，「學生們還是給他們東西吃，只是暫時將他們隔離而已」。另一種則是負面的，即「集中看管」，認為所謂「集中保護」，實為「拘禁」。當軍隊到達時，發現校舍的窗口上有一些外省人被綁在那裡當人質。在嘉義，被「集中保護」的外省人經常受到斥責和鞭打，有1400多名外省公務員和家屬被集中拘禁，當做人質。在臺中，外省人則被「集中看管」，「不準自由行動，每天只給杯大的飯球兩顆，且時被流氓毆辱」，甚至強迫外省人唱日本國歌。新竹縣把外省人拘禁在大廟、警察局官舍、忠烈祠後山，有五個女眷被強姦。

以上資料表明，本省人保護外省人是無可辯駁的事實，有的甚至為了救助外省同胞，犧牲了自己的生命。但是有些情況則比較複雜，需要具體分析，既不要全面肯定，也不要全面否定。

五、外省人怎樣保護本省人？

有關這方面的情況，一般論著很少提到，但在原始資料中卻有所記載。曾可

今的《臺灣別記》寫道：「有很多臺灣人暗地保護外省人，否則將有更多外省人傷亡。同樣，當國軍鎮壓時，確有誤殺和濫殺臺人，而當時也有很多外省人出力救援。」此外，還有如下的說法：「在國府部隊開始鎮壓後，外省人回過頭來保護本省朋友」。「善良的本省同胞保護外省同胞不受流氓暴民打殺，甚至因此而犧牲生命。而善良的外省軍民也保護本省同胞免遭誤殺」。當年的機密文件顯示，常常有多位外省人聯名保證幾位本省人，親手用毛筆署名寫下：「以生命擔保，本省人某某未來不會有問題」。

《彰化縣二二八事件檔案彙編》中有七名外省人聯名陳情警方，要求將「保護我等外省同胞之性命」的本省人釋回。「在溪湖，六名福建、一名廣東人聯名向員林區警察所長陳情，說楊金等這些人熱心公益，事件爆發之後『勇敢力為、日夜奔走，保護我等外省同胞之性命』。然而，軍方卻來捕人。六人說，他們願意連名具保」。「擔保臺灣籍商人楊金，愛護民，絕無聚眾毆人等行為」。該書編撰者呂興中指出，在本省施暴、外省人清鄉的同時，不乏彼此保護的。

一個外省人說：「三月五日前後，國府軍隊來了，抓了一群人要我們指認。我覺得與這些人無冤無仇，雖認得其中數人，但是我跟軍隊說：『他們是無辜的，並未參與』」。

本省人許成章回憶說：他的弟弟的鄰居擔心發生戰爭，開始挖防空洞，部隊來時，以為他們要反抗，把他的弟弟和鄰居一家老小都趕到市政府要槍斃。有一個較高階的軍官查問以後說，老人、小孩怎麼會反抗？要將其釋放。他的弟弟不敢回去，擔心又要被抓。要求軍官帶他們回去。軍官答應了。「可見軍隊中也有講理的」。

逃難到臺中師範、受到保護的外省人，多替臺中師範師生說好話，沒有一人被檢舉，人們都說這是「善有善報」。受到本省學生曾重郎保護的新竹中學校長辛志平，在「國軍」到來時，也保護了曾重郎，並且幫助他逃過殺身之禍。國民黨省黨部主委李翼中，則極力擔保本省籍知名人士蔣渭川的清白。

「國軍」到達臺灣以後，大多數外省人沒有對本省人採取報復的行為。一個曾經被打的外省人說：「我雖然被打三次，幾乎被打死，但我不想報復，我原諒

那些臺灣人的幼稚和盲動。假使冤冤相報，仇恨越積越深，從此便永無寧日。」

但是，也有「少數心存報復的軍警，以射擊人命為兒戲，有時將善良的臺灣人當成『暴徒』來處決，任意予以擊斃」。

有關這方面的資料，顯然比本省人保護外省人的資料為少。但也體現了本省、外省民眾之間互相關心和互相幫助的事實。當然，社會是多樣的，相互關係也是複雜的。只講任何一面，都是片面的，不能全面地反映歷史的真實。

六、幾點看法

從以上事實可以看出，在二二八事件期間，本省人與外省人都是國民黨政府的受害者，同時，本省人與外省人之間也存在著複雜的關係。概括地說，他們的關係是這樣的：

（一）由於臺灣回歸不久，本省人和外省人的經歷不同，文化上存在差異，彼此相處比較陌生，難免因各種差異而產生一些矛盾，但在「二二八事件」之前，他們和平相處，並不存在對立的情緒，更沒有什麼仇恨。

（二）當年接收臺灣的國民黨政府，在大陸上已經相當腐敗，即將下臺。他們統治臺灣不到兩年，就因貪汙腐敗導致民間的強烈不滿。一般不明真相的臺灣民眾把國民黨當局的統治視為「外省人」的統治。有人認為「由於外省人大多居於『能夠貪汙』的職位，因而『打倒貪官汙吏』在一定程度上變為『打倒外省人』」。「不少民眾把對於政府的不滿投射於外省民眾身上，造成外省民眾無辜受害」。一位歷史學者指出：「外省人之所以慘遭毆打、侮辱、搶劫，甚至喪失了生命，考其原因乃源於臺灣人對政治不清明忍無可忍的一種行動，原本『報復』的對象應該是有限的貪官汙吏，及不守紀律的駐軍，而不是廣泛的公教人員與善良的百姓，因此行為難免過激」。[155]在這種情況下，與本省民眾並無衝突的無辜的外省同胞成為國民黨政權的替罪羊。

（三）在二二八事件初期，對外省人造成傷害的，有流氓、浪人，但不僅僅只是流氓、浪人，有一些普通民眾，特別是青年學生也參與了毆打、侮辱、拘禁等行動，甚至有些「知識精英」也主張對外省人施加暴力，因而到處出現了「打阿山」的狂熱。由此可見，把責任完全歸於流氓、浪人，而否認本省人的任何過錯是不符合事實的。當年由本省籍各界人士組成的「處理委員會」對此已經表示了遺憾：「二二八那一天有一部分外省同胞被毆打，這是出於一時的誤會，我們覺得很痛心，那也是一個我們同胞的災難，今後絕對不再發生這種事件」。因此，在評論一段歷史時，至少應當承認本省人有過「過激行動」，這對外省人來說，可能是比較公平、比較可以接受的。

（四）與此同時，許多本省民眾保護了外省人，外省人對此心存感激，永誌不忘。其中有的體現了彼此間同事、師生、鄰居等等的情誼，有的體現了同胞愛，有的則是善良人性的表現。各人的思想和動機不同，不要簡單地或誇大地把它一律歸入哪一類。

（五）「國軍」到達以後，本省人受到殘酷的鎮壓，濫殺無辜的情況十分嚴重，國民黨政府是有罪的。外省人則沒有罪。有人說，「在初期，本省人打了外省人，後來，外省人打了本省人」。這種說法如果不是無知，就是有意煽動省籍衝突。打殺本省人的不是外省人，而是國民黨當局，作為打手的外省來的軍警，執行的是國民黨當局的命令。這個罪狀不應當歸到外省人身上。當然也有少數外省人乘機報復，透過檢舉，傷害本省人，他們是有罪的，但與大多數外省人無關。

（六）從當年本省人與外省人關係的主導面來看，他們是互相關心、互相幫助的。當時，人們都承認這樣的事實：「二二八事件時，曾有不少臺灣人保護外省人，事件後，亦有不少外省人伸手援助臺灣人」。陳明忠回憶說：「那時是很討厭貪官汙吏，但並沒有外省人、本省人的觀念」，學生喜歡外省老師，因而保護了他們。[156]從事「二二八事件」研究的學者許雪姬指出：「在二二八過程中，本省人、外省人互相救助的故事很多，應該從這個角度著手（考察）」。這個意見是正確的。

本省人與外省人都需要有正確的「歷史記憶」。我們回顧這段歷史的目的，首先，是還歷史本來的面目，做出公平的正確的結論，以免有人有意歪曲、掩蓋、篡改，為特定的政治目的效力；其次，讓大家看到當時本省人與外省人關係的主導面：一般老百姓是友好相處的、互相救助的，這個精神值得發揚，而不應當「記仇」，那樣，對臺灣社會的和諧是不利的。

（七）現在，本省籍的「二二八事件」受難者已經得到平反，而當年受難的外省人，卻還沒有得到公正的對待。應當補償他們的不是本省人，而是國民黨當局，因為受難的外省人是當年國民黨政府的替罪羊。

現在，現任的國民黨主席已經向二二八事件受難的臺灣同胞道歉，他是否也應當向受難的外省人道歉呢？

信任危機對臺灣政治生態發展的影響[157]

李鵬

信任危機一直是臺灣政治社會發展中存在的一個突出問題，2000年民進黨執政後，臺灣的信任危機問題不斷加劇，2004年的臺灣領導人選舉更是將信任危機激化到空前嚴重的程度。這種信任危機的激化不僅表現為在野勢力和相當部分民眾對陳水扁執政當局的不信任，它還廣泛存在於島內各大族群之間、藍綠不同陣營的支持者之間，以及民眾與媒體、媒體與「政府」之間。尤其是這次「3·20選舉」所引發的信任危機造成島內族群對立分裂之嚴重，對民眾心理傷害之深，對島內政治生態發展影響之深遠，都是前所未有的。那麼，如此嚴重的信任危機到底是如何產生的，它對臺灣政黨政治的發展和民眾政治參與的態度會產生怎樣的影響，本文將就此進行深入剖析。

一、信任危機產生的原因

信任是人與人之間交往的基礎，得到人民的信任是任何政府當局有效施政的保障。一般來說，信任包括兩層涵義；一為具體個人層面的，是對當事人的信任；一為制度、規則層面的，是對維持信任機制的信任。臺灣出現的信任危機是多種因素綜合作用的結果，既有人的因素，也有制度的因素，還有複雜的社會背景。

（一）政治制度上的缺失

制度上的缺失是信任危機在臺灣政治發展中長期存在的重要原因之一。臺灣照搬西方的所謂「民主政治」制度，雖然經過多年的發展，但依然處在初級的階段。從西方「民主政治」的實踐來看，制度設計上的缺陷和不同地區政治傳統的差異，使處於「民主政治」初級階段的地區比較容易出現不同政治力量之間非理性的無序惡鬥。臺灣現行的「憲政體制」是根據孫中山「五權憲法」的理論建構的，並不完全符合西方民主政治的制度設計。特別是1980年代以來，隨著「政治革新」和「憲政改革」的推動，臺灣社會政治本土化進程的加快，島內統「獨」意識形態的爭執不斷激化，臺灣「憲政體制」與現實政治生活中的結構矛盾日益顯現，雖然經過多次「修憲」，依然未能建立穩定的政治運作制度。[158]

臺灣政治制度上的缺失導致信任危機的產生主要表現在兩個方面，一是加劇了島內各個政黨間的利益矛盾衝突和意識形態的對立；二是執政者的權力過於集中和寬泛，容易造成法治和德治的真空，也極易引發信任危機。政黨是凝聚本階級的利益和表達本階級的政治意識，控制和影響利益的分配和實現過程，旨在奪取和鞏固國家政治權力而組成的政治組織。[159]政黨的這種屬性決定了不同政治理念和利益需求的政黨之間天然存在著矛盾和對立，如果沒有一種制度性的安排來制約和協調這些矛盾，就可能造成失序的狀態。臺灣現在的政治制度中，總統、「行政院」和「立法院」之間的權責非常不平衡，總統幾乎是有權無責，「行政院」權力有限卻要承擔主要責任，「立法院」對「行政院」制衡力度明顯不夠。因此，當「行政」和「立法」分別控制在兩個不同陣營時，這樣的制度設計不僅無法有效地協調和化解「朝野」之間的對立，反而可能激化矛盾，經常出現執政黨強行施政、野蠻施政和在野黨為反對而反對、惡意杯葛的情況，這又會

加劇不同陣營之間的互不信任和民眾對政治的不信任。

即使「行政」和「立法」同屬一個陣營，臺灣現有的制度也會產生另一個問題，即總統權力的無制約性帶來失信於民。臺灣經過多次「修憲」之後，總統的權力不斷擴展，享有「立法、行政、司法、軍事、外交」等多方面的權力，沒有一個機構能夠對總統的權力形成實質性的制約。16世紀英國的思想家胡克曾經指出：「無論對於國王的權力還是對於人民的權力來說，最嚴格地加以限制的權力才是最好的權力。所謂受到最嚴格的限制，就是說只能處理很少的事務；所謂最好的權力，就是那種其行使受到完善的儘可能細緻的規則限制的權力」。[160]很明顯，臺灣的總統權力並不是受到限制的最好的權力，問題就出在規則和制度上。由於缺乏有效的監督和制約機制，就極易於造成權力的濫用，使得民眾無法信任和依賴政府。李登輝在臺灣執政12年逐漸走向威權獨裁的過程，就可以說明這一點。再次勝選後的民進黨提出了年底立委選舉過半，實現民進黨「長期執政」的目標，同樣引起了人們對陳水扁可能走向專制獨裁的擔憂。雖然陳水扁在7月18日民進黨全代會上宣誓下任「監察院長」將由非民進黨人士擔任，但「監察院」有限的監督職權實際上很難對陳水扁當局構成有效的制約，無法化解在野黨和民眾的不信任。

（二）政治人物的性格弱點

政治人物的性格特點和政治表現也會直接影響到民眾的信任。俗話說，人無完人，一個人無論怎樣的完美，在具體的現實生活中，總不免會有人性的弱點，總會有某種性格上的缺陷。因此從人性的角度講，掌握權力的人，並不必然地具有超人的智慧，權力並不等於真理和良知，面對自我的利益得失，總不免要在一定的程度上傾向於自我利益的維護，這就極有可能由於個人的政治性格和道德品格的缺陷，帶來國家或政府信任危機的問題。[161]因此，掌握權力的人，特別是掌握最高權力的人必須比普通人更能夠控制自己的情緒，儘可能地降低性格弱點可能對國家或社會造成的負面影響。目前臺灣政治社會中出現的信任危機同陳水扁的性格特點和人格特質有很大的關係。

陳水扁最突出的政治性格就是善變和缺乏誠信。在過去的四年裡，無論是在

島內政治鬥爭還是處理兩岸關係中，陳水扁的善變表現得淋漓盡致。在2000年的總統競選中，陳水扁曾宣布當選後不擔任黨職，但卻在2002年主動推動「黨政同步」，兼任民進黨主席；2004年連任成功後不久，他再次放出風聲表示不想再擔任黨主席，遭到黨內反彈後又暫時擱置這一問題。在兩岸「三通」問題上，陳水扁一面講「三通」是必走之路，一面卻聲稱「三通」不是萬靈丹；一面表示要推動「三通」直航，一面又為「三通」設置種種障礙。陳水扁這些善變表現的背後是極端、偏激的心理和機會主義的考慮，直接導致他以「民粹主義」煽動不同陣營支持者之間、臺灣民眾對大陸的對立情緒；為了選票的需要，面對來自不同方面的壓力，他可以在不同的場合，面對不同的對象，講出完全自相矛盾的話。陳水扁性格中還有既自卑又自負的一面，自卑使他對有實力的政治對手不斷打壓和報復，自負導致他對實力不夠的政治對手展現權力的傲慢，甚至進行公開羞辱，不屑一顧。陳水扁政治性格弱點在施政過程中的展現使得他很難獲得島內政治對手的信任，也很難贏得大陸和國際社會的信任，同樣島內絕大多數民眾也對他保持懷疑和不信任的態度。除了陳水扁之外，島內其他政治人物的政治弱點也或多或少在政治生活中有所體現，對信任危機的形成也有一定的影響。

（三）權力和利益至上的驅動

制度上的缺失和政治人格上的弱點並不必然導致信任危機的產生，但它們一旦與權力和利益至上的追求相結合，就極易誘發信任危機。依照政治社會學的觀點，權力和利益本身就帶有誠信缺失的傾向，在高度集權的政治文化中，權力至上，有權就有一切，已經成為一種歷史文化積澱於人們的政治理念之中；權力獲取越大，地位也就越高，對社會支配的力量也就越廣越強，利益也就相應地獲得越多，個人生命的力度也就越旺；而社會對權力的制約力度卻越來越弱，由於民眾相對於集權而言是弱勢，權力便會在其勢力的範圍內形成社會制約的真空區域，致使權力在根本上帶有誠信缺失的傾向。[162]在臺灣，執政在很大程度上已經成為個人或者黨派團體謀求政治權力和經濟利益的手段，社會民眾在一定意義上已經成為犧牲品和政治競爭的籌碼。

臺灣的政黨政治是一種競爭性的選舉制度，各個政黨和政治人物為了贏得選

舉和獲取權力,在競選過程中不擇手段地打擊對手,排斥異己,煽動仇視,相互傾軋,直接造成了選舉風氣的敗壞。為了迎合選票和爭取支持,政治人物還會開出很多實際上無法兌現的政策支票。陳水扁在過去四年提出的「拚經濟」、「經發會共識」、「綠色矽島」、「2008行動方案」等目標和計劃,最終都不了了之。在臺灣,無論是執政黨還是在野黨,無論是在總統、立委選舉還是縣市長、鄉鎮長選舉,開列政策支票卻不去兌現的情況相當普遍。一個重要原因就是這些政黨和政治人物只是將自己的權力和利益放在第一位,並沒有把民眾的需求和利益放在第一位。這非常容易讓選民產生被欺騙和失望的感覺,長此以往就會對政黨和政治人物失去信任。

(四)民眾政治心理的紊亂

臺灣民眾長期形成的獨特政治心理也為政治人物利用制度缺陷和性格弱點進行權力利益鬥爭提供了環境和機會,是信任危機能夠存在和發酵的社會背景。當前的臺灣並不是一個民主和理性的社會,民眾政治心理非常複雜,可以說是處於紊亂的狀態,在很多關鍵性問題上遠沒有達成共識。大陸學者劉國深就總結出臺灣人具有叛逆心理、悲情意識、「恐共」心理和「媚日崇美」現象,並認為臺灣人的政治意識形態具有政治信仰「歐美化」、族群意識「褊狹化」、政治文化「脫中國化」、國家認同「異質化」、臺灣前途「自立化」等五大迷思。[163]

臺灣民眾這種複雜政治心理的產生有些與臺灣移民社會的特性有關,有些是歷史的原因和記憶造成的,有的存在於現實的生活過程之中,還有則是政黨和政治人物長期政治操作所致。臺灣的「省籍族群」問題在很大程度上就是民進黨長期操弄的結果,民進黨利用臺灣族群複雜多元的特點、國民黨政權在族群問題上的一些不當處理和民眾政治心理的紊亂,將「省籍族群」作為顛覆國民黨政權、贏得選舉和對抗大陸的政治鬥爭工具,不斷用極端民粹主義的方式進行挑撥煽動。長此以往,臺灣就變成了一個充滿統「獨」、仇恨、鬥爭、矛盾的社會,一個民粹主義盛行的社會,一個「非藍即綠」的社會。由此可見,臺灣民眾政治心理的紊亂給政治操作提供了空間,政治的操作導致信任危機的出現,信任危機的加劇又造成民眾心理的進一步紊亂,臺灣政治社會就在這樣的一個惡性循環中不

斷發展，使得信任危機成為臺灣政治社會中一個難解的結。

二、信任危機對政黨政治和民眾政治參與的影響

雖然經過多年的實踐，臺灣的政黨政治並沒有完全走上成熟穩定發展的軌道，想要形成類似西方國家正常的政黨政治生態還需要一個較長的過程。在這個過程中，信任危機和政黨政治的發展是一種相互影響的關係，政黨政治的不正常發展可能導致信任危機的出現，信任危機又會對政黨政治的發展和民眾參與政治的心態產生負面影響。

（一）信任危機已經對臺灣的政黨政治秩序造成損害，危及到民進黨政權的合法性與有效性

任何一種政治秩序的維持都同時依賴於兩個方面，即有效性和合法性[164]。所謂有效性，是指某一政治體系透過實際行動滿足社會成員的需要的能力及程度；而合法性則與信任有關；指的是社會成員由於信任某一政治體系的品質和能力而擁護和效忠這一體系的程度；有效性與合法性之間是一種合則雙美、離則兩傷的關係。[165]民進黨政權要想在臺灣正常發揮政治領導職能，除了取得政權的途徑要有正當性以外，還必須得到多數民眾的信任和擁護，使他們相信這個民進黨手中的權力及其行使方式是正義的、有效率的，從而自願服從。但在2004年的選舉中，陳水扁以「公投」捆綁選舉、製造族群對立，在槍擊事件後又操弄「國安機制」，對槍擊案真相調查躲躲閃閃，使在野黨和相當部分民眾對民進黨取得政權手段的合理性和合法性產生強烈質疑。

更為嚴重的是，陳水扁在「就職」後並沒有積極彌合分歧，消除危機，反而毫無顧忌地利用公共權力進行尋租行為，在各項人事任命上以政治酬庸優先於專業考量，不僅對輔選有功人員論功行賞，還在某些需要保持超然中立的職位上安排明顯有偏綠傾向的人士，甚至有人公開表示「即使政治酬庸也酬庸得有道理」。這種公開的尋租行為所導致的信任危機不僅會直接損害到民進黨當局的行

政效能,讓民眾對臺灣政治和行政制度的公正性、純潔性喪失信任,更讓民眾與「政府」的溝通出現困難。而且,這種因信任危機而形成的「尋租」心理往往是一個「自我確證」的「惡性循環」,即因信任危機而不斷尋租,因尋租成功而強化信任危機,如此循環往復,終將使尋租的衝動積澱為一種根深蒂固的政治文化心理,導致更多的人加入尋租的行列。[166]如果民進黨當局任由這種風氣發展下去,臺灣政黨政治發展的秩序將會遭受更為嚴重損害。

(二)信任危機使不同陣營政黨之間的政策分野和對立更加清晰和激烈,「中道力量」發展的機會和空間有限,臺灣短時間內難以實現政治穩定

在西方發達的民主國家裡,政黨的競爭是一種相對有序、有度、有限的競爭,朝野政黨之間競爭主要集中在公共政策和施政層面,很多時候都會出現政策趨同,為了防止過於趨同而喪失特色,各政黨一般又會採取模糊的政策立場[167],這樣就可以避免造成社會的重大分歧和對立。為了實現政治穩定,各政黨之間經常透過談判、協商達成妥協,妥協意味著對政黨政治的各方特別是少數一方權利的尊重,可以有效降低衝突的激烈程度,沒有妥協就沒有政治穩定。[168]而在臺灣,政黨政治惡質化積弊深重,信任危機使朝野不同陣營之間在多數時候都處於劇烈對抗的狀態,民進黨和國親兩黨幾乎在所有問題上都缺乏共識,雙方的意識形態和政策主張分野清晰,基本上是趨於兩極,很難找到妥協的空間。在過去的四年,臺灣政黨在是否停建「核四」、高層人事任命、預算編列、兩岸「三通」、農漁會改革、「公投制憲」等問題上都進行了非常激烈的對決。

藍綠非理性的激烈對決導致不少民眾對兩個陣營都失去信心,一些社會「中道力量」想趁機擠占藍綠所喪失的政治空間。臺灣選舉期間所出現的由弱勢團體組成的「泛紫聯盟」、主張藍綠都是「爛蘋果」的「廢票聯盟」、「立法院」新成立的「無黨聯盟」,以及一些知名人士成立的「臺灣民主學校」等等都以「中道力量」自居。在臺灣目前「非藍即綠」的政治氛圍下,這些「中道力量」所能夠發揮的空間並不大,他們自身都沒有足夠的力量擔負起維護臺灣政治社會客觀中立的責任,還是要仰賴藍綠陣營才能發揮關鍵少數的作用;況且很多臺灣民眾

是對整個島內政治感到失望，對新出現的政治勢力，往往會有「天下烏鴉一般黑」的心態，也影響到中道力量的發展。

年底的立委選舉關係到臺灣政黨政治版圖的重劃，已經成為各方角力的焦點。但有一點可以明確，民進黨希望透過立委選舉過半實現完全穩定政局的目的並不容易達到。即使泛綠勢力在「立法院」過半，總統、「行政院」和「立法院」密切合作，也不意味著必然會帶來政治的穩定。泛藍即使失去「立法院」多數，依然會是一股不可忽視的政治力量，執政者對他們權益的不尊重和刻意忽視只會導致他們對民進黨當局更加的不信任，他們可能會透過其他平臺和途徑來進行更激烈的反制和杯葛。而且，臺灣社會已經被撕裂為兩半，「立法院」的多數並不意味著民意的多數，如果民進黨當局以「通吃」的心態施政，則可能引發不同規模的社會遊行抗爭運動，從而導致政治社會的不穩定。

（三）信任危機使臺灣同一陣營各政黨之間和各政黨內部圍繞權力利益的合眾連橫更加微妙

在政黨政治中，政黨之間的結盟或合作是一種常態，目前臺灣已經形成了以民進黨和「臺聯黨」為主的泛綠陣營和以國民黨、親民黨為主的泛藍陣營。兩大陣營之間的信任危機不僅外溢到整個臺灣政治社會當中，也內滲到同一陣營內部的政黨之間和某一政黨內部各派系之間，使得它們圍繞權力利益進行的合眾連橫更加微妙。同一陣營的不同政黨之間雖然有理念上的相似之處，但各個政黨也都有自身生存和發展的考慮，政策利益需求並不完全一致，相互之間的信任是有限度的，在有些問題上的信任基礎甚至比較脆弱。它們之間即使是合作也不免有防範和競爭的一面，一旦面臨的外部壓力比較小，在臺灣整體社會信任危機瀰漫的氛圍中，這種內部的競爭就可能凸現出來。同一政黨內的不同派系也有類似的問題，不少決策往往需要考慮到派系的平衡和妥協。

對於泛藍陣營來說，泛綠陣營的壓力迫使他們不得不進行合作，甚至考慮合併的可能性，但兩黨之間的歷史恩怨、對某些領導人的不信任、對合併動機的懷疑都使國親合作的方向明確但道路卻極不平坦。民進黨和臺聯黨之間的信任基礎也並非牢不可破，而是相互利用的關係。對成功連任後的民進黨來說，它不希望

「臺聯黨」同它搶奪政治行政資源，不希望「臺聯黨」發展過快而加重其要價的籌碼；而「臺聯黨」也不甘心永遠只是一個當配角的小黨，在選後一度傳出國親勢力消減後可以讓「臺聯黨」成為島內第二大黨來制約民進黨的聲音。此外，在國民黨和民進黨的內部，各種勢力和派系為了取得黨內領導人地位和2008年總統候選人資格也在明爭暗鬥。雖然目前各黨派和陣營內部的信任問題尚沒有溢出黨外或陣營之外，但在一定程度上已經影響到政黨政治版圖的構建。

（四）信任危機會對臺灣民眾政治參與的心態產生一定程度的負面衝擊

民眾的政治參與是政治發展的重要內容，一個國家或地區政治參與程度和水平高低，往往成為衡量此國家或地區民主程度和政治發展程度的最主要標準之一；政治參與的途徑一般有參加投票和選舉活動、參加政黨與社團活動、政治表達和政治接觸活動等。[169]臺灣民眾政治參與程度比較高，多數大型選舉的投票率都達到七成左右，有幾次甚至高達八成以上，但臺灣民眾政治參與的水平卻並不高。這是因為臺灣民眾的政治心理尚不成熟，政治參與中非理性的情感取向過重。如果民眾對政治或特定政治團體的情感承諾過於強烈，會對民主政治造成不利的影響，助長導致民主政治動搖的大規模的救治主式運動，導致政治系統的分裂動盪。[170]而按照西方選舉的經驗，信任危機必定會導致民眾參選、參政熱情下降，政黨的固定選民隊伍和活動空間日漸萎縮的情況。但在臺灣，信任危機不僅導致各黨派的基本支持者對政治參與熱情更加積極穩固，而且刺激非基本支持者的危機意識，使他們不得不「選邊站」，從而壓縮中間選民的數量，使投票率抬升。2004年臺灣領導人選舉投票率達到80.24%，在某種程度上就是因為有些選民對藍綠陣營盲目和無保留的支持所致。

信任危機對選民的刺激作用在臺灣選舉空前激烈、高度動員的時候表現得尤為明顯，但在平時，信任危機最直接的影響是政治冷漠者增加，很多民眾對政治產生失望、無奈、疏離甚至是反感的心理。這種心理的形成源於政治信任的受挫，當選民發現自己所選的候選人不值得信任，自己所支持的政黨不符合自己的期待，政黨之間政治鬥爭的本質如此骯髒的時候，巨大的心理挫折及其引發的暈輪效應，就會使得人們視政治為畏途，消極地適應政治環境，主動地遠離政治生

活。政治信任是一種非常複雜和微妙的政治心理，需要長期的努力才能培養起來，一旦受到損害，恢復起來就相當困難。2004年7月高雄市「議員」補選投票率僅為32.03%，創下歷史新低，就與此前出現的「議會賄選案」和總統選舉後的種種爭議衝擊選民的心理有關。

三、幾點結論

臺灣日趨嚴重的信任危機不僅危及到政治穩定和經濟繁榮，而且已經衝擊到社會的團結和安定。相互信任是維繫任何政治社會系統的重要凝聚力，嚴重的信任危機會造成整個政治社會系統的崩潰。既然臺灣的信任危機是政治轉型過程中多種因素相互作用的結果，化解和消除信任危機就是一項系統工程，需要「政府」、政黨、社會團體和普通民眾多方面的努力才可能達成。

首先，臺灣執政當局和各個政黨必須正視臺灣社會信任危機存在的現實，徹底反省信任危機形成的主觀和客觀原因，先從自己身上找問題，盡一切可能消除導致信任危機產生和激化的人為因素。「政府」信用所有信任問題的基礎，臺灣的當權者是解決信任危機的重中之重。但是，陳水扁和民進黨卻不敢或不願意承認信任危機的存在，刻意將政治對手的抗爭解釋為「輸不起」，將領導人的政治性格僅僅理解為誠信問題，將臺灣社會存在認同與族群的「問題」說成是「課題」等等；雖然陳水扁表示「身為執政者，願意率先反省，坦誠面對，並且尋求有效化解」[171]，但實際上沒有採取有效的行動，仍然像以前一樣作秀多於實質，這樣不僅無助於信任危機的化解，而且可能導致適得其反的效果。

其次，信任危機與政治系統、社會結構、經濟發展、文化傳統等因素都有密切的聯繫，要多管齊下才可能取得良好的效果。一般來說，政治穩定是政治參與良性運行的基本條件，沒有穩定的政治環境，民眾的政治參與將走向無序化。無論是執政的民進黨還是在野的國親兩黨，都必須加強責任意識，扮演好負責任的執政黨或在野黨的角色，避免以政治煽動和激起民粹的方式進行對抗性的政治動

員,激化族群矛盾,破壞社會結構的和諧,為政治系統的良好運作創造條件。經濟繁榮和發展是社會信任建立的物質基礎,經濟的發展可以提升民眾對政治社會的信心,反之則會降低民眾的信心。文化的一致和認同也是建構相互信任重要方面,人為割裂臺灣文化和中華文化的關係,搞「去中國化」的「文化臺獨」活動只會加劇社會信任危機的程度。

第三,當前的信任危機作為一種政治社會心理,歸根到底是政治社會互動的結果。因此,從根本上講,要消除臺灣的信任危機,就必須消除導致「政府」、政黨和民眾之間相互隔離、溝通不暢的因素,建立一種能為各方普遍信任和接受的社會制度性安排與制度性承諾。當前臺灣政治中存在的「五權」和「三權」體制不協調、「總統制」與「雙首長制」相矛盾、總統與「立法院」的權限不平衡、政治人物對現有「憲政體制」的不尊重、民意代表的產生方式不盡合理等都是需要檢討和處理的問題。只有實現了制度上的協調,才能最終建立和諧信任的政治社會互動機制,解決信任危機的問題。

臺灣惡質選舉文化對民眾投票行為之影響分析[172]

李鵬

2005年12月3日,臺灣「三合一」選舉落下帷幕。除了選舉結果廣受關注以外,這次選舉的過程也被輿論形容為「手段最卑劣、選風最惡質的一次,選戰烽火已經逼近道德的臨界點」。實際上,臺灣選舉的惡質化、低俗化是伴隨著「政治民主化」的過程所出現的,在不同的時期有不同的表現方式。近年來,隨著民粹主義的盛行、政黨對立的加劇和選舉競爭的日趨激烈,臺灣的惡質選舉文化有愈演愈烈的趨勢。本文將運用政治文化和公共選擇理論,分析臺灣惡質選舉文化的表現、成因及其對民眾投票參與、投票傾向的影響。

臺灣惡質選舉文化的表現及成因

選舉文化是政治文化的一個重要組成部分，在現代民主制度中，選舉在接受相關法律和道德規範的同時，也會受到政治文化的影響，形成選舉文化。美國著名政治學家阿爾蒙德認為，「政治文化是一個民族在特定時期流行的一套政治態度、信仰和感情，是由本民族的歷史和現在社會、經濟、政治活動進程所形成。政治文化影響政治角色者的行為、他們的政治要求內容和法律的反應」。[173]一個國家或地區的民眾在透過選舉的方式進行政治參與的過程中，同樣會受到長期流行的政治態度、信仰和感情的影響，並形成一套受投票行為影響的價值觀念和心理，這種觀念和心理反過來又會影響到投票行為，這就是選舉文化。選舉文化的意義在於，要使選票的價值、份量、權威得到全社會的普遍承認，每一個擁有選票的社會成員都堅信自己握有一份實實在在的影響政權的權力，這是他們和政權對話的最有力的渠道，在整個社會中，這種認識應成為一種不言而喻的社會大眾心理，成為一種社會基本的常識。[174]

選舉文化可以分為三個層次，即選舉體系文化，即選民對選舉制度的基本傾向；選舉過程文化，即選民對選舉程序和競選策略的傾向；以及選舉政策文化，即選民對候選人競選主張的認知和看法。[175]這三個層次同時並存並相互作用，一個成熟健康的選舉文化必須在三個層次上都是良性發展的。並不是所有的民主選舉都能夠形成健康成熟的選舉文化，它需要一定的條件和過程，不僅需要健全的選舉制度和法律保障，適應選舉國家或地區的歷史文化傳統，還需要競選者和投票者具備相當程度的理性選擇能力等。在上述條件不成熟的情況下，選舉就有可能單純成為不擇手段爭取權力和利益的工具，形成惡質選舉文化。臺灣實行「政治民主化」的過程中，選舉文化的惡質化、低俗化表現就非常明顯。

臺灣惡質選舉文化的最典型表現就是民粹主義和負面選舉的過度操弄，致使選民出現非理性投票的比例過高，候選人則不需要透過政績、政見來贏取選票，只需著力於某些產生短線效應的選舉花招。這樣一來，臺灣選民被召喚的，是創意包裝、激情感性、甚至賭徒性格，臺上的人演得賣力，臺下的人更看得忘

情。[176]在民主政治的常軌之下，政黨從事活動本身是為了使政治支持最大化，體現為獲得選票的最大化，作為執政黨，他追求的目標是再次當選，連選連任；作為在野黨，他所追求的是在選舉中擊敗執政黨而奪得政權。[177]在選舉過程中，焦點問題應該是候選人的政見和主張，他應該告訴選民如何為他們的利益服務，這樣選民才能從中選賢與能，參與決策的制定與執行。當然，為了儘可能多地贏得選票，一些策略性的操作無可避免，畢竟「政黨是為了贏得選舉而制定政策，而不是為了制定政策而贏得選舉」[178]。但是，選舉理應是一種良性競爭，有化解爭議與矛盾的功能，而不是製造新的矛盾和對立。況且任何策略性操作都必須遵循相關的法律和道德規範，必須符合絕大多數民眾的利益，引導選民做出理性抉擇，否則很容易陷入負面選舉的泥沼。

　　近年來臺灣的選舉氛圍一直未能擺脫圍繞省籍、族群、統「獨」等而展開的民粹主義煽動。民進黨當局不斷利用民眾的歷史悲情，煽動不同省籍族群之間的對立，用一種語言暴力煽動敵對情緒，打擊異己，將所有議題都貼上「外省人」、「中國人」、「外來政權」、「愛臺或賣臺」、「中共同路人」、「臺奸」等標籤，將人民的道德直覺激化為一種宗教狂熱，在非理性的激情面前，所有的政策都失去了理性討論的空間，只有主觀的認定，只有帽子與標籤。[179]在民粹主義的考量下，民進黨只需要將「國家認同」問題作為選舉主軸，刺激選民在「愛臺」或「賣臺」、「中國人」或「臺灣人」之間做出非理性選擇，就可以轉移沒有政績、缺乏政見的焦點。民粹主義日益成為臺灣政黨政治的重要生態，任何政治勢力都無法無視它的存在。在它的這種壓力下，競爭對手的原有核心價值顯得捉襟見肘，泛藍各政黨開始懷疑他們的核心價值，找不到自己的獨特定位。[180]民粹主義的氛圍使臺灣選舉的議題失焦，使每次選舉都變成意識形態的對決，真正應該被討論的、關係到選民切身利益的民生、經濟、社會議題則被拋到一邊。

　　除了民粹主義的氛圍外，臺灣的負面選舉充斥著非理性的人身攻擊、謾罵、造謠、抹黑，政治人物之間相互詆毀、惡罵，謠言、謊言滿天飛，甚至出現超越職業和倫理道德範疇的言行。有學者形容，臺灣的選舉已經變成一種「時間—

到，大家齊來瘋」的政治遊戲，為了吸引選民的眼球，縱使十分荒唐的裸奔、脫衣舞等，也都一一上演；各種黑函、耳語、緋聞更是一到選舉就鋪天蓋地地淹沒了臺灣民眾的耳目；至於收買樁腳，大撒金錢買票的手法，哪怕查賄再嚴，依然是「野火燒不盡，春風吹又生」，甚至花樣翻新，幾成臺灣選舉的痼疾頑症；而黑道介入選舉也是屢見不鮮之事。[181]在2005年的縣市長選舉中，陳水扁數度在造勢場合為了凸顯本黨候選人年輕、健康的形象，竟然詛咒國民黨候選人胡志強做不完任期即「隨時可能死掉」；隨後民進黨籍民意代表帶領臺中市的醫生集體召開公布胡志強的病歷的記者會。這些舉動已經不只是選舉策略的操作，而是完全踰越了文明社會所應該維護的道德和醫德倫理的底線，而且這些言行出自總統、立委和「醫生」這些具有特殊身分的人的口中，更是說明臺灣的負面選舉已經到了無以復加的地步。

　　導致臺灣選舉惡質化的原因很多，有制度、社會、個人、文化等多個層面的因素，臺灣的政治「民主化」發展尚處於初級階段，各種制度尚不完善，政治人物和民眾的民主素養參差不齊是主要原因。首先，臺灣是一個選舉頻繁的地區，幾乎到了泛濫的地步，幾乎每年都有重要的選舉，過頻過濫的選舉容易讓民眾長時間處於一種「激情有餘、理性不足」的氛圍中，情緒上容易受到政治人物的操弄和煽動。其次，臺灣的選舉雖然有一些制度，但並不完善，某些候選人並不是積極遵守制度規章，而是走邊緣路線，鑽規章制度的空子，為達到勝選的目的不惜代價，指望使用一些非正常的手段來贏得選舉。而負責監督執行制度的司法檢調部門由於受到政治力的介入，往往沒有能力真正嚴格查處違法行為，使候選人在進行負面選舉時有恃無恐。在2004年總統選舉和2005年縣市長選舉中出現的「非常光碟」事件，用戲劇影射手法攻擊特定候選人，在性質上就是造謠、抹黑，其意圖是使某人不當選，明顯違反了臺灣的「選罷法」，但竟然被民進黨當局說成是「言論自由」，沒有受到應有的處罰。第三，臺灣的公民社會依然缺失，相當部分民眾的選舉心態尚不成熟，尚未形成獨立的選舉人格，使候選人和選民在「政治市場」上出現買方和賣方市場倒置的情況，政黨和候選人在引導民眾投票行為中占據主導地位。

惡質選舉文化與選民的投票參與

選舉文化會對選民的投票參與產生一定的影響。投票行為是指選民在選舉中透過投票對候選人、政黨和政策表明偏好的行為。參與投票是民眾政治參與的一個重要方面，但政治參與是民主政治發達程度的必要但非充分指標，高度參與和高投票率等並不能反映真實的政治參與水平，民眾是否選擇參與投票往往會受到很多因素的影響。選舉文化與民眾的投票參與之間的關係非常複雜，有的選民因為希望維持現狀而投票，有的因為希望改變現狀而投票。公共選擇理論將市場經濟條件下個人進行選擇時適用的理性原則運用到選舉投票上，認為在「政治市場」中，個人同樣扮演著經濟人的角色，透過民主選票來選擇能給他帶來最大利益的政黨、政治家、政策法案和法律制度。[182]就投票行為而言，選民作為一個具有經濟理性的經濟人，一切以利益至上為原則，投票或不投票最終取決於投票行為所帶來的成本和收益的比較。如果預期收益大於成本，就會選擇投票，反之，就會傾向於不投票。有學者用數學模型來表示選民的投票行為：

R=BP-C+D

其中：R為個人收集訊息和參加投票活動的淨收益值。

B為不同候選人帶給投票人的收益差，即潛在淨收益。

P為投票人起決定作用的概率，即促使潛在淨收益實現的概率。

BP為預期總收益值。

C為收集訊息和參加投票活動的成本。

D為收集訊息和參加投票活動所帶來的其他好處。[183]

由於公共選擇理論假設每個選民都是理性的經濟人，因此他們會精算出只有淨收益值大於或等於零的時候才會參與投票活動。選民的投票或不投票行為，都是理性計算的結果。對選民的不投票行為，有兩種截然不同的解釋，一種認為低選舉參與意味著民眾越來越遠離政治體系，這將使政治體系失去合法性和權威；

另一種則認為，低投票率表明民眾對政治體系基本滿意，或者還沒有不滿意到要投票去改變它的程度；而真正投票率特別高的國家或地區，可能會遭受一種政治狂熱的困擾，在這種狂熱下，政黨政治會發展到極其危險的程度。[184]

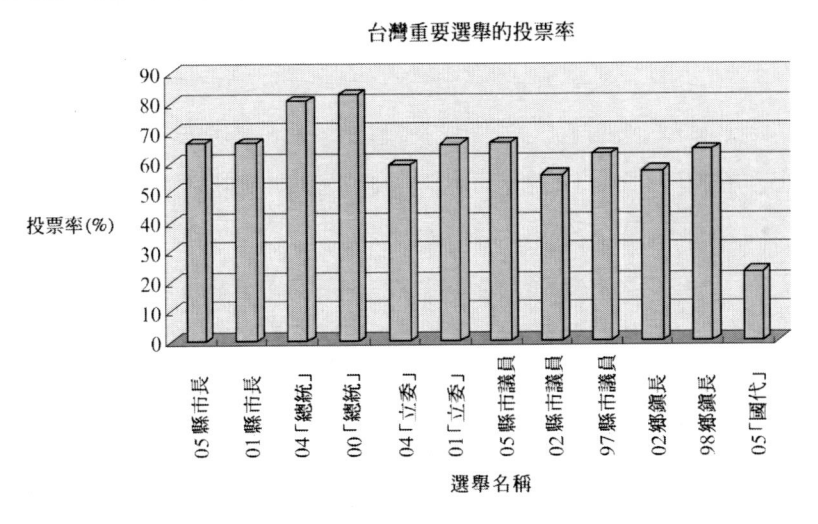

台灣重要選舉的投票率

（條形圖：橫軸為選舉名稱，依序為05「縣市長」、01「縣市長」、04「總統」、00「總統」、04「立委」、01「立委」、05「縣市議員」、02「縣市議員」、97「縣市議員」、02「鄉鎮長」、98「鄉鎮長」、05「國代」；縱軸為投票率(%)）

應該說，公共選擇理論在一定程度上能夠解釋臺灣選舉過程中的投票行為，但這一理論解釋力的強弱也取決於「政治市場」的成熟程度，臺灣是一個民主政治和選舉文化發展並不成熟的地區，選民在進行選擇時會受到更多外在因素的干擾和影響，可能會導致一些非理性的投票行為。惡質選舉文化其實就是臺灣「政治市場」的一個重要表現特徵，它與選民投票行為會相互影響，一方面，多數民眾對惡質選舉文化感到反感和不能接受，不斷有人提出以不投票或投廢票的方式進行抗議和抵制；但另一方面，臺灣的惡質選舉文化也是伴隨著民眾投票行為而產生的，臺灣的選舉投票率一直比較高，特別是全臺規模的立委選舉和縣市長選舉，投票率多數都在六成以上，總統選舉甚至能夠衝高到八成以上（下圖為臺灣各重要選舉的投票率）。政黨和候選人採取何種競選策略往往要分析選民的投票心理，民粹煽動和負面選舉同樣是建立在對選民投票心態進行分析的基礎之上的。從某種意義上說，臺灣這些選舉的高投票率在客觀上提供了選舉惡質化的土壤，助長了惡質選舉文化的蔓延和發展。

但同時我們也看到，在臺灣的一些縣市議員、鄉鎮長、鄉鎮議員等低動員度

基層選舉和「國大代表」等非重要的選舉中,除了2005年因與縣市長合併舉行而技術性拉高投票率以外,整體投票率呈現下滑的趨勢,不參與投票的選民越來越多。而根據臺灣「中選會」2005年委託各縣市選委會所做的「淨化選風」顧客滿意度調查,臺灣民眾認為遭受金錢或暴力介入最嚴重的是縣市議員選舉,第二嚴重的是鄉鎮市民代表,鄉鎮市長則是名列選風最壞的第三名,「立法委員」選舉則是選風最壞的第四名,最基層的村里長選舉名列第五名,縣市長選舉選風排名選風最差的第六名。[185]由此可見,惡質選舉文化在基層選舉中的確呈現出導致民眾不投票行為增加的趨勢。筆者認為,之所以會出現不同性質的選舉中民眾投票參與行為有差異,主要是選舉惡質化在不同性質和規模的選舉中有不同的側重表現形式,會影響到民眾的投票參與的理性程度,有的形式會導致選民迴避理性,甚至理性缺失,有的表現形式則會加深民眾在投票中的理性判斷。

近年來,臺灣的總統、立委和縣市長選舉中的惡質化傾向側重表現為意識形態的操弄和民粹主義的過度動員,雖然金錢、暴力因素同樣存在,但不是選戰主軸。一般情況下,除了熱衷政治或利益攸關者外,選民主動蒐集訊息的意願不高,因為這樣會增加他們的投票成本,但收益卻帶有公共產品的性質,不可能給他們帶來直接的好處。但在高度動員的政治氛圍下,鋪天蓋地的各種訊息會無形中影響選民的自主意識,加上政治人物對輿論的異化處理,媒體輿論對訊息的誇大報導,使得選民在不需要付出太大成本的情況下接受到眾多不客觀和不真實的訊息。在正常的選舉文化中,候選人應該在訊息中向選民說明他們參與投票可能得到的好處。但在臺灣負面選舉氛圍下,候選人往往不是告訴選民他們能夠得到什麼好處,而是將重點放在對選民進行不實恫嚇,即如果不選擇他們可能帶來的損失和壞處。如民進黨經常攻擊大陸對臺灣的所謂「武力威脅」,宣稱一旦泛藍上臺可能會導致所謂「中共併吞臺灣」,一旦兩岸實現「三通」就會造成臺灣失業、社會治安惡化問題等等。在這種情況下,選民在決定是否參與投票時就難以考慮能夠獲得多少淨收益,而是會考慮如何能夠盡最大可能保住當前已有的利益。而這種對自我利益的保護不使之喪失的本能無疑對提高選民的投票參與度有很大的影響,從而出現狂熱的「理性而無知」的投票參與行為。

在縣市議員、鄉鎮長、鄉鎮議員等帶有基層性質的選舉中,候選人之間的差

異明顯縮小，與選民切身利益更為密切，選民的政黨傾向反映不明顯，選風惡質化側重表現為賄選、黑道、暴力介入選舉。在這些選舉中，不同候選人給選民帶來的收益差並不大，而選民為了更好實現自己的利益必須多方蒐集訊息，致使成本增大，在正常選舉風氣下，選民可以透過判斷實現淨收益的概率和可能得到的好處來判斷是否參加投票。但當金錢、暴力、黑道勢力介入選舉，選民很難判斷出可能實現淨收益的概率，也無從估算可能得到哪些好處，因為透過非正常手段當選的候選人一定不會優先保證選民的利益。在這種情況下可能會出現三種投票選擇，一是選民透過買票，受到黑道、暴力脅迫參加投票，確保自己的利益；二是希望透過自主投票來改變選舉風氣，讓乾淨的候選人當選，確保公共利益；第三種選擇就是覺得無法改變惡質選舉文化而不去參加投票，消極抵制或成為政治冷漠者。近年來，臺灣社會對惡質化的選舉氛圍越來越不滿，這種不滿導致投票參與的變化在基層選舉中有明顯表現，但長期形成的惡質選舉氛圍並不是單個選民所能夠改變的，因此，有強烈無奈感和無力感的選民選擇不去投票或敷衍投票的情況也越來越多。

惡質選舉文化對民眾投票傾向的影響

惡質選舉文化除了會影響到選民是否參與投票的決定之外，還會對他們的具體投票傾向，即選擇支持哪個政黨、哪個候選人產生一定的影響。根據公共選擇理論，人們不僅在決定是否投票時要考慮淨收益，在選擇投票給誰時也會對不同政黨和候選人所能夠帶來的淨收益進行比較。如果都能夠帶來收益時，會選擇收益更多的一方，如果都會帶來損害時，則會選擇造成損害比較小的一方。有學者認為，投票行為其實是一種群體決策過程，可以分為誠實投票和策略投票兩種。誠實投票即在有差異性和可比性的方案中選擇客觀上最優方案，策略投票是指在投票時以自身利益的最大化來進行選擇。[186]誠實投票或策略投票在正常情況下都是合理的投票行為，但在惡質選舉氛圍下，完全誠實投票的可能性大大降低，出現非正常策略投票的可能性則大大增加，選民能夠對淨收益做出理性比較的可

能性也大大降低，從而導致選民投票選擇某一方後反而損害自身利益的後果。

（一）惡質選舉文化會導致選民在投票過程中的政黨傾向、候選人傾向、政見傾向產生錯位和倒置

在理性選擇的情況下，選民應該首先關注的是政見傾向，其次才是政黨傾向和候選人傾向。政黨傾向和候選人傾向比較多地都帶有主觀的意願，政見傾向相對客觀，與選民的切身利益關係最為密切，而且政黨和候選人的優劣往往也可以透過政見顯現出來。選民最容易透過蒐集政見訊息，判斷哪個政黨或候選人最能夠幫助自己實現淨收益。但在臺灣當前選風惡質化的情況下，政見因素不是退居政黨和候選人傾向之後，就是被刻意扭曲、放大，從而導致選民做出非己的選擇。在2004年的總統選舉中，雖然民進黨施政無能眾人皆知，藍綠雙方都提出了各種政策「白皮書」，但這些政見卻淹沒在「一邊一國」對「一個中國」、「臺灣人」還是「中國人」等統「獨」口號和狂熱煽動中。在2004年的立委選舉和2005年的縣市長選舉中，大多數候選人和他們的政見被拋到一邊，選舉被拉高到政黨對決的層次。為了實現政黨和政治人物的個人利益，絕大多數臺灣民眾被迫按照政黨傾向投票，而他們的意識和切身利益被漠視和忽略。

（二）惡質選舉文化對藍綠陣營的基本支持者的投票傾向影響有限

選民的投票傾向除了短期的理性選擇之外，也會受到長期投票習慣的影響，最主要的表現就是政黨認同，在臺灣主要表現為對藍綠兩大陣營的認同。無論是全臺性質的選舉還是基層選舉，都有一部分有強烈政黨和陣營認同的基本支持者會不假思索地為該政黨或陣營投票。基本支持者對選舉淨收益的計算並不是著眼於短期，關注的也不僅僅是物質的，而主要是來自於對該政黨或陣營精神上的強烈認同，認同提供了做出投票決定的捷徑，也是一個長期不變的決定。[187]在前幾次的臺灣領導人選舉中，「肚子扁扁，還投阿扁」對民進黨的基本支持者來說就是一個極具煽動性的口號。目前藍綠陣營大概都有三成五到四成左右的基本支持者，這些人的投票傾向在一般情況下不會受到惡質選舉文化的影響。不僅如此，在臺灣的選舉中，光靠政黨、候選人自身很難達到競選效果，必須有支持者的配合才能夠達到目的，這時候各陣營的部分基本支持者往往為了自己陣營能夠

獲勝，客觀上變成惡質選舉現象的配合者、參與者和支持者，從而對臺灣惡質選舉文化產生推波助瀾的負面影響。

（三）中間選民最容易受到惡質選舉文化的影響調整投票傾向

中間選民通常是指政黨傾向不明顯，不固定支持某個特定政黨或陣營的投票選民。中間選民並非沒有立場或偏好的選民，而是同有明確政黨傾向的選民相比，他們的偏好或傾向不堅定，容易根據情況的變化而發生位移，他們更重視政見主張，在投票時比較理性，是會在自覺或不自覺中運用公共選擇理論最有效的一個群體。目前多數學者認為，臺灣中間選民大概占30%左右的比例，但在不同的選舉中所占的比例有所不同。多數中間選民對選舉惡質化的趨勢感到不滿，他們對藍綠陣營炒作意識形態議題、打口水戰感到厭煩，對買票、黑道、暴力介入選舉非常痛恨，同時對可能改變這些現象的候選人抱有期待。在2005年的縣市長選舉中，國民黨和民進黨的得票率為50.96%：41.95%，國民黨的勝利有很多原因，其中就包括在很大程度上得到了中間選民的支持，因為中間選民對民進黨惡質選舉操作手法不滿，以及對表示要打高格調選戰的馬英九的期待。但是，由於中間選民的力量有限，目前還無法在扭轉臺灣選舉惡質化趨勢中扮演關鍵性的角色，特別是陳水扁當局在去年「三合一」選舉失利後，再度採取了鞏固基本支持者，炒作統「獨」議題，挑釁兩岸關係的道路，很難不影響到今後的選舉。因此，在可預見的一段時期內，臺灣惡質化、低俗化的選舉文化難以從根本上改觀，臺灣社會將會為此付出更大的代價。

臺灣難以實現政治穩定的政治文化根源[188]

李鵬

政治穩定是任何國家或地區經濟社會發展的重要前提和條件。自從民進黨2000年在臺灣執政以來，臺灣政治持續處於不穩定的狀態之中，由此導致的經濟社會問題明顯增多。據瑞士洛桑管理學院2006年世界競爭力報告顯示，臺灣

的政治不穩定風險從去年的55名下降到58名。AC尼爾森公司2006年8月公布的民調也顯示，臺灣人對政治穩定的擔憂程度高居全球第二。對於政治穩定難以實現的原因，臺灣政治勢力更多的是從自己的政治立場出發，推卸責任，相互指責。臺灣的政治研究學者有的用「民主政治」的理論進行解釋，認為是「臺灣的民主尚未深化」；有的從政治變遷的角度進行分析，認為是長期威權統治的歷史遺留問題；有的則從「憲政」實踐的角度進行解讀，認為是臺灣的「憲政體制」不符合當前的政治現實。筆者認為，民進黨上臺以來臺灣的政治穩定難以實現有著深層次的政治文化根源，本文將從臺灣政治體系結構、「民主政治」發展、民眾政治參與等三個角度對影響臺灣政治穩定的政治文化根源進行分析。

一、臺灣政治體系結構的缺陷和失衡

政治發展理論認為，政治文化可以分成體系文化、過程文化和政策文化三個部分。體系文化反映了民眾對於政治結構、政治制度和憲法性安排的態度和看法。政治結構與政治文化有著密切的互動關係，一定的政治結構總是與一定的政治文化相伴隨的，二者的平衡可以帶來政治體系的持續穩定，二者關係的失衡則會導致政治體系的變動。[189]臺灣之所以在民進黨上臺後政治持續不穩定，一個重要的原因在於臺灣的政治結構與政治文化的失衡，一方面臺灣的政治體系、政治結構、政治制度本身存在一定的缺陷，另一方面執政的民進黨當局帶頭不認同這樣的政治體系和政治結構，在很大程度上造成了臺灣各個不同的黨派、政治勢力和民眾對臺灣政治體系結構的認同危機。

在臺灣政治中，「憲政體制」中的權責關係失衡是最明顯的體系文化缺陷。臺灣目前的政治體制，既不是「總統制」，也不是「內閣制」，也不是真正意義上的「雙首長制」。1997年的第四次「修憲」後，總統的權力大大擴張，擁有不經過「立法院」同意就任命「行政院長」的權力，總統的人事任命也無須「行政院長」的副署，一旦「立法院」通過對「行政院長」的不信任案，總統就可以

解散「立法院」。在這種情況下,「行政院長」實際上成了總統的幕僚長,他的權力來源是總統,但必須向「立法院」負責,接受「立法院」的質詢。雖然「立法院」擁有「倒閣權」和「總統彈劾權」,但該項權力的行使卻受到很大的制約,「倒閣」要面臨自己被解散的風險,「彈劾」總統則需要首先確認總統犯有「內亂外患罪」。臺灣這樣的政治體制所產生的問題是總統有權無責,「行政院長」有責無權,「立法院」無法對總統和「行政院」形成有效的監督和制約,可能導致總統有恃無恐,「立法院」力不從心。民進黨上臺以來,總統和「行政院」控制在民進黨手中,而「立法院」一直控制在泛藍陣營的手中,「行政」和「立法」部門之間、「立法」部門內部不同政黨和不同陣營之間的矛盾日益尖銳,政治不穩定由此產生。對「立法院」來說,一旦行政部門提出的政策法案不符合「立法院」中占多數的泛藍陣營的期待,他們就可以利用延宕癱瘓議事程序或阻擾「立法」的形式進行杯葛。對陳水扁和「行政院」來說,他們也可以無視「立法院」通過的決議,靈活運用「行政權」予以抵制。在「立法」和「行政」部門各自利用手中的權限相互抵制過程中,雙方積怨加深,在民眾心目中的形象不好,權威性下降,被認為是「政治亂源」。

在朝野政黨無法透過政治途徑解決政治爭議的時候,司法體系往往可以扮演監督、仲裁或平衡者的角色。雖然臺灣標榜所謂的「司法獨立」,但臺灣不同政治勢力和很多民眾並不認同其「獨立性」和「公正性」。從司法體系設計和運作來看,擔負監督指責的「司法院」和「監察院」已經形同虛設,負責具體案件偵辦和審理的「最高檢察署」、「最高法院」等都與行政系統有著千絲萬縷的聯繫,他們不僅不具備解決政治爭端的超然地位,有時候反而可能讓矛盾複雜化,成為導致政治不穩定的因素。在2004年因「319槍擊案」引發的選舉爭議中,泛藍陣營向司法部門提起「當選無效」和「選舉無效」之訴,最後的判決不僅未能消除民眾的疑慮,反而導致他們更加質疑司法的公正性。同樣,2006年陳水扁及其家人涉入「臺開弊案」、「SOGO禮券案」、「公務機要費案」等一系列弊案,在野黨、施明德和臺灣民眾因此在「立法院」和民間發起「罷免案」和「百萬民眾倒扁」活動,但檢調機關在弊案調查處理過程中卻沒有發揮應有的穩定社會的功能,多數民眾對司法結論表示不予認同和不滿。

政治體系結構的不完善並不必然導致政治不穩定，政治文化中的體系文化不僅包括客觀上的制度，也包括主觀上對制度的態度。客觀上的制度缺陷可能會導致政治活動無據可依，但只要政治人物帶頭遵守相關的制度，即使對現行的制度有不滿意的地方，也透過制度內的途徑加以改善，很多問題就可以解決。民進黨上臺以來，卻不斷以臺灣的政治結構、政治制度存在缺陷為由，對已有的制度表現出極不尊重，甚至刻意漠視制度的存在，利用制度上的不健全來謀取黨派和個人的私利，從而導致政治體系和制度在臺灣政治生活中的規範功能大大降低，政治持續呈現不穩定的狀態。民進黨當局對現行政治體系的不尊重最突出表現是對「中華民國憲法」的不尊重。作為一個堅持「臺獨」黨綱、主張「臺獨」的政黨，民進黨一直對「中華民國憲法」中的「一個中國」架構表示不滿，欲去之而後快。陳水扁上臺後兩年，就拋出「一邊一國」的「臺獨」言論，後又提出「公投制憲」，聲稱要在2008年為臺灣制定一部「合時、合身、合用的新憲法」，並提出應「認真思考」在「憲改」中對「領土」問題予以必要處理。陳水扁和民進黨企圖利用「憲改」謀求「法理臺獨」引起了在野黨和臺灣多數民眾的不滿和反彈，也導致兩岸關係局勢不時出現緊張，這些反過來又影響到臺灣的政治穩定。除此之外，民進黨當局還不斷利用「憲改」議題，打著「改革政治體制」、「提升行政效能」的旗號，不斷挑起與在野黨的矛盾，試圖引導政治鬥爭朝著有利於自己權力利益分配的方向發展，也招致在野勢力的反彈，導致臺灣的政治不穩定。

二、臺灣「民主政治」發展的惡質化傾向

臺灣實行的是西方式的「民主政治」，從1980年代就開始了所謂的「民主化」進程，其間形成的政治文化對臺灣政治能否實現穩定發展也有著重要影響。美國政治學家阿爾蒙德和維巴認為，一個穩定的、有效的民主政府，不僅僅依賴於政府和政治結構，它依賴於人們對政治程序的取向，依賴於政治文化。[190]亨廷頓也認為，一個民族的文化傳統、其政治態度、價值、信仰、有關的行為模

式,都與民主的發展有關,可以構成民主化的動因和障礙。[191]臺灣的政治人物和普通民眾對「民主政治」的政治認知、政治情感、政治動機、政治態度、政治思想,都會影響到臺灣政治發展的穩定性。民進黨自1986年成立以後,長期作為反對黨在臺灣進行反對國民黨威權統治的活動,在一定程度上推動了臺灣「政治民主化」的發展。2000年民進黨上臺的時候,不少人認為,「政黨輪替」將會有利於臺灣「民主政治」的深化和發展,但六年多來的政治實踐卻表明,民進黨當政下的臺灣「民主政治」不僅沒有朝著多數人期望的方向發展,反而出現了惡質化的傾向,造成了臺灣政治的持續不穩定。

民進黨上臺以來的「民主政治」惡質化傾向的最典型表現就是挑起族群對立、激化統「獨」矛盾、煽動民粹主義,這已經成為民進黨在執政和選舉過程中根深蒂固的政治文化。民進黨長期扮演著反對黨的角色,以「族群仇恨」為基礎的選戰聚合力,固然有利於民進黨迅速發展為強大的反對黨,某種意義上也加快了臺灣民主發展的速度,但權威政治下積累的仇恨與恐懼,一旦被民進黨利用來作為競爭選票的資本,又反過來形成民主發展的畸變。[192]2000年以後,民進黨的政治角色由在野黨、反對黨轉變為執政黨,其政治認知、政治情感、政治心理也應該進行適當地調整。作為執政黨,其最大的責任是實現臺灣的政治穩定、保障經濟發展和社會和諧,緩和兩岸關係,增進人民的福祉。但是長期靠「拚政治、拚選舉」起家的民進黨並沒有在執政後迅速轉換角色,其政治認知和政治思維依然停留在在野時期,在施政過程中並沒有將臺灣多數民眾的利益放在首位。面對上臺以後政績不彰的窘境,民進黨當局並沒有認真思考如何「拚經濟」,提升施政效能,爭取儘可能多的民眾對其政策的認同,而是將重點放在如何贏得選舉上,將矛頭不斷指向在野黨的監督上,不斷透過煽動族群對立和激化統「獨」矛盾的民粹方式來轉移民生議題焦點,強化「臺獨基本教義派」和泛綠支持者的政治認同,導致臺灣不斷出現藍綠對決的局面,造成社會的嚴重撕裂,其政治動機還是如何最大限度地打擊政治對手,儘可能多地贏取選票。

民進黨上臺以來,臺灣的政治危機頻繁發生,民進黨在應對危機的過程中,政治認知出現嚴重偏差,不僅沒有展現「民主政治」社會一個負責任執政黨應有的風範,反而藉機進行政治操弄,導致政治不穩定和危機的加劇。美國政治學家

派伊將政治危機分為五種，即民族（或國家）認同危機、合法性危機、參與危機、政令貫徹危機和分配危機。[193]派伊所提到的五個方面的政治危機在陳水扁執政以來都曾出現過，其中包括煽動省籍矛盾和族群對立導致臺灣社會出現「國家認同」危機，2004年總統選舉中因「319槍擊案」引發的陳水扁當局「合法性」危機，2001年因民進黨野蠻決策停建「核四」引發「罷免案」的政治參與危機，藍綠陣營在「立法院」長期對抗形成的政令貫徹危機，陳水扁當局濫用權力滋生貪腐的分配危機等。對於這些危機，民進黨往往並不是按照「民主政治」的遊戲規則處理，並不是從自己身上找原因，而是一律歸咎於在野黨「企圖奪權篡位」，不斷展現權力的傲慢，企圖透過煽動民粹、挑動族群矛盾、進行族群動員、利用統「獨」議題刺激大陸的方式來解決。陳水扁和民進黨不止一次地在危機發生時，違背「當家不鬧事」的最基本準則，以執政黨的身分動輒動員數萬甚至上百萬人走上街頭，與在野黨和反民進黨的勢力進行正面對抗，而不顧及是否會導致街頭暴力活動加劇和社會的動亂。

　　選舉文化是臺灣政治文化的一個重要組成部分。臺灣「政治民主化」的過程中，選舉文化的惡質化、低俗化表現非常明顯，在一定程度上成為政黨和政治人物不擇手段爭取權力和利益的工具，也是導致臺灣政治不穩定的重要原因。臺灣的「民主政治」伴隨著眾多的選舉，幾乎是每年都有不同規模的選舉，政黨和政治人物的一項重要任務就是準備和參加選舉，並爭取贏得選舉。但臺灣的選舉文化充斥著負面選舉過度操弄，選舉氛圍也未能擺脫圍繞省籍、族群、統「獨」等展開的民粹主義煽動。[194]按理說，民主選舉是一種良性競爭，必須遵循相關的法律和道德規範，必須符合絕大多數民眾的利益，引導選民做出理性抉擇，具有化解爭議與矛盾的功能，而不是製造新的矛盾和對立。但在臺灣的選舉氛圍中，有的政黨卻不斷利用民眾的歷史悲情，煽動不同省籍族群之間的對立，用一種語言暴力煽動敵對情緒，打擊異己，使臺灣選舉的議題失焦，使每次選舉都變成意識形態的對決。除此之外，臺灣的負面選舉充斥著非理性的人身攻擊、謾罵、造謠、抹黑，政治人物之間相互詆毀、惡罵，謠言、謊言滿天飛，甚至出現超越職業和倫理道德範疇的言行。選舉過程中出現的政黨和候選人之間的恩怨情仇和民眾間的對抗性的情緒，不會隨著選舉的結束而在一夜之間消失，而是會隨

著一次次選舉的到來而不斷強化,並表現在臺灣的日常政治生活中,讓臺灣的政治難以實現穩定。

三、臺灣民眾政治參與心理和行為偏差

美國學者亨廷頓指出,政治穩定可以從靜態的政治制度化和動態的政治參與兩個層面來解釋。[195]政治參與是實現政治穩定的政治前提之一,臺灣政治穩定難以實現的另一個重要根源是民眾政治參與心理和行為的偏差。政治文化決定著民眾政治參與的態度,影響著他們政治參與的方式。臺灣民眾的政治參與文化在很大程度上帶有非理性的成分。一般來說,政治文化的分布狀態決定一個國家或地區公民的總體行為模式,政治文化極端分布的社會,公民行為往往具有極端化對立傾向,這樣的社會往往是最不穩定的;反之,政治文化一致性分布的社會,公民在政治參與過程中發生衝突的可能性比較低。[196]臺灣真正意義上的「民主政治」發展歷程並不長,雖然在形式上為民眾的政治參與提供了一些諸如投票、選舉、集會、遊行、抗爭等表達途徑,民眾政治參與程度也比較高,多數大型選舉的投票率都達到六七成左右,有幾次甚至高達八成以上,但臺灣政治文化的極端化傾向比較明顯,影響到政治穩定的實現。

臺灣政治文化極端化傾向對民眾政治參與和政治穩定的影響表現在兩個方面,一方面是藍綠兩大陣營都有兩成左右的基本支持者,這些民眾的情緒性和非理性色彩濃厚,對自身陣營認同度很高,政治參與熱情高漲,甚至出現政治參與狂熱的情況。他們的政治參與行為分容易對某些政黨和政治人物的政治行為形成壓力,迫使他們做出一些非理性的決策。每當臺灣舉行選舉和進行政治鬥爭的時候,藍綠兩大陣營都離不開這些基本支持者的堅定支持,特別是在選舉動員的過程中,這些基本支持者還可以發揮帶動淺藍或淺綠民眾政治參與的功能,使臺灣社會被人為割裂為藍綠兩大陣營,帶有溫和色彩的中間選民的政治空間被大大壓縮。在臺灣所有的政治勢力中,「臺獨基本教義派」是政治參與熱情最高的人群

之一，他們的「臺獨」意識形態根深蒂固，往往在民進黨需要進行政治動員的時候首先站出來，成為最堅定的支持者；當陳水扁有偏離「臺獨」主張的跡象時，他們的反彈也最為強烈，對民進黨當局的施政形成很大牽制；而且這些支持者抗爭的手段也最為激烈，甚至不惜暴力和流血，是臺灣政治不穩定的重要影響因素。

政治文化極端化的另一方面表現為，隨著臺灣社會政治紛爭的加劇，臺灣的政治冷漠者開始增多，民眾對政治不信任感的增強，越來越多的民眾開始視政治為畏途，消極地適應政治環境，主動地遠離政治生活。按理說，在藍綠高度對峙的氛圍下，民眾遠離政治激情應該是政治參與心理趨向成熟的表現。但是，臺灣產生政治疏離感的民眾並不是那些有過度政治參與激情的民眾，多數都是相對理性的中間選民，他們的意識形態色彩相對淡薄，對政治、政黨和政治人物的認知相對客觀，其實應該是實現臺灣政治穩定的中堅力量，他們理應更多地參與政治，增加臺灣政治發展中的理性成分。當這些民眾因為對政治亂象的失望和無奈游離於正常的政治參與渠道之外，不參與到維護政治穩定的進程中去的時候，臺灣政治發展容易被極端的政治勢力主導，必然會影響到臺灣政治穩定的實現。

在臺灣的政治參與中，政治動員是非常重要和普遍的手段之一，它會直接影響到民眾的政治參與心理和行為。臺灣極端化的政治文化和民進黨上臺以來的民粹主義操弄導致了民眾在動員參與政治活動時的心理和行為出現偏差。執政基礎脆弱的民進黨為了維護自身體制的正常運轉，必然要動員民眾認同其政治體系和政治權威的合法性，並對其予以情感的支持，這本無可厚非。但在動員臺灣民眾進行政治參與的過程中，由於臺灣政治體系結構和缺陷和受到「民主政治」惡質化傾向影響，民進黨當局並沒有教會其支持民眾如何合理合法地進行政治參與的方式，也沒有去強化支持者的公民責任義務意識，以及強調維護本黨執政下政治穩定的重要性，依然是沿用過去草根式和民粹式的動員方式，使得民進黨支持者的政治參與認知還是停留在不管民進黨是否施政無能，是否出現貪腐都要無條件、非理性地「支持民進黨，反對國民黨」的低水平。對於泛藍陣營的支持者，民進黨當局不僅沒有照顧到他們在失去政權後的政治參與心理需求，為他們提供宣洩不滿、正常表達自己的利益和要求的機會和渠道，而是透過政治動員的方式

來煽動不同陣營支持者的對立,使泛藍民眾對民進黨當局的政治體系和政治權威無法產生認同,更談不上信賴和支持。當兩個陣營的民眾在政治參與過程中都以仇視和對抗的心態來面對對方,相當一部分人以牴觸的心態來看待執政當局的時候,緊張和衝突就不可避免,政治穩定自然無從談起。

四、結語

從上面的分析中我們可以看出,臺灣近年來政治穩定一直難以實現,有著多方面的根源,其中與政治文化密切相關的原因包括客觀上臺灣政治體系結構的缺陷和民進黨當局主觀上尊重制度的習慣和意願的缺失,受到臺灣「政治民主化」進程中「民主政治」惡質化傾向的影響,以及臺灣政治文化極端化趨嚮導致民眾政治參與心理和行為出現偏差等等。政治文化的形成和改善是一個長期的過程,臺灣政治難以實現穩定也是長期受到多種因素影響的結果。雖然臺灣各個黨派政治勢力都不斷聲稱要實現政治穩定,臺灣民眾也期盼政治能夠早日安定,但只要影響臺灣政治穩定的這些深層次政治文化因素不解決,臺灣的政治穩定在短時間內依然是難以實現。

馬英九的政治思維與大陸政策主張[197]

張文生

不能否認,大陸對於馬英九是有所期待的,不僅因為國共兩黨之間有政黨交流所建立的共識基礎,而且也因為馬英九長期以來所堅持的反「臺獨」的政治立場。馬英九祖籍湖南,由於其父親馬鶴齡的教育,馬英九具有較為深厚的國學功底,從小背誦《唐詩三百首》、《千家詩》,閱讀和抄寫《古文觀止》,受到較為豐厚的中國文化教育,具有一定的民族意識。1971年馬英九訪問美國期間,

留學美國的中國學生發起了保釣運動,此後波及香港和臺灣,馬英九不僅親眼目睹留美學生的愛國運動,而且返臺後積極參加了6月17日「臺大保釣會」發起的示威遊行。同年10月,臺灣當局被驅逐出聯合國。1972年9月日本與臺灣當局斷交,畢業入伍前的馬英九積極參加反日抗議示威,馬英九甚至還咬破手指血書標語。

一、馬英九的政治思維:以自由、民主、人權為基調

由於主客觀的因素,馬英九的意識形態是以自由、民主、人權為基調的政治思維,這一政治思維又構成了馬英九內外政策的核心,必然深刻地影響其大陸政策的勾畫和執行。

1.「自由、民主、人權」是馬英九的政治理念。

從主觀上看,所謂「自由、民主、人權」是馬英九個人固執己見的政治理念。馬英九個人成長於國民黨黨工的家庭,從小就深受國民黨意識形態的影響,「三民主義」、「反共愛國」等理想深深地刻在馬英九的政治記憶中。當然,馬英九成長於國民黨敗退臺灣之後,留學美國的經歷使他的「反共」思維與蔣氏父子有所不同,馬英九更多地傾向於胡適的美國式自由主義思想。1971年1月,就讀臺灣大學法律系三年級的馬英九參加了「亞太地區學生領袖訪美計劃」,赴美訪問70多天,跑了美國20多個州,使他對美國印象深刻。1974年,馬英九退役後考取中山獎學金赴美留學,先在紐約大學讀碩士學位兩年,後在哈佛大學讀博士學位五年。在美留學期間馬英九深受美國冷戰思維的影響,表現出強烈的反共意識,與海外「臺獨」及海外左派鬥爭,以維護國民黨立場。他參與主編《波士頓通訊》,寫了10多萬字的所謂「反共愛國」文章。1978年馬英九在哈佛大學聽了前蘇聯異議作家索爾仁尼琴的演說後,用「王紹陵」的筆名寫了一篇《勇者的證言——索忍尼辛(大陸翻譯成「索爾仁尼琴」)的哈佛演說及反應》投到臺灣《中央日報》發表,文中還建議臺灣邀請索爾仁尼琴到臺灣訪問。

2.馬英九強調容忍,反對激進革命。

馬英九「反共」,推崇「民主、自由、人權」,但是他也強調容忍,反對激進的革命。馬英九極力贊同胡適「包容比自由重要」的說法,認為「自由民主、進步務實、理性包容,構成胡適思想的精義」。因此,可以說,馬英九是胡適一樣的政治改良主義者。2002年5月4日,馬英九曾經投書《聯合報》紀念「五四運動」,認為:「透過胡適博士,戰後臺灣直接繼承了『五四』自由派知識分子自由與人權的信念,以及敢言直言的風骨。」「胡適有關民主與容忍並存的主張極易被誤解為軟弱和沒有誠意。問題是,一旦激進的革命思想付諸行動,革命所要求嚴密的組織和思想紀律,勢必又回頭過來排除異己和限制自由。」他表示:「胡適先生的思想和言行風範對今天的臺灣仍極具啟發作用,人權和自由必須與包容和理性結合一起」。2003年5月4日,馬英九再次投書《中國時報》,提出「民主是理性包容的生活方式」,認為「沒有理性包容,就沒有民主,也就難以達成團結」。

3.馬英九把民主當做兩岸統一的前提條件。

馬英九對於民主的堅持直接體現在他對兩岸關係構想中,他認為民主是實現兩岸統一的前提和目的,沒有民主就談不上統一。1989年以後,馬英九基本上每年都參加臺北舉辦的所謂「六四紀念活動」。2002年臺北市舉辦「六四事件與兩岸民主進程」特展,6月4日,他在《中國時報》發表「六四事件與兩岸民主進程」一文,馬英九主張「以『民主』和『人權』為終極目標,以有效貫穿這個政治統合的過程。」並且提出:「『六四事件』必須平反,這必將是大陸民主化與兩岸政治統合成敗的重要指標」。2004年6月4日,他在《聯合報》發表「和平民主兩岸趨同的歷史選擇」一文,表示「堅信『六四』未來終將獲得平反」,「『和平民主』才將是中華民族偉大的成就,也才是兩岸趨同的歷史選擇」。2006年2月,馬英九接受新加坡《聯合早報》專訪,直接表示:「六四不平反,統一不可談」。

4.客觀上馬英九必須藉助於「民主、自由、人權」的口號來鞏固政治權力。

「民主、自由、人權」不僅是馬英九個人長期所堅持和信奉的意識形態,也

是美國等西方社會的所謂主流價值觀。宣揚「民主、自由、人權」，是馬英九讓美國為首的西方社會對他放心的最廉價的口號，也是馬英九在島內整合藍綠陣營支持力量的最大公約數。高舉「民主、自由、人權」的旗幟，配合美國的和平演變戰略，馬英九能夠得到美國為首的西方社會的認同和支持。馬英九當選後，美國總統布希發表聲明表示祝賀，同時稱讚「臺灣是亞洲與世界的民主燈塔」。西方媒體紛紛肯定馬英九當選對於中國大陸的示範作用。無疑，「民主、自由、人權」也是馬英九和民進黨等獨派勢力之間所能找到的為數不多的共同語言，是馬英九調和島內族群對立和政黨矛盾的主要政治工具。

5.支持海外民運是馬英九長期的做法。

馬英九長期以來關心所謂「大陸的民主事業」，與海外民運分子建立了較為密切的互動關係，他還多次發表文章聲援民運分子楊建利等人。馬英九上任後，必然與海外民運分子之間的聯繫更加頻繁，從道義和財物方面支持海外民運分子的活動。海外民運分子也對馬英九的上任充滿期待。馬英九在接受媒體專訪時也表示，未來兩岸互動，他不主張直接對中國大陸「輸出民主」，而是透過傳媒力量與學生交流，就能產生潛移默化的效果，臺灣的民主等各項制度優點，在跟對岸互動時，很自然就會結合起來，經由「軟實力」達到與增加「國防經費」相同或更大效果。馬英九在接受香港媒體採訪時也表示，他自一九八九年以來，每年都參加「六四」相關紀念活動，未來他還是會參加，但方式會有所調整。海外民運分子劉國凱表示：「馬英九先生承諾過要支持大陸的民主。我們都相信馬英九先生的誠信。作為『中華民國的總統』，他首先要考慮臺灣兩千三百萬人民的安全和福祉。我們大陸民主志士不會要求馬英九先生採取與中共政權弩拔弓張的方式推動大陸民主進程。馬英九先生會在原則上譴責專制、弘揚民主的同時，以推動兩岸經濟文化交流的方式潛移默化地把民主價值觀帶進大陸」。他還公開讚揚「臺灣的民主是鏡子、是範例、是燈塔」。

二、馬英九的大陸政策主張：以「擱置爭議」為核心

1991年，馬英九曾經擔任過「陸委會副主委」，參與起草「國統綱領」，對大陸事務有深入的瞭解。馬英九本人也曾經明確表示反對「臺獨」，認為「法理臺獨」是導致兩岸關係緊張的關鍵。他也曾經公開表示，國民黨基於「一中憲法」和「國統綱領」的精神，以兩岸在自由、民主、均富的前提下，將統一作為選項。但是在選舉過程中，由於「臺灣主體意識」的壓力，使得馬英九不敢更多地提「一個中國」和「統一選項」，甚至不得不公開表示「任內不談統一」。2008年4月12日，蕭胡會的過程中，蕭萬長提出了「正視現實、開創未來、擱置爭議、追求雙贏」的十六字箴言。其中「擱置爭議、追求雙贏」是馬英九親自拍板定案，「擱置爭議」無疑將構成馬英九現階段大陸政策主張的核心。

　　1.在「九二共識，一中各表」的基礎上，恢復兩岸兩會談判。

　　馬英九個人一貫堅持「九二共識」，但認為「九二共識」就是「一中各表」。2006年2月13日，在倫敦政治經濟學院演講時，馬英九明確提出：「在政治方面，國民黨若能於2008年贏得『總統大選』，我們將嘗試恢復兩岸間以『九二共識』為基礎的政治對話。『九二共識』乃兩岸雙方為尋求共通點與建立互信基礎，在1992年於香港所達成的默契，其重點在於『一個中國各自表述』——即雙方都接受所謂的『一個中國原則』，但容許、尊重各自不同的詮釋。對我們而言，『中國』指的是『中華民國』；對他們而言，則指中華人民共和國。但我們不會讓彼此不同的表述方式，去阻礙兩岸在其他方面的各種交流」。

　　2000年連戰擔任國民黨主席以後，國民黨表示承認「九二共識」，同意回到「一中各表」的政治立場，即主張「一個中國是中華民國」，國民黨表示仍然堅持以「國統綱領」為大陸政策的最高指導原則，維持《國統綱領》的兩岸關係架構，即「大陸和臺灣都屬於一個中國」，經過三階段發展，最後協商統一。2005年4月26日，前國民黨主席連戰率訪問團參訪大陸，4月29日，胡錦濤總書記與連戰會面，會後共同發布《兩岸和平發展共同願景》的新聞公報中，達成了3項原則與5項共識，其中明確指出：「堅持九二共識，反對臺獨，謀求臺海和平穩定，促進兩岸關係發展，維護兩岸同胞利益，是兩黨的共同主張」，並且雙方達成「促進兩岸在『九二共識』的基礎上盡速恢復平等協商」的共識。2005

年7月，馬英九當選國民黨主席，在回覆中共中央胡錦濤總書記的賀電時，馬英九表示：「本人接任中國國民黨主席之後，期盼貴我兩黨能依循今年四月二十九日連胡會五點共同願景，推動兩黨交流，促進兩岸之和平、繁榮與發展，共同為謀求兩岸同胞之福祉而努力」。馬英九擔任國民黨主席後，也明確表示承認「九二共識」，認為「這項共識就是接受『一中原則』，但是讓雙方擁有各自表述的空間，也就是『一個中國，各自表述』」。2008年4月1日，馬英九與陳水扁會面對談中，再次確認「九二共識」的存在，認為「要雙方同時回到『九二共識』才有機會」。

2.「不統、不獨、不武」的「新三不」政策。

在競選期間，馬英九又明確提出了「不統、不獨、不武」的「新三不」政策。國民黨的大陸政策幕僚蘇起解讀，馬英九兩岸關係主張的核心思想，就是「不統、不獨、不武」，「可能多數人會去注意不統，但實際上不統是虛的，重要的是不武與不獨，就是嘗試去拆解兩岸『武』與『獨』的相互激盪」。

3.「五不、五要」的兩岸政策主張。

馬英九提出過「五不、五要」的主張，所謂「五不」即陳水扁曾經主張的「四不一沒有」，所謂「五要」，2006年3月23日，馬英九在美國布魯金斯學會演講時曾經作了完整的表述，「第一、要在『九二共識，一中各表』的基礎上，恢復兩岸中斷的對話。第二、兩岸協商三十年、四十年或五十年的和平協議。在這個和平協議架構下，也應包括兩岸『軍事互信機制』。第三、加速推動兩岸財經交流，希望最終能形成兩岸的共同市場。這其中包括建立兩岸直航、開放大陸民眾赴臺觀光、允許臺灣金融業赴大陸以及其他許多相關措施。第四、兩岸應就臺灣參與國際活動協商一份『活路模式』。它們不僅包含雙邊關係，也包括多邊關係。這種『活路模式』不應以零和遊戲為基礎，而應建立在務實主義上。第五、應加強推動兩岸文教交流，特別是兩岸學生的交流」。

4.提出了明確的兩岸直航時間表。

馬英九還就臺灣社會各界殷切期待的兩岸直航提出了明確的時間表，宣示5月20日就職後立刻展開兩岸直航談判，7月1日前「週末包機」正式起航，年底

前每日包機開始飛行,第二年6月前將「包機」成為常態。當選後,馬英九又將「週末包機」的起航時間定為7月4日,並且選定臺灣三個機場,即臺中清泉崗機場、桃園國際機場、高雄小港機場,和大陸四個城市即北京、上海、廈門、廣州,作為兩岸包機直航的航點。

顯然,馬英九在選舉過程中將「兩岸直航」作為他的重要政見,上任後,他不能自食其言,不能不滿足臺灣社會各界的要求——積極推動兩岸直航。國民黨的大陸政策幕僚蘇起解讀,馬英九已為其兩岸主張列出優先級,就是從週末包機及觀光客來臺開始,一年後定期航班直航,其後再協商綜合經貿合作協議,其後才是和平協議或國際活動空間。蘇起認為,馬英九準備談的經貿合作協議,其實就是取代自由貿易協議,內容包括各項兩岸經貿的重要議題,金融、貿易、投資保障等都涵蓋在內。

5.以政府主導,優先級將是先經濟、和平、國際空間。

2008年3月22日晚,馬英九當選後,接受媒體採訪,他表示,過去國民黨透過國共平臺建立的共識,並且透過政府管道落實,將來主導還是政府,不會走以黨領政的路,「那是過去的歷史」,未來政府就是政府,國民黨在旁協助,「我非常歡迎」。「未來兩岸關係最主要還是透過政府,優先級將是先經濟、和平、國際空間,一步一步來」,兩岸關係拓展不單涉及兩岸之間,也關係區域世界和平,他不敢掉以輕心。3月23日,馬英九在記者會中再次表示,「上任後,要排除政治上的紛擾,讓海基會與對岸海協會正常運作」。馬英九在記者會中保證,在任期間不會談統「獨」問題,會嘗試走中間路線,「支持兩岸達成的『九二共識』,即『一個中國,各自表述』」。他還表示,兩岸在「一中各表」下可擱置主權爭議,雙方就經濟與和平議題展開談判,這已不是要不要,而是何時、如何進行。兩岸兩會重啟談判已經曙光初露,然而,兩岸兩會何時談?談什麼?怎麼談?一切需謹慎從事。

三、兩岸關係既有機遇也有挑戰

馬英九上臺執政，兩岸關係既有機遇，也有挑戰。絕大多數的大陸民眾都正面看待馬英九、蕭萬長的勝選，兩岸民眾對馬英九、蕭萬長促進兩岸關係發展都抱有相當的期待。馬英九上臺，不太可能推行「臺獨」政策。一是馬英九本人具有較為濃厚的民族意識和中華文化修養，他明確不支持「法理臺獨」；二是國民黨的意識形態和大陸政策與民進黨之間有本質上的差異，國民黨認同「中華民國」，而民進黨認同「臺灣共和國」；三是兩岸政黨交流建立的政治共識，為兩岸關係的改善奠定了政治基礎；四是由於民進黨執政8年意識形態掛帥導致經濟衰退的歷史教訓，使得國民黨執政將更加重視兩岸關係的改善。從總體上看，馬英九執政有助於兩岸關係的和平穩定，有利於遏止「臺獨」勢力「法理臺獨」的政治圖謀，延緩臺灣社會「去中國化」的趨勢，促進兩岸交流的進一步擴大，增進兩岸民間社會的進一步融合。

但是兩岸關係的結構性矛盾依然存在，兩岸之間的國家認同分歧，不僅僅是「臺灣共和國」的問題，而且是「中華民國」的問題。隨著民進黨的敗選，「臺灣共和國」的認同爭議退居其次，但是「中華民國」的認同分歧浮上臺面。兩岸關係中的結構性矛盾，包括對於「中華民國」政治定位的分歧、對於臺灣當局的國際活動空間的爭議、要求大陸放棄使用武力乃至撤除導彈的異議、由於制度差異造成的意識形態對抗等，短期內難以化解，甚至有可能更加凸顯，取代兩岸之間的統「獨」鬥爭成為兩岸關係中的主要矛盾。

馬英九當選，臺灣政局進入一個新的發展階段，兩岸關係也進入一個新的發展時期。兩岸關係是複雜的綜合性因素交錯影響的關係，在處理兩岸事務上，兩岸都應當謹慎、務實，既不能操之過急、急於求成，也不能無所作為、觀望等待。四年的任期，稍縱即逝，兩岸都應當抓住機會。馬英九承認「九二共識」，這是兩岸恢復兩會協商談判的良好基礎。馬英九也曾經提出「五不、五要」，包括建立兩岸直航、開放大陸民眾赴臺觀光、允許臺灣金融業來大陸、推動兩岸學生交流等相關措施。馬英九也表示接受大陸贈送的大熊貓。這些都有利於營造兩岸關係改善的良好氛圍。但是，臺灣方面應當充分體認到兩岸關係中有些敏感區域，處理不慎，會削弱兩岸的政治互信。

臺灣客家族群政治文化特性分析[198]

劉國深　吳祖敏

在當代臺灣，「族群」這一名詞是劃分臺灣社會群體的重要概念。但是，準確地説，臺灣學術界所謂的「族群」概念的真正義涵應該是指政治社會學中的「社群」概念。本文為了論述的方便直接套用了「族群」這一名詞，但筆者必須強調，本文的「族群」概念所指涉的實際上就是「社群」。由於特殊的歷史原因，臺灣形成了以漢族與臺灣少數民族、福佬人與客家人，以及本省人與外省人三對矛盾關係為主軸的族群政治，族群因素成為影響嚙代臺灣政治發展的重要變量。其中，客家人作為臺灣漢人和本省人的一部分，人口大約有四百萬人，約占臺灣人口總數的百分十五，是僅次於福佬人的第二大族群。

在臺灣政治文化結構當中，客家人的政治文化無疑是其中一個重要而特殊的亞文化結構。在漢人與臺灣少數民族這對矛盾關係中，客家人對臺灣少數民族的態度傾向有別於其他漢族族群，因為客家人和臺灣少數民族有著同樣的「弱勢族群」認知。在本省人與外省人的關係中，客家人與外省人的矛盾關係也不如福佬人與外省人的矛盾關係那樣尖銳；在客家人與福佬人這對關係裡，客家人更是以對抗性的族群面貌存在，在過去幾百年中，客家人與福佬人形成了一種難以化解的矛盾情結。根據比較政治學理論，政治認知、政治情感和政治評價是政治文化的基本內容，本文擬從這三個不同層面，結合相關的族群理論，對客家族群政治文化的形成過程、特點及其對臺灣政局的影響進行初步的探討。

一、臺灣客家族群的政治認知

在政治文化的三個取向裡，「認知的取向」是指關於政治系統、它的角色和角色的承擔者、它的輸入和輸出的知識以及信念。[199]在政治認知過程中，人們

不僅會獲得各種各樣的政治知識，而且也會形成一定的政治認同意識。明確的政治認同意識即確定「自我」與「非我」的界限，並將「自我」與「非我」同一化的政治意識，是政治人形成某種政治歸屬感的前提。[200]客家族群的政治認知特性最重要的就是這種對「自我」與「非我」的認知，即從宏觀和歷史層面的對整個族群的集體認同與從微觀和現實層面的對自身是否是客家人的身分認定。

（一）宏觀和歷史上的族群認同

族群認同是一個動態的過程。它直接表現在共同的血緣、語言、宗教、生活方式等外在的有形特徵上。此外，要保證會有休戚相關的主觀認同出現，更重要的是由集體經驗、記憶或失憶，以及歷史所構成的共同想像[201]。美國的族群專家伊薩克也認為，集體經驗與個人歷史和起源的緊密結合，能夠滿足個人某些最深沉、最迫切的需要。「人從哪裡來，往何處去，所有這些需要確認的事情，都可以讓他知道，自己同那些尚存的或已逝的人是相連的，透過親子、家庭、親屬的關係，自己同他們是血脈相連的，在時間之流中擁有共同的祖先、前賢、信仰，以及想像的或歷史的經驗。所以這些都應當加以保存、延續，因此而有了祖先崇拜、族規家風、血緣情結，也因此有了宗教、藝術、文學、傳說或『歷史』，並藉此定位我們每一個人的身分。」[202]

客家是漢族中一個遷徙的民系，其名稱的由來，源自於「客居他鄉，而以為家」。在遷徙的過程中，客家人背井離鄉，常常處於陌生而惡劣的自然環境與社會環境之中。對於遷往臺灣的客家人，他們要渡過臺灣海峽，在一片完全未知的環境下生存下來，更是歷經磨難。「勸君切莫過臺灣，臺灣恰似鬼門關。千個人去無人轉，知生知死都是難……」，這首臺灣客家先民歌謠《渡臺悲歌》恰是對當初客家祖先背井離鄉，一路受盡風霜之苦，抵臺之後又苦於生計的真實寫照。社會心理學認為，在社會變遷過程中，人們隨著陌生、不安全等因素的增加，舊有的心理平衡被打破，就會對自己在新的世界上所扮演的角色，甚至生命的意義產生疑慮，並因此加深了身為單個人的孤獨感與無力感。這種情況下，以語言、原鄉、宗教、習慣等為要素的初級情感連帶，很自然就把一群人集結在一起，從而為單個人帶來安全感。對客家人而言，語言與原鄉因素成為他們的「初級連

帶」，並以此為基礎在這片新的土地上建立聚落關係，開始了臺灣客家人開發與守成並舉的創業史。

由於福佬人遷臺比客家人早，占據了臺灣的大部分平原。為爭奪生存資源，客家人經常與福佬人發生械鬥。在清朝有史可查的六十次大規模分類械鬥中，「閩客械鬥」就有十九次之多，占各類械鬥的第一位。[203]此外，閩客矛盾的形成還與清政府的統治有關。清治時期，由於政治、社會、地理等原因，清朝對臺灣治理不力，臺灣民眾「三年一小反，五年一大反」。為維持統治秩序，清政府採取了分化各個族系來鎮壓民變的政策。而由於客家人人數較少，在與福佬人抗爭時一般處於守勢，也有希望得到政府庇護的需要。因此客家人常常扮演協助政府平亂的角色，被清政府封賜以「褒忠」或「義民」的名號。屏東平原上的六堆地區，就是一個客家人對抗福佬人的，集村民自治和軍事防衛於一身的組織。這種組織形式，將清政府的「義民」封賜建制化。[204]「義民信仰」開始成為客家社會中的重要元素。對於族群認同中的宗教因素，伊薩克認為：宗教上的個人主觀經驗與集體客觀經驗經過多方混合，使許多族群與文化得以將人民整合為一體。透過宗教信仰，族群存在的意義形成傳統，為每個族群的成員提供了強大的黏合作用。[205]「義民信仰」混合了客家人的個人經驗與對抗福佬人的集體記憶，在「初級連帶」的基礎上，為族群認同提供了「強大的黏合作用」。當客家人長期以來習慣依賴族人和集體的力量，將族群的團結視為安全感和力量的來源時，個體對族群的歸屬感與認同感也油然而生，客家族群的內核與外延也就慢慢孕育形成了。

（二）微觀和現實中的族群認同

客家族群認同的一個微觀和現實問題就是個人怎麼認定自己是客家人。臺灣人對自己是否客家人有三種不同的認定方式：第一種是單一認定，比如說父親是外省人，母親是客家人，依單一認定，從父是外省人，從母是客家人。第二種是多重認定，即可接受兩種以上的身分認定，比如認定自己是福佬人，但也是客家人。第三種是廣義認定，就是說祖先有客家人的血統，或者母親這一系，或者父親這一系，好幾代下來了，仍然認為自己有客家人的血統。根據2004年臺灣的

客家人口基礎資料調查,單一認定自己是客家人的,有二百八十五萬九千人,占臺灣人口的百分之十二點六;多重認定的,有四百四十一萬二千人,占臺灣人口的百分之十九點五;而根據廣義認定,有六百零八萬四千人,占臺灣人口的百分之二十六點九。[206]

這種將血緣與主觀意識相結合的認定方式,反映了客家人的族群意識強弱處於一個同心圓狀態。一般而言,單一認定的客家人更具有族群意識,處於族群意識同心圓的最中心,可以稱為「正客」或「純客」。他們在家庭生活中,更加保持著客家的習俗;在子女教育中,更加注重客家文化的傳承;在政治活動中則更容易以族群的訴求被動員。後兩種認定則分布在同心圓的外層,可以稱為「泛客」或「淺客」。他們往往已經失去了客家人的外在特徵,為其他族群,特別是福佬人所同化。在臺灣,被福佬人同化的客家人叫做「福佬客」。臺灣政壇上有很多屬於「福佬客」的知名人物,比如李登輝、陳水扁、李應元等,他們雖然有客家血緣,但他們都不會說客家話,通常只有在爭取客家選票的時候才說自己是客家人。

二、臺灣客家族群的政治情感

「情感的取向」,是政治文化的第二個層面,是人們對政治系統、它的角色、人員和行為的感情。[207]這種感情包括愛或憎、信或疑、親或疏、敬或惡、認同或逆反、熱切或冷淡等。政治情感不是一成不變的,政治系統中的權力關係的改變,會使族群的自我認知以及族群間的互動關係發生改變,以致該族群對待政治系統的感情發生變化。1980年代,由於內外原因,國民黨統治階層發起了「政治革新」,原本的威權體制開始解體,權力開始在執政黨與在野黨、外省人與本省人之間重新分配。以這一時間點為界,臺灣客家族群對政治的情感經歷了從冷淡到積極的變遷。

(一)「解嚴」前的政治情感

「解嚴」以前，客家族群被納入國民黨一黨專政的威權體制，在政治上成為統治者順民，對政治系統的參與態度冷淡，又由於人數較少，族群的聲音被隱藏，因此，常被稱為「隱形人」。客家人在公共場合上很少講客家話，也不會主動承認自己是客家人。在社會和政治運動上，客家人也較少參與，即使積極參與，也儘可能不凸顯客家人的身分。客家族群對參與政治情緒消極的原因主要有：

　　1.歷史因素。康熙年間的朱一貴事件、乾隆年間的林爽文事件以及臺灣歷史上長期以來的「分類械鬥」文化，造成了閩客兩族嚴重的族群衝突和仇恨。客家人在前兩個事件中，被說成是附庸政權的「義民」（暗含「義民不義」的意思）。這種被其他族群所認定的「原罪」意識，使得客家人在族群相處上形成一種不易克服的障礙，因而產生一些極端的行為反應。有些人只好依附在政權的庇蔭下，享受現成的利益；有些人則儘量隱藏客家人身分，以避免引起族群關係的緊張；有些人則強烈認同別的族群，以求擺脫或洗刷「客家人」的原罪或汙名。[208]

　　2.經濟因素。臺灣山多平原少，平原被先來的福佬人占去了，後到的客家人只占到了部分平原，大部分只能往丘陵山區發展。山地的土地狹小而貧瘠，依靠農業的客家人生活較為貧困。而福佬人經濟相對富裕，在政治、文化上遂居於主導地位。又由於客家人占少數，客家聚落的周圍多為福佬人，客家人在與福佬人打交道過程中，不得不學習和採用福佬話進行交際，久而久之，在自己村落中也改用福佬話，連服飾、行事也逐步仿效福佬人，最後導致客家話流失，客家文化走樣變形，於是客家人就慢慢演變成半福佬人乃至全福佬人了。[209]

　　3.政治因素。清治時期，帶有「義民」烙印的客家人，容易被政權用來作為分化控制臺灣百姓的工具。國民黨統治時代，當局採取獨尊「國語」、打壓本土語言的政策。臺灣本地的方言甚至文化，包括福佬的、客家的、臺灣少數民族的語言文化都受到壓抑。相比之下，同樣受到政治政策的壓迫，客家語的流失情況又比閩南語的流失更嚴重，因為客家族群人數較少，而福佬族群在社會上占多數。在臺灣幾乎所有的社會活動，包括反對運動、民主運動中，福佬人也自然占

「主流」、大多數,客家人處於從屬地位。

上述種種不利因素,壓抑了客家人的族群意識、客家語言和文化的發展,更重要的是壓抑了客家人的自尊。而且這種壓抑,在威權體制下根本沒有渠道能夠表達或舒張。所以,弱勢的客家族群對參與政治缺乏熱情。這種情況直到「解嚴」以後才有所改觀。

（二）「解嚴」後的政治情感

伊薩克認為:「對個人族群認同最為關鍵的是族群認同賴以產生的政治條件,亦即評斷族群是否有權力的那一把尺。個人所屬的族群是有權有勢的還是卑下順從的?」[210]如果說「解嚴」前客家人的族群權力是卑下、順從的,從而被「隱形化」,「解嚴」為客家人爭取族群權力和恢復族群尊嚴提供了可能性與正當性。「解嚴」以來,客家人要求「爭取權益,維護尊嚴」的族群覺醒運動在本土化與自由化潮流中也就很自然地乘勢而起。正如客家族群意識是從文化開始萌生的,它的覺醒也是從文化開始的。

1987年,《客家風雲》雜誌創刊,提出了「重建客家人尊嚴」的訴求,並積極介入和認同當時民間正在勃興的改革運動和反對浪潮,揭開了客家文化復興的序幕。1988年中期,《客家風雲》雜誌籌組了「客家權益促進會」,組織發動了有六千多人參加的街頭示威,提出「開放客家廣播、電視節目,實行雙語教育、建立平等語言政策,修改廣電法二十條對方言之限制條款為保障條款」三大訴求,產生了深遠的影響,在不少客家地區、聚落和社區中掀起了「還我母語」的觀念和行動。近年來,臺灣客家文化活動得到進一步的發展。中小學母語教學的推動、客語能力測驗的辦理、客家社團和客家歌謠的普及、客家戲曲學校的教育、每年的桐花季、各縣市的義民祭典、客家文化節的隆重舉辦,及客家文化園區、客家文物館的相繼設立,還有客家廣播電臺和全球唯一的「客家電視臺」的開辦等等,使客家文化和客家認同漸漸得以復興。

客家族群意識的覺醒的另一個反映是客家利益集團的紛紛成立。利益集團是有共同的興趣或利益的人組合在一起的組織。當客家人在政治上有利益訴求的時候,就會以團體的方式綜合個體的利益並予以表達。1971年9月,客家社團香港

崇正總會為推動「世界客屬懇親大會」的舉辦，在臺北成立了「世界客屬總會」。該會是目前結合世界各地客家人而成立的最大組織，也是全球客家人的精神堡壘，在臺灣有十六個分會，在島內影響巨大。1990年12月1日，臺灣客家精英成立了以「站在臺灣人的立場來爭取客家人的權益，尋回客家人的尊嚴，為臺灣的光明前途來打拚」為宗旨的臺灣客家公共事務協會。該會向客家人提出了做個「新客家人」的號召，並開始在全臺積極推廣客家文化、研究與擬定客家政策、撰寫《客家白皮書》供支持客家之候選人連署及運用、舉行客家助選活動等，成為目前臺灣本土最具代表性的客家政治與文化運動團隊。其他民間性質的客家社團也如雨後春筍，層出不窮。據統計，較有影響力的客家社團在臺北市有66個、臺北縣有25個、桃園縣有24個、新竹縣有28個、苗栗縣有14個、高雄市有14個、屏東縣有24個，其他各縣市數目較少，總計二百多個。[211]今年，臺灣第一個以客家族群為名的政黨「臺灣客家黨」也宣布籌組，並宣稱其目的是希望真正達到族群平等，資源分配上的均衡。

客家族群參與政治的情感與其日益獲得政治權力相輔相成。近年來，在選舉中，客家票往往成為左右結果的關鍵票，各候選人對客家票的動員和爭奪也異常激烈。執政當局也必須採取一些政策以籠絡客家選票。2001年臺灣當局「行政院客家委員會」的正式掛牌運作，標幟著占臺灣人口約百分之十五的客家人首度被體制承認。[212]地方上，一些客家縣市也紛紛成立客家委員會。在這種情況下，客家族群漸漸得到了保護自我文化以及影響整個政壇的實力和權力，滿足了政治自尊，在面對其他族群和文化時也就變得更加自信，參與政治的熱情更加高漲。

三、臺灣客家族群的政治評價

政治評價也被稱作「政治價值取向」。在政治文化中，「評價的取向」是關於政治對象的判斷和見解，特別是那些涉及價值的標準和準則。[213]政治評價是

人們在基本政治認識、政治經驗和直觀的政治情感基礎上的思想與態度的昇華，包括政治理想、政治信仰、政治價值觀念、群體意識、國家認同、政治道德規範等理性思維和主張。客家族群的政治價值觀首先體現在對臺灣的認同程度上。在形成了政黨政治的臺灣，客家人的政治思維和政治傾向又集中體現在它的政黨認同上。

（一）客家族群的臺灣認同

臺灣認同是歷史上形成的臺灣漢族移民對現居地的歸屬感和眷戀之情，但在當代一定程度上已經被異化成「國家」認同。[214]臺灣客家人遷臺已經幾百年了，主觀上已經不再自認為是這塊土地的「客人」了，但由於複雜的歷史原因和現實利益因素，客家人的臺灣認同出現了某種程度上的混亂。

在臺灣，福佬人占了總人口的約70%，在幾乎所有的社會活動，包括反對運動、民主運動中，福佬人自然占「主流」和大多數。在以民進黨及「臺獨」勢力為主推動的臺灣民主化運動中，民進黨及「臺獨」人士對國民黨當局領導階層的諸多挑戰涉及層面最廣的是「臺灣認同」。他們指責那些1949年前後隨國民黨當局到臺灣的「外省人」，吃臺灣米、喝臺灣水、住著臺灣的地方不會說「臺灣話」是不認同臺灣。而他們自認是與中國人不同的「臺灣人」，他們的母語閩南語則是與「國語」區別的「臺灣話」。[215]「臺灣人就是福佬人，福佬人就是臺灣人」、「臺灣話就是福佬話，福佬話就是臺灣話」日漸成為不少臺灣人認為理所當然的觀念。這種觀念引起客家人的緊張與不滿，並提出「客家人是不是臺灣人，客家話是不是臺灣話」的質疑。而客家人內心深處仍存在著早年開發臺灣過程中受福佬人打壓的族群記憶。他們害怕福佬人的「先說先贏、先占先贏」的霸道作風，將來一旦「臺灣化」、「本土化」之後，就是全面「福佬化」的開始，因此對福佬人所宣稱的「臺灣人意識」具有一定的警惕性。一定程度上，客家人發動的保存「客家人認同」和客家文化的思潮也是出於反對「福佬人的沙文主義」。1988年，客家文化人發起「母語運動」，要求當局從政策上承認客家語言和客家文化的獨特性並加以尊重，同時也要求以「福佬人」為主流的政治反對運動，不能忽視客家人的獨特性，更不能以「臺灣人」為名要客家人向福佬人同

化。

　　因此,客家人的臺灣認同並沒有福佬人來的偏執,但由於臺灣客家人去臺時間較長,日據以來所受的政治社會化影響和傳承不同於外省籍人士,其對中國的認同情感表達也就沒有外省人來的強烈。臺灣學者王甫昌所做的一項調查資料表明,在「認同自己是臺灣人」、「認同自己是中國人」、「認為自己即是臺灣人又是中國人」的三個維度裡,客家人均處於外省人與福佬人之間(見表1)。2004年臺灣「行政院」客家委員會做的「全國客家人口調查」將客家人分為「本省客家人」和1949年以後入臺的「外省客家人」,時隔十年,在三項維度上,客家人也仍然處於外省人與福佬人之間(見表2)。不過,「本省客家人」更接近於福佬人,而「大陸客家人」更接近於外省人,「本省客家人」比「大陸客家人」更具有臺灣認同感。對比兩個表,我們可以發現,客家人「單一認同自己是臺灣人」的比率並無太大變化。「單一認同自己是中國人」的,有較大幅度的下降,而「認同既是臺灣人也是中國人」的相應上升。這與近年來臺灣人在「民族認同」上「兩邊小中間大」的趨勢是一致的。總而言之,客家族群對臺灣人、中國人的政治屬性的認同在族群光譜中處於較中間的位置。

表1:客家族群的臺灣認同(1994)單位:%

	外省人	福佬人	客家人
台灣人	14.1	46.3	38.6
中國人	49.7	14.3	25.2
兩者都是	36.2	39.4	36.2

　　資料來源:王甫昌:《族群接觸機會?還是族群競爭?:本省閩南人族群意識內涵與地區差異模式之解釋》,《臺灣社會學》2002年第4期。

(二)客家族群的政黨認同

表2:客家族群的臺灣認同(2004)單位:%

	外省人	福佬人	本省客家人	大陸客家人
台灣人	16.0	50.1	43.1	23.4
中國人	18.6	3.7	5.8	14.0
兩者都是	59.6	38.9	43.6	54.9
不知道/拒答	5.8	7.4	7.5	7.8

資料來源：「全國客家人口調查」，「行政院客家委員會」彙編，2004年。

客家族群對政黨的認同體現在其對政黨的投票傾向上。臺灣並無關於客家人投票的具體統計。筆者根據臺灣「客委會」公布的客家人口比重超過百分之五十的客家鄉鎮名單和「中選會」公布的近年來各大選舉中藍綠候選人在桃竹苗地區各鄉鎮的得票率製作了表3。因為該表選擇的是客家人比例最高的桃竹苗地區（桃園的客家人約占約32%，新竹的客家人約占74%，苗栗的客家人約占60%，客家人口合計約占全臺客家人的40%），且除去了非客家鄉鎮的統計（製表所選鄉鎮的客家人口平均比重超過了90%），所以在一定程度上能夠反映全臺客家人在選舉中的政黨傾向。另外，總統選舉並無具體到每個鄉鎮的統計數據，所以筆者以整個桃竹苗地區的投票率，輔之以選舉前的客家民調加以分析。

表3：桃竹苗地區客家人的政黨傾向表

項目 選舉類別		得票率(%) 鄉鎮(縣轄市)長			縣市長			「立委」			「總統」		
年份		1998	2002	2005	1997	2001	2005	1998	2001	2004	1996	2000	2004
桃園	泛藍	48.9	55.3	61.2	41.9	53.9	61.8	52.1	55	52.8	84.8	66.1	55.3
	泛綠	22.9	26.1	29.9	57.1	45.6	37.3	35.7	41.7	40.4	15.2	33.9	44.7
新竹	泛藍	70.5	63.6	67.4	32.6	53.1	66.6	65.3	53	63.1	88.9	72.4	64.1
	泛綠	5.6	3.8	8.8	36.3	46.9	33.4	28.9	37	36.9	11.8	27.6	35.9
苗栗	泛藍	76.9	34.9	72.4	42.1	26.3	42.9	58.2	67.8	69	89.3	72	60.7
	泛綠	0	0	0	3.7	17.3	30.7	8.9	19.1	28.9	10.7	28	39.3

由上表可以看出，在桃竹苗的客家地區，泛藍在地方選舉上占優勢地位，而且選舉越基層，泛藍的優勢越明顯。鄉鎮（縣轄市）長選舉中，在桃園，泛藍的支持率約是泛綠的兩倍；在新竹，泛藍則近十倍領先於泛綠；在苗栗，至今還沒有泛綠人士當選過鄉鎮（縣轄市）長，民進黨在選舉中也不提名。縣市長選舉

中,只有在1997年,民進黨的呂秀蓮在桃園勝過陳根德,林光華在新竹縣勝過鄭永金,但藍綠間的支持率相差並不是太大,尤其是新竹,只差四個百分點。剩下的兩屆選舉都是泛藍的支持率勝過泛綠。立委選舉中,三屆的數據裡泛藍全部勝於泛綠,在桃園,泛藍一直保持十個以上的百分點;在新竹,泛藍的優勢有近二十個百分點;在苗栗,泛藍的優勢更為明顯,至少有四十個百分點。總統選舉中,泛藍在桃竹苗客家地區的得票率也都是高於泛綠。1996年,桃竹苗的客家票源是一邊倒地流向泛藍陣營。2000年,宋楚瑜脫黨參選,造成泛藍票源分裂,但桃竹苗客家地區選民支持泛綠的還是比較少。把連戰與宋楚瑜算在一起,泛藍比泛綠至少有三、四十個百分點的優勢。2004年,藍綠雙方在桃竹苗客家地區的差異明顯減小,但就客家票而言,選前的民調顯示,「陳呂配」的客家支持率也只有二成。民進黨對客家票是「既期待又憂心」。

分析桃竹苗地區客家人投票行為的背後,可以發現宗親力量對桃竹苗客家地區的投票傾向起著主導作用。這與客家人重視宗親家族組織與地域感情有密切關係。客家人往往以姓氏、原鄉地為號召,組成強大的鄉親團體,以維護族群的利益。在投票行為上他們總是以宗親或派係為投票依據,宗親認同甚至超越黨派認同。在客家人占多數的桃園南部,主要宗親力量包括劉姓、黃姓、吳姓、邱姓、呂姓、張廖簡三姓、彭姓、陳姓與林姓等,基本控制了當地的政治生態。2001年「立法委員」選舉中,六大宗親的得票率高達46.8%。新竹縣主要宗親力量有陳、范、鄭、林、張、劉、黃、吳等姓,由這些大姓宗親組成的宗親會,加上各鄉鎮市分會,在選舉中發揮著重要的「椿腳」作用。苗栗縣則一直是地方派系劉派與黃派的天下。客家人在投票行為上常傾向泛藍陣營正是因為國民黨曾執政五十年,宗親、地方派系不管是哪一派哪一系,均以傾向國民黨(含親民黨)者為多。

其次,臺灣政治轉型過程中,民進黨沒有整合好客家族群,也構成客家人較少支持民進黨的原因。1980年代末,國民黨威權體制開始解體,使得各族群陷入對舊有體制的政治離心。作為國民黨黨外反對力量大集結的民進黨在爭取民主化、本土化的過程中,更多發動或依靠的是福佬族群的力量,並以福佬人代表臺灣人、福佬話代表臺灣話的姿態代表本省人的利益,引起弱勢族群的反彈。這使

國民黨依靠在原體制下建立的控制地方宗親派系的方法仍然可以較好地控制客家族群。在島內藍綠格局日益均衡的時候,客家、臺灣少數民族這些弱勢族群往往成為決定勝負的關鍵少數,福佬人色彩濃厚的民進黨才發現,在他的「本土化」、「本省人」的旗幟下,福佬人跑在前面,卻落下了客家、臺灣少數民族這兩個小兄弟。所以他們上臺後就開始了一系列客家族群政策,以爭取客家人的支持。他們在政策上開始推動母語教育,在政府內成立「客家委員會」,設立客家電視臺、哈客網和客家學院,在地方經營上則頻頻以行政資源威脅利誘地方宗親勢力帶槍投靠。可是民進黨的閩南文化色彩太濃烈,被批評是「福佬沙文主義」,還是讓客家人有所戒心,所以2000年後泛綠的支持率有所提升,但都未如綠營預期。

四、結語

深入臺灣政治的文化面,而不僅是制度面,是我們更加全面、客觀地瞭解臺灣政治發展的關鍵。在瞭解的基礎上,才能更加準確地判斷臺灣政治變遷的本質和規律,才能進一步構建穩定和良性循環的兩岸關係。在臺灣政治多元化的大環境下,「省籍矛盾」、「族群問題」在臺灣社會已經不是一個特定時間的政治現象,因此,深入研究臺灣客家族群的政治文化結構及其特點,也就成為學界深化臺灣政治研究的一個重要組成部分。

臺灣的四百萬客家人與大陸地區的五千萬客家人如一源之水,一本之木。客家人遷臺以來,從未間斷過與大陸的聯繫。客家人素有慎終追遠、注重原鄉的精神。但是,綜上所述,我們也不能忽視臺灣客家人在政治文化上的特殊性格,經過不同的歷史環境變遷,兩岸的客家文化已經在政治認知、政治情感和政治價值觀念方面產生了一定的差異性。我們應該注意臺灣客家人在臺灣政治發展進程中的關鍵性作用,做好臺灣客家人的工作,使臺灣客家人成為一支維護臺海地區和平穩定、反對「臺獨」分裂勢力的重要力量。同時,在兩岸客家文化交流過程

中,我們也要提醒兩岸的客家鄉親:必須充分瞭解兩岸客家社會存在的政治文化差異,求同存異,共同開拓兩岸人民和社會融合的新天地。

第二篇　臺灣政治文化研究

第三篇　民進黨研究

民進黨發展變革的組織行為模式分析[216]

李鵬

民進黨自從1986年9月在臺灣成立以來，一直處於不斷發展和變革之中。這些發展變革既包括民進黨所面臨的臺灣島內政治經濟環境的變遷，以及由此導致的民進黨自身政治角色和地位的改變，如逐漸從小黨變成大黨，從在野黨變成執政黨等；還包括民進黨內部領導層和決策機制的變化，以及政治目標、路線方針、政策主張的調整等等。民進黨發展變革的歷程和模式對民進黨內的組織文化、民進黨對島內政治的參與都有重要影響。如何從民進黨這18年的發展變革中總結規律，探討其今後的發展動向和趨勢，對把握島內政局發展和今後一段時間兩岸政策的走向有重要意義。本文將嘗試運用組織行為學的相關理論和方法對民進黨發展變革的模式進行粗淺地分析。

理論架構和分析途徑

組織行為學是一種行為科學，它研究的是一定組織中人的心理和行為規律，目的是對組織中出現的行為進行預測、解釋、控制和引導，以便更好地實現該組織的目標。組織行為學最初運用於經濟領域特別是企業管理領域，現在也被越來越多地運用於政治和公共政策的分析。它之所以可以用來分析政黨行為，是因為

任何政黨都是「凝聚本階級的利益和表達本階級的政治意識,控制和影響利益的分配和實現過程,旨在奪取和鞏固國家政治權力而組成的政治組織」。[217]政黨的本質是一種社會政治組織,它也是公民進行政治參與的組織形式之一,無論是政治領袖還是普通公民,他們透過參與或組建政黨,再利用政黨參與政治活動,主要目的就是為了表達和維護自己的利益。政黨的這種基本屬性使我們運用組織行為學的相關理論來研究民進黨及民進黨人的心理和行為規律成為可能。

運用組織行為學的理論分析政黨行為的途徑很多,可以分析政黨的個體行為、群體行為、領導行為、激勵行為、決策行為等等,本文將著眼於宏觀層次,重點分析民進黨的組織發展和變革行為。現代組織理論認為,組織是一個開放的、有機的、動態的和複雜的系統,這種系統與其內外多重環境發生相互影響和相互作用;在這樣一個多層次、多因素,複雜多變的背景之中,組織要想維護和發展,必須不斷地調整和完善自身的結構和功能,提高在多變環境下生存和發展所需要的靈活性和適應能力,即不斷地對組織進行變革。[218]在本文的討論中,筆者認為發展和變革是兩個既有聯繫又有區別的概念。所謂組織發展,就是提高組織的有效性和增進組織成員的成長;而組織變革是指存在重大動盪的組織成長。[219]

政黨有別於一般政治組織或政治社團的地方是,它們具有奪取或鞏固政權的更高目標,這就使得政黨在發展中不斷地根據環境的變化進行變革顯得更加重要。從民進黨來看,無論是突破國民黨當局的「黨禁」成立後謀求生存,參與「國民大會」、「立法院」、縣市長和總統選舉爭取發展,還是2000年意外取得執政地位,2004年鞏固執政地位後謀求實現長期執政,它在謀求不斷發展的同時也進行了很多方面的變革,這些變革使民進黨不斷增強對島內龐雜的政治局勢的適應和應變能力,同時達到對自身結構功能不斷改造的目的。

不僅僅是民進黨,任何政黨都處在不斷發展變革之中,但不同政黨的發展變革模式並不完全一樣,這主要是因為政黨的發展變革模式不僅取決於政黨所面臨的外部政治和經濟條件,同時也與更深層次的政黨組織文化有關,組織文化是政治文化一種表現形態,它是政黨在長期實踐中形成的被成員共同接受或遵守的共

同或相似的價值觀、理念、情感、態度、動機、行為準則等等,它一般體現在政黨的政治綱領和政策目標之中,而且以觀念的形態,從非計劃、非理性的因素出發調控政黨成員的行為,強化政黨的組織結構和管理、維繫黨員之間的關係,以凝聚共識實現政黨的政治目標。

我們研究民進黨的組織發展和變革行為,不僅要瞭解其組織發展歷程,更要分析它為什麼變革、如何變革、朝什麼方向變革等問題。本文將運用組織行為學的基本分析方法——系統功能分析法,結合民進黨的政治參與活動和黨內組織文化的特點,用成長模式分析民進黨發展變革的各個階段,以動因模式來分析民進黨發展變革的原因、阻力、手段和目標,最後用系統模式對民進黨發展變革中存在的問題和發展趨勢進行簡單的分析。

民進黨發展變革的成長模式

任何組織都有自己的生命週期,即從誕生到衰亡的過程。本文所討論的是組織的正常成長時期,暫不涉及組織的衰亡。一般來說,組織的成長大都經歷創立、生存、規範、集聚、成熟等五個階段,每個階段的任務、需求、領導者、組織結構、決策方法都有很大的差異,但這五個階段是時間分際往往並不是非常清晰,在某一時期甚至會同時存在。在組織成長的這五個階段中,發展和變革相互交織,演變中孕育發展,變革是為了更好的發展,變革是手段,發展是目的,二者共同推動著組織的前進。[220] 變革一旦實現,就會出現一個相對穩定的發展時期,以維持已經變革後的現狀;但在過一段時間後,又可能發生內部機構和外部環境不適應的情況,這樣就會催生新的變革,如此循環往復,組織才可能按照成長軌跡向前發展。美國學者E‧葛雷納認為任何的組織成長模式存在著五個模型要素,即組織的年齡、組織的規模、演變的各個階段、變革的各個階段、組織的成長率,這五個要素決定著組織成長的質量。民進黨從成立至今雖然只有短短的18年時間,同樣可以劃分為上述幾個階段,同樣經歷過數次發展和變革的過

程。

民進黨的創立與1970年代以後臺灣出現的黨外運動有著非常密切的關係，當時臺灣社會要求革除弊政、改變現狀、批判國民黨頑固保守立場的「政治革新」運動層出不窮，隨著臺灣的青年知識分子和地方民主力量的結合，臺灣黨外運動得以形成。[221]雖然黨外運動的規模和運作模式已經超出此前的黨外人士之間的政治運作，也開始帶有一定組織性的特點，但從嚴格意義上說，黨外運動依然只是一個複雜而鬆散的政治群體，他們沒有統一的領導核心和政治綱領，內部的團結和協調也遠遠不夠，成員的素質和水平也不是很高。隨著黨外運動的不斷發展，變革的需求開始上升，黨外組黨的呼聲日漸高漲，並且由主張轉變成行動。1986年9月28日，在臺北圓山大飯店召開的「黨外選舉後授會」上，費希平、尤清、康寧祥等130多人突然宣布民主進步黨正式成立。民進黨成立的過程雖然突然，但卻是經歷了長時間的黨外運動的醞釀，是由量變發展到質變的結果，它表明黨外運動已經進入一個新的組織形式發展階段。

成立之後的民進黨首先要面臨的就是生存的問題，生存的危機不僅來自於當時島內的政治環境，也來自於民進黨自身的抵抗力。民進黨是突破國民黨當局的黨禁而成立的，是一種非法的舉動，國民黨當局甚至威脅說「如仍有少數人士不顧現實情勢，擅自組黨，政府將依法處置」，「絕不有所讓步」。[222]而且，由於成立匆忙，此時民進黨內部的組織結構尚處於非正式狀態，沒有完整的政黨理念和政治綱領，缺乏公認的領袖和領導核心，山頭派系林立，最為嚴重的是缺乏扎實深厚的群眾基礎，在很大程度上只是反對國民黨統治的力量集合。民進黨這一階段主要的目標是衝破「黨禁」、站穩腳跟，初步確立反對黨的地位。民進黨採取了街頭運動與「議會」鬥爭相結合的策略，終於促使1989年1月臺「立法院」通過法案正式解除「黨禁」，民進黨生存的外部環境壓力基本解除。

在解決生存問題的同時，民進黨還必須透過規範與集聚來解決發展的問題。作為一個新生的政黨，民進黨要想得到發展，實力得到增強，全面參與到臺灣的政治生活中去，就必須對政黨行為進行規範，並集聚新的力量，規範和集聚往往是同時進行的，這一階段所需的時間比較長，過程也比較艱難。民進黨迅速進行

了由鬆散運動到組織性政黨的變革行動，1986年11月，民進黨召開第一次代表大會，通過了「黨章」、「黨綱」，選出了黨的領導集體，初步規範了黨的行為。但是，由於歷史的原因，在很長一段時期內民進黨內各派系之間，黨的中央權力機構、「議會」黨團內部、中央與地方、黨團與中央之間沒有建立起合理的運作規範，致使民進黨長期處於形統實分的狀態，在民眾中的號召力和形象受到影響，阻擾了民進黨吸納新興政治力量、發展自身實力。[223]為瞭解決規範問題，民進黨內經歷了長時間的磨合和變革，一些遊戲規則相繼建立，對規範民進黨和黨內成員的政治參與活動造成了一定的作用。

規範的建立和對規範的不斷修正有利於民進黨集聚新的支持力量。民進黨成立初期的一些活動迎合了中產階級要求參政和民眾希望實現民主政治的願望，對於打破臺灣多年沉寂的政治格局，迫使國民黨當局加快民主化的進程的確造成了一定的積極作用，因此民進黨的實力在這一時期迅速增強。從1986年到1989年的四次選舉中，民進黨多數都取得了比以前更好的成績。但是，隨著民進黨的「臺獨」傾向日趨發展，黨內的「臺獨」激進派掌權後，在沒有完成民進黨自身改造的情況下，將政治追求的重心轉移到「國家認同」問題上，甚至將「臺獨」條文列入黨綱，企圖以此來吸引民眾。[224]但此舉並沒有給民進黨帶來集聚效應，反而在1991年的「國代」選舉當中敗北。民進黨立即進行了路線和策略調整，放棄街頭路線，淡化「臺獨」主張。此後，每當民進黨發展到階段性低谷的時候，或多或少都會伴隨著某種規範性的變革的行為，對運作方式和政策主張經過一系列的調整變革，才使得民進黨的支持度在此後選舉中得以呈現波浪式穩中有升的趨勢（見下圖）。如在大陸政策的規範方面，民進黨1995年提出以「政黨合作」為基礎的「大和解大聯合政府」的主張，1998年召開「中國政策研討會」，各派展開理性務實坦誠的辯論，1999年通過「臺灣前途決議文」，直至在2000年的總統選舉中獲得39.3%的支持率，首次取得執政地位。

按照組織成長模式，民進黨在完成創立、生存、規範、集聚的過程中，應該逐漸走上成熟政黨的道路，但不少人依然認為今天的民進黨並不是一個成熟的政黨。按照政黨政治理論，一個成熟的政黨不僅是自身政黨特徵的完善，更重要的是看它在政治體系和政治參與過程中所扮演的角色，是否有能力履行其政治職

能。[225] 成熟政黨的首要職能是有效反映民意和利益綜合，從而得到大多數民眾的信任和支持，而且成熟政黨一般能夠造成政治整合和維持社會穩定的功能。臺灣社會是一個多元化的社會，每個政黨都有自己的利益需求和表達方式，成熟的政黨尤其是執政黨應該履行整合的職能，避免政治的不穩定和社會的不和諧。從民進黨的成長過程來看，其固守和堅持的很多政策主張特別是「臺獨」主張一直沒有得到多數民意的支持，民進黨之所以能夠執政，在一定程度上得益於它越來越走上一條以煽動民粹主義、無情打擊對手、挑撥族群矛盾來集聚支持力量的非理性、非正常的道路，它不僅使民進黨同在野黨之間的矛盾對立變得越來越難以調和，也使得臺灣社會分裂為藍綠兩大陣營，這條道路雖然有利於民進黨一時獲取政權，但對整個臺灣的政治發展有害無益，此舉不是一個成熟政黨應有的作為。此外，民進黨執政人才的缺乏、執政能力遭到質疑也是它走向成熟道路上必須克服的問題。從上述意義上說，民進黨雖然歷經18年的發展變革而成長，但其組織成長質量依然不是很高。

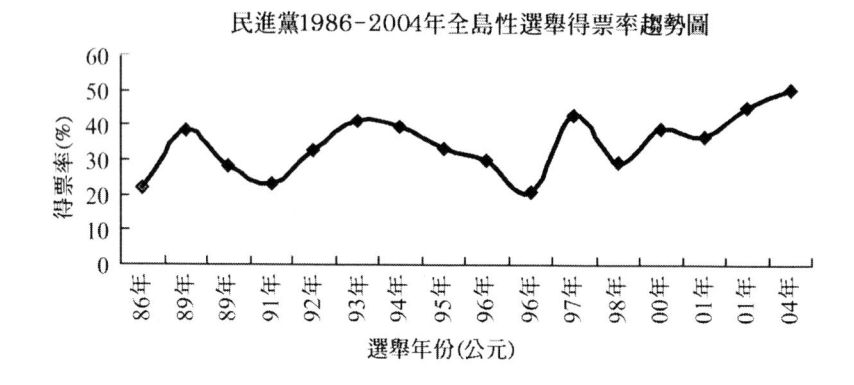

民進黨1986-2004年全島性選舉得票率趨勢圖

民進黨發展變革的動因模式

按照組織行為學的觀點，任何組織的變革行為都是有因而發的，組織在發展過程中確定何時需要變革時，首先就要瞭解導致變革的誘因。一般來說，組織目標的選擇和實現決定組織發展變革的方向。組織發展變革的主要目標有兩個，一

是提高組織對外部適應性，二是改變組織內部成員的行為。[226]具體地説，如果組織目標已經實現，就需要制定新的發展目標；如果組織的既定目標無法實現，就需要及時進行轉軌變型；如果組織的目標與現實出現偏差，就需要對目標進行修正，以上這三個方面其實都是要求組織進行變革。從民進黨18年的發展歷史來看，它每次大的變革也不外乎這幾個方面的動因。

　　民進黨是創立和發展於臺灣的政治環境之中的，環境的變化對民進黨的發展變革有著關鍵性的影響。民進黨能夠在1986年衝破「黨禁」而成立並且能夠生存下來，與80年代以來國民黨當局提出「促進政治民主化」和「政治革新」，「大步加速貫徹民主憲政的行動」的背景是分不開的，這一背景遲早會催生新的政治勢力的產生，民進黨的成立正是順應了當時臺灣「政治民主化」的潮流。同樣，由於受到客觀環境的制約，民進黨多次對其政治參與方式和大陸政策進行調整。民進黨是靠激烈的街頭運動起家，黨內的路線鬥爭使「臺獨」主張不斷升級，但隨著臺灣政治轉型的實現，民眾的心態也發生變化，他們要求改革的氛圍安定、平和，不再支持過於激烈的問政方式；同時，島內、兩岸和國際社會的政治現實的制約也使民進黨認識到激進的「臺獨」路線無法取得多數民眾的支持、達到奪取和鞏固政權的目標。為了適應形勢的發展變化，民進黨不僅放棄了街頭路線，逐漸回歸到體制內的理性問政，並且對「臺獨」主張進行各種包裝處理，因此才有「臺灣前途決議文」、「新中間路線」、「四不一沒有」、「憲改工程不會涉及國家主權、領土及統獨的議題」等政策調整的動作。

　　民進黨發展變革的動力不僅來自於外部環境，也來自於民進黨內部。其中民進黨的組織目標和價值觀念的變化是內部動力中最主要和最根本的動力。從組織目標來説，黨外運動時期，「組黨」是黨外人士的主要目標；民進黨成立後，早日走上執政之路成為目標；2000年成為執政黨後，實現連任就成為現實目標；2004年實現連任後，「爭取長期執政」又成為目標，在目標的不斷變換過程中，必然會導致民進黨進行一定的組織變革。比如2002年陳水扁為了施政順暢和連任的需要，一改競選期間「不參與黨務」的承諾，親自兼任民進黨主席，就是民進黨歷史上一次非常重要的組織變革。從價值觀念來説，民進黨由在野黨轉變為執政黨，由「派系共治」轉變為陳水扁「一人獨大」，也必然導致組織變

革。例如民進黨不得不培養更多的執政人才,民進黨內不少人也不得不進行角色轉換,由黨務系統進入行政、政法、媒體部門甚至是商業圈,派系之間的爭鬥不得不有所收斂以服從於陳水扁的個人意志等等都是組織變革的表現。

僅僅具備動因並不能保證組織一定就進行變革,是否進行變革,變革能否成功,還取決於發展過程中的各種現實制約因素。任何組織的發展變革都不可能是一帆風順的,它必定要面臨各種各樣的阻力。在組織發展變革的過程中,動力和阻力往往是並存的,在組織發展期間,阻力與動力之間形成一種動態的力量平衡。如果要實現變革,就必須打破這種平衡,使動力超越阻力起主導作用。美國學者格萊徹爾提出,一個組織是否需要變革,如何進行變革,一般取決於需要變革的各種因素的乘積大於變革所花的代價,否則變革就沒有意義,即:

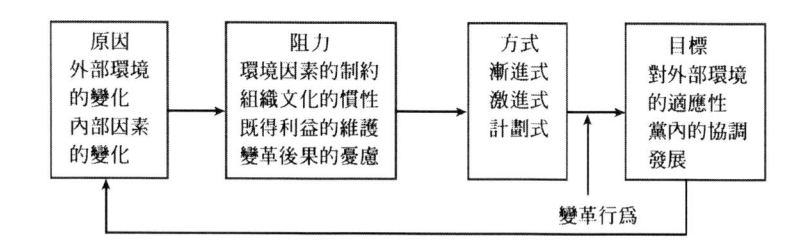

原因 外部環境的變化 內部因素的變化	阻力 環境因素的制約 組織文化的慣性 既得利益的維護 變革後果的憂慮	方式 漸進式 計劃式	目標 對外部環境的適應性 黨內的協調發展

變革行為

$$C=(a,b,d)>x$$

其中:C為變革;

a為對現狀不滿;

b為對變革可能結果的把握;

d為變革的行動措施;

x為變革所花的代價。[227]

由此可見,外部環境和內部因素本身並不必然導致民進黨發生變革行為,不利環境的制約、保守組織文化的慣性、既得利益者的掣肘、對變革後果不確定的憂慮等都可能阻礙民進黨在變革中尋求發展。外部環境對民進黨的發展變革不只是有正面意義,在1994年「中華民國憲法增修條文」通過之前,臺灣的總統、

「副總統」並非透過公民直選的方式產生，這使民進黨在當時很難達到「走上執政之路」的階段性目標，而且在相當長的一段時期內，臺灣長期以來形成的政治環境使民進黨的政黨選舉得票率長時間徘徊在不到四成的水平難有突破，這些都使民進黨圍繞執政目標的變革行為受到一定程度的影響。

民進黨對組織發展變革的「代價─阻力─獲益」考慮在對待黨內派系的問題上表現得尤為突出。眾所周知，派系山頭林立是民進黨特有組織文化的一部分，派系共治曾經對民進黨的發展曾經造成過一定的積極意義，但隨著整體政治環境和民進黨自身角色的改變，民進黨內部不少人認為，派系運作產生的問題越來越多，已經影響到民進黨的發展，因為各派系除了進行路線鬥爭、爭權奪利之外，有些派系如新潮流系儼然成為「黨中之黨」，甚至進一步惡化成為壟斷黨務、人事、選舉、政治、行政資源的力量，引起其他派系的強烈不滿，是否解散派系成為民進黨需要考慮的變革方向之一。

隨著2004年陳水扁再次連任，為了實現「長期執政」的目標，民進黨提出「黨務改革」的目標，是否「解散派系」再次成為公開爭論的焦點之一。在7月18日民進黨的「全代會」上，立委王幸男等人連署提出「解散黨內派系條例」，要求現有派系應在3個月內解散，黨員不得創設派系組織或運作派系，也不得參加派系組織及運作，否則以違紀論處。這種激進式的組織變革主張立即招致新潮流派系的反對和抵制，也有人對此不以為然，認為派系是民進黨長期遺留的歷史問題，解散派系幾乎是不可能的事。在阻力重重的情況下，作為黨主席的陳水扁在對當前民進黨的政治生態和面臨的外部情勢利弊得失進行分析後，最終選擇以漸進妥協的方式來處理派系問題，強勢主導通過帶有妥協性質的「派系中立」條款，只是規定擔任「中央政府」各級職務的黨員、黨公職人員不能同時擔任任何派系職務，或參加派系運作活動。而陳水扁此舉的考慮是，「解散派系茲事體大，短期內難有最後定論」，「為了團結和諧，為了年底大選」，他「不希望派系問題繼續發酵」。[228]這表明陳水扁意識到立即解散派系所遇到的阻力可能會讓民進黨付出內部分裂和年底立委選舉失利的代價。因此，當所付出的選舉代價可能大於黨內改革的獲益時，一向標榜要毫不動搖「展現改革決心」的陳水扁不得不選擇暫時放棄「解散派系」的變革方式。

民進黨發展變革的問題和趨勢

僅從島內政治來看，2004年民進黨的繼續執政為其進一步發展提供了機遇，這種機遇最主要並不是來自於民進黨內部因素的變化，而是來自當前島內「朝野」政治力量的對比變化暫時對民進黨比較有利，作為反對黨的國親兩黨勢力因為選舉失利、抗爭行動處理失當和內部的矛盾凸顯受到了一定的影響。從民進黨自身來看，在以前的發展和變革過程中它有比較成功的地方，也有不少存在問題的方面，這些問題如果不及時解決，將會影響到民進黨的進一步成長的機會，甚至可能使民進黨大起而大落，迅速走上下坡路。在本文中的組織行為模式分析中，民進黨是被當做一個多變量的系統來看待，其中最主要的有四個變量，也是政黨的四個基本特徵，即組織結構、綱領目標、政策手段和黨內成員。在這四個變量之間相互聯繫，構成數個穩定的三角架構（如下圖），只要任何一個要素存在問題有進行變革的需要，其他三個要素也必須進行相應的調整，才能夠達到新的平衡，民進黨才可能有新的發展。從目前的情況來看，這四個方面都不同程度地存在阻礙民進黨繼續發展變革的問題。

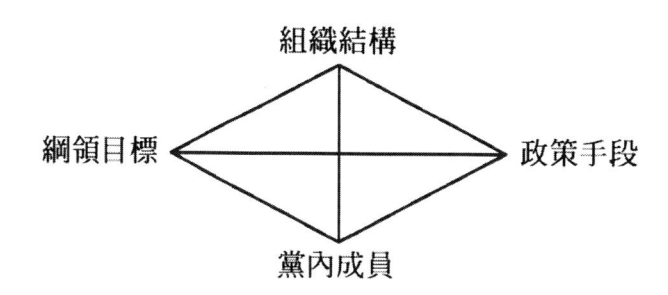

```
            組織結構
           ╱   │   ╲
          ╱    │    ╲
    綱領目標───┼───政策手段
          ╲    │    ╱
           ╲   │   ╱
            黨內成員
```

穩健的組織結構是民進黨發展變革成功的基本保障。民進黨的組織結構看似完善，其實在實際運作過程中暴露出的問題並不少。除了歷史遺留的派系問題以外，民進黨執政後如何處理民進黨中央與總統府、「行政院」、「立法院黨團」，以及中央黨部與地方黨部、執政縣市之間的組織關係至今還沒有完全理順。2002年，陳水扁為理順「黨政」關係而推動「黨政同步」，親自兼任黨主

席,剛過兩年,陳水扁連任後不久,總統府就放出陳水扁希望不再兼任黨主席的風聲,這使得「黨主席」這個民進黨組織結構中的關鍵職位可能成為某些人因政治需要而可以隨時使用的政治私器。最近,同為民進黨高層但身兼不同職務的呂秀蓮、游錫堃、陳唐山和陳水扁在「國號」問題上分別提出「臺灣中華民國」、「Taiwan, ROC」、「Taiwan／ROC」,「中華民國最貼切的簡稱是臺灣」等不同的說法,也暴露出民進黨及其執政的行政部門溝通運作和組織決策機制並不健全。

綱領目標包括兩個方面的內容,一是黨的理念和信仰,二是黨的路線和目標。民進黨的綱領中存在的最大問題就是「臺獨」主張,「臺獨」主張與民進黨當前的執政地位、臺灣當前的「憲政體制」、兩岸關係和國際政治現實相違背的,民進黨不得不數次調整路線和目標,聲稱「臺灣前途決議文」的位階高於「臺獨黨綱」就已經說明這一點,但民進黨內依然有人存在著對「臺獨」問題的認識偏差和不切實際的幻想,屈從於島內政治鬥爭的壓力和選舉利益,不是選擇處理「臺獨」黨綱,而是寧可選擇修改臺灣的「憲政體制」、延續兩岸的政治僵局、挑戰國際社會的政治現實,因此在島內施政、處理兩岸關係和拓展所謂「國際生存空間」的過程中步履艱難。

政策手段是指為實現綱領目標而採取的具體「政治行為或規定的行為準則」,它是謀略、法令、措施、辦法、方法、條例等的總稱。[229]從政黨的政策和實施政策的手段往往可以看出其政治參與的水平和能力,政策要被民眾認同接受、手段要合理得當才能順利實施和產生實際效果。作為執政黨,民進黨現在最大的問題是政治誠信的缺失影響到其政策的推行,言行不一和政策多變讓人無所適從是過去幾年民進黨當局最大的特點。在手段方面,為了選舉利益,民進黨刻意將某些政策意識形態化,煽動民粹主義和製造族群分裂,都嚴重影響到政策的合理性和有效性,使臺灣政治、經濟、社會等各個領域都不同程度地出現了危機。

黨員是構成政黨的基本細胞,是推動政黨發展變革的主要力量來源。這裡討論的黨員既包括普通黨員,也包括政黨領袖和各級主管。在成立後的18年裡,

民進黨的黨員規模不斷壯大，目前已經突破50萬人。一般來說，黨員的來源同黨的階級階層基礎、綱領目標和利益需求有著很大的關係，民進黨過去幾年一直努力在不同族群、不同年齡、不同地域的各個階層中擴大影響，取得一定成效。但總的看來，民進黨黨員的整體素質依然有待提高，民進黨選拔和錄用政治精英的工作依然滯後，民進黨最高領導人的政治誠信問題依然嚴重。這些問題會使民進黨在爭取所謂「長期執政」的過程中，制約其執政能力，甚至會隨著時間的推移，助長各種官僚化的作風，導致官僚危機，最終影響到民進黨自身發展。

民進黨以前和今後的組織發展和變革都是由多種因素、多重環境相互作用的綜合結果。無論是從外部環境還是內部原因來看，民進黨遲早都必須對上述四個方面的問題進行處理，才能使整個系統達到平衡，其中改變「臺獨」綱領和具有「臺獨」傾向的政策目標，以及調整煽動民粹和挑起敵對的政策手段更是勢在必行。這不僅有利於民進黨自身的成長和發展，而且也有利於島內政治、經濟、社會的和諧發展和兩岸關係的和平穩定。

民進黨當局滋生貪腐現象的政治文化根源剖析[230]

李鵬

長期以來，民進黨在臺灣一直以所謂的「清廉」形象自居。隨著島內涉及民進黨當局的各種弊案不斷爆出，陳水扁的主要親信、家人、親戚和民進黨高官涉及弊案的消息層出不窮，引發臺灣社會輿論的關注和政壇動盪，陳水扁和民進黨在臺灣的形象也因此跌入谷底。民進黨何以在上臺後短短六年多的時間裡滋生如此嚴重的貪腐現象，本文將運用政治學相關理論，從政治文化中的體系文化、過程文化、政策文化三個面向來剖析民進黨當局產生貪腐現象的根源。

一、體系文化根源：黨政司法制度的缺陷

美國學者亨廷頓認為，腐敗是公職人員為實現其私利而違反公認規範的行為。[231]簡言之，腐敗就是以公權謀取私利。在不少國家或地區，貪腐不僅是一個普遍的社會問題，也是一種突出的政治現象。對於貪腐的成因，可以從主觀和客觀、宏觀與微觀等多個角度，從政治、經濟、社會、文化等多個面向來進行分析。筆者認為，作為政治現象的貪腐，從政治文化的角度入手可以更全面深入地剖析其產生的根源。政治文化是民眾長期形成的相對穩定的對於生活其中的政治體系和所承擔政治角色的認知、情感和態度，是政治系統中的主觀因素；它從結構功能上可分為體系文化、過程文化和政策文化三個部分。[232]體系文化一般是指包括政治人物在內的大眾對政治體系、政治制度和憲法性安排的態度和看法。[233]貪腐現象之所以產生的一個非常重要原因就是制度的缺陷，而制度恰恰是政治文化中體系文化的重要內容。體系文化對貪腐的影響最典型的表現是，一旦制度和體系不完善，對公職人員的權力監督會減弱，對貪腐行為的制約效力就下降，讓公職人員的貪腐行為有了可乘之機。

民進黨上臺以來之所以如此迅速和大規模地滋生貪腐現象，一個非常重要的原因就是制度缺陷。它主要表現在三種缺陷，一是約束機制缺陷，使得進行貪腐活動擔負的風險和成本更小；二是機會結構缺陷，使得進行貪腐活動更加有機可乘；三是激勵機制缺陷，使得進行貪腐活動更加有利可圖。[234]也就是說，約束機制的無力與激勵機制的扭曲、機會結構的畸形發展一起構成了民進黨當局腐敗猖獗的制度原因。這三種缺陷又反映在三個領域中，其一是民進黨內的權力分配制度不健全，約束和監督機制形同虛設。其二是臺灣的政治體制中對當權者的權力制約機制設計存在缺陷，總統的權力高於一切，容易發生「絕對權力產生絕對腐敗」的情況。其三是作為反貪防腐重要防線的臺灣司法體系不能獨立辦案，容易受到政治力的介入，使某些貪腐者敢於漠視司法制度的威懾功能。

民進黨內在形式上並不缺乏相關的黨紀規章和監督機制。民進黨的黨章就規定，「各級組織之決議、活動有違背黨章或本黨之政策者，中央黨部得予以公開譴責、撤銷該決議或活動、撤銷該組織之處分」；「黨員之言行有違背黨章、決議或破壞本黨名譽之情事者，本黨得予評議並裁決適當之處分」。從組織機構上看，民進黨設有「中央執行委員會」和「中央評議委員會」，根據黨章規定，

「中評會」的職權包括「黨員及各級組織獎懲之決定」,「中執會」的職權包括「審查獎懲之提案」。在懲處違紀的程序上,民進黨黨章也有規定,「有關各級組織之懲罰事項,由中執會提案,移送中評會議決。但中評會建請中執會調查之案件,中執會若未於三十日內提案,中評會得逕行議決」。除了在黨內具有最高效力的黨章之外,民進黨還有「紀律評議裁決條例」對黨員的違紀行為進行具體規範。但是,這些制度並沒有能夠有效規範和約束民進黨上臺以來的種種貪腐行為。

民進黨上臺以前從未體嘗過權力的滋味,在2000年的選舉中意外獲得執政地位後,一直到今天,黨內都還未能建立起有效分配和監督權力的機制。在以權力為中心的思維下,迅速形成了陳水扁一人獨攬黨政軍大權的態勢,民進黨的各種制度、規章在陳水扁的面前形同虛設,甚至多次出現因應陳水扁一人之需而修改黨章的情況。在意識到陳水扁的權力高於一切的情況下,陳水扁的家庭成員和親信、民進黨內的政治人物、親近民進黨的政治投機者就很自然地唯陳水扁的馬首是瞻,而並不在意民進黨的各種制度、規章。在他們看來,只要陳水扁在民進黨內還掌控著最高權力,他們只要能夠維繫同陳水扁的特殊關係,即使有貪腐行為,民進黨的黨紀部門也會因陳水扁而噤若寒蟬,不敢對他們進行懲處,他們貪腐的成本因此大幅度減小,風險也大大降低,更加刺激了他們的貪腐行為。在「臺開弊案」、「SOGO禮券案」、「公務機要費案」等弊案被媒體爆出之前,民進黨的黨紀部門對這些涉案者的違紀行為並不知曉,即使在弊案爆出和被起訴之後,無論是停權、移送「廉政委員會」、退黨或民進黨對他們開除黨籍也只是一種「事後諸葛」的處理。實際上,在維護執政地位的現實政治考量下,民進黨的幾乎所有運作和功能都不得不以維護陳水扁的權位為最高目標,與陳水扁關係密切人士的貪腐行為則被刻意掩蓋或忽視,即使在圍繞陳水扁的親信、「第一家庭」的弊案頻發的時候,民進黨也不得不表示要「鞏固領導中心」,從而付出損耗「清廉」形象,被認定是「貪腐政黨」的政治代價。

陳水扁的權力不僅在民進黨內無法受到制約,臺灣當前的政治制度也無法有效約束陳水扁權力的濫用,也無法讓他為親信和親戚的貪腐行為承擔相應的政治責任而下臺。臺灣的政治體制是一種權責不清的「雙首長制」,一方面總統負責

掌握大政方針和內外政策，有權無責；另一方面「行政院長」是日常施政的核心，承擔著施政的主要責任。[235]陳水扁上臺後，雖然第一任期是少數執政，第二任期當選的正當性屢受質疑，但卻能夠掌握著絕對的權力，不僅行政部門的權力來源於他，立法機構也無法對他形成有效制衡和監督。這種制度上的缺陷使得陳水扁集領導權、執行權和監督權於一身，能夠毫無顧忌地根據他個人的意願進行權力分配，而不用過多考慮會受到其他方面的制衡。比如在所謂「國務機要費」的弊案中，陳水扁之所以敢於使用假發票充帳，很大程度上就是認為沒有人敢徹底清查「國務機要費」的具體用途。特別是在一些重要部門的人士安排上，陳水扁毫不掩飾其中政治酬庸的意涵，而政治酬庸本身就是一種機會結構的缺陷，是一種圖利行為，在某種程度上對貪腐的產生有潛在的激勵作用。現代民主政治同時也是責任政治，根據臺灣多家媒體所做的民調，超過六成以上的民眾認為陳水扁應該為他的親信、家人所涉及的弊案負責，超過半數民眾認為陳水扁應該下臺。但臺灣的政治制度設計中，無論是「罷免」還是「彈劾」，都具有相當高的門檻，希冀透過制度內途徑讓陳水扁為弊案負責下臺的可能性極低，這在某種程度上對貪腐是一種激勵和縱容。

在處理貪腐弊案的過程中，司法檢調部門往往是最為關鍵的一道防線，臺灣民眾也都希望檢調司法部門能夠獨立辦案，還原真相，懲處貪腐。但臺灣司法體系的制度設計卻存在一定的缺陷，讓司法檢調部門難以擺脫行政力的控制和政治力的介入。臺灣的「最高檢察署檢察總長」過去是由總統直接任命，2006年1月修正通過「法院組織法」後才改為由總統提名、經「立法院」同意任命之。而負責「貪汙防制及賄選查察事項」的調查局則隸屬「行政院法務部」。陳水扁對檢調高層具有的提名權、行政隸屬關係都可能讓檢調單位受到無形或有形的壓力，也讓民眾質疑其辦案的公正性。臺灣《聯合報》2006年6月的民調發現，分別有59%和62%的民眾質疑檢調偵辦「臺開弊案」和「SOGO禮券案」時刻意保護陳水扁一家；55%認為弊案不可能偵辦到底，多數民眾對於檢調不受干預、獨立辦案的可能性感到悲觀。[236]在SOGO案被檢方不起訴宣布終結後，根據年代電視臺10月5日的民調，有51.22%的民眾表示不滿意。雖然吳淑珍在「公務機要費」案中被檢方起訴，在一定程度上讓民眾感到安慰，但這並不意味著司法制度的缺陷

問題得以解決。因此,司法制度的缺陷一方面會影響到貪腐弊案的偵辦進度和結果,另一方面也會對某些有政治背景的貪腐者起不到應有的威懾效果,使他們從事貪腐活動的風險和成本降低。

二、過程文化根源:政商勾結的非法尋租

美國學者斯科特認為,腐敗的實質是一種非正式的獲取政治影響的過程。[237]運用政治文化中的過程文化理論可以分析民進黨當局滋生貪腐的另一種根源。過程文化是包括政治人物在內的大眾對政治過程的一整套看法,它反映了公民對於政治參與的基本態度。[238]在公共選擇理論看來,政治過程其實是一個複雜的交易過程,作為政治主體的人都是「經濟人」,他們在政治市場中的交易行為,同經濟市場一樣,都是以成本效益來計算的。經濟學中的尋租理論能夠比較有效解釋政治交易過程中的貪腐行為。尋租理論認為人類所擁有的資源是稀缺的、有限的,它是透過權力來體現的,擁有資本的人或企業之所以願意用自己的金錢與有權力的人手中的權力進行交換,不是為了等價交換獲得正常的利益,而是為了用較低的賄賂成本來謀取有限的、稀缺的資源所蘊藏的巨額利潤。[239]尋租與腐敗雖然是兩個不同的概念,但尋租動因卻是導致腐敗產生的重要因素。

臺灣政治市場的一個顯著特點就是政商勾結的問題根深蒂固,政治活動深受金權關係的影響,政治關係在很大程度上表現為權錢交易關係。無論是在李登輝當政時代,還是陳水扁上臺以後,臺灣金權政治、政商勾結、權錢交易都是公開的祕密,而這種政治權力和經濟資源的交換過程就極易導致貪腐的滋生。民進黨當局政商勾結的非法尋租導致貪腐主要表現在三個方面,一是直接掌握政治和行政權力的公職人員利用手中的權力與廠商業者或財團相互勾結來共同圖利。二是某些政治人物的親信和家人利用這個政治人物的影響,直接或間接從事政商勾結、人事關說和非法斂財活動。三是財團和廠商業者藉選舉和其他政治活動之機,向政黨和政治人物饋送政治獻金,進行利益交換。

臺灣的經濟制度雖然是自由市場經濟，但臺灣當局仍未放棄對經濟活動的不當干預。貝克爾曾表示：「腐敗是政府干預經濟的外在產物，對經濟的控制越多，腐敗也就越嚴重」。民進黨上臺以後，掌握了行政權力，在制定公共政策的過程中，在向公眾提供公共產品的過程中，當局不斷地創租設租，經濟租金數額巨大，自然吸引尋租者前來與創租者勾結，以獲取壟斷利潤。[240]特別是在一些受到行政機關直接控制和影響的公共工程領域和行業，只要他們能夠依靠行政權力取得低價買進高價賣出的特權，就能夠獲取高額的利潤。這種貪腐弊案一般表現為兩種效應，一種是官員濫用公共權力直接謀取個人私利，另一種是相關利益者謀取了私利，而間接損害了公共利益，或至少部分地降低或損害了多數民眾的共同利益。在去年以來所爆出涉及民進黨當局的弊案中，涉及臺灣「金管會檢察局前局長」李進誠等人的股市禿鷹案、涉及「總統府前副祕書長」陳哲南的高捷弊案、前「交通部長」林陵三被指涉及的臺鐵弊案、臺交通主管部門高官涉入的ETC招標弊案，以及不斷追加工程預算、大量採購傭金流向不明的高鐵弊案，包括最近因涉嫌在臺北市北投空中纜車工程中向承包廠商受賄而被收押的「內政部次長」顏萬進的弊案等都是非法尋租型的貪腐案件。在此類弊案中，官員往往利用手中的權力，透過左右招標結果來圖利廠商，同時以收受廠商賄賂、接受不當招待等方式獲利，從而嚴重損害公眾利益。

除了一些有實際權力的官員進行非法尋租以外，某些與掌握權力的政治人物有親屬或密切關係的人也參與到尋租活動中來，這在陳水扁的家人、親戚和親信中表現得尤為明顯。陳水扁的夫人吳淑珍、女婿趙建銘、親家趙玉柱、陳水扁的前後兩任「副祕書長」陳哲南、馬永成所涉及的弊案多數都屬於此類的尋租行為。按理說，吳淑珍、趙建銘和趙玉柱等陳水扁的親屬並不擁有直接的和實際的權力，他們原本不具備能夠與他人進行交換的租金；即使是陳哲南和馬永成，他們所處的職位本身也不足以讓他們具備創設高額租金的條件。尋租者之所以願意與這些人進行利益交換，主要是因為他們相信這些與陳水扁有特殊關係的人完全可以藉助陳水扁的影響力來幫助他們達到目的。而陳水扁的這些親信和親戚也相信他們與陳水扁的特殊關係能夠給他們帶來實際的利益，而實現利益的方式之一就是配合尋租者的尋租行為。趙建銘涉及「臺開弊案」、吳淑珍涉及「SOGO經

營權之爭」、一些公司僱請趙玉柱擔任「門神」等都是此類尋租。比如在「臺開弊案」中，根據「臺北地方檢察署」的起訴書指出，「不甘未在臺灣銀行出任要職的蘇德建乃思謀乙職以求升官，且知悉非動用人事關說無法遂行，乃請託與第一家庭成員趙建銘熟識兼桌球球友之蔡清文向趙建銘為其說項，希望趙建銘運用其第一家庭之影響力為其謀求乙職董、監事職務，並允諾若出任要職將酬謝新臺幣300萬元之報酬予趙建銘」；「馬永成遂向林全提議可否由蘇德建出任臺開公司董事長職務，以同時解決臺灣銀行及臺開公司人事問題，林全認為可行」。[241]從涉案人員的身分、事由、動機和過程來看，起訴書中所描述的就是一個典型的非法尋租過程。

民進黨當局涉及貪腐的另一個重要表現是政商之間利用政治獻金進行尋租，並以此掩蓋受賄和某些不法利益交換。在臺灣的選舉文化中，金錢發揮著非常重要的作用，無論是競選造勢、日常選舉開銷還是買票，都需要大量的經費支持，這些經費很大一部分來自於政治獻金。在臺灣的「政治獻金法」通過之前，政治獻金成為政商勾結的藏汙納垢之所，不少政治人物利用財團、工商業界的捐助作為競選費用，甚至有人中飽私囊，轉為個人財產。政治人物在收受政治獻金以後，一旦當選，對捐贈者往往投桃報李，許多政商勾結、利益輸送的弊案就此產生，況且有時候政治獻金和賄賂之間並沒有清晰的分野，容易被人以捐贈政治獻金之名來進行賄賂之實。在民進黨當局近年來爆出的弊案當中，其中與政治獻金直接有關的就有「陳由豪案」、「陳哲南案」、陳水扁「臺新銀行祕帳案」、趙玉柱侵吞陳水扁政治獻金案等。如在「高捷弊案」中，臺灣華僑銀行前董事長，因金融犯罪逃離臺灣的梁柏薰就指正陳哲男曾經在2002年9月非法收取了他600萬元新臺幣的政治獻金，答應幫他擺平官司，但拿了錢卻沒有辦事。同時還傳出高捷前董事長陳敏賢為籌募陳水扁競選經費，透過中間人傳話給廠商索取一億元新臺幣的公關費。雖然2004年3月臺灣通過了「政治獻金法」，對政治獻金進行了規範，但只要臺灣金權化的選舉制度和選舉文化還存在，政商兩界的利益需求還存在，就難以從根本上改變藉披著「合法」外衣的政治獻金進行利益輸送和非法尋租行為的發生。

三、政策文化根源：利益價值取向的偏差

　　政策文化是公民對於這個國家或地區公共政策的基本看法，反映出大眾對於重大政治問題的政策傾向、態度和價值取向，它影響到民眾對社會的認識、對具體問題的理解和對理想目標的追求。執政當局有制定政策的功能，如何制定政策本身就會受到特定國家或地區政治文化的影響，反過來它又透過制定政策來影響政策文化。任何政策都有一定的價值取向，政策作為對社會資源的權威性分配，應如何分配，分配給誰，分配多少，都涉及決策者的價值取向；同時，它又為社會不同群體和個人的實踐活動提出行動導向，離開了導向就失去了政策存在的意義。[242]貪腐的形成與政策文化之間的關係主要表現在兩個方面，一方面，政策文化的價值取向在很大程度上會影響到官員和民眾對貪腐成本、風險、是非的價值判斷，一旦官員或民眾認為當局的政策價值取向可能導致貪腐成本和風險的降低，就有可能滋生貪腐現象。另一方面，政策對社會資源的不公正分配本身也可能會導致貪腐的發生。比如說，公職人員如果覺得透過公職獲得的收益與他的付出不成比例，就可能產生強烈的貪腐動機，而廠商業者如果覺得某項政策會損害到自己的利益就可能進行非法尋租行為。民進黨上臺以來，在公共政策的制定和政策價值取向的引導方面，都產生了容易滋生貪腐的效果。

　　首先，政策導向以黨派、個人和財團的私利為中心。民進黨的政黨屬性決定了其制定的政策反映的是該黨所代表的階級、階層和利益集團的利益，但作為臺灣的「執政黨」，它的政策同時必須符合多數民眾的公共利益，在進行社會資源分配的過程中注意平衡原則，不能對本黨、個人和財團有過度的利益傾斜，從而損害到社會公眾的利益。陳水扁上臺以來，臺灣當局的不少政策自利化、財團化的傾向非常明顯，從而導致與財團有關的弊案頻發。特別在陳水扁極力推動的「二次金改」政策中，他刻意拋開財政專業部門，親自主導這項專業性強、涉及面廣、利益關係複雜的改革，希望透過公營金融機構的民營化，將財富轉向支持陳水扁的「綠色財團」，培養親陳水扁或親民進黨的金融資本集團，成為綠色勢力的依靠經濟力量。[243]又比如在「中華電信釋股案」中，臺「交通部」將原持

有的100%「中華電信」公司的股權,經5次民營化釋股後,使該公司的公股部分降至50%以下,使「中華電信」公司正式成為民營公司,導致市值近6000億新臺幣的「公營企業」因此被賤價轉給了財團。民進黨當局的上述政策導向除了專業層面因素以外,很重要的一個考慮就是從圖利財團中最大限度地獲取政黨和個人的政治和經濟私利。

其次,政策取向著眼於短線操作,政策表現趨向極端化。民進黨在制定政策的過程中一個重要特點就是缺乏長遠的眼光和戰略性規劃,往往只是著眼於短線操作和短期獲利。出現這種情況的原因除了決策者的決策水平外,還有一個重要原因是短線政策更有利於圖利某些特定的利益群體。一般來說,當政治人物或官僚的政治職位短暫和不穩固時,他們就會更注重獲取短期的快速回報,而當他們的職位相對穩定和長久時,他們就更注重長期效應以最大化其收益。[244]短線政策操作可能導致的後果是某些公職人員或廠商業者不得不考慮如何在利己的政策變化前盡快獲取高額利潤和回報,甚至不惜採取非法的途徑。短線操作、圖利特定群體的政策取向所導致的另一個後果是民進黨當局的政策越來越呈現極端化的趨勢,以此來掩蓋貪腐行為或為貪腐提供庇護。在最近爆出的系列涉及陳水扁親信家人的弊案後,陳水扁為了鞏固權位,不斷向「臺獨基本教義派」等極端勢力靠攏,堅持實施某些不符合多數民眾意願和需求的政策,不僅傷害到民眾的利益,而且在客觀上為貪腐造成保駕護航的作用。

第三,政策規範功能屢受質疑,示範效用缺失。政策是一種行為準則和規範,其約束力介於倫理道德和法律之間。[245]只有制定政策者自己帶頭遵守政策規範,民眾才會信任並遵守政策。民進黨上臺以來,陳水扁當局的政治誠信屢遭質疑,已經幾近破產,其制定出來的政策自然得不到民眾的信任和接受。況且陳水扁的親信、家人和民進黨的高官屢屢爆出自己違反政策規定的貪腐弊案,如為吳淑珍推輪椅的羅太太冒領「國安局」經費、陳水扁動用「空軍一號」為兒子陳致中下聘禮、陳水扁女兒的管家阿卿嫂支領總統府的薪水等等行為,都使民進黨當局理應遵守自己所制定政策的示範作用消失殆盡。美國學者西爾德波認為,腐敗的盛行既與病態的政治形式相關,又與不信任、耍花招、陰謀詭計的社會氛圍有關,它會對社會的一般信心和信賴造成腐蝕作用,從而導致難以維持公民的道

德。[246]陳水扁和民進黨當局的貪腐行為還為臺灣社會道德規範造成了錯誤的示範作用,當陳水扁將在野黨因貪腐而提出的「罷免案」操弄為「藍綠對決」的時候,一些民眾在族群動員的政治氛圍下,喪失了最起碼的道德是非觀念,甚至有人為他們的貪腐行為進行辯解。這種道德倫理在政治操弄下的錯位使得陳水扁當局敢於「理直氣壯」地為貪腐護航,而並不在意其政治和法律後果。

四、結語

從以上的分析中,我們可以看出,民進黨當局在上臺短短六年時間裡就出現如此嚴重的貪腐現象,是多種因素綜合作用的結果。政治體繫上的缺陷使陳水扁的權力過度膨脹,無法有效約束;政治過程中的非法尋租行為,使民進黨當局和特定廠商業者和財團的勾結更加緊密;而民進黨政策制定和推行過程中價值和利益取向的偏差,也在很大程度上導致了貪腐的滋生。目前,民進黨在面對頻頻發生的「貪腐」現象的時候,依然無法正視「貪腐」發生的這些深層次的政治文化根源,還是從政治權位的角度出發,繼續強調「鞏固領導中心」,透過各種短線操作轉移弊案焦點,無法拿出能夠徹底切割和根治貪腐的手段和辦法。這樣的情況持續下去,不僅民進黨無法從諸多貪腐弊案的泥沼中脫身,無法完全擺脫當前的政治危機,更會威脅到民進黨的長期發展。

民進黨當局政治危機頻發的制度性因素分析[247]

李鵬

2006年5月以來,圍繞著臺灣當局領導人陳水扁的家人和親戚的弊案在臺灣愈演愈烈,各種涉及陳水扁本人、親信和民進黨高官的弊案也不斷被爆出,國民黨和親民黨為此發動「全民連署」,並在「立法院」中對陳水扁提出「罷免

案」。雖然「罷免案」在陳水扁和民進黨當局煽動族群對立的政治操弄下最終被否決,但臺灣社會「倒扁」的聲浪依然此起彼伏,親綠學者和民進黨前主席施明德紛紛站出來要求陳水扁下臺,陳水扁當局陷入空前的政治危機。實際上,這次因弊案引發的政治危機並不是偶然事件,自2000年上臺以來,民進黨當局的執政危機就不斷地頻繁發生,造成臺灣六年多來的政局動盪、經濟下滑和社會混亂。對於民進黨當局為什麼如此頻繁地發生政治危機,可以從各種不同的角度進行剖析,筆者將試圖運用發展政治學中的危機理論和制度化理論,從客觀和主觀兩個方面來分析頻繁誘發民進黨執政當局政治危機的制度性原因。

政治危機與制度之間的關係

發展政治學認為,政治危機是一種改變或破壞平衡狀態的現象,是一個政治系統由於某種原因,不能維持正常運轉以至危及其繼續存在的狀況。[248]美國政治學家派伊將政治危機分為五種,即民族(或國家)認同危機、合法性危機、參與危機、政令貫徹危機和分配危機。[249]民進黨執政以來,派伊所提到的五個方面的政治危機都在臺灣出現過,其中包括煽動省籍矛盾和族群對立導致的「國家認同」危機,「319槍擊案」引發的陳水扁當局「合法性」危機,因陳水扁野蠻決策停建「核四」引發「罷免案」的政治參與危機,藍綠陣營在立法部門長期對抗形成的政令貫徹危機,陳水扁當局濫用權力、涉及貪腐所導致的分配危機等。這些危機具體表現為臺灣政治生活的一般規則和現行制度遭到破壞,臺灣政治亂象和「朝野」各黨派之間的政治紛爭持續不斷,臺灣當局領導人陳水扁上臺以來兩次被提出「罷免」,政治權威的正當性和「合法性」持續遭到質疑,以致臺灣民眾對政治秩序感到失望,對政治參與的興趣下降,政治冷漠感加強等等。

民進黨上臺以來臺灣出現的種種政治危機之所以產生,應該說是多種因素共同作用的結果,有島內外政治環境的原因,有經濟社會發展的原因,有社會結構失衡的原因,也有政黨和政治人物的自身原因等等。除此之外,在臺灣政治危機

產生的諸多誘因中，一個相當重要的因素是政治制度及其制度性功能的缺陷。政治制度是一種帶有強制性的合法規則，要求全社會的成員，包括執政黨、在野黨和所有政治人物都要加以遵守。它的重要功能在於規範社會政治行為，使政治行為和政治事態按照既有的規則變動，從而減少政治事變的不確定性，降低政治危機發生的幾率，也降低危機進一步惡化的可能性。[250]對陳水扁和民進黨來說，能夠對其政治行為進行規範的制度包括兩個層面，一個層面是臺灣的「憲政體制」及其法律制度；另一個層面是民進黨內的制度規範，即民進黨黨章中的規定。無論是臺灣的「憲政體制」還是民進黨的黨章，都存在制度規範不完善的地方。

但是，制度的不完善並不必然導致政治危機的發生，政治危機的制度性根源一般表現在兩個方面，一方面是客觀上制度的不健全，導致政治活動出現無據可依的情況；另一方面是政治行為者主觀上對已有制度的不尊重，漠視制度的存在，甚至刻意利用制度上的不健全來謀取黨派和個人的私利。民進黨作為執政黨理應帶頭遵守臺灣相關的政治制度和法律規範，即使對現行的制度有不滿意的地方，也必須透過制度內的途徑加以改善，而不能刻意漠視、抵制或扭曲現行的制度。但自從2000年上臺以來，陳水扁和民進黨當局並沒有很好地遵守相關的制度規範，導致政治制度在臺灣政治生活中的規範功能大大降低，政治危機頻繁發生。這在很大程度上就是主客觀因素共同作用的結果，不少都是陳水扁和民進黨當局刻意利用現有制度的缺陷來獲取政治私利而引發的。

權責分配協調制度的缺陷

陳水扁和民進黨當局對現行政治制度缺陷的惡意利用，首先表現在臺灣現行「憲政體制」對「權責關係」規定的不明確，以及民進黨內「黨政協調」制度的缺失上。臺灣的「憲政體制」是延續南京國民政府1946年制定的「中華民國憲法」架構，從1980年代中期以來，隨著臺灣社會政治本土化進程的加快，臺灣

「憲政體制」與社會政治生活中的結構性矛盾日益顯現，雖然經過七次「修憲」，臺灣仍未能建立起穩定的政治運作制度。[251]制度的不穩定直接導致島內的各個政黨、政治人物、政治勢力在進行政治運作的過程中缺乏能夠被大家共同接受和遵守的規範，導致政治秩序的混亂和政治危機的頻發。陳水扁就將他當政以來的政治危機頻發歸咎於制度問題，並以此作為推動所謂「憲改」的理由和藉口，他指責說，臺灣目前的「憲政體制」，不是「總統制」，不是「內閣制」，也不是真真正正的「雙首長制」，我們的「憲政體制」，可以說是亂七八糟。[252]臺灣「憲政體制」中的缺陷主要表現在總統與「行政院長」，以及「行政」與「立法」部門權力分配和責任分擔的關係不明確上。

臺灣的政治體制中一直存在著法律規定上的「雙首長制」和實質運作上偏向「總統制」的糾葛。按照1997年臺灣通過的「憲法增修條文」，臺灣領導人因由民選產生，負責「政府」的大政方針和內外政策，無須向「立法院」負責，他任命「行政院長」也無須「立法院」同意。但「行政院」作為最高行政機關，必須要承擔日常施政責任並且對「立法院」負責。這樣規定可能產生的問題是，總統、「行政院」、「立法院」之間的權責不清，行政權嚴重割裂，總統有權無責，「行政院」權力有限卻要承擔主要責任，並受到「立法院」的牽制。在臺灣當前的政黨政治生態下，權責不清的制度加劇了臺灣島內不同陣營政黨之間的矛盾衝突和意識形態的對立，導致「朝野」之間難以形成良性競爭的關係，容易出現「朝野」政黨惡鬥，誘發政治危機。如果總統所在的黨在「立法院」中屬多數黨，「行政」與「立法」部門之間的爭議會相對較小；但如果總統所在的黨是「立法院」中的少數黨，總統要麼堅持「少數執政」，要麼讓多數黨「組閣」，無論哪一種都可能導致政治鬥爭，引發政治危機。

臺灣有學者認為，「雙首長制」意味著總統和「行政院長」二者間權力的消長的關鍵在於彼此間各自多數地位的變遷，只有由「立法院」席次過半多數黨「組閣」，方能確保「政府」的有效運作。[253]但民進黨上臺以來，陳水扁從維護和鞏固個人權位角度出發，使臺灣當局體制朝著「總統制」的方向發展，因此一直處於少數執政的狀態，「立法」和「行政」分別控制在藍綠兩個對立陣營的手中。陳水扁當局堅持不與在野黨分權的立場，拒絕讓「立法院多數黨組閣」，

甚至不願意與在野黨共組「聯合政府」。他先後一意孤行地任命了5任「行政院長」，組成了多屆「少數政府」，每屆的任內都有大大小小的政治危機發生。臺灣目前的制度設計無法解決「少數政府」和在野黨控制的「立法院」之間的矛盾衝突，經常出現執政黨強行施政、野蠻施政，在野黨為反對而反對、故意杯葛的情況，一旦矛盾激化就會導致政治危機。民進黨上臺以來出現的「八掌溪案」、「核四罷免案」、「NCC案」、「監委提名案」等危機都屬於這一類型。

除了總統與「行政院」、「立法院」的權責關係不清晰以外，陳水扁上臺以後的所謂「府、院、黨」決策協調機制也不健全，一直處於隨意調整和變動之中。陳水扁2000年上臺以後，他和民進黨的角色轉變必須要求他們思考如何處理「黨政關係」的問題，即如何協調作為總統的陳水扁與他所任命的黨籍行政官員、民進黨中央黨部、民進黨「立院黨團」、地方黨部和執政縣市之間的關係。2002年陳水扁兼任黨主席之前，「黨政關係」基本上處於脫節的狀態，民進黨無法參與決策，但卻要為陳水扁的政策背書。2002年陳水扁推動「黨政同步」，大幅強化民進黨參與政務的功能。2004年陳水扁因選舉失利辭去黨主席職務後，「黨政溝通」再度出現困難。游錫堃接任黨主席後，一度希望強化民進黨「黨政合議」功能，但卻成效不大。2006年5月，弊案纏身的陳水扁宣布「黨政權力徹底下放、完全交付，決策由黨政幹部全權負責」，民進黨隨即表示「鞏固行政院作為憲政運作中心」。由以上可以看出，民進黨內處理「黨政關係」一直缺乏長期的制度性規範，幾乎都是為一人一時一事而設的短期行為，這直接導致了決策的隨意性和政策的多變性，失誤的情況大大增加，不少政治危機也就因此發生。比如陳水扁拋出「一邊一國論」、鼓吹「公投制憲」、「廢除國統會和國統綱領」等議題時，黨政高層要麼一無所知，要麼知之甚少，事後卻不得不替陳水扁辯護背書，此類政治危機可以說是不勝枚舉。

權力監督制衡機制的缺乏

政治制度的一個重要內容就是規定什麼樣的人可以享有什麼樣的政治權利和權力。政治權力具有雙刃劍的作用,一方面掌權者可以按照社會共同利益要求啟動政治權力,對社會形成符合公共之善的作用;同時也可能按照特殊掌權者的特殊利益要求,形成侵害甚至破壞社會共同利益、違背公共價值的惡的作用。[254]阿克頓勛爵有句名言:「一切權力都使人腐化,絕對權力使人絕對腐化」。如果權力缺乏必要的監督制衡,就可能被某些掌權者「以權謀私」,以損害公共利益來謀取個人或黨派的私利。在臺灣的政治生活中,因權力監督制衡機制不健全,使得執政者展現權力的傲慢,肆無忌憚地運用手中的權力損害其他黨派和團體的利益,損害多數臺灣民眾的利益而導致政治危機的情況也經常發生。臺灣經過多次「修憲」後,總統享有「行政、立法、司法、外交、軍事、兩岸」等多方面的權力,權力無限擴展的後果是,一旦出現權力濫用的情況,現行的制度卻無法對他形成有效的約束和制裁。陳水扁上臺後,過於集中和寬泛的權力和監督制衡機制的缺乏讓他在使用權力的時候毫無顧忌,成為不少政治危機的導火索。

陳水扁和民進黨當局對權力的濫用導致政治危機首先表現在對現行「中華民國憲法」的不尊重上。憲政秩序是現代社會政治文明的重要標誌,它是一種民主政治秩序,是民主存在的一種基本形式;它不僅是對「憲法、憲政」的價值追求,而且是現代政治法律社會的基礎。[255]遵守「憲法」、尊重「憲法」的最高權威是任何國家或地區領導人最起碼的義務。但陳水扁上臺後,一直希望透過「選舉新國會、制定新憲法、建立新國家」來徹底否定以「中華民國憲法」為基礎的「憲政體制」,建構起一個「新國家憲法」基礎上的「憲政秩序」;要透過制定「一部合時、合身、合用的新憲法」讓臺灣成為「主權獨立」的「正常、完整、偉大的民主國家」。陳水扁之所以敢於漠視和挑戰包含有「一個中國」架構的「中華民國憲法」,除了意識形態的堅持和「憲政素養」的缺乏之外,一個重要原因就是對他的「毀憲」行為沒有相關的機構和制度能夠進行有效的制裁。因此,他能夠透過各種政治操作,拋出各種違背「中華民國憲法」的「臺獨」分裂言論,多次在島內和兩岸間引發政治危機。

民進黨當局的權力濫用其次表現在對制定法律的「立法」機構的不尊重。陳水扁當局不僅在行政權的行使上我行我素,拒絕與「立法院」中的多數黨分享權

力，連「立法」機構透過合法程序制定的法律、通過的「法案」都缺乏執行的意願，而「立法」機構則無法對陳水扁公然違法的施政行為採取有效的制裁措施。在人事任命的問題上，陳水扁向來不顧忌社會的觀感和在野黨的接受度，而是按照自己的政治需要進行明顯帶有酬庸性質和帶有濃厚意識形態色彩的安排，比如任命明顯帶有偏綠色彩的張政雄為需要保持行政中立的「中選會」主委，任命有重大爭議、「臺獨」傾向明顯的杜正勝為「教育部長」，提名公開挺扁的江霞為「華視」總經理等等都讓輿論譁然，而這些人的作為，在「立法院」中接受質詢時與立委們的衝突往往成為政治危機的誘因之一。對於那些與民進黨當局政策相違背的「法案」，民進黨當局不是堅持「法律」優先於黨派的政策，而是往往利用行政權採取消極不作為，或提交大法官「釋憲」拖延的方式來抵制，比如在「立法院」要求組成「真調會」調查「319槍擊案」的問題上，民進黨當局就採取上述方式進行抵制，以致圍繞「319槍擊案」的政治危機不斷惡化。

陳水扁和民進黨當局沒有約束的絕對權力還為貪腐現象的產生和蔓延提供了土壤，並引發政治危機。臺灣當局和民進黨內的監督機制、各種制度規章在陳水扁的權力面前幾乎是形同虛設，這讓陳水扁的家庭成員和親信、民進黨內的政治人物、親近民進黨的政治投機者容易意識到陳水扁的權力高於一切，只要以陳水扁個人的意志為轉移，各種規則制度都不能有效制裁他們的貪腐和違法行為，它們因此毫無顧慮地進行貪腐活動。這在去年以來因總統府副祕書長陳哲南涉及的「高捷弊案」，今年以來陳水扁女婿趙建銘涉及的「臺開弊案」，陳水扁夫人吳淑珍涉及的「SOGO禮券案」，陳水扁本人涉及的「公務機要費弊案」等一系列弊案而引發的此起彼伏的「倒扁」危機中表現得尤為明顯。「絕對的權力產生絕對的腐敗」，由於缺乏對陳水扁及其家人、親信日常行為的有效監督機制，才使得他們敢於如此明目張膽地進行官商勾結、權錢交易，並誘發陳水扁上臺以來所面臨的最嚴重的政治危機。

危機爭端解決機制的缺失

政治制度還有一個重要功能是解決衝突，健全的制度具有將政治危機的後果納入制度化的軌道，從而減輕危機的衝擊，或者有效化解危機的功能。臺灣政治制度中的缺陷和某些黨派對制度的惡意利用讓危機解決機制難以發揮應有的效用，容易導致對爭端解決方式或結果的不滿，並引發政治危機或導致政治危機的惡化。一個制度要想具有解決衝突的功能，這項制度首先必須能夠得到衝突各方的認同和接受。但在臺灣，由於藍綠兩大陣營之間政治對立非常嚴重，雙方高度不信任，很少能夠有共識的地方。在政治制度的解釋和運用上，各方也基本上是各取所需，只認同對自己有利的制度及其解釋。這說明臺灣的危機解決的制度化水平還不夠，相應的制度缺乏對現實政治的適應性，難以從根本上化解政治危機產生的根源。在臺灣，這種情況在2004年因選舉爭議引發的陳水扁當選「合法性」的危機，以及2006年因陳水扁家人、親信的貪腐行為引發的「罷免案」危機中表現的比較明顯。

在2004年臺灣領導人選舉中，由於對陳水扁當局「公投綁大選」、「319槍擊案疑雲」、不當激活「國安機制」、計票過程中的舞弊行為等表達不滿，泛藍陣營在凱達格蘭大道舉行了數天的抗議示威活動，這本身就是對體制內解決爭議缺乏信心的一種表現。即使後來國親兩黨提起「選舉無效」和「當選無效」訴訟，最終的判決結果也無法消除他們和臺灣社會輿論對陳水扁當選正當性的質疑。在陳水扁最近遇到的「倒扁」危機中，雖然多數輿論希望他下臺，然而臺灣法律所規定的「罷免」和「彈劾」程序的高門檻，讓透過法律和制度內途徑讓陳水扁下臺幾乎變成不可能。但這也並沒有消弭當前的危機，除了親綠學者積極推動倒扁以外，前民進黨主席施明德更是表示，當政治的、法律的手段無法實現時，可能會出現體制外的「革命」手段。對動用體制外手段的思考本身就表明，臺灣當前的政治制度尚不足以解決社會政治活動中產生的各種政治危機。

一般來說，除了政治制度外，司法檢調制度往往是維護公理正義最為關鍵的也是最後一道防線，扮演著仲裁一切政治、法律爭議，公平、公正地維護政治和社會秩序的角色。但臺灣的司法檢調部門卻難以擺脫臺灣當局的行政控制和政治力的介入。從臺灣的司法體系設計來看，臺灣的「最高檢察署」、「最高法院」、「法務部調查局」等都與行政系統有著千絲萬縷的聯繫，陳水扁當局對檢

調高層具有的提名權、行政隸屬關係都可能讓檢調單位在辦理相關案件時受到無形或有形的壓力,也讓民眾質疑其辦案的公正性。在「最高法院」審理連戰和宋楚瑜提起的2004年選舉「當選無效」和「選舉無效」訴訟結束時,島內就有評論認為,臺灣的司法體系沒有走出自己的藩籬,只在程序上結束了訴訟的審理,而沒有實質上化解本案的爭議,使得法院在「憲政」史上、司法史上失去了提升自我、確立權威的機會。三審定讞非但沒有真相大白,司法天平反而淪為陳水扁當局的政治籌碼。[256]在檢調對陳水扁家人及其親信涉及的弊案的調查中,臺灣《聯合報》2006年6月的民調發現,分別有59%和62%的民眾質疑檢調偵辦「臺開弊案」和「SOGO禮券案」時刻意保護陳水扁一家;55%認為弊案不可能偵辦到底,多數民眾對於檢調不受干預、獨立辦案的可能性感到悲觀。[257]這些都表明,目前臺灣的司法檢調體系和制度也尚不足以承擔起解決政治危機的責任。

結語

從以上的分析中,我們可以發現,民進黨上臺以來政治危機頻繁發生有客觀制度上的缺陷,既包括臺灣政治制度中權責分配、監督制衡,以及司法檢調制度不健全,也包括民進黨內各種制度的不完善;同時,更為重要的因素是陳水扁和民進黨當局刻意利用這種制度上的不完善,透過不正當的手段來謀取黨派和個人的私利,最終誘發各種政治危機。因此,臺灣除了需要從政治制度上進行完善以外,更重要的還是民進黨當局提升執政的水平,養成尊重制度的民主素養,這樣才能從根本上解決臺灣政治危機頻發、政治亂象不止的狀況。

陳水扁應對政治危機的心理與行為模式分析[258]

李鵬

2006年5月份以來,涉及臺灣當局領導人陳水扁的家人、親信甚至他本人的弊案不斷被爆出,國親兩黨以此為由在「立法院」發動了兩次「罷免案」,泛綠陣營內部的一些親綠學者也發表聲明,要求陳水扁下臺,前民進黨主席施明德還發起了聲勢浩大的「反貪腐倒扁」運動,陳水扁再度陷入空前的政治危機。實際上,自從陳水扁2000年5月就任臺灣領導人以來,他所面臨的政治危機可以說是此起彼伏。陳水扁在應對這些危機的過程中所表現出來的決策心理和行為模式,一方面反映出陳水扁的政治性格和執政能力,另一方面也會對政治危機的發展動向產生一定的影響。本文將試圖運用發展政治學中的危機理論和政治心理學的相關理論,選取陳水扁上臺以來面臨的一些比較典型和嚴重的政治危機為例,對他應對政治危機時的心理認知和行為模式進行分析。

一、理論架構和分析途徑

政治危機是現代社會多數國家或地區都可能遇到的問題,特別對處於政治轉型、經濟轉軌、利益調整過程中的國家或地區來說尤為如此。發展政治學認為,政治危機主要是指政治體系或政權由於內部或外部的原因出現重大挫折,從而危及到其生存的狀態。[259]政治危機一般表現為當政者治理的危機,即政治環境發生劇烈和深刻的變化,政治體制、社會秩序的穩定受到威脅,政府當局的政策推行遇到困難,有時候還伴隨著社會的動盪,嚴重的時候還可能演化為政治暴亂,或引發政治革命,從而造成災難性的後果。美國政治學家派伊將政治危機分為五種,即民族(或國家)認同危機、政權合法性危機、政治參與危機、政令貫徹危機和利益分配危機。[260]政治學上對危機的研究往往從兩個方面展開,一是構成危機的客觀現象的描述和分析,即關注危機的起因、發展方式、危機過程以及可能的結果;另一個方面是側重於主觀感知的描述和分析,即關注危機中的各方的感知、可能的反應和危機的應對。[261]本文將著重於第二個方面的分析,即從政治領導人對政治危機的心理感知和行為反應的角度,也就是從政治心理學的角度來研究陳水扁是如何應對此起彼伏的政治危機的。

政治心理學研究的是政治過程和心理過程之間雙向的相互作用關係,它的主要模式是「環境刺激—政治心理—政治行為」。[262]政治心理是人們對社會政治現象的一種不定型的、自發的和比較直接的心理反應,主要表現為一定的政治動機、政治態度、政治情感、政治信念等,它在很大程度上受到社會政治環境的影響,反過來又會對人們的政治行為造成引導和調節作用。政治領導人與普通民眾由於身分、地位、經歷和影響的不同,他們的政治心理既有共同的地方,也存在很大的差異。本文僅從政治領導人的政治心理的角度,運用心理學和社會心理學的概念,從他們的個性、氣質、動機、情感、理想、需求、信念等方面,考察他們在應對危機時的政治行為,研究他們在政治過程中的心理和行為規律。政治危機既然是社會出現不穩定或發生動盪的一種政治特殊環境,它必然會對政治領導人的政治心理和行為產生特殊的影響,如何進行危機決策也是對他們的重大考驗。

　　陳水扁上臺以來,臺灣的政治危機頻繁發生。派伊所提到的五個方面的政治危機在陳水扁當政的六年多時間內都曾出現過,其中包括陳水扁和民進黨煽動省籍矛盾和族群對立導致臺灣社會出現「國家認同」危機,2004年總統選舉爭議所引發的陳水扁當局「合法性」危機,2001年因陳水扁當局野蠻決策停建「核四」引發「罷免案」的政治參與危機,藍綠陣營在立法部門長期對抗形成的政令貫徹危機,陳水扁當局濫用權力導致貪腐出現的分配危機等。這些政治危機有的是單獨發生,有時又相互影響,形成綜合性危機。頻繁發生的政治危機造成臺灣「朝野」對立、政治亂象不止、經濟發展停滯、社會嚴重撕裂。這些政治危機的發生有著各方面的原因,有歷史的原因、制度的原因、經濟的原因、社會的原因,甚至是因為受到偶然突發事件的影響,當然也與陳水扁個人的政治性格、政治態度、政治情感和行為作風有很大的關係。

　　作為臺灣領導人,陳水扁擁有「法律」賦予的最高政治權力,必定會對臺灣的政局發展產生一定的影響,但政治權力並不完全等同於政治影響力。政治領導人的影響力主要表現在對政經局勢的掌控能力,與各種政治勢力的溝通能力,對政策法律的貫徹執行能力等等。從陳水扁上臺六年多的情況來看,他的政治影響力受到很大的制約,臺灣的政治亂象不斷加劇,社會分裂為藍綠兩大陣營;陳水

扁與在野黨的溝通也遭遇困境,即使舉行了「扁連會」、「扁宋會」、「扁馬會」等,都因陳水扁的誠信缺失而產生適得其反的效果;民進黨當局所希望推動的不少政策主張在泛藍控制的「立法院」也經常遭遇阻擋,難以順利推行。一般來說,政治領導人的影響力越大,其避免政治危機發生的能力越強,發生政治危機後解決危機的能力也就越強。一個政治領導人是否能夠儘可能多地將政治權力轉化為影響力,避免危機發生和進行危機處理的能力,往往與這個人的個性、品格、知識、視野、資歷等有很大的關係,也反應出這個人的政治心理是否成熟、健康。因此,透過研究陳水扁在應對政治危機時的心理認知和策略行為模式,不僅可以回答陳水扁的個人因素到底在多大程度上導致政治危機頻發的問題,還能夠分析他應對政治危機的模式可能產生哪些影響。

二、陳水扁應對政治危機的心理認知模式

政治領導人的心理認知首先取決於他的價值觀、信仰體系,當政治危機發生的時候,他的反應將取決於對政治危機的看法,而不僅僅取決於政治危機本身的客觀性質。任何面對危機的政治決策者都要經歷認知影響的心理過程,即「自衛本能—減少憂慮—理智化—轉移或約束」等過程,並且具有其他一些個性的特點。[263]在這個過程中,政治領導人個人的信仰體系和價值觀將造成重要影響,這其中包括在政治社會化過程中形成的政治情感、意識形態、刻板意象、歷史經驗、從政習慣等等。在討論陳水扁應對危機的心理認知模式之前,首先要分析陳水扁在長期從政經歷中形成的相對固定的政治意象都包含哪些內容,因為它們會導致陳水扁在不同的政治環境下表現出相似的心理和行為。

從1979年「美麗島」事件後擔任黃信介的辯護律師開始,陳水扁從政經歷已有27年,應該說已經形成了一些根深蒂固、難以在短期內改變的意識形態和政治意象。這種意象的內容包括對政治本身的認知,對政治環境和政治制度的認知,對社會經濟問題的認知,對「國家認同」的認知、對權力和利益的認知等

等。大陸學者劉國深在分析民進黨人意識形態複雜性的時候提出,自由民主主義意識形態對民進黨的影響毋庸置疑,多數民進黨人參加民進黨也是從民主自由的基本認知出發,但也有一些人是出於對國民黨的厭惡才加入民進黨的行列,而我們要特別注意的是另一種人,他們參與民進黨活動的真實目的更多的是基於自身的利益。[264]無論是作為民進黨員還是民進黨的領導人,陳水扁的意識形態中也在一定程度上反映了民進黨人的基本意象,陳水扁對當年國民黨當局的威權統治具有強烈的反感和牴觸情緒,他不斷地以「民主、自由、正義」作為爭取和鞏固政治權力的口號,他還頑固堅持「臺獨」政治立場,並將「臺獨」作為政治鬥爭的工具,這些都會對他應對危機時的心理認知產生潛移默化的影響。

　　政治人物的心理結構是一個複雜的系統,在意識形態和政治意象相對穩定的情況下,在不同的時期,不同的場合會表現出不同的反映形式。如果意象過於牢固,形式重複出現,就可能變成一種模式,不容易改變。一般來說,在正常的政治環境下,由於沒有受到刺激或受到的刺激比較小,政治人物的心理認知表現得相對比較平緩和隱諱,一旦有政治危機發生,他們心理上受到的制約因素與往常有很大的不同,心理認知的特性也會更激烈、更明顯地表現出來。雖然陳水扁的政治意象和心理認知形式在其平常從政過程中就有跡可循,但對政治危機這個特定時刻陳水扁的心理認知進行分析,應該能夠更清晰有效地解釋陳水扁應對危機所採用的策略和方式。筆者認為,陳水扁在應對政治危機時的主要心理認知模式有以下幾種:

　　第一,「權力傲慢」的心理認知。權力的本質是一種具有支配性的作用力,它可以使別人的意志服從於自己的意志,如果拒絕服從或接受這種支配,就會受到不同程度的懲罰或制裁。[265]政治權力是諸多權力中最重要的權力,最能夠體現權力的本質。獲得或擁有權力的政治領導人對權力的心理認知和理解會影響到他的決策行為。一般來說,政治領導人的權力不是憑空得來的,很大程度上是權力行使對象透過一定程序授予的,對掌權者來說,為了保證擁有實際的權力,必須考慮到權力行使對象的心理需求和心理趨向,否則就可能導致權力的傲慢和權力的濫用。2000年陳水扁的上臺帶有一定的「意外」成分,按理說應該在權力的使用上表現出謙卑的態度,但陳水扁卻刻意凸顯政治強人的個性和自大、自負

的心理特徵,不斷展現權力的傲慢,表現得有恃無恐。陳水扁的權力傲慢主要表現在對「憲政」制度的不尊重,對政治對手的不尊重,對廣大民意的不尊重,以及在犯錯時堅持不反省、不認錯、不道歉的態度。在政治危機發生時,陳水扁的權力傲慢心理就表現為強勢主導和不屑一顧,不顧及其他人的心理感受。

在2000年的「核四」風暴中,陳水扁在與連戰會面幾個小時之後,就以突襲的方式宣布停建「核四」,並拒絕執行「立法院」所做要求復建「核四」的決議,引發陳水扁上臺以來的第一次「罷免案」危機。當時就有學者指出,「民進黨當局耗盡全力,踐踏立法權,蔑視司法權,不過是要凸顯執政後行政權的獨大;任何權力分立、國會民主及司法獨立等憲政民主原則,都可以拋諸腦後」,民進黨真正要建立的是「執政獨裁」。[266]在2004年應對因選舉爭議引發的政治危機時,陳水扁權力傲慢的心理也流露出來,在民眾抗爭一週後的記者會上,他的語調十分傲慢,不但強令凱達格蘭下週一前淨空,警告民眾「抗爭了一個禮拜足夠了」,不要將當局當做「軟腳蝦」。這說明當時陳水扁並沒有充分理解和考慮到連宋二人、國親兩黨和廣場上民眾的心理需求,而是以一種權力既得者的心態來看待這場抗爭。在2006年因家人和親信貪腐引發的「罷免案」危機中,陳水扁的權力傲慢再度顯露無遺,對「立法院」提出「答辯書」的要求置之不理,而是選擇直接「向人民報告」的方式,在「報告」中毫無反悔之意,而是炮火全開,指責在野黨搞政治鬥爭,並多次質問道:「阿扁錯了嗎,阿扁哪裡有錯?!」對民進黨前主席施明德發起的「反貪倒扁」運動,陳水扁也是表現得不屑一顧。陳水扁的傲慢不僅表現在島內政治方面,在處理因「公投制憲」、「廢統」等問題引發的美臺信任危機上,陳水扁也多次向美國嗆聲,聲稱「不是美國的龜兒子」,甚至以拒絕過境美國阿拉斯加來表達不滿。

第二,缺乏安全感的心理認知。雖然陳水扁不斷展現權力的傲慢,但卻無法掩蓋他權力心理的另一面,即安全感的缺乏。展現權力的傲慢在很多時候其實就是缺乏安全感時一種心虛的表現。對身處高位的政治領導人來說,對權力缺乏安全感是一種慣常的心理認知。政治鬥爭向來尖銳、複雜、激烈和殘酷,政治領導人往往隨時處於生命危險或權力喪失的威脅之中,他們的心理上自然形成了一種四面臨敵的不安全感和對所有人均抱有戒心的不信任感,心態上也會出現不同程

度的孤獨感。[267]在發生政治危機時，政治人物的權力不安全感會空前加劇，甚至可能會出現一種「神經過敏式的懷疑和憂慮」。一直是少數執政的陳水扁在應對政治危機的過程當中，心理上也表現出明顯的不安全感。曾經為陳水扁寫《臺灣之子》自傳的臺灣政治評論家胡忠信就表示，不安全感是陳水扁的人格特質，這種不安全感導致陳水扁無法與人坦誠溝通，更難與人推心置腹，這實際上成為5年多以來臺灣政治情勢發展的重要變量，而且還會繼續影響到2008年。[268]

陳水扁的不安全感首先表現在對在野黨的不放心。陳水扁上臺六年多來，由於立法部門一直控制在在野黨的手中，他感到權力沒有能夠得到充分實現，認為在野黨對他的權力行使構成威脅。每當政治危機出現時，陳水扁幾乎無一例外地指責在野黨「企圖奪權篡位」。2004年面對凱達格蘭大道的抗爭，陳水扁指責連宋發動「柔性政變」；在2006年的「罷免案」中，陳水扁又公開表示「很多人很恨阿扁，對阿扁很不爽，阿扁沒死成讓部分人士很不甘願」，這才是在野黨發動「罷免案」的動機。陳水扁上臺不久就攬「黨政軍」大權於一身，不僅不與反對黨分權，即使對民進黨內和他身邊的人，陳水扁也並沒有感到安全。陳水扁來自於民進黨內的小派系，對於民進黨是否完全服從於他權力的支配，陳水扁並沒有把握；對於擔任「副總統」而又野心勃勃的呂秀蓮，陳水扁同樣防範有加；即使對那些長期挺扁的「臺獨基本教義派」，陳水扁也並不是完全放心。每次當陳水扁面臨政治危機時，他都會選擇抓緊權力，面對最近此起彼伏的「倒扁」風暴，陳水扁一面宣稱「權力下放」，一面卻要求民進黨內「四大天王」向他表達「效忠」，並藉頻繁下鄉向基本支持者尋求慰藉，藉出訪要求「文武百官」接送等方式來凸顯他權力的存在，其實都是缺乏安全感的明顯表現。

第三，機會主義的心理認知。陳水扁的政治性格中一個重要的特點是機會主義色彩濃厚，這在他應對政治危機的心理認知中也有表現。機會主義就是犧牲根本的長遠的利益，貪圖暫時的局部的利益。陳水扁的機會主義最典型的表現就是耍弄權術，缺乏誠信，言行善變，他的這種心理特點與他的法律教育背景和律師從業經歷有一定的關係，有臺灣學者就總結出陳水扁的律師性格包括「投機、好辯、精算、短視、媚俗」等五個方面。按理說，政治危機是一種緊急狀態，需要政治領導人有堅定和果斷的意志，能夠控制自己在氣質和性格特徵方面的不利因

素，最忌諱的就是機會主義的善變心態。但陳水扁應對政治危機時的機會主義色彩濃厚，其背後的心理認知是「走一步、算一步」，考慮的是透過政治操弄來暫時度過政治危機，並且從危機中找到轉機，最大限度地撈取個人的政治利益。在這樣的考慮下，陳水扁對個人權力利益的追求遠遠超越了對政治領導人應該具有的政治品格的堅持，在一些重大的政治危機中，陳水扁所考慮的不是如何緩解對立，化解矛盾，而是將權位能否鞏固，支持者的選票會不會因此流失作為首要考量，只要能夠鞏固權力和選票，他可以翻雲覆雨、一夕多變。陳水扁上臺之初，因為獨斷專行，屢次陷入執政危機，他於是成立「九人決策小組」作為最高決策機構，希望透過擴大決策來緩解壓力，應對危機，但不久黨內高層就意識到陳水扁此舉不過是在作秀，「九人決策小組」形同虛設。[269]在因其拋出「一邊一國」、「公投制憲」、「廢統」等議題而引起的危機中，陳水扁照樣一面對支持者大肆散布「臺獨」言論，對在野黨和大陸極盡挑釁，另一方面對美國則採取陽奉陰違的兩手策略，向美國嗆聲在島內塑造所謂「悲情英雄」形象的同時，又透過其他渠道向美國尋求妥協，這些都是機會主義的心理在作祟。

三、陳水扁應對政治危機的策略行為模式

一般來說，政治領導人在進行危機處理時，其目的是為了在有限的時間內採取一系列的策略行為，以防止危機的擴大化，最終緩解和消除危機。每個政治領導人在應對政治危機時所採取的行為都會受到心理認知的影響，並帶有一定的規律性特點，這就是行為模式。行為模式特徵主要包括在一定的場景中按時間順序排列的行為以達到某個特定的目的，還包括執行或完成行為的角色，並透過一定的手段來完成。[270]筆者觀察，陳水扁在應對政治危機時同樣有一套行為模式，主要是由「靜觀其變—凝聚內部—煽動對立—獲利妥協」等四個步驟構成，在每個步驟，陳水扁又使用不同的策略手段，以達到暫時化解危機的目的。

當政治危機發生時，對危機的性質進行界定，對危機中另一方的動機進行分

析，對危機的嚴重程度進行評估是政治領導人首先要考慮的問題。只有解決了這些問題，才有可能設定所要實現的解決危機的最大和最小目標，從基本的戰略選擇中挑選適當的策略手段。在陳水扁上臺以來發生的大大小小的政治危機中，多數都是由陳水扁不當的政策行為引發的，有的政策頒布之前，陳水扁就已經料到可能會導致政治上的危機；當然有的危機也是陳水扁所始料未及的，比如因其家人貪腐而引發的「罷免案」和「倒扁」危機。無論是哪一種危機，陳水扁所採取的最初做法多數是躲進總統府內「靜觀其變」，並透過各種管道瞭解危機的發展態勢。對他早有準備的危機，陳水扁機會主義心理更為明顯，更多的是觀察對手和其他各方的反應；對始料未及的危機，由於事先缺乏相關的訊息準備，陳水扁不安全的心理更為突出，有時還故意放出風聲進行試探。在2004年選舉爭議引發的危機和今年的「罷免案」危機中，陳水扁先期都非常低調，甚至很少安排公開行程，對抗議群眾和在野黨的指控採取不理不睬的態度。但在此過程中，陳水扁並不是真的消極以對，而是有著以退為進的權謀考慮。在2004年「3·20」以後的抗爭中，陳水扁不出面的態度造成臺灣股市單日無量重挫400多點，他希望使整個社會出現反彈聲音以企圖壓過抗爭者的訴求；他還邀請「五院院長」聚會展露傷口以示清白，一面同意行政驗票，另一方面卻又指使「法務部長」重炮抨擊抗爭是「違法違憲」。今年面對媒體不斷爆出的貪腐弊案，陳水扁也是遲遲不親自出面說明，而是透過總統府的新聞稿來放話，為自己留下迴旋的空間。

　　在一定程度上掌握政治危機的相關訊息之後，陳水扁的下一步動作就是鞏固泛綠陣營內部的團結，作為他進行危機處理的後盾，這也是陳水扁將個人決策捆綁為象徵性集體決策的一種做法。在危機處理過程中，陳水扁雖然表面上擁有「一人獨大」的政治權力，但依然存在顧慮心理和不安全感，一方面擔心個人能量不足以解決危機，內部會出現不同的聲音，另一方面也有出於分擔責任的考慮。陳水扁鞏固泛綠陣營的做法經常有三個步驟，首先是尋求「臺獨基本教義派」大佬的支持，然後再召集民進黨內的重要幹部，如黨主席、「行政院長」、「立法委員」、縣市長等召開會議，尋求共識；最後是走入南部基層，爭取普通支持民眾的支持。陳水扁在民進黨內擁有最高的權力和利益分配的資格，當他召集「臺獨」大佬、民進黨的政治人物開會時，他們在明顯或內隱的壓力下，多數

人會不自覺地產生恐懼心理，觀點和行為自然會屈從陳水扁意志，放棄自己的主觀看法。陳水扁正是利用了這些人的從眾心理來為自己的政策行為背書。去年民進黨在縣市長選舉大敗後，陳水扁就數天「閉門思考」，先後密集約見辜寬敏、吳澧培、彭明敏等多位「獨派大佬」，再三強調臺灣「主體性」。今年當弊案持續發酵時，陳水扁又是先召集「獨派大佬」聚餐，並打算邀集「府」、「院」、黨、「立院」黨團、黨籍縣市長成員召開黨內擴大會議，還一一詢問「四大天王」說：「有人要我退黨，要我下臺，你們認為怎樣？」在得到黨政高層「起誓效忠」，支持他做滿任期的保證後，陳水扁又啟動了一連串的「下鄉之旅」。

陳水扁凝聚內部共識的過程也是為下一步煽動對立做準備。煽動省籍和族群對立、挑釁「朝野」和兩岸的統「獨」對抗是陳水扁的慣用伎倆，在面對政治危機時，陳水扁更是不斷地祭出這一策略。之所以在危機時刻要進行族群動員，陳水扁是想要藉助「鼓吹特定的政治價值與偏好，對社會群體進行重新切割，以促使利己的政治動員」，以達到排斥政敵，贏得政治鬥爭的目的。[271]在具體的操作過程中，陳水扁先將自己與「臺灣、臺灣人」掛起鉤來，聲稱支持他就是「愛臺灣」、「支持本土」，就是「真正的臺灣人」，然後將在野黨說成「外省政權」、「中國人」、「中共的同路人」，並指責大陸「打壓臺灣」、要「併吞臺灣」等等。在這種族群和統「獨」政治操弄下，陳水扁一方面可以模糊危機的性質，轉移危機焦點，另一方面則最大限度地凝聚泛綠陣營的支持力量。比如說，去年的「三合一」選舉民進黨失利的主要原因是民進黨當局長期以來的施政不力和陳哲男的「高捷弊案」爆發，但陳水扁卻在選後聲稱「國家認同已然成為不分族群、無可迴避的嚴肅課題」，將堅持「臺灣主體意識」作為主要任務，並提出「廢統」、「加入聯合國」和「制定新憲法」等三項訴求。在今年國親兩黨提出「罷免案」和施明德領導的「反貪倒扁」運動的過程中，陳水扁更是一面不遺餘力地想將這場運動引到藍綠對決、族群對立的態勢，另一方面又故意觸碰敏感議題，提出在「憲改」過程中應認真思考是否要對「領土」問題「予以必要處理」，企圖藉此刺激大陸，轉移弊案和「倒扁」的焦點。

臺灣近年來的政治危機已經在一定程度上造成了社會的不穩定，甚至還有零星的暴力對抗和衝突出現。對於政治領導人來說，解決政治危機就是要加強協

調，避免對立，實現穩定，其中妥協和讓步是必要的政治選擇。在陳水扁的行為中，無論是凝聚內部共識還是煽動對立，其結果是可能導致危機的進一步惡化，無助於危機的最終解決。但對陳水扁來說，政治危機是否能夠從根本上得到解決，解決方式是否得到了臺灣多數民意的認同，今後是否可以避免發生類似的危機等等，似乎並不是他的最主要考量，他的考慮是能否從危機的處理過程中獲得儘可能多的政治利益，即是否真正鞏固他的政治權位，是否達到了穩固基本票源的效果，是否最大限度地打擊對手，以及是否在某種程度上推進了「臺獨」的進程。只有當他認為達到了上述目的，他才會考慮一定的妥協方式或退場機制，這往往是一種獲利後的妥協，或是為了避免更大利益損耗而不得不妥協。

陳水扁應對危機時的妥協方式有很多種，其中比較常用的手段有更換人事和暫時的政策退縮等。在陳水扁的策略選擇中，更換人事是一種常用的手段，陳水扁上任六年多來已經更換了五任「行政院長」，其他如「經濟部長」、「財政部長」等「部會首長」的更換也很頻繁。陳水扁這樣做的目的是，一方面利用更換人事來暫時轉嫁危機，推卸責任，轉移視線；另一方面他也希望透過控制和更換人事來更有利於自己鞏固政治地位。除此之外，在煽動對抗和狡辯難以奏效的情況下，陳水扁有時候也不得不玩弄文字遊戲，進行一定的政策調整，這在應對因「一邊一國」、「公投制憲」、「廢統」、「制憲」涉及「領土議題」等「臺獨」言論引發的臺美關係危機中表現得更加明顯。陳水扁的上述作為也就是人們常說的他典型具有的「衝突—妥協—進步」、「進兩步、退一步」的策略。

四、陳水扁操弄政治危機的根源和影響

從以上的分析中我們可以看出，陳水扁在應對政治危機時，無論在心理認知還是策略行為上都明顯帶有刻意操弄的痕跡。陳水扁之所以能夠如此操弄政治危機，有主觀和客觀兩個方面的原因。從主觀方面來講，陳水扁的政治性格決定了他的權力慾太強、成就欲太盛、容忍度太窄、自信心過度，只是憑著個人的好

惡、情緒和意氣來應對非常嚴肅的政治危機，將政治危機當做政治鬥爭的玩物，缺乏長遠的、戰略的眼光。有評論就認為，陳水扁變的是手段，不變的是理念。[272]從客觀方面來講，在臺灣政治危機產生的諸多誘因中，一個相當重要的因素是政治制度及制度性功能的缺陷。制度化水平低下，制度缺乏適應性，以及制度得不到尊重，不僅是危機發生後不能得到有效控制的原因，而且是直接引發危機的制度動因。[273]陳水扁上臺以來展現權力的傲慢，漠視當前制度的存在，在應對和處理危機時不按制度辦事，對制度的惡意扭曲和利用，都是臺灣政治危機頻繁發生，難以解決的重要根源。臺灣這種政治危機頻發的狀況和陳水扁對危機的政治操弄會對陳水扁個人、臺灣政治發展和兩岸關係都產生一定影響。

第一，陳水扁個人的政治誠信盡失。政治危機的發生是整個社會的不幸，作為政治領導人，其主要功能是協調關係，化解矛盾，實現社會的和諧，這也是對這個領導人的政治智慧和領導能力的考驗。陳水扁在應對政治危機的過程中，只是以自己一人一黨的利益依歸為考量，逆向操作，升高社會對立，雖然可能得到一時之利，但再一再二不能再三，屢次政治危機發生時都採用相似的模式，其邊際效用必定出現遞減，最後自食其果。實際上，在屢次的政治操弄中，陳水扁的政治人格已經破產，政治誠信蕩然無存，即使他還在表面上擁有法律賦予的權位，但他的政治影響力施政中已然大打折扣，他對權力的不安全感也空前高漲，這都會極大地制約和減弱他今後再應對各種政治危機的能力和效果。

第二，臺灣的政治社會亂象難以消弭。廣泛的社會共識是一個穩定政治體系和政治秩序的文化基礎，一個政權背離大眾的共識而行事，不僅會造成該政權的資源浪費，而且會導致整個社會信念的耗散。[274]藍綠對立、族群衝突長期以來是臺灣政治社會中的頑疾，是任何一個臺灣的政治領導人理應著手解決的問題，也是在政治危機發生時應該極力避免的問題。但陳水扁對權力的不安全感和機會主義心理已經讓他陷入惡性循環，他藉助煽動族群對立，撕裂社會來確保權力安全，社會的對立反過來又加劇了他的不安全感。如果他繼續採取這種模式應對政治危機，不僅不能解決他自己的權力安全問題，也不能凝聚臺灣社會的基本政治價值和政治理念，反而會導致社會的對立和矛盾更加複雜和深化，政治亂象會繼續存在，政治危機依然會頻繁發生。

第三,影響到兩岸關係的和平穩定發展。兩岸關係的和平穩定發展符合兩岸人民的根本利益,也符合亞太地區相關國家的利益。當大陸考慮到兩岸關係發展大局,尊重臺灣人民的意願,認為臺灣內部事務「應該由臺灣人民自己解決」的時候,陳水扁卻為了應對臺灣島內的政治危機,出於一己之私,試圖將統「獨」和兩岸問題作為島內政治鬥爭的工具來使用,本身就是不道德的政治行為。一旦陳水扁在政治情勢危及之時孤注一擲地進行「臺獨」分裂活動,將不可避免地會對兩岸關係的和平發展產生負面影響。因此,對陳水扁應對政治危機中操弄統「獨」議題的做法,必須予以高度關注和警惕。

曇花一現的「新民進黨運動」[275]

張文生

9月30日,民進黨內的新生代羅文嘉、段宜康表示,將結合黨內新生代、部分縣市長提名人及各領域人士發起「新民進黨誕生」運動,在自我反省後集體發聲,展現與舊民進黨不同的新氣象。同時,他們認為,「全代會是四大天王的演講道具」,要求陳水扁應該調整「新憲運動」方向,將更多心力放在人民關心的社會公平正義議題。

民進黨新生代的反省和批判聲音,可謂「一石激起千層浪」,在島內政壇引起各種各樣的反應,有人喝彩,有人鼓噪,有人懷疑,也有人抨擊。發起人羅文嘉、段宜康剛開始立場堅定,認為能激起討論總比沒討論好,並且公開發表「絕不放棄」的聲明。但是不久,民進黨高層要求新生代放棄「新民進黨」的提法,一場敲鑼打鼓正粉墨登場的好戲頓時銷聲匿跡,成為曇花一現的政治運動。

1.背景:新生代投入選戰第一線,感受民意對民進黨執政的不滿。

民進黨內的政治世代通常劃分為第一代即美麗島世代,第二代即辯護律師世代,第三代即學運世代。第一代投身於反對國民黨的民主運動,普遍被視為具有較高的理想性和道德色彩;第二代投身於選舉中的權力鬥爭,具有強烈的權力與

權謀的色彩。第三代經歷了學運、助理、幕僚、選舉多個階段，尤其是在2005年底的縣市長選舉中，多名民進黨新生代——第三代政治人物投入號稱「百里侯」的選戰，如羅文嘉、林佳龍、邱太三等人。這些新世代站上了選舉的第一線，他們代表了民進黨的未來，但是他們在選舉拜票的過程中卻深切感受到民意對民進黨的失望和不滿。

　　民進黨執政以來，建樹不多，卻弊案叢生。特別是最近一段時期，民進黨政權的弊政屢屢曝光。如用人唯親，民進黨高層政治人物的親戚在民進黨執政後飛速攀升的不公正現象；金權勾結，出現高雄捷運、高速鐵路、股市內線交易的弊案；漠視弱勢權益，引起泰勞暴動；貧富懸殊，民進黨當局委派的中鋼董事長一年分紅達4400萬元新臺幣。民進黨執政的所有這一切作為，都引起臺灣民眾的極度失望，民進黨打著改革、反黑金的口號取得臺灣的執政權，執政後卻讓臺灣民眾看到族群、黑金、社會不公問題的日益嚴峻。在島內各項民調中，民進黨的支持率持續下跌，已經滑落到國民黨身後。9月28日，臺灣《中國時報》在民進黨成立19週年之際發布的民調顯示，42%的民眾對民進黨感到失望，47%的民眾對陳水扁的表現不滿。10月9日，臺灣《聯合報》發表的民意調查顯示，陳水扁的滿意率只有25%，54%的民眾不滿意陳水扁的表現；民進黨的滿意率只有24%，56%的民眾不滿意民進黨的表現；61%的民眾認為民進黨已經失去了創黨理想，49%民眾認為民進黨不拒腐蝕。臺灣民眾感嘆：「原來號稱清廉的民進黨，也是弊案叢生；只要有關係，很多人都可以上下其手，搞錢與搞權」。

　　羅文嘉表示，競選臺北縣長下鄉期間，強烈感受到許多民眾對民進黨的期待與誤解。他每天在基層都聽到許多無力感的聲浪，尤其最近許多重大消息都嚴重衝擊民進黨，但民進黨責怪別人的聲音卻愈來愈多，自省的聲音越來越少。羅文嘉認為，民進黨從黨外到在野，到執政，一貫的立場就是「自由、民主、公平、正義」，希望也以這八個字，檢驗各種施政作為是否符合理想。他希望重拾當年民進黨「自由、民主、公平、正義」的理想，以「新民進黨」找回「反省與創新」的核心價值。民進黨新世代在選舉過程中得到親身感受，基於切身利益和個人前途，他們毅然拋出「新民進黨」的口號，這需要一定的勇氣，因為這是一場反省運動，是自我批判，是對民進黨舊的政治路線和權力體制的挑戰，隱藏著民

進黨內權力分配的新趨勢。

2.反應：民進黨內支持與反對聲音交錯，高層出面緊急滅火。

由於這是一場自省運動，以「新民進黨」為名，和「舊民進黨」互別苗頭，不可避免地會觸及黨內個別政治人物的政治利益。新生代的「新民進黨運動」提出後，首先在民進黨內引起了爭議和辯論，引發黨內同志的激烈撻伐。民進黨立委李俊毅表示，如果「新民進黨」可以替換「舊民進黨」，羅文嘉和段宜康鬥掉陳水扁或謝長廷，就能解決政治僵局嗎？他質疑，羅文嘉是因為自己的臺北縣長選情不利，企圖切割和執政黨的關係，為自己和民進黨劃下一道「防火牆」。民進黨立委林重謨則對羅文嘉和段宜康痛批，認為這種老是要以新、舊來區分民進黨的做法，會讓外界質疑是年輕一輩要對老一輩「逼宮」的「世代鬥爭」。他還要求羅文嘉和段宜康不要總是高舉道德的旗子，把別人打成反改革、自己就是改革派，「這種批判自己政黨、踩著同志肩膀自我造神的人，是我最瞧不起的人」。面對黨內的抨擊，雖然羅文嘉表示，他與段宜康已經有心理準備，但他也承認「我受傷很重」。

然而，由於新世代要求反省、改革，維護「公平、正義」理想的聲音，反映了多數支持民意的心聲，民進黨內多數政治人物均表示支持新世代的反省運動。10月4日，「新民進黨」論述成員、立委李文忠發出「支持反省，蛻變重生」聲明，得到70多位黨籍立委的連署支持。民進黨立委林育生承認「民進黨真的病了」。資深立委林濁水也認為「民進黨早就應該檢討了」，「不能繼續拖下去了！」

被新生代炮火轟及的「四大天王」，也不願被流彈擊倒，一方面表態支持改革、創新，但另一方面反對「新民進黨」的提法，以免被歸入「舊民進黨」的行列。「行政院長」謝長廷即表示檢討是好的，黨本身就要不斷自省，這是無止境的，但他同時表示不知道所謂「新民進黨」是什麼意思。「副總統」呂秀蓮表示，她支持民進黨應加緊步伐進行革新和創新，這樣民進黨才能永續執政，但沒有所謂的世代問題，「四大天王」也從未發生口水戰。「總統府祕書長」游錫堃表示，民進黨身為有理想的民主政黨，必須時時反省，虛心接受各界指教批評。

民進黨主席蘇貞昌表示，面對批評和不滿，民進黨謙虛檢討、坦然面對，一個能不斷檢討的民進黨，永遠是新的民進黨，沒有新舊之分、派系之別。10月9日，蘇貞昌在《中國時報》發表《除弊改革、謙卑自省：啄木鳥與青蛙宣言》，提出：「今天的民進黨，需要許多啄木鳥，找出傷害團隊形象、背離理想、違法亂紀的蛀蟲」，「今天的民進黨，也需要許多青蛙，為改革政策大鳴大放」。

但是民進黨內多數人認為不宜強調新舊民進黨，否則將在黨內引起對立。事實上，新生代的反省聲浪已經在民進黨內激起「正義連線」和「新潮流系」之間的惡鬥。為了穩住陣營，陳水扁公開指責新世代過去「充分享受執政的喜悅、驕傲，現在有些不滿意，就撇得一清二楚，好像跟自己沒有關係」，他反對用「新民進黨」的字眼，強調民進黨沒有新舊之分。10月15日，蘇貞昌召集黨內各派系要角溝通，形成「派系休兵」的共識，不再提「新民進黨」，而定調為改革、反省運動。

3.結局：「新民進黨運動」淪為曇花一現的政治論述。

「新民進黨運動」為民進黨的發展注入了一股新鮮的活力，它不僅檢討民進黨執政的缺失，而且批判民進黨執政的路線；既是對民進黨政治路線的反省，也是對民進黨權力體制的挑戰。然而，民進黨內的政治人物和政治勢力利益各不相同，「新民進黨運動」開啟的新一輪的政治轉型，遭到黨內各種力量的抵制。

首先，「新民進黨運動」難以擺脫選舉論述的印象。

無疑，民進黨新生代的「新民進黨運動」是為選舉之需提出的「新論述」。民進黨執政五年，臺灣社會各界評價不高，將直接影響年底縣市長選舉甚至2008年臺灣領導人選舉。民進黨在年底縣市長選舉中包括長期執政的宜蘭縣、臺北縣等均面臨苦戰，即使陳定南、羅文嘉等人具有高知名度，但選情並不樂觀。羅文嘉即坦然地表示，雖然縣長選舉選民關心的基本上是「縣政議題」，但是民進黨執政的負面消息，仍會影響選民的投票行為與社會支持度，對年底縣市長的選情仍會有一定的影響。段宜康坦承，他們提出這些看法的確與選舉有關，是因為選舉才讓他們對現階段民進黨的困境感受深刻。一位國民黨黨工也指出，所謂「新民進黨運動」，本質上，是一種選舉策略的操弄，用來解決民進黨中央

執政失策所帶給縣市長參選人的包袱。

民進黨的選舉策略向來以短線操作為特徵,「新民進黨」論述也難脫短線操作的手法。「新民進黨運動」的出籠,是一項重新振奮民進黨支持者熱情的選舉議題,無論是支持還是批評,都將「燒熱場子」,這是參選的新世代的如意算盤。但是,這樣的選舉議題,能延續多長時間的號召力和支持熱情呢?臺灣的一位年輕選民即指出:「五年前它接替國民黨政權的那天,民進黨曾經承諾兌現給人民的理想,已經成了空頭支票,更諷刺的是,它拿著空頭支票,向財團兌換金錢、權力和選票」。如今民進黨再次拿出一張「新民進黨」的政治支票,它還有多少信譽能夠向選民兌換選票呢?

其次,「新民進黨」論述無法取得舊世代的「舊民進黨」的支持。

臺灣《聯合晚報》社論指出,既然新世代的目標是「新民進黨」,就意味了已存在的是「舊民進黨」;要「立新」,當然得先「破舊」。那麼新世代面臨的直接阻力就是來源於位居權力高位的辯護律師世代,如陳水扁、蘇貞昌、謝長廷等人。臺灣《中時晚報》的社評指出,羅文嘉與民進黨內部所不能不面對的課題是:第一,敢不敢清算現在民進黨的墮落腐化?如果不敢清算,不敢公開批判,那所謂「新民進黨」有什麼意義?第二,敢不敢與陳水扁劃清界限。可是陳水扁如今是民進黨的大老闆,是民進黨內政治人物的主要權力來源。即使羅文嘉等人已經意識到「他和陳水扁的關係,將是他最大的形象負債」,但他又怎麼可能切割他自身與陳水扁之間的聯繫呢。

民進黨新世代既要保全陳水扁,又要凸顯自己,這種矛盾顯然難以解決。正如國民黨發言人鄭麗文指出的,陳水扁嫡系的羅文嘉和「新潮流」總召段宜康沒有資格批評別人,「沒有阿扁,他們哪有今天?」更何況,「新民進黨」的論述直接引爆了世代更替的政治議題,被指為世代之間權力鬥爭的政治工具,使民進黨內美麗島世代和辯護律師世代面臨直接的威脅。為此,蘇貞昌和陳水扁先後站上第一線,撲滅黨內新生代針對辯護律師世代的批判烈火。

最後,「新民進黨運動」激起了黨內的派系鬥爭和世代競爭。

民進黨新世代在黨內挑起針對舊世代的批判聲浪,使人們聯想起黨外時期

「雞兔同籠」的政治鬥爭。如今「新潮流」再次擔當起黨內批判的角色，被懷疑是掀起新的一波奪權鬥爭，遭到民進黨內其他派系和政治人物的圍剿，一場反省運動演變為黨內派系鬥爭。10月中旬，部分「新潮流系」立委發起連署，要求「中鋼」董事長林文淵退還4400萬元新臺幣的分紅。陳水扁親信、「正義連線」祕書長高志鵬認為這是黨內派系有計劃的行動。由於這樣的鬥爭矛頭將可能直接或間接指向陳水扁，使高志鵬覺得「發展態勢卻不得不令人懷疑」。「正義連線」抓住股市禿鷹案展開反擊，將矛頭指向新系大老吳乃仁。民進黨主席姚嘉文也質疑「有人為了選舉在那邊喊要世代交替」。「新民進黨運動」與黨內派系鬥爭和世代權力角逐交錯在一起，注定其命運不會長久。新潮流成員李文忠無奈地表示「改革若談派系，就不要談改革」。

「新民進黨運動」僅僅在論述與言論的階段即遭到黨內的圍剿，更無法加以實踐和推動。段宜康認為，陳水扁對於「新民進黨運動」的公開批判「等於打了民進黨臺北縣長參選人羅文嘉一個耳光」，而他自己也「覺得受到了打擊」。在黨內高壓下，「新民進黨運動」暫時偃旗息鼓，但正如羅文嘉指出的，「反省的聲浪不會停止」，新生代在縣市長選舉中無論成敗，選後再度掀起反省聲浪的可能性不能排除。

民進黨在野後的七大困境[276]

張文生

在野後的民進黨面臨空前的危機和困境，政治和經濟資源的嚴重匱乏，8年執政留下的沉重包袱，陳水扁家族弊案如影隨形的困擾，「臺獨」政治路線的重重侷限，都使得民進黨的發展步履維艱。

困境之一：扁家弊案

下臺後的陳水扁不僅面對司法的調查，而且在公務機要費案之外，又被揭出了海外洗錢案。陳水扁執政期間的許多高官也面臨貪腐案的追訴，民進黨政治人物相繼被揭發、偵查、起訴、判決的一系列弊案使得民進黨威信掃地，2008年8月，扁家海外洗錢案暴發後，《聯合報》民調顯示民進黨的滿意率跌到只剩11%，不滿意高達73%。

　　經過漫長的司法調查程序之後，2008年11月11日陳水扁終於鋃鐺入獄了。在入獄之前，陳水扁在全臺遊走，把大筆的海外帳戶說成是「建國基金」，企圖把貪腐事實和「臺獨」綁在一起，在民進黨內挑起「挺扁」情緒，陳水扁還揚言「民進黨軟弱，我願再出來領導民進黨！」面對陳水扁貪腐案，蔡英文未能採取斷然有效的切割舉措，使得陳水扁得以利用民進黨內的力量來對抗司法，而民進黨也因陳水扁案的發展而陷入越來越困難的處境中。

　　民進黨未能斷然與陳水扁切割，甚至被陳水扁牽著鼻子走，有多方面的原因。第一，蔡英文曾經深受陳水扁的重用，其個人與陳水扁之間難以切割。第二，民進黨內有些人曾經受過陳水扁的恩惠，有些人曾經在陳水扁當政時做過官，有些是陳水扁培植的子弟兵，與陳水扁有著千絲萬縷的切割不開的關係。如民進黨臺北市主委黃慶林，公開聲援陳水扁，為陳水扁吶喊助威。第三，民進黨內有些人想借用陳水扁案掀起黨內的路線鬥爭和政治清洗，以達到爭取2009年底縣市長選舉黨內提名的目的。第四，「極獨」政治勢力與陳水扁之間的互相利用。「極獨」政治勢力利用陳水扁的殘餘影響為其扛起「臺獨」大旗，而陳水扁則利用「臺獨」大旗來遮掩貪腐弊案。

　　2008年10月4日晚，在民進黨黨慶晚會上，前主席許信良痛斥阿扁是民進黨最大「壞帳」，被臺下群眾激動丟水瓶；蔡英文致辭時，講稿中原本有一段「阿扁的時代已經結束，阿扁必須面對司法的審判，還必須面對歷史的評價，別人無法替代他。」但是就這樣一段話蔡英文也說不出口。蔡英文認為：「黨員在感情上雖有羈絆與不捨，但仍有是非心。」民進黨當斷不斷，使得民進黨成為扁家弊案的陪葬品，民進黨的支持率一直難以提升。

困境之二：「臺獨」路線

「臺獨」是萬惡之源，民進黨如果不處理「臺獨」問題，很難擺脫政治瓶頸。但是在扁家弊案的陰影下，民進黨在選舉中仍獲得41.55%的支持票，許多人認為這是民進黨的基本盤，這些支持者代表了對民進黨本土路線的支持。這使得民進黨要修改「臺獨黨綱」也相當困難，民進黨無法割捨深綠支持者，在政治路線上必然受到深綠支持者的限制。

蔡英文擔任民進黨主席後，仍然頑固延續兩岸衝突的「臺獨」政治路線，不僅否認「九二共識」，而且處處以「反對中國」、維護所謂「臺灣主權」為能事。2008年8月，北京舉辦第29屆奧運會，全世界熱愛大陸的中國人都為之振奮，然而蔡英文卻在臺灣《中國時報》發表「莫讓北京奧運淪為納粹奧運的翻版」一文，瘋狂地攻擊中國人民的愛國主義精神，說什麼「從電視上看來，中國人民沸騰的情緒，跟一九三六年的德國人一模一樣」。

馬英九上任後，承認「九二共識」，推動兩岸兩會在「九二共識」的基礎上恢復協商與談判。蔡英文公開否認「九二共識」，反對兩會協商談判，她甚至揚言：「民進黨再執政時，可以不接受『九二共識』。」9月26日，蔡英文表示：「臺灣在主權議題的處理上應該要確保三個原則：第一，未來任何的選項都應該開放，任何選項都不能預先排除，包括獨立；第二，臺灣人民有權為自己的未來做出決定；第三，臺灣的未來，只應由臺灣人民自己做出決定。」蔡英文頑固堅持「臺獨」傾向的基本立場表露無遺。

由於民進黨僅剩27席立委席次，無法在體制內對國民黨進行有力地制衡。蔡英文表示民進黨「應重新啟動新的社會運動」，把街頭群眾運動作為在野後的選擇。2008年8月30日，由臺灣社所主辦的「八三〇百日怒吼嗆馬大遊行」首先登場，數萬人走上臺北街頭，揭開了民進黨街頭運動的序幕。10月25日，民進黨發起所謂「10·25反黑心顧臺灣大遊行」活動，提出所謂三大訴求：「反對一中市場、反對無能政府、反對掏空主權。」2008年11月，陳雲林會長率領海協會代表團赴臺與海基會協商談判。蔡英文指示民進黨策劃了一系列活動，包括

以遊行示威、萬人圍城等方式，企圖干擾兩岸兩會的協商。民進黨在野後，以「臺獨」為訴求，挑起街頭運動，製造流血衝突，使得民進黨重新被冠上了「暴力黨」的名稱，而蔡英文也被人稱作「暴力小英」。

困境之三：世代更替

民進黨在野後，陳水扁受到批判，謝長廷退出政壇，蘇貞昌、游錫堃、呂秀蓮等人也受到政治重傷。李文忠、段宜康、羅文嘉等民進黨內青壯世代要求接班，要求調整政治路線。民進黨前立委莊碩漢就強調，「四大天王呂游蘇謝及陳水扁都應該退居第二線或引退，讓民進黨進行世代交替，交棒給中生代或新生代來領導」。2008年7月份，民進黨立委蔡同榮、王幸男、郭玟成等人還想拱陳水扁、謝長廷、蘇貞昌、呂秀蓮、游錫堃、張俊雄等出來參選縣市長，不僅遭到當事人的拒絕，也遭到民進黨內的廣泛反對。

民進黨要順利完成世代更替並不容易。第一，民進黨內的所謂「天王」不肯放手，始終操縱著黨內權力布局，試圖捲土重來。第二，要求接班的青壯世代缺乏選舉戰功，大部分人在2007年年初的黨內初選中被排藍民調排擠出局。第三，青壯世代試圖重樹政治形象，在民進黨內沒有去豢養人頭黨員，在黨內選舉中處於不利地位。第四，這批青壯世代主張要檢討政治路線，必然會激起黨內極獨政治勢力的強烈反彈。但是從長遠來看，民進黨內青壯世代接班是必然趨勢。民進黨下臺後，青壯世代在黨內權力重組的過程中發揮了重要的影響力，正是在他們的共同支持之下，才推出蔡英文出面擔任黨主席。民進黨內的青壯世代具有一定的政治經驗，經歷過民進黨執政的鍛鍊，經受了民進黨敗選的挫折，他們具有一定的思想，也具有較為開放、靈活和務實的策略，他們是民進黨下一階段發展的主要領導力量。

困境之四：派系鬥爭

民進黨是一個黨內派系共治的組織，2006年7月，民進黨第十二屆「全代會」通過了王幸男提出的「解散派系」提案。表面上看，民進黨內各派系已經停止活動，但是事實上各派系仍然暗中運作，尤其是「新潮流系」，組織健全，凝聚力強，在黨內競爭中處於極為有利的地位。目前民進黨內的派系主要有：「新潮流系」、以原「正義連線」為基礎的扁系、以「福利國系」為基礎分化為謝系和蘇系、「臺獨聯盟」、「綠色連線」等派系；蔡同榮的「公媽派」。此外，游錫堃、陳明文、陳菊依靠實力也在民進黨內培植個人派系。民進黨內的派系在黨內選舉中，尤其是中執委、中評委和中常委選舉中，相互配票和換票，起了決定性的作用，因此成為黨內鬥爭的重要問題。

　　蔡英文出任黨主席是民進黨內各派系妥協與平衡的產物，蔡英文上任後極力維繫黨內的派系團結。2008年7月20日，民進黨召開「全代會」，歷任黨主席許信良、姚嘉文、陳水扁、謝長廷、蘇貞昌、游錫堃等人都出席，與現任黨主席蔡英文同臺亮相，展現了表面上的團結與支持。但是在民進黨中執委、中常委和中評委選舉中，仍然呈現出派系分贓的局面，其中「新潮流系」成為最大的贏家，在中常委中拿下5席，在30席中執委中拿下10席。民進黨全代會後，扁系立委高志鵬痛批，民進黨的派系問題就是「新潮流系」。他認為，「新潮流系一派獨大、勇於內鬥、只會圖利自己，跟幫派沒兩樣。」民進黨在權力重組的過程中，派系惡鬥的狀況並沒有改善，反而屢次掀起鬥爭高潮。

困境之五：人頭黨員

　　人頭黨員是指民進黨內的政治人物為了在黨內選舉中取得優勢，採取拉人入黨、代繳黨費、車載投票的方式豢養人頭黨員，作為個人在黨內選舉中的投票工具。人頭黨員問題是民進黨內選舉制度的產物。民進黨內的個別政治人物，如薛凌、陳勝宏、陳明文、蔡同榮等人被公認為是民進黨內的「人頭大戶」。這些政治人物，雖然形象為各界所詬病，但是每逢黨內選舉，他們總是用旅遊車一車一

車地把投票人頭載到投票所附近,在黨內選舉中輕而易舉取得勝利,甚至長期占據民進黨中央的高層職務如中常委。由於人頭大戶的存在,使得民進黨內形象清新的青壯代難以出頭,也逼使他們有些人不得不學著經營「人頭黨員」。「人頭黨員」問題已經成為民進黨的痼疾,民進黨規定入黨一年以後才能享有投票權,目的就是想防範「人頭黨員」;民進黨下臺後,青壯派一致批判黨內的「人頭黨員」問題,但是仍然不能解決「人頭黨員」問題。民進黨前主席施明德認為:「民進黨的人頭黨員問題非常嚴重,包括黨主席、中執委、中常委和黨代表,都是人頭黨員所選出,陳水扁、謝長廷、蔡同榮和『新潮流』,全部都是『人頭大戶』,誰來檢討都沒有作用」。

困境之六:排藍民調

　　2006年年底,民進黨在游錫堃擔任黨主席時期,中執會通過黨內初選採取排藍民調的決議。排藍民調是指民進黨在黨內立委與總統提名初選過程中採取的排除泛藍陣營支持者的民調方式。其中「不分區立委」採用「重度排藍」、「區域立委」採用「中度排藍」、總統選舉採用「低度排藍」的方式。排藍民調使得民進黨內「臺獨」主張激進的政治人物得以出線,而政治形象較為理性、務實、溫和的政治人物被排擠出局。排藍民調被認為是挑起民進黨內初選惡鬥乃至立委和總統選舉失利的重要原因,排藍民調使得民進黨內的「臺獨」極端主義抬頭,政治鬥爭加劇,「臺獨」立場成為檢驗民進黨政治人物的唯一標準,包括沈富雄、羅文嘉、段宜康、林濁水、李文忠等人被打成「11寇」,蕭美琴被打為「中國琴」。

　　排藍民調反映了民進黨近年發展中出現的極端化與「臺獨化」的趨勢。民進黨在野後,民進黨內尤其是青壯派對「排藍民調」深惡痛絕,要求廢除排藍民調的呼聲高漲,認為游錫堃應為民進黨的敗選負責。為此,民進黨將2009年縣市長選舉的提名初選全面改為徵召,避免了排藍民調再次引起黨內紛爭,但是排藍

民調造成的民進黨政治文化極端化與「臺獨化」的惡劣影響仍未消除。

困境之七：財務困難

民進黨下臺後，面臨嚴重的財務困難。民進黨包括人事、房租等各項支出，每個月平均約需3000萬元新臺幣，因此，一年至少要3.6億元新臺幣，這些都還不包括在選舉時所需編列的特別預算，民進黨2007年就特別編列了1億多元新臺幣的選舉經費。民進黨不像國民黨，沒有黨產，沒有黨營事業，主要收入來自於各級黨公職人員繳交的募款責任額，以及臺灣當局提供的政黨競選補助金。民進黨下臺後，沒有了執政資源，募款大戶陳水扁等人又受到司法調查，民進黨政治人物募款越來越困難。即使謝長廷將臺灣領導人選舉的補助款1.6億元新臺幣上繳三分之一到民進黨中央黨部，但是民進黨的財務缺口仍然高達2億元新臺幣。

2008年6月18日，民進黨中執會通過了中央黨部2008年度預算，削減了1億1440萬元新臺幣支出。為瞭解決財務困境，民進黨採取了多種方法。第一是精簡人事。民進黨中央擬定兩波人事精簡計劃，並修改黨工服務辦法。民進黨中央黨部約有135名黨工，在野後開始大規模地裁員，計劃將中央黨部縮編至85人至90人；資遣費也從每工作滿一年，領三個月本俸，修改為發給一個月平均薪資。第二，民進黨制定了小額募款計劃，目標是募集2000萬元新臺幣，以「一千元，讓民主更有力」為訴求，爭取支持者的認同。第三，向社團募款1000萬元新臺幣。第四，民進黨舉辦地方聯合募款餐會活動，以每張餐券1萬元新臺幣方式，在各地區辦募款餐會，目標是1275萬元，還規定了黨公職人員的募款額度，其中黨主席及財委會主委額度是150萬，高雄市長50萬，中常委及縣市長30萬，立委20萬。第五，民進黨提高了黨公職募款責任額，規劃黨主席及財委會主委一年須募款1000萬元，中常委、縣市長、中評會主委由100萬元提高到150萬元，高雄市長200萬元，嘉義縣議長150萬元，立委也由25萬元提高到50萬元，中執30萬元，北高市議員則為25萬元。這使得民進黨在野後，本身募款來

源就已經縮水的各級黨公職人員面臨更大的募款壓力，許多民進黨的公職人員都叫苦不迭，表示難以完成募款任務。「巧婦難為無米之炊」，民進黨只好減少大型的動員造勢和遊行示威活動，以減少財務開支。

臺灣政治轉型中的「臺獨」運動演變[277]

林勁　陳言

從1940年代末「臺獨」運動產生到現在，它的活動可以分成兩大時期。前一個時期以海外為活動重心，後一時期是在1986年民進黨成立之後，其活動重心開始轉移到臺灣本島。本文以民進黨成立後的臺灣政治轉型的民主化進程為背景，論述「臺獨」運動與臺灣民主化轉型的內在邏輯關係及發展趨勢。

一、「臺獨」運動與民主化進程的內在邏輯

簡單來說民主就是「主權在民」，即政權的合法性來自於人民授權，具體表現就是各級政權特別是中央政權的合法性也必須來自於各級的特別是全國性的直接或間接選舉。「臺獨」運動之所以能在臺灣政治轉型中迅速發展，與其在發展過程中不斷以「民主化」、「本土化」為號召，從而取得在臺灣政治市場中的「合法性」基礎分不開的。而「臺獨」運動之所以能夠進入甚至綁架臺灣的民主化進程，就在於民主和「臺獨」客觀上存在著一定的邏輯關聯。

從歷史上看，國民黨政權在大陸潰敗退守臺灣，政權仍保持「中國中央政府」的架構。並從1950年起就開始在臺灣舉辦各縣市長、縣市議員、各鄉鎮市長及鄉鎮市民代表的直接選舉，從1954年開始省議會的直接選舉，但「中央級」的「民意代表」由於國民黨丟掉大陸地區，無法產生和定期改選所需要的全部「民意代表」。如全面改選，且所有名額自臺灣選舉產生，則其代表性不及於

大陸，連同其所授權的行政當局都在法理上降格為地方機關，其所謂「中華民國」政府的法統即其「全國」代表性的形式勢必難以保全，其必然受到臺灣本省人士的挑戰。而國民黨政權長期採取的解決辦法是，讓40年代後期在大陸產生而後到臺灣的原「民意代表」突破任期限制，繼續行使職權，以勉強維持其政權的「全國」代表性之表象。這就是所謂「萬年國會」。一方面「萬年國會」成為威權政府維護「法統」的工具和象徵，另一方面使得威權政權塑造出自己「全國性」政權的地位，以此壓制各種反對力量，迴避臺灣民主發展自80年代以來要求實現「中央」及各級行政首長和民意代表直選的要求。

臺灣部分反國民黨勢力認為如果臺灣不擁有「獨立主權」，則島內選舉只能產生地方政權，無法動搖和替代國民黨的「中央政權」。因此必須宣揚所謂的「臺灣獨立主權」，以拒斥國民黨假以「中央政權」名義在臺灣的獨裁統治。於是訴諸本土情緒，迎合社會對政治本土化的普遍要求，特別是占人口多數的本省籍民眾的心理，以獲取儘可能多的政治資源。

總之，「在臺灣民主運動的早期，『臺獨』運動的矛頭直指國民黨政權並挑戰國民黨政權的法理基礎，以拓展自身的政治空間，打開通向臺灣的最高權力之路，反對國民黨以統一旗號和『中央政權』名義在臺灣地方所實行的專制統治。」[278]在這個階段，「臺獨」運動於民主化進程，有工具化的性質。臺灣的反對派和民主化力量，不可否認，在早期與「臺獨」在理念上和組織上存在千絲萬縷的聯繫。

二、「臺獨」運動與政治民主化進程的複雜互動

（一）「為民主而臺獨」還是「臺獨綁架民主」

在臺灣政治轉型過程中，「臺獨」在民主化進程中扮演的角色是複雜的，在政黨政治中，其時而成為政黨撈取選票的「利器」和「神主牌」，時而成為「票房毒藥」；時而「奉上神壇」，時而「棄如敝屣」。到底是「為民主而臺獨」，

還是「臺獨綁架民主」，需要做一定的分析。

1.為民主而「臺獨」

在臺灣政治轉型早期，部分「臺獨」理論家主張「為民主而臺獨」，民主優於「臺獨」，且是「臺獨」之目的，彭明敏、謝聰敏的《臺灣人自救宣言》體現了此一觀點。其「主張先爭取民主，而後實現獨立，也就是以追求民主、自由、人權為手段，透過促使國民黨現行體制內的改革，逐步達到臺灣獨立」。[279]

在政黨的政治實踐上，初期的民進黨雖視自己為臺灣「本土政黨」，將國民黨當局稱為「外來政權」，但主要政見還是爭取民主自由，讓被限制政治權利的臺灣人民，有更多的參政、議政權利。此時，民進黨主要透過發動遊行、街頭抗爭等與當局鬥爭。1986年民進黨成立後，其「創黨黨綱中明定：臺灣的前途由臺灣全體住民，以自由、自主、普通、公正、平等的方式共同決定」[280]，標舉出臺灣住民自決的主張，並沒有提出明確的「臺獨」主張，其仍能包容「統派」在黨內的存在。1987年，蔣經國宣布解除戒嚴令，後又解除報禁、黨禁。民進黨通過了「4‧17」決議文，稱只有在國民黨出賣臺灣人民利益、中共統一臺灣等四個條件成為現實時，民進黨才會支持「臺灣獨立」。此時的民進黨在公開的場合仍將「臺獨」視為言論自由和思想自由的表現。

而在民進黨自身的幾次轉型過程中，無論最終結果如何，都能看到民進黨對待「臺獨」的務實性的一面，其工具性意義不言而喻。在民進黨將「臺獨」條款列入黨綱之後的臺灣第二屆「國代」選舉中，呈上升勢頭的民進黨遭遇慘敗，獲得的席位不到總席位的四分之一，喪失提案權。在1996年臺灣總統、「國代」選舉中，民進黨再次遭到沉重打擊，得票率跌到建黨以來最低點。「臺灣《聯合報》的社論稱一次又一次的選舉證明，『臺獨』主張根本無法吸引外省族群、年輕人、婦女和更多保守又現實的中產階級選民的認同。這次失利之後，民進黨內部出現關於路線的激烈爭論，黨內『基本教義派』出走，另立『建國黨』。」[281]

民進黨在內部的激烈鬥爭進而分裂之後，許信良進一步推動民進黨拋棄「激進臺獨」包袱，加快轉型步伐。1998年，民進黨在「三合一」選舉中再次受

挫。兩次選舉失利導致民進黨於1999年5月的黨代會上通過了《臺灣前途決議文》，以此作為處理兩岸關係問題的最高指導原則，將民進黨的「國家認同」從「臺灣共和國」改為「中華民國」。在民進黨執政後，陳水扁當局由於遇到一系列執政困難而倒向「臺獨基本教義派」，也遭到黨內務實派的反對，2006年民進黨新生代的「新民進黨運動」企圖重拾爭「民主」求「進步」的核心價值；黨內新生代組成的「綠六組」，發表聲明痛批高層背離黨的核心價值，譴責民進黨中央領導階層頻頻說出「中國人糟蹋臺灣人」等違背「族群決議文」的不當言詞；黨內青壯派也發起「世代論壇」座談會，探討民進黨的核心價值，試圖和「臺獨基本教義派」保持距離。[282]

2.「臺獨」綁架民主

「臺獨」運動對民主的綁架與80年代後民進黨進入臺灣政治體制，以追求選票和權位為政治目標有著密切的關聯。操作「臺獨」議題，主導「臺獨」運動，符合當時民進黨的政治需要，也正由於訴諸本土情緒的成功，其才得以透過利用「臺獨」主張，煽動「本土」情緒獲得更多本省籍民眾的支持而迅速崛起。民進黨轉型為「臺獨黨」的標誌是1991年的五屆一次全代會正式通過「臺獨黨綱」，黨綱第一條便宣布民進黨的基本主張是「透過以住民自決的方式，建立主權獨立自主的『臺灣共和國』」，首次將「臺獨」的主張提升到黨的主要目標，標幟著民進黨正式成為支持「臺獨」的本土政黨。而國民黨方面也樂於奉送這樣的帽子，打擊「臺獨」也成為國民黨打擊民進黨等反對力量的工具。

與此同時，民進黨也為「臺獨」付出慘痛代價，前已述及，就在民進黨將「臺獨」條例列入黨綱之後的第二屆「國代」選舉中，一向順風順水的民進黨慘遭「滑鐵盧」。在1996年臺灣總統、「國代」選舉中，民進黨再次遭受重挫。在臺灣政治兩極分化極其嚴重的大環境下，民進黨如果要理性執政，就必須實現某種程度的轉型，即向所謂的「新中間路線」靠攏，2000年陳水扁險勝得以上臺，其「新中間路線」口號著實騙取了不少選票。民進黨前主席許信良曾提出「大膽西進」的主張，就是企圖扭轉民進黨的政策方向，實現政黨轉型，打造一個理性的政黨。然而，在民進黨被黨內「臺獨」基本教義派綁架後，許信良的主

張完全被排斥在民進黨的主流之外。

(二)「臺獨」運動進入臺灣民主進程的路徑

1.理論路徑

80年代中期以「臺灣自決論」為主導的「臺獨」理論演化為「民主—臺獨」和「臺獨—民主」兩個不同的理論體系。這是「臺灣自決論」建基於「國家論」與「民族論」的區別及發展的必然結果，亦是溫和、激進兩條路線發展的結果，兩派的終極目標是一致的，分歧在於運動的階段性目標，而正是由此形成兩派對於各種政治勢力的關係及態度的不同。80年代後的政治形勢導致「臺獨」運動最終以「民主—臺獨」理論作為其政治實踐的主要理論依據。也正是基於「民主—臺獨」理論的政治實踐，使得「臺獨」運動逐步進入臺灣的政治體制，進入臺灣政治轉型的進程，並進而導致臺灣民主發展出現被「臺獨」運動綁架的危機。

「民主—臺獨」理論體系是由「臺獨」大佬彭明敏於1986年初提出的。該體系主張先爭取民主，而後實現「獨立」，也就是以追求民主、自由、人權為手段，透過促使國民黨現行體制內改革，逐步達到「臺灣獨立」。而首先應大力推動憲政改革、民主化和本土化進程，為最終建立「新而獨立的國家」奠定基礎。「其具體主張主要有：(1)經由有關國際法的解釋，強調臺灣法律地位未定，從而主張有權決定臺灣未來前途和地位者，應為臺灣所有現住民，包括本省人、外省人、客家人、少數民族以及一切願意住在臺灣、「認同臺灣」的人們。(2)臺灣全體現住民要公決臺灣未來之前途或地位，首先必須有一個民主自由的環境，才能透過公開的、充分的討論或辯論，彙集公意，舉行公決。(3)由於歷史和現實的原因，一旦臺灣全體現住民擁有公決臺灣未來的前途和地位的權利，勢必選擇「臺灣獨立」的道路。(4)基於上述原因，現階段追求一個民主的臺灣，比之於追求一個「新而獨立」的臺灣，在次序上更為首要，應予優先的地位。該理論體系源自「民主重於臺獨」的觀念，企望最大限度地爭取海內外臺灣人，獲得國際上的支持，尤其是美國國會和政府的支持。」[283]

2.體制路徑

不管是「民主—臺獨」理論，還是「臺獨—民主」理論都認為實現「臺灣獨立」的關鍵環節必須「變更現行政治體制」。前者鼓吹進入體制內對其進行改造，後者則鼓吹透過群眾運動和革命進行體制外改造。而自政治革新以來，「臺獨」運動逐步形成以體制內改造為主，體制外方式為輔為其運動方向的共識。其在理論上更緊密的將「臺獨」運動與「民主化」結合起來，透過推動臺灣政治民主化，進而加深政治本土化，使之有利於「臺獨」運動的發展。在政治實踐上從體制外部改造體制進入體制內改造體制，進而透過體制內鼓吹和開展「臺獨」運動（如政黨政治、選舉參與），透過影響和掌握現行體制，推動改革現行體制（「法理臺獨」），堅持體制內推動與社會運動相結合（自下而上、由上而下）的雙向運動方式，藉「中華民國」體制實現「臺獨」目標（借殼上市）。在民進黨執政前，「臺獨」組織透過影響國民黨內的「主流派」推動「臺獨」運動和主張。比如正名運動，1997年8月16日，「臺獨基本教義派」基督長老教會「牧師」高俊明、「獨盟」主席黃昭堂、「臺灣共和國加入聯合國運動召集人」許慶雄和立委葉菊蘭等7人，出面糾集若干「臺獨」團體，在臺大校友會館發起所謂「臺灣共和國運動」，聲稱將以「推動『臺灣正名』、廢除『中華民國國號』、逐步推動『臺灣共和國』的建立」。自此，「臺灣正名」開始出籠。以後在氣氛合適的時候，總有一些「臺獨」組織出來捧場。1999年3月31日，經李登輝授意和批准，「內政部長」黃主文宣布，以前冠「中華民國」、「中國」或「中華」為名稱的民間社團，可冠以「臺灣」名稱。媒體指出，民間社團可以「臺灣」為名，是當局將「臺灣正名」的實際行動納入體制內軌道。在民進黨獲得島內執政權以後，更是公開將體制外的「臺獨」活動和主張以「國家」政權的名義合法化。民進黨成為「臺獨」運動和主張引入體制的直接工具和橋梁，而「臺灣正名」活動也加大力度，進行了大量「去中國化」的活動，並在2001年12月中旬，推出在「護照」上加注英文「臺灣」的兩個不同版本。2007年3月18日，陳水扁對外宣示，今年9月將首度以「臺灣」名義申請加入聯合國，並表明將在未來的大選中，一起舉辦以「臺灣名義加入聯合國」的公投。而「陳水扁當局推動舉辦以臺灣名義申請加入聯合國的公投，是以公投方式謀求改變大陸和臺灣同屬一個中國的現狀、走向『臺灣法理獨立』的重要步驟，也是一種變相的『統獨公

投』。」[284]

從中可以看出,「臺灣正名」和「入聯合國公投」和其他「臺獨」主張一樣,完全是「臺獨」勢力不斷鼓噪、推動,並得到執政當局支持後,從體制外走向體制內,由民間活動變為執政黨的政策之一。

三、「臺獨」運動如何綁架和異化臺灣民主政治進程

全國臺聯前副會長蘇民生指出,「廣大島內鄉親中出現的『本土化』和『民主化』的要求,所代表的是一種爭取當家做主、爭取合理的政治權利的願望。」[285]但是分裂勢力打著『本土化』、『民主化』的招牌,企圖從改變臺灣鄉親的思想意識入手,從根本上破壞兩岸『一個中國』的基本共識。那麼「臺獨」為何能違背廣大臺灣民眾「當家做主」的初衷,綁架和異化臺灣民主政治進程呢。這主要是以下幾點原因造成的。

(一)「憲政」權威的失效

在政治民主化轉型的進程中,存在著「政治權威的民主悖論」的問題。一方面,進行民主選舉的原因就是由於傳統的政治統治喪失了權威,也就是說喪失了正當性,因此人們需要藉助選舉重新樹立政治權威。因此,民主選舉的目的就在於透過選舉重建政治權威,而沒有政治權威就不可能形成政治秩序。另外,民主選舉過程本身又存在撕裂和破壞權威的可能。具體來說,選舉是透過單個選民投票,甚至是透過黨派對選民的動員進行投票而完成的,「在這個意義上,『主權在民』的政治思想在選舉中就表現為『主權在選民』或者『主權在黨派』」。[286]如果選舉結果不符合某些選民個人或者黨派的意志,那麼,他們就有可能不服從選舉結果,由選舉產生的政治領導人也就不能確立其政治權威。因此,有「黨爭」也就存在撕裂政治權威的可能性。在以「左右」意識形態分野的西方民主政治社會中,存在以「憲政」為基礎的統一國家認同,不管其政黨鬥爭到什麼程度,都必須以一個統一的「國家認同」基礎上的「國家利益」為服從基

207

礎，存在相互妥協和協商的共識平臺。而在臺灣，左右意識形態的政黨分野基本不存在，存在的只是基於各自政治利益考慮的「國家認同」的對立，由於「臺獨」分裂勢力否認「一中憲法」中的「一個中國」，使得臺灣的主要政黨存在的「國家認同」的根本立場對立在相當程度上無法協商和妥協，這必然造成族群的嚴重撕裂和社會的長期動盪，以共識和妥協為基礎的民主也受到極大的傷害。

（二）外國勢力對臺灣政治的影響

在歷史上，大國對一個國家和地區的支配一般是「透過戰爭、殖民和帝國的方式實現的，現在則是透過經濟貿易和政治民主化實現的。在全球化背景下，民主化恰恰為不同政治勢力的支配甚至分裂這個國家和地區提供了合法渠道。國際勢力正是透過民主化國家和地區中的不同政治派別，把自己的政治觸角伸到這個國家和地區內部」。[287]臺灣是外國勢力企圖遏止中國崛起的重要的砝碼和工具，外國勢力透過臺灣的民主化在其內部培植自己的勢力或者代理人，從而把臺灣捆綁在自己的戰略布局中。臺灣在民主化過程中，如果沒有外國勢力干預或者處於某個大國的庇護下，相對來說較有可能實現社會的和平和理性轉型。但是由於外國勢力的干預和影響，那麼，臺灣社會面臨著分裂和激烈政治衝突的局面。在這種情況下，民主化更有利於「臺獨」極端意識形態對民眾的煽動和擺布。

（三）內部差異化

政治民主化進程很容易誘發地方化力量的興起及分離衝動。臺灣內部族群的歷史經驗差異為「臺獨」勢力所利用，其透過民主進程中的「本土化」趨勢分裂族群和社會，以獲得最大的政治利益。在國民黨專制統治時期，臺灣省籍人士被排除在政治之外，現在則是要顛倒過來，「臺獨」運動中「族群衝突」在政治領域得到強化和放大，「臺獨」分離勢力透過在「國家認同」上建立不同的「認同標的物」（「臺灣共和國」）以對不同族群進行政治區隔，並以「族群代言人」的身分出現，進而以「本土政權」的名義建立其政治領域的「合法性」，以動員占數量優勢的族群支持，獲得建立長期執政的優勢。「臺獨」運動不僅在臺灣內部人為地製造出了族群衝突，而且將「內部差異化」擴大為「兩岸差異化」，並以此為基礎製造出臺灣和大陸之間的衝突，更採取地區性的「全民公投」，用民

主化的方式公開搞分裂，最終企圖在文化上和政治上從中國分離出去。所以，民進黨的政治人物從前是國民黨的反對派，現在則拚命充當大陸的反對派。當其他政治社會的領導人（如新加坡、馬來西亞和印度尼西亞）為了整合內部不同族群而努力的時候，臺灣的政治人物則為搞族群分化而樂此不疲。

四、「臺獨」運動的演變和因應之道

（一）「臺獨」運動不可避免地走向衰弱，但在較長時間內將繼續存在

從歷史發展的客觀規律來看，「臺獨」運動不過是歷史發展的一個階段產物，是違背中華民族的國家統一意志和追求的，終歸會消亡。但從歷史發展的階段性來看，由於產生「臺獨」運動的各種客觀條件將長期存在，其消亡的過程也是漫長且複雜的。具體從臺灣內部政治進程來看，只要產生「臺獨」的土壤還存在，「臺獨」運動仍將繼續影響臺灣政治轉型進程。

「臺獨」勢力長期存在的關鍵原因主要是：

1.外國勢力企圖分裂中國、控制臺灣、製造「兩個中國」或「一中一臺」的陰謀，是「臺獨」運動產生和存在的外部背景。大陸只有繼續提高綜合國力，增強在亞太地區和國際社會的地位和發言權，才能從根本上阻止外國勢力對臺灣問題的干預。

2.兩岸長期分離的特殊歷史情境造成的臺灣「憲政」體制危機是「臺獨」勢力長期存在的內部根源。

「臺灣民主化有其內在的兩難困境。徹底推行民主化，則勢必難以維持『中華民國政府』的法統即它所堅持的全中國的代表性；要完全地維持『中華民國政府』的這一所謂法統，就勢必會妨礙臺灣自身的民主化：兩者不可得兼。」[288]而按照馬克思主義對民主的觀點，「民主政治就是人民自己決定國家制度，國家制度最終體現人民的意志，人民是國家全部政治生活的決定性環節。這也正是

『主權在民』或『人民當家做主』的真實意義所在。」因此,民主問題也是國家問題。國家問題不可避免地包含著兩個方面:國體問題和政體問題。相應地說,「民主也包含著兩個方面:民主的內容和民主的形式。國體和民主的內容是主要的、基本的方面,政體和民主的形式則是次要的和非基本的方面。這是馬克思主義對民主問題的基本觀點,即馬克思主義的民主觀。」因此,如果國家主權問題、國民認同問題得不到明確,臺灣民主本身就必然存在受到「臺獨」綁架和異化的問題,只要這個問題長期得以延續,兩岸關係不可能實現良性互動的穩定局面。在堅持「一個中國原則」的前提下以一定的方式解決臺灣在「一個中國架構」下的地位問題,才能在某種程度消除「臺獨」存在的內部根源。任何不涉及臺灣未來地位問題的協商和談判都無法解決現階段臺灣內部的「憲政危機」,「臺獨」勢力勢必會繼續以其為資源,操弄臺灣民主,不斷製造新的「臺海危機」。

(二)「臺獨」的年輕支持者走向理性化

在新的歷史和社會條件下,「臺獨」支持者也出現新的形態。這種形態是以理性思維、對民主價值支持、對大陸的陌生和敵視為基礎的。

傳統的老一輩的「臺獨」支持者是以「二・二八」事件、國民黨在臺的獨裁統治、長期的反共宣傳所造成的階級對立、民主理念追求、省籍矛盾與恐共心理為思想基礎。新一代支持或同情「臺獨」的臺灣年輕人則由於不同歷史背景下的成長經歷,決定了其支持「臺獨」的思想基礎發生變化,逐漸轉變為面對中國大陸的陌生或反感、民主自由等價值取向。以此為基礎的「臺獨」更具有欺騙性和滲透力,去除省籍因素的新的「臺獨」理論和思想建構的目標是對內以「臺灣主體意識」為號召建立統一的「臺灣人」國民意識,對外以「去中國化」切割與大陸的關係,而且這種不以省籍對立為訴求的「臺獨」意識建構方式適應了島內年輕人厭惡「族群衝突」的社會現實。

具體來說,近年來一方面臺灣年輕人存在著身分認同轉向「臺灣人」的比例持續上升的「去中就臺」的問題;而另一方面卻繼續保持對中華文化的認同。也就是說即使認同中華文化,但基於大陸和臺灣社會的差異,他們仍然可能選擇支

持「臺獨」。目前相當多的臺灣青年人和尤其是高文化水平的年輕人即抱持這種政治態度。同時，與臺灣老一輩的民眾相比，青年人的「國家認同意識」與歷史記憶也保持了一定的距離。他們的政治認同與「統獨」立場都相對理性，不太以早期的省籍矛盾做訴求，也不太糾纏於二‧二八事件，認為那是過往歷史，基本上是以西方價值觀去理解統「獨」，承認歷史淵源，也並不堅持絕對地將「獨立」作為臺灣前途的單一選項。在希望大陸對目前兩岸現狀尊重的前提下，並不排斥成為一個共同體的可能。以理性為基礎的「泛綠」對應的也就是以理性為基礎的「淺藍」，兩者有相同的價值觀和理性思維及言語平臺，基於問題的不同解釋判斷走向不同的統「獨」立場，這兩類人之間有溝通平臺，當下大多數的臺灣青年知識精英和普通青年人在政治上這兩種色調之間搖擺。這兩類人以及他們之間的地帶，應該是現階段臺灣民意走向的最重要的區域。由此可見，新一代的年輕「臺獨」支持者思想並不穩定，雖然在民調上支持統一的年輕人並不占多數，但是一旦出現有利於統一的形勢時，相信其人數和比例會出現大幅度的增長，這無疑是利益相關的價值取向。但這也正是泛綠政黨和「臺獨」勢力不斷製造兩岸緊張，深化臺灣年輕人對大陸敵對意識，企圖穩定其「臺灣認同」的原因。

（三）「臺獨」運動推動臺灣的孤立主義傾向加深

「目前臺灣最緊迫的問題，不是存在大多數人支持『臺獨』，而是由於兩岸長期分離和近年來「臺獨」的發展造成孤立主義情緒的蔓延。」具體地說，就是現在大多數臺灣人的心理，並不是下決心從中國分離出去，而是希望長期維持現狀，不肯被中國大陸統一。當然，支持「臺獨」甚至決心「臺獨」的民眾還是存在，不過對相當數量的臺灣人來說，他們現在唯一明確的意願是拒絕被中國大陸統一。表面上看，這並不會導致兩岸立即的危機，但是維持現狀是基於對「統一」和「獨立」都充滿了不確定感造成的，是一種不穩定的思想狀態。而這種不穩定思想狀態在某些特定社會環境下也極易為那些貌似有確定方向性，且與其他社會價值（如「民主」、「本土」）有較好連接的意識形態話語所左右。「臺獨」運動所塑造的「明確的方向性」，在理論上與民主價值的內在連接，透過一系列政治實踐塑造的「去中國化」、「臺灣正名」、「入聯合國公投」、「臺灣主體性」的話語霸權對臺灣民眾對於兩岸未來的思考造成了強烈而長期的影響，

相當多的民眾雖然不會明確表態支持「臺獨」，但是在思想上也離大陸和統一越來越遠。而在選票政治的驅使下，支持統一的政治人物和政黨也只有服從政治形勢，「統一」將長期成為「不能說，也不能做」的事，成為臺灣政治領域走向消失的「政治前途」。這將導致「臺獨」思潮繼續蔓延和深化，兩岸張力持續緊繃，即使是短期的局勢穩定也不可能消除兩岸面臨的長期的「臺獨」威脅。因此，這種孤立主義的傾向是分離主義深化的溫床，如果忽視「臺獨」運動長期利用並且助長臺灣社會這種孤立主義情緒，不能以適當的方式加以緩和及轉化，長期來看，兩岸的統一道路將更加艱辛和漫長。而臺灣島內支持和傾向統一的政黨和政治力量不能因為短期選舉政治的考慮，迴避「統一」這個凝聚了臺灣人民長遠利益的歷史趨勢，迴避歷史賦予的責任。大陸在「反獨」的同時，更應加強「促統」的努力，以臺灣人民所能接受的方式更加明確勾勒出未來統一的前景。

民進黨基層經營初探[289]

林勁　聶學林

一、導言

在競爭性民主體制下，一個政黨要想在選舉中獲得儘可能多的支持，就必須不斷拓展其社會基礎。為此該政黨可以有兩種做法：一是透過大眾媒體來廣泛宣傳其政治理念、政策主張以及塑造良好的政黨形象來爭取選民的認同；二是透過扎實的基層經營，即採取各種方式和渠道，包括健全政黨組織、發展外圍組織、為選民提供服務等等，從而與選民個人以及各種社會利益集團建立起密切的聯繫，以實現對選民支持的組織化。

在訊息通訊技術高度發達的今天，雖然各類大眾媒體在加強政黨及其候選人

與選民之間的聯繫方面扮演著極其重要的角色,但傳統的基層經營方式對於政黨參與選舉競爭仍然是不可或缺的。透過政黨的基層組織以及該黨政治人物的個人支持網路,政黨可以廣泛深入到社會的各個層面和角落,包括大眾傳媒的影響難以企及的選民群體。一般而言,基層經營強調透過小範圍的、頻繁的以及直接的人際互動,以和支持者之間形成明確、牢固的紐帶聯繫。相比之下,大眾傳播媒體固然可以迅速、廣泛且有效地宣傳政黨及其候選人的理念或塑造其形象,從而有利於其快速地擴大影響,但透過這種方式和選民建立的關係比較分散與鬆散,同時大眾媒體也可能對政黨及其政治人物的缺點起放大作用而使其迅速沉淪。因此,一個政黨如果要獲得長期生存和發展的空間,就不能忽視基層經營的重要性。

在臺灣,連續執政8年的民進黨在2008年1月12日的立委選舉以及3月22日的總統選舉中接連遭受挫敗。在各界對於民進黨敗選原因的分析之中,除了公認的近年來民進黨腐化墮落、施政無能之外,基層經營不夠扎實也被某些論者歸為導致民進黨慘敗的一個重要原因。[290]本文的目的,就在於對民進黨的基層經營狀況進行初步的研究,以期能起拋磚引玉之效。

二、民進黨基層經營的組織體制

政黨的基層經營需要透過一定的組織體制來加以實施,一方面把政黨及其候選人的政治理念、政策主張和形象傳達給選民;另一方面及時有效地反映選民的各種利益和要求,在政黨及其候選人與選民之間建立起緊密的紐帶聯繫。一般而言,一個政黨進行基層經營的組織體制主要包括政黨的基層組織以及該黨政治人物特別是民意代表的個人組織(這裡所說的「組織」並非都具有明確的組織機構,也包括非正式的人際網路關係)兩種。下面就分別對民進黨基層組織的運作以及該黨民意代表的選民服務進行簡要的介紹和分析。

(一)民進黨的基層組織及其運作

民進黨的基層組織包括民進黨各縣市（包括「院」轄市和省轄市）黨部和鄉鎮市（縣轄市）區黨部。在成立的次年，透過建立基層組織來拓展實力就成為民進黨的重點工作。不過，由於人力、財力等方面的限制，在很長的一段時期裡面，民進黨的基層組織並不健全（主要體現為結構鬆散和黨員過少），缺乏廣泛的動員或穿透能力。黨組織擴張不力，自然導致民選公職人員自求多福，各自為戰。在選舉期間，幾乎所有民選公職，都在黨組織之外另創競選後援會。[291]不過，隨著民進黨在選舉中實力的不斷壯大，民進黨的基層組織建設也取得了長足的進步。迄今為止，民進黨已經在全臺灣（包括臺、澎、金、馬）25個縣市中建立了24個縣市黨部和1個審查委員會（連江縣），另外在許多鄉鎮市區也設立了相應層級的地方黨部。各級地方黨部成為民進黨發展黨員、組織動員群眾、輔選公職、宣傳理念、服務選民的重要據點。[292]在黨員人數方面，民進黨在1986年剛成立時有僅有1000人左右，十年後首次超過10萬人，1999年又超過了20萬人，到2006年已經達到50多萬人（其中僅政黨輪替的2000年就增加了將近18萬黨員）。[293]不過，民進黨在發展黨員的過程中也長期存在所謂「人頭黨員」的弊端。這主要是由於該黨從1989年起實行的公職人員黨內初選制度中一直有黨員投票這一項，使得某些黨內有心人士為了在初選中出線，透過花錢替人代辦入黨手續、代繳黨費的方式，大量增加支持自己的「黨員」，到了選舉的時候就把這些所謂的「黨員」送到投票站投票，成為自己的「鐵票部隊」。在這種人頭黨員充斥的黨內生態下，一些形象清新、知名度高但無力或不屑豢養人頭黨員的候選人，就可能得不到足夠黨員投票的支持而遭到淘汰。多年來，儘管民進黨內外對於人頭黨員問題的批判聲不斷，但該問題至今仍未得到有效的解決。

在民進黨基層組織的機構分工方面，各縣市黨部均設立了行政組、組訓組、活動組、宣傳組、財務委員會、入黨審查委員會、選舉對策工作小組、黨政協調工作小組等8個部門。其中組訓組負責組織發展的企劃與執行、黨員及幹部的訓練以及對鄉鎮市區黨部的輔導；活動組負責黨部活動的企劃與執行、與友好社團的聯繫以及社會服務工作的辦理；宣傳組負責宣揚民進黨的黨綱和黨部決策、文宣活動的策劃與執行。[294]

在民進黨基層組織平時舉辦的活動方面，從內容上來說，既有政治色彩比較

濃厚的,比如透過舉辦座談會等形式與選民直接交流,向選民宣揚民進黨的政治理念、政策主張以及問政或施政成績,同時也藉此傾聽基層民眾的意見和想法,瞭解他們的需求;也有政治色彩較淡的,譬如招募義工或與一些民間社團共同舉辦社區娛樂活動和社區關懷活動,以塑造民進黨貼近民眾、關懷弱勢群體、支持社會公平正義的形象,從而拉近民進黨與民眾的距離。

為了改變民進黨基層經營薄弱的問題,近年來民進黨在發展和完善黨組織方面採取了不少有力措施,其中最重要的莫過於前任黨主席游錫堃所推動的「黨務專員計劃」。根據該計劃,民進黨將在全臺幾千個村裡均設置經過專門培訓的「黨務專員」,這些「黨務專員」涵蓋村裡鄰長、基層社團負責人、地方士紳等基層意見領袖,爭取做到「各裡有點、各村有人」,建立全臺村裡網路,使黨務工作能「深入村裡、深入家戶、深入民心,講基層聽得懂的語言,做人民感受得到的事」。[295]這些黨務專員的工作內容包括:理念宣傳;參與社區活動;跑紅白帖並參加各類型聚會,維繫社區鄰里的向心力;注意轄區內的民進黨公職人員是否有違反黨紀的行為,以及收集對手陣營是否有妨礙選舉公平的資料等等。[296]可見,黨務專員的角色和職能是多方面的,在平時是民進黨在基層的最佳宣傳員,在選戰開打後就成為民進黨動員選民、監督對手的強大組織力量,其作用和影響不可小視。

(二)民進黨籍民意代表的選民服務

在選舉競爭的壓力下,任何政黨或政治人物都必須對選民的各種需求作出回應。在實際的政治生活中,對選民需求作出回應的方式有很多,具體到民意代表而言,概括起來主要有兩種:一是在代議機構中的立法問政工作;二是在選區中投入各種資源,為選區中的個人和團體解決一些實際問題或主動為他們提供各種服務,即所謂的選民服務。

在臺灣,許多民意代表非常熱衷於選民服務,這在很大程度上與臺灣複數選區的民意代表選舉制度和講求人情的政治文化有密切的關係。在複數選區的選舉制度之下,各政黨提名的民意代表候選人既面臨其他政黨候選人的競爭,也面臨著同黨同志的競爭,甚至黨內競爭更加激烈,因此候選人僅靠政黨標籤也難以保

證當選,還需要透過平時的選民服務來建立和選民一對一的親密關係。這意味著,民意代表所從事的選民服務工作,在內容和形式上的政黨色彩比較淡薄,而一般與普通民眾的日常生活密切相關。實際上,臺灣各政黨民意代表所從事的選民服務,在內容和形式上並沒有太大的區別,只是在總體上各黨(包括無黨籍)民意代表對於選民服務的重視程度有所不同而已。以立委為例,在過去的研究中,國民黨籍的立委就被認為較其他政黨的立委傾向於服務選民的工作。至於民進黨立委,有研究者發現選民對其代表角色的認知有所變化:過去認為他們偏重於立法問政工作,但後來認為他們偏重於服務工作的選民比認為他們偏重於立法問政工作的更多。這可能是因為過去民進黨在「立法院」的席次不多,所以常以立法問政來吸引媒體與選民的注意。但隨著封閉的政治結構漸漸開放後,民進黨的席次增多,他們開始調整代表角色,不再是純以立法問政來吸引選民。[297]除此之外,民進黨基層組織建設長期以來的薄弱局面,也使得該黨民意代表傾向於透過從事選民服務來發展個人的實力及支持基礎。下面就以立委選民服務的形式和內容為例來瞭解民進黨籍各級民意代表的選民服務。

在臺灣,立委們一般都設立有相關的機構和人員負責處理選民服務工作,這些機構包括立委的「國會」辦公室(或稱「國會研究室」)及其在選區內設置的服務處。由於立委事務繁忙,並且選民服務案件眾多,因此立委們都聘用專門的工作人員來協助其處理這些工作。為了與更多的選民建立緊密聯繫,有些立委還設置了不止1個的服務處,比如第七屆的民進黨籍立委管碧玲、葉宜津、林淑芬等人都設立了2個服務處,而另一位民進黨籍立委潘孟安甚至設立了3個服務處。[298]

至於選民服務的內容,學者黃秀端在一項研究中以立委為分析對象,發現在立委心目中的服務內容主要有以下四種:婚喪喜慶請託;人事請託;平反冤屈;爭取地方利益。[299]此外,向民眾提供免費的法律諮詢服務也是選民服務的一項重要內容。不過,從選民的角度來看,他們提出的服務要求遠遠不止以上幾種,從求職、關說、找病床、代為訂票,到要求介紹婚姻對象、求見政治人物等等,真是無奇不有。[300]面對選民如此之多的要求,處理它們顯然需要耗費大量的時間和精力,但若不聞不問又可能會失去選票,因此立委們對此無不深感頭痛。特

別是從第七屆立委選舉開始,在區域立委部分實行單一選區制,絕大部分選區都比以前大為縮小,立委們(或有意競取立委職位的政治人物)就不得不花更多的時間和選民「搏感情」。[301]對於民進黨的立委或立委候選人而言,因為有適應黨內提名制度的需要,所以其選區經營還包括黨員經營,尤其是那些人頭黨員大戶立委需要對其豢養的人頭黨員特別照顧,除了幫他們繳交黨費之外,請託關說案件要優先處理,婚喪喜慶也要儘量禮到人也到。[302]

雖然立委們提供的選民服務在內容和形式上沒有明顯的政黨差別,但是由於各黨政治地位不同,相應地各黨立委在提供選民服務的效果上也是有所差別的。這在為地方爭取利益的事情上最為明顯。一般情況下,執政黨立委因為有行政資源的支援,因此相對而言具有優勢。在民進黨執政期間,民進黨當局在地方建設和經費補助等問題上就對該黨立委的要求儘量滿足,而對於在野黨立委則故意刁難,以致造成「一樣申請,兩款待遇」的不公平局面。[303]

在2008年1月的立委選舉中,民進黨遭受重挫,全臺灣僅有7個縣市還有該黨區域立委,其中雲林以北僅有臺北縣2名區域立委,而在臺北市、基隆市、桃園縣等16個縣市,民進黨既沒有縣市長,也沒有區域立委,原本還可以靠立委補強沒有地方行政資源的窘境,現在這些地區僅能靠議員等地方民代撐住場面。為了面對這一服務基層出現空窗、支持度流失的危機,立委選後民進黨中央就要求該黨不分區立委在沒有該黨區域立委當選的縣市設立聯合服務處,以補救基層服務的漏洞。而在3月的總統選舉中,民進黨又失去了「中央」執政權,這也意味著,過去該黨立委的選民服務得到執政當局特別照顧的局面將不復存在。

三、民進黨與各種社會民間團體的關係

民進黨在基層經營的過程中,一方面直接跟選民個人進行接觸以建立起彼此之間的密切聯繫,另一方面也努力在各類社會民間團體中擴大其影響,透過各種社會民間團體的中介,將更多的選民納為自己的支持基礎。這裡所說的社會民間

團體,包括各類傳統的民間社團、各種專業團體和行業協會、眾多的社會運動團體以及其他具有一定組織形態(包括正式或非正式)的團體等等。在臺灣,各類社會民間團體的數量眾多,對於各政黨及其政治人物而言,這些團體既可以提供選票(從而可以充當「票田」),也可以提供經費支持(從而可以充當「金庫」)。特別是對於民進黨而言,其長期以來在組織拓展方面的成效有限,而透過加強與各類社會民間團體的關係則可以有效彌補前者的不足。下面就以民進黨與地方派系及其與社會運動團體的關係為例來分析民進黨對於社會民間團體的經營。

(一)民進黨與地方派系的關係

所謂地方派系,主要系以血緣、姻緣、地緣、語緣等關係為基礎所形成的政治結合或聯盟,或者是藉由為選民服務所建立的恩惠關係所形成的人際網路為政治動員的基礎,透過選舉的參與取得公職,再藉由公職身分影響公共政策制定,以汲取合法或非法的政治、經濟和社會資源,再分配給派系網路成員的一種非正式政治團體。[304]地方派系是一個龐大的區域社會利益關係結盟體,為了掌握選舉資源,他們在各行各業、各個階層發展關係,掌握地方各種正式與非正式的社會組織,形成一個龐大的「樁腳網路」,並在各類選舉中進行社會與政治的動員。[305]在國民黨威權統治時期,國民黨與地方派系間形成了相互依靠與相互利用的共生關係。近20年來,隨著臺灣競爭性政黨政治的形成、社會經濟狀況的變遷以及選民自主性的增強,地方派系與國民黨的傳統關係也受到嚴重的衝擊。不過,地方派系至今依然是國民黨在基層的重要依靠力量。相對而言,民進黨與地方派系的關係同國民黨與地方派系的關係不盡相同。早期的民進黨,因組黨者多是出於理念的結合,講究民主運動的經歷及理念的「純度」,對外組織發展則有些曲高和寡,同時民進黨也極力抨擊國民黨和地方派系勾結所造成的「黑金政治」,所以民進黨長期以來與多數地方派系之間保持著一定的距離。

隨著民進黨實力的壯大,過於強調理念的結合也使其在拓展政治版圖時遇到瓶頸,於是,與傳統地方派系結合或發展自身的地方派系就成為民進黨在組織發展上的現實考量。於是,民進黨一方面利用國民黨內部的矛盾或手中不斷增加的

政經資源來拉攏已有的地方派系,特別是2000年取得執政權後,民進黨當局在臺面下也像過去的國民黨一樣,透過承諾各種地方建設資金、小型工程補助款的方式,來拉攏地方基層的派系人物。另一方面,民進黨的一些政治人物,也透過傳統地方政治的經營方式發展人脈與組織網路,或與地方勢力結合,從而逐漸形成一種新的地方派系或「地方山頭」勢力。不過,隨著民進黨與地方派系結合程度的加深,「黑金政治」也逐漸侵蝕進民進黨的肌體。在民進黨近年舉辦的各種黨內選舉中,地方派系與山頭勢力賄選、買票、換票與綁票的現象屢禁不絕,其原有的清新形象也隨之蕩然無存。

此外,在民進黨執政期間,鑒於許多地方派系跟國民黨仍然存在著錯綜複雜的關係,同時也出於兌現競選承諾、塑造「反黑金」形象的需要,民進黨當局在拉攏某些地方派系勢力的同時,也採取了包括整頓基層金融機構[306]和利用司法機關嚴查賄選行為等一系列衝擊地方派系生態的舉措。不過,隨著民進黨相繼在2008年的立委選舉和總統選舉中慘敗,在第一次政黨輪替後倒向民進黨的某些地方派系勢力,也可能會因為第二次的政黨輪替而回到國民黨的懷抱。

(二)民進黨與社會運動團體的關係

民進黨是一個靠街頭運動起家的政黨,在其創黨初期就設立有負責與各個社會運動團體的經營、聯繫與合作的社運部(後來更名為社會發展部)。民進黨內的重要派系——新潮流也透過廣泛介入社會運動而使許多社運團體成為民進黨的外圍組織。

在1980年代末90年代初,民進黨曾經與各類社會運動團體一起發動舉辦了多場聲勢浩大的以推動臺灣民主化改革為訴求的遊行示威活動。在臺灣逐漸實現民主化之後,民進黨的群眾運動路線又調整到社會福利政策和環保政策方面(比如「老人年金」運動與「反核四」運動)。透過發動各種社會運動,民進黨有效地維持了其行動的能見度,不僅與民意與社會議題緊密結合,廣泛動員群眾,也積極地為當時的選舉活動造勢。不過,在90年代中期以後,民進黨為了要邁向執政,開始調整路線以擺脫激進形象,和社運團體的關係也逐漸疏遠。但在政黨輪替之前,面對共同的抗爭對象國民黨,臺灣的社會運動團體和民進黨之間還是

大致維持著某種結盟的關係,在2000年的「大選」中,不少社運團體公開表態支持陳水扁。而陳水扁在上臺後,也大量甄拔了從社運團體出身的運動者以及知識分子加入他的新團隊,使得社運團體因為「自己人」的加入,而對新政府有所期待。然而,民進黨當局上臺後採取的一連串違背其在野時期主張的做法,讓一向標榜社會改革的社運團體大失所望,跟民進黨的關係也漸行漸遠。2003年8月,原民進黨新潮流系核心人物、臺灣促進和平文教基金會執行長簡錫堦鑒於政黨輪替後民進黨已經背棄對弱勢人民的承諾,於是聯合數十個原來支持民進黨的社會運動團體,成立代表弱勢群體利益的「泛紫聯盟」,試圖形成泛藍、泛綠之外的第三勢力。在2006年下半年,眾多社運團體包括一些親綠的社運界人士更是站出來發動和參與大規模的「反貪腐倒扁」運動。

在2008年的兩場重要選舉接連挫敗之後,面對民進黨的體制內實力跟國民黨相差懸殊的局面,不少人主張民進黨應該重回街頭,與社運團體結合,透過體制外的草根行動來共同對抗「一黨獨大」的國民黨。考慮到國民黨向來和社會運動者的政策主張距離較遠,因此,民進黨與社運團體再度攜手監督國民黨,極有可能是未來臺灣政治發展的生態之一。不過,由於過去8年的表現讓許多社運團體失望,民進黨要想恢復以往和社運團體之間的緊密關係,也不容易。

四、結語

基層經營是民進黨擴大其社會基礎的一個重要途徑。在前面對於民進黨基層經營的介紹和分析中,我們可以看出,民進黨基層經營的管道、形式和內容是多樣化的。其中既有政黨基層組織的經營,也有黨籍政治人物的個人經營;在其實施的各類活動之中,既有宣揚政治理念和政策主張、攻擊對手等意識形態色彩比較濃厚的活動,也有貼近民眾日常生活的娛樂活動或公益活動,也包括利用所掌握的政經資源為特定選民或選民群體發聲和爭取利益的活動,使得選民不僅僅是基於認同民進黨的政治理念和政策主張、也可以是基於人情關係以及自身利益的

考量而支持民進黨。同時，民進黨基層經營的對象也是十分廣泛的，各行各業、各社會階層、各種民間社團乃至最基層的選民個人，都是民進黨積極爭取的對象。

　　民進黨進行基層經營是出於選舉競爭的需要，而基層經營也的確是民進黨成長壯大的一個重要因素。另一方面，民進黨在選舉中的成敗從而擁有政經資源的多寡反過來也會影響其基層經營的策略和成效。在過去實力孱弱的年代，民進黨沒有能力在基層經營上投入大量的資源，因此在政黨發展的戰略和策略上就會側重於透過吸引大眾媒體的關注來擴大其影響，在具體行為上就表現為和社運團體結盟（當然也屬於基層經營的範疇），經常發動大規模的街頭抗爭運動，或者專注於「立法院」的問政和監督工作等等。後來，隨著民進黨在選舉中的不斷壯大從而手上握有政經資源的增多，其在基層經營方面的工作也得到了不斷的加強和完善。但是，民進黨在2008年立委選舉和總統選舉中的接連慘敗，使其過去二十多年奮鬥得來的體制內權力資源幾乎喪失殆盡，這必將嚴重衝擊其以往基層經營的成果，同時也使其未來的基層經營面臨困境。

　　不過，基層經營固然重要，但也並不一定就是影響選舉成敗的決定性因素，尤其是對於單一席次的、層級較高的選舉如總統選舉、縣市長選舉而言，政黨及其候選人的形象相較之下更加重要。過去幾年民進黨之所以在選舉中一再挫敗，主要就是因為其不斷走偏鋒路線、施政無能以及貪腐弊案頻傳對其政黨形象造成致命傷害的結果。在第七屆的立委選舉中，即使人們普遍認為在新的選舉制度下候選人的基層經營較「形象牌」更加重要，但一些原本基層經營扎實的民進黨候選人還是因為該黨形象的拖累而落選，可見政黨形象的極端重要性。

　　其實，就像在第一次政黨輪替前一樣，儘管民進黨的基層經營工作比較薄弱，儘管國民黨擁有龐大的政經資源、綿密的地方組織以及扎實的基層經營，如果國民黨再次讓臺灣人民失望，如果民進黨能夠重新塑造良好的政黨形象，則其仍然有再度執政的機會。

第四篇　臺灣政治參與研究

2006年臺灣政局綜述[307]

孫雲

　　2006年的臺灣政局跌宕起伏，令人眼花繚亂。由於圍繞陳水扁家人和親信的一系列弊案和醜聞的不斷曝光，在臺灣社會引起高度震驚。由此不僅引發在野黨罷免陳水扁的運動，也催化出民進黨前主席施明德領導的百萬人反貪倒扁運動的發展。這不僅加劇了民進黨上臺後臺灣社會的高度分化、對立與混亂，而且陳水扁的權力也出現空前危機，民進黨的氣勢低迷，形象嚴重受損。人們普遍認為，在大環境不利於民進黨的情況下，12月9日的臺北、高雄市長和市議員選舉，選民肯定會用選票懲罰民進黨，選後島內政局可能會出現很大的變化。但是，北高選舉的結果，民進黨不僅保住了高雄，在臺北，選票還有成長，顯示民進黨的基本盤並未鬆動，這讓許多人感到意外。這一結果，使陳水扁的權力危機和民進黨的困境都得到一定程度的緩解，也使國民黨在馬英九當選黨主席後上升的勢頭受挫，馬英九的光環和在國民黨內的威信都受到一定程度的折損。北高選後，島內藍綠兩大陣營的內部都在進行新一輪的盤整。展望2007年，民進黨和國民黨不僅會圍繞陳水扁的「國務機要費」案和馬英九的「特別費」案繼續纏鬥，2007年還是臺灣的「選舉年」，年底有單一選區兩票制的立委選舉，更有明年3月的總統選舉，藍綠之間和藍綠內部圍繞選舉的鬥爭肯定也會十分激烈，島內政局將持續動盪。

一、2006年臺灣政局發展脈絡

1.臺灣倒扁運動不斷發展。

民進黨在野時，一直標榜「清廉」、「清流」，視「反黑金」為黨的核心價值之一。陳水扁上臺後，為一黨一己之私，圖謀控制經濟命脈，讓其親信、民進黨的骨幹分子占據要津，全面掌握權重、利大、「油厚」的部門、行業、單位，奠定了官商勾結、利益輸送、中飽私囊的組織基礎。

2005年8月，由於「高捷弊案」的爆發，引發社會強烈震動，導致民進黨在年底的「三合一」選舉中慘敗。但是，「高捷弊案」只是民進黨陷入貪腐、「清廉」光環嚴重褪色的一個序幕。2006年5月以來，圍繞陳水扁家人與親信的一系列弊案被陸續曝光，特別是陳女婿趙建銘的「臺開股票內線交易案」、陳妻吳淑珍的「SOGO禮券及股權糾紛案」以及陳夫婦蒐集假發票詐領「國務機要費」等一系列駭人聽聞的重大弊案曝光後，引起島內民眾的強烈憤慨和高度震驚，強烈要求「陳水扁下臺」，並展開一波波聲勢浩大的「倒扁運動」。「反貪倒扁」成為影響2006年島內政局發展的一條主線，它牽動著島內各股政治勢力與政治人物的矛盾與變化，並給政局帶來巨大衝擊。

「倒扁運動」的發展，大體可以分為四個階段：

第一階段是泛藍陣營的「罷免陳水扁」的運動。

「上梁不正下梁歪」，「上行下效」。在陳水扁的「示範作用」下，民進黨內一些掌握實權的官員也不斷被揭發出貪汙醜聞。這些都說明，執政才短短幾年，民進黨就快速地走向腐化。在野時標榜「清流」的民進黨政權，「清廉」光環已經不再。民進黨受弊案所困，支持度大幅下滑，內部氣勢低迷。陳水扁也陷入了執政以來最嚴重的危機。

由於陳水扁貪腐問題被揭露，引發了島內「罷免」、「倒扁」的巨大風暴。先是泛藍在「立法院」三次推動「罷免陳水扁案」。實際上，陳水扁自2000年上臺後，已經多次被提罷免。這次陳水扁當局被揭露出「上班炒股，外出嫖賭，

選舉買票，執政貪汙」的腐敗行為，泛藍在「立法院」裡又三推「罷免案」。但根據臺灣的相關規定，罷免案需要經過四分之一的「立法委員」聯署才能提案，排入議程經「全院委員會」審議以後，更要三分之二立委同意才能成案，罷免案才能交付全民複決，可以說門檻相當高。三次罷免，由於民進黨的反對而選擇不進「立法院」投票，致使罷免案沒有獲得通過。

面對陳水扁身邊人的貪腐，一些親綠學者也站出來，發表聲明，強調陳水扁已經失去了人民的尊敬跟信任，呼籲其慎重考慮辭去總統職務，並呼籲民進黨自我反省，用實際行動感動民眾。

面對陳水扁拒絕反省，拒絕下臺，民進黨前主席施明德發動「百萬人反貪倒扁運動」，在很短的時間內就聚集了巨大的能量。這次規模浩大的民間政治運動試圖不再具有「藍綠對決」色彩，而是強調「愛，和平，非暴力」的原則，得到民眾的積極響應，持續了幾十天，給陳水扁的權力基礎帶來強烈衝擊。

2.馬英九陷「特別費」風暴。

正當民進黨身陷阿扁「國務機要費」困境，內部情勢低迷之時，民進黨開始了反制。民進黨一些立委從2006年8月份開始，對馬英九所謂違法使用市長「特別費」窮追猛打。他們到臺灣「高檢署」提出檢舉，指2004年底到2005年底，馬英九個人存款增加約410萬元（新臺幣，下同），推算馬英九一年收入與支出，懷疑其挪用屬於業務費性質的「特別費」當生活費，涉嫌貪汙。「高檢署查黑中心」檢察官侯寬仁2006年11月請馬英九以關係人身分前往說明。隨後，馬英九召開記者會坦承其「行政疏失」。原來，負責馬英九「特別費」報帳工作的市長祕書室職員余文，在馬英九事先並不知情的情況下，為減少工作量，一直以自己的大額發票頂替馬英九實質消費的「成堆」小額發票報帳。為避免不斷遭到曲解，馬英九把7年多來每月的「特別費」共計約1500萬元，捐給公益及社會福利團體，表示他絕沒有涉嫌貪瀆。[308]

馬英九的「特別費」案在臺灣政壇引發強烈震撼，一方面，陳水扁正深陷「國務機要費」弊案，權力高度危機，此時爆出馬英九的「特別費」案，無疑有利於陳水扁和民進黨轉移矛盾和模糊焦點，擺脫危機。另一方面，馬英九遇到了

從政以來最嚴峻的一場政治風暴和危機，因為馬英九一向清廉，在一般民眾對「國務機要費」和「特別費」很容易混淆的情況下，對馬的形象難免有所折損。更重要的是，馬英九的「特別費」如被起訴，無疑對其2008總統之路是個巨大的挑戰。顯然，綠營不僅藉此「打馬救扁」，而且顯然意圖拉下馬英九黨主席，甚至阻卻2008年馬英九參選總統大位。

現在，臺灣的檢調部門正圍繞馬英九的幕僚以假發票報帳及半數特別費匯入其私人帳戶，對馬進行調查，不能排除馬有被起訴的可能性。透過「特別費」案的發生，也暴露出馬英九及其團隊在行政能力、政治能力、危機處理能力以及主導議題能力上都存在一些問題。[309]也證明，馬英九的2008之路，注定是不平坦的，國民黨要想贏回政權，仍面臨相當多的挑戰和考驗。

3.陳水扁加緊推動「公投新憲」，擁抱深綠。

民進黨在2005年「三合一」選舉慘敗後，陳水扁的權力基礎受到削弱，個人聲望降到低谷。2006年的一系列的「反貪倒扁」運動更加劇了陳水扁的權力危機，使其陷入更嚴重的執政困境當中。為了擺脫困境，化解危機，鞏固權力，也為了與李登輝爭奪「臺獨」教父的地位，陳水扁頻頻向深綠勢力交心，急步倒向「臺獨基本教義派」，加緊推動「法理臺獨」活動。因此，2006年，陳水扁推動「公投制憲」動作不斷。一是進一步明定「憲改」時間表，期許「2006年誕生民間版的臺灣新『憲法』，2007年舉辦『新憲公投』，2008年為臺灣催生一部合時、合身、合用的新『憲法』」；二是終止「國統會」運作及「國統綱領」適用；三是提出更改「領土範圍」，炒作「第二共和」，即「凍結現行所謂的『憲法』，制定所謂的『新的憲法』」，以落實「法理臺獨」。四是提出「以臺灣名義加入聯合國」。

同時，為了在北高選舉中穩住高雄選情、凝聚「臺獨」基本盤，陳水扁在輔選時聲嘶力竭喊出「臺灣國」口號，叫囂「不能讓臺灣高雄變成中華高雄、中國高雄」。臺行政當局也配合推出各項「正名」、「去中國化」等運動，如把中正國際機場更名為「桃園國際機場」，把「中華文化復興總會」更名為「國家文化總會」，並提出要把民國紀年改為公元等等。

從以上我們可以看出，面對自己執政危機深化，陳水扁加緊走向「臺獨」，藉以「臺獨」路線穩固權位。一方面試圖轉移民眾的注意力，模糊焦點，緩解來自各方面的壓力，這是陳水扁上臺6年多來的一慣做法。另一方面，陳水扁目的是討好基本教義派。我們看到，每當陳水扁遇到權力危機時，就三天兩頭找獨派大佬，向他們傾訴心聲，以獲取他們的支持。陳水扁每當遇到困境，就回到南部獨派的基本盤，聲嘶力竭地宣揚「臺獨」，向基本教義派交心，以獲取溫暖與安全感。同時，面對島內倒扁運動的發展，陳水扁不斷觸及兩岸敏感議題，也是試圖挑起兩岸對立，激怒大陸，以轉移島內民眾視線，來為自己脫困。所以，陳水扁一再以族群認同、「統獨」意識來作為遮羞布，並反覆以「捍衛本土政權」的訴求，削弱人民對他的批判與檢討。

4.北高選舉，「北藍南綠」格局進一步發展。

12月9日的臺北、高雄市長和市議員選舉是今年島內唯一一次較大型的選舉活動。雖然這僅是一次局部的地方性選舉，但在經過民進黨弊案連連和倒扁運動的巨大衝擊之後，藍綠勢力如何消長，政局將如何發展變化，人們都高度關注。選舉結果，國民黨籍候選人郝龍斌當選臺北市長，民進黨籍候選人陳菊當選高雄市長，得票率分別為54%和49%。表面看來，國民黨與民進黨打了一個平手，臺北市仍屬於「藍天」，高雄市還是「綠地」，藍綠維持平盤。但仔細分析，我們看到這次選舉呈現出幾個明顯的特點：一是國民黨發展勢頭暫時受阻。民進黨不但在整體大環境極其不利的形勢下保住高雄，臺北市長選舉部分得票率大幅提升，泛綠臺北市議員得票率和席次也有所增加。2005年「三合一」選舉中「藍張綠消」局面得到抑制，國民黨發展勢頭受阻。二是「北藍南綠」格局沒有改變。長期以來，臺灣政治版圖呈現「北藍南綠」的結構。2005年「三合一」選舉中國民黨有所突破，成功占領嘉義市這個進軍民進黨大本營的灘頭堡。但此次北高市長選舉，民進黨贏得南部重鎮高雄，固守雲林、嘉義以南的傳統票倉，勉強保住「半壁江山」。而原本強渡濁水溪、持續向南挺進的藍軍，未能如願。以濁水溪為界的南北政治分野沒有改變，這一根深蒂固的選票結構仍將是2008年總統選舉的基本盤，也將是未來藍綠持續對抗的基礎。[310]

選後，陳水扁和民進黨的危機得到了部分緩解，小黨加速泡沫化危機，藍綠兩大勢力都在進行內部盤整，臺灣兩黨政治的趨勢更加明顯。

二、島內政局發展的特點

一年來，臺灣政局演變跌宕起伏、複雜多變，主要呈現以下特點。

1.陳水扁陷於高度的權力危機。

自2000年陳水扁上臺以來，陳水扁多次面臨嚴重的政治危機。但今年以來島內形勢的發展，使陳水扁陷入了最嚴重的權力危機，其權力幾乎岌岌可危。從今年5月以來，因總統府貪瀆弊案一件件連續被揭發，這些弊案涉及陳水扁的家人、親信等，多數民眾都認為陳水扁應該辭職下臺。由此導致臺灣社會各種形式的倒扁運動不斷發展。這中間既有在野黨發動的體制內的罷免，也有民進黨前主席施明德領導的體制外的倒扁運動。連親綠的一些學者、原來支持陳水扁的李遠哲、陳師孟等都呼籲陳水扁知所進退，辭職下臺。甚至李登輝都選擇不與陳水扁的貪汙政權站在一起。各種民調也都顯示，多數民眾希望陳水扁下臺。陳水扁陷入了高度的權力危機，如果沒有深綠勢力和民進黨的相挺，陳水扁很可能會提前下臺。

2.民進黨面臨最嚴重的困境。

民進黨執政後，一直拿不出像樣的政績，如今又弊案成堆，民進黨長期引以為傲的「清廉」形象破產，令支持者十分失望。民進黨的支持度降到谷底，長期徘徊在一二成左右。民進黨內部氣勢低迷，陷入困境，面臨建黨以來的最嚴重的危機。但面對嚴峻的形勢，民進黨並不知反省、檢討，反而選擇與貪腐的陳水扁緊緊地捆綁在一起，反映了陳水扁和民進黨的一己之私和一黨之私，也反映了民進黨標榜的所謂「民主、人權、法制」的虛偽性，體現了民進黨的沉淪與墮落。

不過，在民進黨強撐「保扁」的表面下，也有來自民進黨內部的部分不滿的

聲音。如民進黨內次級團體「綠六組」、「世代論壇」發出嚴厲聲明，要求開除扁珍及所有涉案黨員黨籍，青壯派立委林岱華呼籲陳水扁「立即下臺」，李文忠、林濁水等辭去立委職務，以及羅文嘉對陳水扁的批評等。這說明，民進黨內部仍有希望改革和檢討的聲音，只不過，在民進黨高層的壓制之下，沒有成為民進黨內的主流。

3.藍綠對立、政局混亂加劇。

民進黨上臺以後，臺灣政治生態嚴重地呈現出藍綠「二元化」的基本結構，社會一直籠罩在藍綠對立的氛圍之下。凡事必有藍綠之分，它不只是表現在政黨支持而已，更是擴及在媒體經營、教育學術、社會運動及族群關係等等面向之上。經過這幾年的選舉，這種藍綠對立的結構進一步強化。臺灣離一個理想的公民社會似乎越來越遙遠了，社會上理性的思考微弱。整個社會藍綠對立加劇，社會陷入撕裂，並為此付出巨大成本。尤其民進黨是「少數政府」，為了鞏固政權，打擊對手，不斷挑起矛盾，撕裂族群，挑起社會對立，致使政局混亂，政治紛爭與惡鬥不斷，社會難以和諧。

4.臺灣走向兩黨政治的趨勢更加明顯。

民進黨上臺以來，臺灣政治基本上是泛藍、泛綠兩大政治勢力的競爭。從2004年立委選舉以來，經過一系列的選舉，親民黨、「臺聯黨」等中小政黨的力量日益萎縮，泡沫化趨勢日益明顯，國民黨對決民進黨的態勢基本形成。尤其從2005年的「三合一」選舉到2006年的北高選舉這一年多來，加劇了小黨的泡沫化趨勢。2007年的立委選舉將實行「單一選區兩票制」，這勢必會進一步壓縮中小政黨的生存空間，加速臺灣兩黨政治的形成。北高選後，藍綠兩大勢力的內部都在進行盤整，國親合併的步伐加快，島內國民黨、民進黨輪流執政的兩黨政治態勢基本成型。

三、臺灣政局的未來走向

展望2007年，持續多年的藍綠對立、「朝野」惡鬥仍無法緩解，島內政局會依然動盪。尤其2007年是臺灣的「選舉年」：年底有「修憲」後第一次實施的單一選區兩票制的立委選舉，更有2008年3月的總統選舉，島內藍綠等各股勢力、藍綠內部各股力量以及有志於爭取2008「入場券」的各個政治人物之間，必然會圍繞展開激烈的角力和鬥爭。這些都會加劇藍綠內部以及藍綠內部的矛盾與鬥爭，也會加劇島內政局的複雜性與混亂程度。

1.「朝野」與藍綠間的矛盾與對立仍會持續加劇。

自2000年民進黨上臺以來，臺灣「朝野」嚴重對立，藍綠陷入惡鬥，社會嚴重分化。「藍綠對決」已成為臺灣政黨政治近程發展的主要特徵。[311]臺灣政治生態之所以呈現出這種藍綠「二元化」的基本結構，一方面，藍綠兩大政治勢力在國家認同、意識形態、臺灣的未來等發展路線上分歧嚴重，另一方面，民進黨上臺後，一切向選舉為考量、不擇手段地打擊泛藍勢力以求盡快擴張綠色版圖，意識形態掛帥，只問顏色，不問專業，執政荒腔走板，並不斷在社會上挑起矛盾與對立，撕裂族群與社會，以此獲取選舉利益和鞏固政權。同時，民進黨上臺後，臺灣一直維持著「朝小野大」的格局，選舉中的不擇手段，政治人物的毫無誠信，這些都加劇了藍綠陣營的對立與不信任。經過多次的選舉之後，臺灣「北藍南綠」的格局更加嚴重。臺灣已經形成了「雙峰社會」，這一格局不僅在短期內很難改變，而且在「單一選區兩票制」的催化下，可能會進一步發展。圍繞2007年年底的立委選舉和2008年的總統選舉，藍綠的對立與鬥爭會更加激烈，「朝野」僵局難以打破，藍綠和解難以達成，社會難以和諧。「惡鬥與亂局」將伴隨著臺灣2007年政局發展的始終。

2.選舉將會牽動著藍綠版圖與島內政治生態的變化。

2000年民進黨上臺後，藍綠政治版圖不斷發展變化，實力不斷此消彼長。繼2000年政黨輪替後，2001年的立委選舉，民進黨成為「立法院」第一大黨，國民黨的席次大幅下降。但從泛藍、泛綠兩大陣營的實力對比來看，仍然維持著藍大於綠的格局。2004年立委選舉，國民黨獲得79席，親民黨獲34席，新黨獲1席，泛藍陣營獲得114席。民進黨得到89席，臺灣團結聯盟有12席，無黨聯盟得

6席,無黨籍得4席。這樣,仍然維持著「立法院」裡藍大於綠的格局。2005年底的臺灣地方選舉,民進黨慘敗,只保住南部7個縣市的執政權,島內地方政治生態出現劇烈變化。2006年的北高選舉,仍維持「北藍南綠」的既有格局。從中我們可以看出,政黨輪替後,民進黨的實力不斷擴張,國民黨的實力則大幅下降。但2004年立委選舉,泛藍開始「止跌回升」,此後由「綠長藍消」逐漸轉變為「綠滯藍長」,到2005年的「三合一」選舉,泛藍大勝,力量達到高潮。民進黨的發展受阻,實力有所下降。2006年的北高選舉,藍綠大體又回歸基本盤。

2007年,臺灣將實行「單一選區兩票制」的立委選舉,分為區域立委73席,不分區34席,臺灣少數民族6席,共113席。這次選舉不僅決定著藍綠陣營在「立法院」的政治生態,也會對島內的政黨格局產生重要影響。一方面,泛藍力爭拼過半,繼續掌握「立法院」的多數,另一方面,這一制度明顯對國民黨、民進黨兩個大黨有利,而對親民黨、臺聯黨等小黨比較不利,加速小黨的萎縮。因此,2007年立委選後,臺灣的政黨格局會出現新變化。同時,明年立委選舉的結果,也會對2008年的總統選舉產生重要影響,並牽動著島內政局的走向。

3.選舉牽動著藍綠內部的矛盾和鬥爭。

2007年底的立委選舉,由於實行席次減半,由原來的225席減為113席,現任立委將有一半人失去立委身分。因此,這肯定會加劇這場選舉的激烈競爭程度,不僅藍綠之間會展開激烈的競爭,藍綠內部也會圍繞黨內提名等,各個派系、各股勢力以及參選人之間展開激烈的爭奪。在總統選舉部分,民進黨有呂、游、蘇、謝四大天王,國民黨內則有馬王之爭,這兩大政黨的內部也將圍繞爭取政黨提名和能夠出線,加劇內部的矛盾和鬥爭。一方面,馬英九的「特別費案」,檢方正在調查,調查結果如何,會不會被起訴,這些都會對馬的2008之路帶來挑戰,也會加劇國民黨內部的王馬之爭,給黨的團結帶來一定的衝擊和影響。另一方面,在綠營部分,四大天王有沒有特別費的問題,這些天王在競爭的同時,會不會加劇派系之間、政治人物之間的矛盾,這些都會對政局的發展帶來衝擊和影響。

4.藍綠兩大陣營圍繞「修憲」將展開激烈的攻防。

2006年，陳水扁家族弊案爆發，面臨在野黨、社會民意及綠營內部要求其下臺的巨大壓力，陳水扁為模糊和轉移弊案焦點，鞏固自身權力，完全倒向「臺獨」基本教義派，企圖透過操弄激進「臺獨」路線，搶坐「臺獨」教主的地位，確保其權力的穩固和下臺後對政壇的影響力。而不斷炒作「修憲」議題，成為陳水扁走「深綠」路線，加緊推動「臺獨」活動的重要一環。

陳水扁曾多次聲稱在任期內要為臺灣打造一部合時、合用、合身的「新憲法」。2006年9月，在民進黨「憲改」座談會上，陳水扁在致詞時首度觸及「憲法」中更改「領土」的議題。在參加「獨派」大老辜寬敏的壽宴時，陳水扁在致詞中也大聲疾呼，建立一個自己的「國家」，對他剩下任期要走的路，陳水扁更提出「第二共和憲法」的新構想，稱要凍結目前的「憲法」，並制定符合臺灣現狀的「第二共和憲法」，並強調實施時機是「現在進行式」。儘管島內輿論抨擊扁此舉是拿臺灣的安全為賭注，換取個人的政治籌碼，但扁不為所動，2006年11月，在接受英國《金融時報》專訪時再次聲稱要「凍憲」，並在「新憲法」的序言中釐清臺灣「疆域」範圍。

因此，2007年，陳水扁出於鞏固「臺獨」基本盤和「臺獨」教主地位的需要，也為了下臺後繼續擁有影響力和保護個人利益，在剩下的任期內，會加緊推動「法理臺獨」活動。尤其隨著選舉熱季的到來，陳水扁會不斷操弄「憲改」議題，鞏固基本盤，這一方面會加劇島內藍綠的矛盾，升高「朝野」的對立，也會給兩岸關係帶來衝擊。

臺灣政壇「第三勢力」的發展空間分析[312]——一種公共選擇的視野

孫雲　文勝武

自從2000年民進黨執政以來,「藍綠對立」成為島內政治的主要格局。與此同時,籌組「第三勢力」的呼聲和傳言幾乎從未中斷過。所謂「第三勢力」,有學者認為,是指介於藍綠陣營之間的中道力量,他們主要爭取藍綠陣營以外的中間選民,其政策訴求跳脫藍綠對立的政治議題,以關心民生為主,尋求「共同利益」。①依此定義,「第三勢力」主要包括第三社會黨、紅黨(紅衫軍)、綠黨、公民黨等,以及未來存在結社可能的潛在政治勢力。「第三勢力」在臺灣政壇究竟還有多大的活動空間?本文試圖運用公共選擇理論的分析框架,對臺灣政黨政治的現狀及在可預見的未來的發展趨勢進行初步的剖析,以期對「第三勢力」在這一過程中可能獲得的選民支持的空間提供一種進一步探討的出發點。

一、選舉規則與政黨數目

　　公共選擇理論,也稱新政治經濟學,是一門「將經濟學應用於政治科學」的理論,②它用經濟學中的「理性人」假設和嚴格的個人主義的方法論來分析諸如國家、政黨、利益集團和投票等傳統上為政治學所關注的議題,是一門介於經濟學和政治學之間的新興交叉學科。公共選擇理論認為政治市場有著與經濟市場類似的供需結構,同樣是一種個人相互交易的市場。所不同的是,人們在經濟市場是用貨幣來進行交換,而在政治市場交換的媒介變成了選票,選民和利益集團是這一系統的消費者,而政治人物和政黨是處於供給者地位的廠商。政黨政治是公共選擇學派較為關注的一個主題。關於政治體系中活躍的政黨的數目,在一般公共選擇理論看來,首先與選舉規則有著密切關係。目前世界各國實行的選舉規則千差萬別,但總體來看,主要有以下兩種:多數票獲勝規則和比例代表制規則。公共選擇學派認為,在多數制的情況下,一個選區只選舉一個代表,或者是獲得多數票者(相對多數或絕對多數)全勝(winner takes all),就極可能會產生兩黨制,或者會促成黨派合作而形成兩個政黨聯盟。[313]造成這種局面的原因主要是在這一規則下,每個政黨的最優選擇都是爭取過半數以確保當選,這樣小黨就會在長期的當選無望中消亡或依附於某一大黨,而實力遠遠超過當選半數的大黨

則會有意縮小規模以至剛好過半，以期以最小的成本獲取最大的收益。比例代表制即一個選區內有兩個或兩個以上的當選名額，透過各個候選人的得票多少的比例次序來決定。這種選舉規則較容易產生多黨制，因為此時沒有獲得過半數的政黨也可以取得一定的當選席次，抑制了政黨間結成聯盟的企圖，鼓勵了小黨的發展。

臺灣目前共有九項選舉，其中具有全島影響意義的主要是地區領導人選舉和「立法委員」選舉。其中前者從1996年開始實施「總統直選」以來都是採取「單一選區相對多數決制」，也就是整個選區只產生一個代表，獲得相對多數票者即可當選。而立委選舉制度自1992年「萬年國會」全面改選之後曾經是採取多數區域立委由「複數選區單記不可讓渡制」（Single Non-Transferable Vote-Multi-Member District，SNTV-MMD）產生，即一個選區可產生若干名當選者，少數不分區立委由按政黨得票率分配。一直到2008年1月開始變革為「單一選區兩票制」，即73名「區域立委」由「單一選區制」產生，6名少數民族立委仍採「多數選區制」，而另外34名「不分區立委」名額按政黨名單投票選舉之，由獲得百分之五以上政黨選舉票之政黨依得票比率選出。[314]臺灣其他「地方公職人員選舉」與政黨政治主題相關性相對不高，故本文擬重點考察前兩項選舉的規則與臺灣政壇政黨數目之間的關係。

在這樣的選舉規則之下，臺灣的各方政治勢力在過去的十多年經歷了激烈的競爭和不斷的重新洗牌。就地區領導人的選舉來看，在已經過去的四次選舉中，我們可以看到有一個明顯的兩黨制的趨勢。按照公共選擇學派的理論，這樣一個趨勢是在不斷的回應規則環境的過程中逐漸形成的，臺灣亦是如此。在1996年的第一次「總統直選」中，共有四組候選人參選，且落選者的得票率都接近或遠高於10%，顯示出參選各方在選民中的實力都不容小覷，也顯示出在沒有選擇聯盟參選的情況下，很難有哪一方在野勢力足以挑戰執政黨的優勢地位。這種情況在2000年的總統選舉中更是達到了巔峰，雖然此時已經有人提出理念較為接近的候選人（如連戰和宋楚瑜）結成選舉聯盟的主張，[315]但是因為某些政治原因最終也沒有成局，從而造成國民黨內「鷸蚌相爭」的局面。這其中當然主要緣於某些政治人物對個人權力的考量，但也在於政治人物沒有完全認清在「相對多

數」選制下的政黨政治的規律。而這一情形在2004年得到改變，泛藍陣營充分認識到再也沒有分裂的本錢，只有團結才有勝選的可能。[316]僅有兩組候選人參選，這是臺灣政壇兩個政治陣營正式整合的重要里程碑。2008年的「大選」再次延續了兩黨競爭的穩定格局。從這一過程我們可以看出，「總統大選」從最初的「群雄逐鹿」到現在的「兩黨PK」是選舉規則下必然的演進，而在此一選制不變的前提下，很難有「第三勢力」勝選的可能。

「立法委員」選舉相對總統選舉，更為複雜，卻更具有考察的必要，因為對於勢力遠不及國、民兩大黨的「第三勢力」來說，如果能夠在「立法院」占有一定的席位，同樣能保有一定的生存空間。透過對過往數次立委選舉的得票情況分析，實行「單一選區兩票制」前後的選舉結果差異較大。以改制前的第四屆立委（1998年）、第五屆立委（2001年）、第六屆立委（2004年）與改制後的第七屆立委（2008年）席次對比為例，國、民兩大黨在上述前三屆「立法院」中總計擁有席次占全體名額依次為86.5%、69.5%、75.3%，而在2008年最新產生的「立法院」中，國、民兩大政黨的席次占有率竟達95.6%，席次明顯向兩個大黨集中。造成這種局面除了具體的政治原因外，更重要的還是源於選舉規則的改變。尤其在「區域立委」部分，「複數選區」時代僅靠個人實力而沒有大黨背書的候選人，在改制後的「單一選區相對多數決制」的規律下，失去強大的政黨做後盾，基本上很難獲得一個選區的多數票，也意味著生存空間的完全喪失。所以在這次選舉中，走極端路線和沒有國、民兩大黨背景的立委候選人幾乎全軍覆沒。[317]而在「不分區立委」部分，國、民兩大黨之外的小黨在本次選舉中的總計得票率為11.9%，但是由於小黨勢力的過分分散，各自都沒有能夠突破5%的門檻限制，使得這一部分民意沒有充分的體現在「立法院」的席次中，只能由國民黨和民進黨按比例分攤。但是由於採用不同於「區域立委」選制的「比例代表制」規則，而且相當部分民眾確實已經厭惡了藍綠兩黨的惡鬥，理論上我們不能排除未來「第三勢力」在「不分區立委」部分拿到少數席次的可能。然而目前在臺灣，潛在的「第三勢力」尚缺乏有足夠公信力的政治人物來實現整合，不管是李登輝、施明德還是其他小黨的領導者，大部分都是來自於原有藍綠陣營的失意者或者邊緣人物，各方都囿於自身的利益，缺乏長遠的目光，短期內很難期待由

他們來帶領「中間勢力」獲得一定民眾的認同。另一方面，在名額最多且至關重要的「區域立委」部分，由於選舉規則的限制，「第三勢力」也很難在近期內拿到席次。

二、選民偏好與政黨數目

公共選擇理論認為，政治體系中的政黨數目不僅與選舉規則有關，也與選民的偏好分布有關。經濟學一般假定，在私人部門或經濟市場，人們透過對產品進行「貨幣投票」來表達他的偏好；而在公共部門領域或政治領域，公共選擇學派認為，出於追求個人利益的最大化，人們用「民主投票」選舉民意代表和公職人員來表達其對公共物品或公共政策的偏好。這就是說，只有能滿足一定選民偏好的政黨才有可能在體系中存活下來，所以政黨的數目與選民的偏好的關係是正相關。在安東尼‧唐斯看來，在政黨或候選人只對某一個問題表明觀點的情況下，選民的偏好可以分為三種：單峰偏好、雙峰偏好、多峰偏好。[318]在單峰偏好和雙峰偏好的情況下，最有可能的情況是兩黨政治，第三黨的活動空間將十分有限；而在多峰偏好的情況下，一般會產生多黨政治的格局。

在西方國家，最常見的衡量選民偏好的標準是沿著一維的社會主義、自由主義到保守主義的「左右」劃分方法，右派往往主張政府對市場採取更放任的控制態度，而左派主張社會福利更平均的分配。但是這種選民偏好的差異雖然在臺灣也某種程度的存在，卻不是最主要的影響選舉結果的社會分歧。因為第一，由於部分政客們的操弄，長期以來給臺灣民眾灌輸的更多的是在政治層面的統「獨」意識或者是「族群認同」意識，而有意淡化經濟民生議題在民眾中的影響；第二，國、民兩黨都認同西方資本主義的經濟模式，都主張執政當局對經濟領域只能有適度的干預，反對社會主義的計劃經濟，表現在民主化以後各自當政的時期，雙方對市場的介入和社會福利政策都沒有較大的差別，所以民眾對這一意識形態的分野也並不是太大。可以說現階段即使是在經濟政策領域，臺灣選民的分

歧也主要集中在是否與中國大陸之間建立更為緊密的經貿關係方面，而這背後折射出的又是深層次的統「獨」意識，並非西方國家傳統的「左右對立」；第三，民意調查表明，國民黨被多數臺灣民眾認為在提升經濟方面的能力遠超出民進黨及其他政黨[319]，該黨卻在2000年和2004年兩次「大選」中都沒有得到過半數的選票。另一方面，民進黨在經過陳水扁八年執政的經濟低迷、兩岸關係停滯不前、貪腐弊案頻出的情況下，2008年選舉仍然維持四成多選民的堅定支持，這一「怪現象」恐怕還是得要從統「獨」及「族群認同」來解釋。以下我們重點考察民眾在統「獨」問題和「中國人臺灣人身分認同」問題上的偏好及其與政黨數目之間的關係。表一為政治大學選舉研究中心所做的近五年來的臺灣民眾「統獨」偏好的民調數據。[320]

我們看到，臺灣選民的「統獨」偏好基本上符合「單峰偏好」的假設（見圖一），也就是「維持現狀」的比例最高，處於拋物線的頂端，左右波谷分別為「立即統一」和「立即獨立」的選擇，選民的偏好從頂點向兩端逐漸下降。而依據公共選擇的空間定點理論，在這一情況下，各黨為了選票的最優化，會投中間投票人所好，提出極為類似的政策。[321]我們發現，近年來國、民兩大黨對統「獨」的宣示有著明顯的「中間化」的現象，例如在2008年的「大選」中，國民黨候選人馬英九宣稱在他任內絕對不會與大陸討論統一的議題，提出「不統不獨不武」的兩岸政策宣言；而民進黨候選人謝長廷承認「憲法一中」，否認有宣布「臺灣獨立」的必要以及表達期望和大陸進行對談的意願。公共選擇理論認為，這樣博弈的結果便是有兩大政黨分別處於「選民偏好拋物線」頂點的附近，從而囊括各自一邊的選票，形成穩定的兩黨政治。從這一角度看，「第三勢力」如果期望從統「獨」議題切入，只有兩種選擇，一是走極端的支持統一或主張「臺獨」的路線，而這樣做可能得到的選民支持率是極為有限的；第二是走中間路線，而這樣又面臨與兩大黨政見「雷同」的尷尬局面，同樣無法爭取選民的認同，這也無怪乎為什麼「第三勢力」都喊出「超越統獨」的口號。

臺灣的「族群認同問題」，依學者的看法是來自於外在環境的刺激。從表二來看，分歧主要發生在認同自己「既是中國人又是臺灣人」和「只是臺灣人」的民眾之間。從民調反映來看，持此兩種認同偏好的選民比例各自都一直維持在

40%以上,幾乎涵蓋了臺灣民眾的絕大多數,而且近年來呈現出更為穩定的趨勢。這樣一個民眾的態度分布屬於公共選擇理論意義上典型的「雙峰偏好」(見圖二),即全體選民形成了兩個偏好集團或團體,一部分選民擁護一種政策立場,另一部分選民擁護另一種政策立場的情況。在公共選擇理論看來,這就為兩黨制的產生提供了選民的基礎,因為此時各方政治勢力出於自身利益最大化的考量,會盡力集合在兩大偏好的周圍,以回應和吸引更多的選票,並且在選民偏好不易改變的前提下,任何一方都無意試圖爭取對方選民的支持,而是將選舉策略重點放在如何進一步穩固本方選民。由此便形成穩定的兩黨(政治聯盟)的局面。所以也就不難解釋為什麼蔣經國當初會宣示自己「不僅是中國人,也是臺灣人」,而且此後國民黨一直恪守這種身分標籤,大力推行本土化的同時又反對「去中國化」;另一方面,民進黨則努力把自己塑造成「臺灣人自己的政黨」,「樂此不疲」的操弄民眾的「仇中意識」,刻意挑動族群矛盾,醜化外省人等等。從以上的分析我們可以看到,在目前島內最具分歧性的兩個議題上,不管是政客的操弄還是民眾的真實意願,國、民兩大黨已經在客觀上占得了代表和回應絕大部分選民偏好的絕對優勢地位,能夠提供給「第三勢力」有所作為的空間非常小。

表一

	盡快統一	偏向統一	維持現狀	偏向獨立	盡快獨立
2004年12月	2.0%	10.7%	55.9%	15.1%	4.8%
2005年12月	2.1%	12.0%	57.0%	13.7%	6.6%
2006年12月	2.1%	12.3%	58.4%	14.1%	5.5%
2007年12月	1.8%	9.8%	55.6%	13.6%	7.7%
2008年12月	1.5%	8.3%	57.6%	18.4%	8.1%

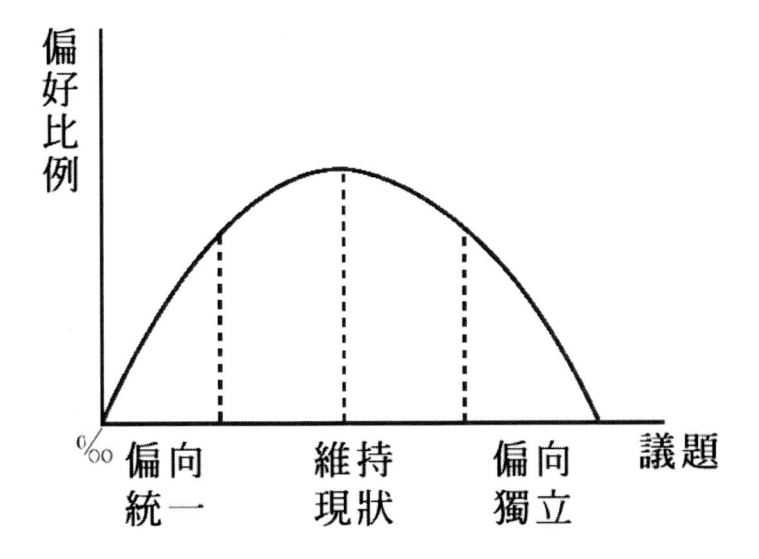

圖一 單峰偏好

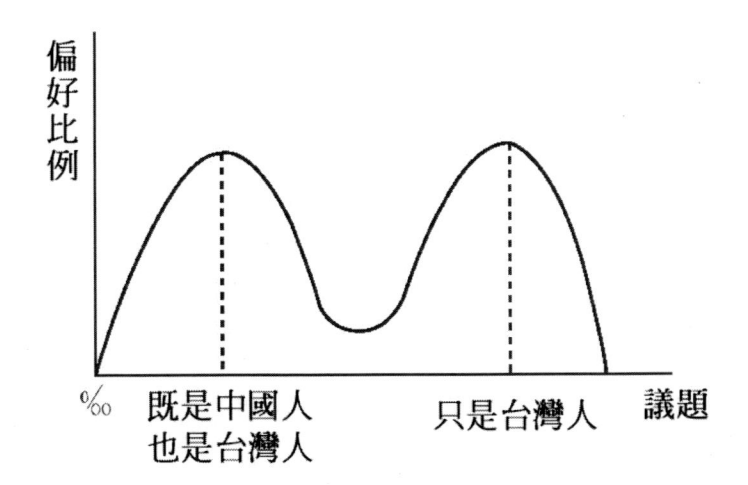

圖二 雙峰偏好

表二

	中國人	中國人/台灣人	台灣人
2004年12月	6.1%	44.4%	43.7%
2005年12月	7.3%	42.0%	46.5%
2006年12月	6.4%	45.2%	44.1%
2007年12月	5.4%	43.7%	43.7%
2008年12月	4.7%	40.8%	50.8%

三、新選民與新政黨

前文的考察是假定政治系統處於一個相對靜態的情境，這是當代政治研究的重要且有效的一個觀察視角。但是現實的政治卻處於一個動態的不斷變化當中，這也包括政治系統中選民的偏好結構，否則我們就很難解釋何以在實行西方選舉式民主制的國家當中，頻頻有新政黨崛起以至足以與原有政黨抗衡甚至取而代之的例子，例如20世紀初期的英國工黨以及近年來的日本民主黨。這種現象又如何用公共選擇的理論來解釋呢？安東尼‧唐斯在他的《民主的經濟理論》一書中向我們展現了在新選民加入之後的選民總體偏好發生了動態變化情況下的新政黨的產生過程。這裡給我們的啟示是選民的結構並不是一成不變的，特別是隨著時代的變遷，老一代選民的凋零和新一代選民的加入，觀念和環境的變化都將使得選民的總體偏好發生不小的變化，而在這一發展過程中，能夠敏感地覺察到變化趨勢的政黨自然就能生存下來，而不能與時俱進的政黨將不得不為時代所摒棄，由此向我們勾勒出新的選民帶來新的偏好，從而產生新的政黨的政治公式。

臺灣自1980年代中期開始實行民主轉型以來，民眾的政治觀念受到了內外環境的很大影響，特別是沒有經歷過「兩蔣威權時期」的年輕一代選民在很多政治觀點上與老一代有著不小的差別。根據陳陸輝和周應龍的研究，在民眾關於「統獨」立場上，1960年代以後出生的年輕一代選民較老一代選民更不願意改變現狀，而持有極端「統獨」取向的也遠低於後者。[322]游清鑫和蕭怡靖則以1992年「立法院全面改選」時擁有投票權與否為分水嶺劃分兩個世代，透過考

察數據表明,「後九二世代」在「統獨」問題上較「前九二世代」更為主張「維持現狀」,顯示出新世代在兩岸關係上更願意持觀望態度,分歧較少。「後九二世代」在「中國人／臺灣人」身分認同上持「兩者皆是」的比例較「前九二世代」增長至五成左右,並呈穩定結構,顯示出族群認同的分歧也在逐漸縮小。[323]

這些數據都說明,年輕一代的臺灣選民在「統獨」和「族群認同」的問題上的偏好已經顯現出不同於老一代選民所持有的兩極分化的政治態度,而是更願意選擇淡化這些意識形態之爭,將關注重點放在經濟和民生領域。為什麼會出現這種變化,筆者認為主要有四個方面的原因:第一,年輕的一代出生在臺灣民主轉型的時代,對之前的「國共內戰」的歷史背景缺乏深刻的記憶,沒有國民黨黨化教育下的強烈的「反共」意識,同樣的原因又導致他們具有比較深厚的「臺灣本土意識」而缺乏「中華民族意識」,所以大多數年輕世代傾向於對未來臺灣與中國大陸之間任何可能的政治關係持較為開放的態度,而不像年長的一代選民那樣在「統獨」問題上持有鮮明的立場;第二,外省人大規模在1949年隨國民黨逃臺已經過去了六十年,外省人及其後代已經充分的融入了臺灣社會,與本省人之間在資源和利益上已經沒有之前那麼大的衝突,特別是隨著民進黨在2000年上臺,本省人的「悲情意識」也已經呈邊際遞減的趨勢,所以族群之間的矛盾和分歧已經逐漸消逝,特別是在年輕的一代,他們一起在臺灣出生、長大、學習和工作,更是對政客們操弄族群矛盾的做法非常反感;第三,新的一代選民成長的年代是臺灣社會經濟高速增長的時期,由此帶來兩個問題,首先他們對較高的生活水平和較穩定的社會環境已經習以為常,一旦經濟出現滑坡或者社會因政治而撕裂,他們會十分敏感和不能接受,所以對經濟和民生問題更為關注。其次,年輕一代普遍有著良好的教育背景,對諸如環保和生態問題更加重視;第四,大陸的快速發展和崛起,對年輕一代臺灣人有著不小的吸引力。調查表明,有越來越多的臺灣畢業生願意將自己的工作重心轉移到大陸地區。[324]在這種情況下,他們自然也就不希望兩岸兵戎相見,而是期望擱置暫時的爭議,兩岸攜手合作,共創和平發展的局面。

任何一個政黨,都必須以一定數量的選票來維持,而選民的投票選擇是在自

身的偏好與政黨之間的政策比較中做出的。一定的選民偏好結構衍生出一定的政黨政治的格局，而新的偏好就有可能產生新的政黨。當選民的偏好發生大的變化時，某些現存政黨極有可能由於意識形態穩定性的限制，無法立即調整它的相關路線和政策以迎合這部分新偏好的要求，而新的政黨就沒有這種包袱，他們可以及時按照選民偏好的結構，選擇自身利益最大化的切入點，確立相應的意識形態。[325]

前文已經分析到，雖然選民在「統獨取向」和「族群認同」方面有最大分歧，但是相關數據表明在新一代選民身上已經表現出明顯的淡化這一分歧的趨勢，他們更關心的是經濟的穩定和「小我的幸福」。[326]而目前的兩大黨又是如何回應這種趨勢的呢？國民黨方面，由於其在威權時代的外省人背景和對臺灣本土文化的刻意壓制，長期以來在「統獨」和族群議題上就一直處於守勢，所以國民黨主觀上比較贊同「淡化統獨議題」。另一方面，威權時代所創造的「經濟奇蹟」為國民黨積累了充足的經驗和人才，使得在民眾對該黨處理經濟問題的能力較為信任。而隨著民主轉型的階段性完成和黨內的民主改革，國民黨之前的「威權形象」也已經淡化。民進黨方面，該黨由鼓吹「本土意識」和操弄「統獨」議題而起家，以至在2000年和2004年兩次獲得執政權，民進黨中相當部分政客至今仍然迷信這一選舉伎倆的效用，特別是在黨遇到危機的時候，更是大肆炒作諸如「憲改」、「去中國化」和「入聯公投」等相關議題來擁抱深綠民眾。而在經濟和民生領域卻較少有建樹。所以我們看到，即使在臺灣經濟在馬英九上臺一年後仍然處於低迷狀態的今天，認為如果是民進黨執政，情況「也不會好轉」的比例遠高於持相反意見者。[327]總體而言，在這一新的選民偏好的變化趨勢中，國民黨較民進黨更為適應，而後者如果礙於自身的意識形態和黨內的派系爭鬥而無意調整政策方向，將會為未來的第三勢力創造不小的空間。

四、結語

本文以公共選擇理論的視角，分三個面向考察了「第三勢力」在臺灣政壇的發展空間。透過研究發現，在臺灣目前的選舉規則之下，短期內「第三勢力」除了在「不分區立委」部分不排除能獲得個別席次外，很難有其他進入政壇的途徑。而在路線和選舉策略上，「第三勢力」如果想獲取一席之地，可能的選擇之一便是努力突破「統獨」的屏障，淡化「族群認同」等等已經為國、民兩大黨穩穩占據的老議題，及時回應由新一代選民的加入而帶來的新議題，例如經濟、民生甚至環保、女性等議題。另一方面，也應該利用現存政治勢力之間的惡鬥和劣跡，引導選民的民主制衡意識和對新生勢力的信任感。當然，在目前的臺灣政壇錯綜複雜的情況下，前提還是「第三勢力」能實現有效的整合。

關於2005年底「三合一」選舉之後臺灣政黨格局的幾點觀察

林勁

繼2004年底立委選舉受挫之後，民進黨在2005年底的「三合一」選舉再遭慘敗，不僅「全面執政」的目標化為泡影，而且黨內的士氣嚴重削弱；國民黨在「三合一」選舉中大獲全勝，選後「泛藍陣營」內部出現新一波整合的態勢。在「馬宋會」之後，實力處於下滑局面的親民黨再次出現出走潮，多名立委在「國親合併」前景渺茫的狀況下「棄橘投藍」。加之民進黨立委的退黨及犯案，國民黨重新躍升為「立法院」的第一大黨，實力和士氣都有所增強。本文就「三合一」選舉結果和臺灣兩大陣營及政黨格局的變化及其影響提出幾點觀察，以此就教於各位專家學者。

一、關於臺灣縣市長選舉結果分析的觀察

1.「三合一」選舉中最為政黨重視、各界關注的是縣市長選舉，涉及臺灣地方版圖的重新劃分，一定程度檢視政黨實力的消長。23個縣市長選舉是單一地方行政首長競爭。從現階段臺灣政黨格局及實力來看，這次縣市長選舉主要是國民黨與民進黨的競爭與對決，這一競爭的前提與基礎涉及泛藍、泛綠兩大陣營的內部整合，但兩個陣營的內部整合都出現困難與障礙，而實際上兩大陣營中的小黨對大黨的威脅及干擾都不大，選舉結果表明不論是親民黨對國民黨、還是「臺聯黨」對民進黨都未能產生實質性的影響。基隆市、臺南市、苗栗縣、花蓮縣、臺中市的選舉結果即可證明，金門、馬祖是國民黨禮讓的，臺東縣即是國民黨人士以無黨籍參選後又由國民黨籍候選人補選獲勝。可以認為，在縣市長選舉中，小黨和無黨籍已幾無空間，明顯形成國民黨與民進黨的兩黨對決局面。

2.縣市長選舉既然是國民黨與民進黨的競爭與對決，那麼勝負就在兩黨之間產生，勝負則取決於兩黨如何排除各自陣營內部的干擾和威脅，在此基礎上與對手爭奪中間選民的支持，同時也必須儘可能組織動員自己的支持者參與投票。此次選舉結果所謂「國民黨大勝，民進黨慘敗」，即相對於各自制定的競選目標和具有指標性意義的縣市的勝負而言。不管是席次，還是得票率，民進黨似乎都下落到1993年縣市長選舉所獲的數量水平，而國民黨尚未達到1993年的數量水平。

①從席次上看，民進黨從前屆的12席，上屆的9席，滑落到6席，國民黨從上屆的9席上升為14席，增加5席，實際上從民進黨手中奪回3席，從親民黨手中奪回1席，重要的是拿回第一大縣（選民數）臺北縣及由民進黨及黨外勢力執政24多年的宜蘭縣和嘉義市，這是具有指標性意義的，由此重挫了民進黨的銳氣。

②從得票率看，民進黨從上屆的45%下落為41%，減少了3個多百分點，國民黨上升了6個多百分點，可以認為，兩大黨都分別被「臺聯黨」、親民黨分割了少量的選票，但是都維持了票源的基本盤面，一上一下，所表現出來的是爭取中間選民支持的多少，民進黨被臺聯黨分割了少量的選票（基隆市、臺南市），這是上屆所沒有的，與此相關聯的是上屆還有尚具一定影響力的李登輝出面為民

進黨籍候選人助選加持，由此可見，影響選舉結果的關鍵因素在於中間選民的投票取向。

　　3.縣市長選舉結果的原因的觀察：

　　①所謂大環境對國民黨有利，對民進黨不利，大環境無非包括民進黨執政五年多來政績乏善可陳，民眾怨聲載道，經濟狀況持續惡化；近一個時期以來弊案頻頻曝光，顯示民進黨高層的腐敗貪瀆，造成民眾的不滿，此次選舉被視為是執政當局的「期中考試」。因此選舉結果國民黨獲勝、民進黨受挫，已是在預期之中、情理之中，而國民黨大勝，民進黨慘敗的選舉結果則是出乎意料，因此還有許多具體的原因值得進一步探究（大環境與1996—1997年似有重演的態勢，當時臺灣先後發生多起重大案件，劉邦友案、彭婉如案、白曉燕案等，引起社會的不滿和不安，兩岸關係持續惡化。在1997年底縣市長選舉中，民進黨一舉獲得過半的12席，得票率首次超越國民黨，從而宣稱要走上「執政之路」，也確實在執政之路上「邁出重要的一步」）。大環境及基本盤使得某些縣市的選舉結果無法逆轉，而另有某些縣市則與實際提名人選及具體競選操作是有一定的關係的，應作具體分析。

　　①從選舉策略上看，此次國民黨似乎略高一籌，競選文宣比之以前生動有力，接過民進黨以往的許多招數，而民進黨對付以往自身使用的手法倒是應對乏力，而民進黨抹黑、抹黃、抹紅的手法似乎已難見效果。

　　②馬英九個人的魅力與人氣在此次選舉中的作用，這有必要作一詳細的評估。選舉投票前三天宣示若未過半將辭黨主席所起的催票作用，選舉投票前兩天接受東森電視臺專訪，心平氣和地澄清了許多事件和現象，影響不容低估。而反觀陳水扁的形象和人氣不如當年，竭力助選，言語頻頻出錯與出格，兩者輔助選的效果顯然迥異。

　　③在候選人提名安排上，民進黨候選人的形象、資歷等都是挺不錯的，但在執政績效不佳，大環境不利的情況下，作為原執政團隊的政務官空降縣市參選，首先就居劣勢，其次政務官缺乏地方民意基礎，空投參選，阻滯地方黨籍人士的發展道路，基層能否盡力助選有待考察，民進黨提名四位政務官參選全部落選是

值得檢討反思的。反觀國民黨提名多位具有地方民意基礎的現任區域立委參選縣市長，多數當選，相較之下，孰優孰劣，一目瞭然。

④兩黨提名候選人在競選過程中的表現、互動、過招，競選手法運用把握的尺度、時機都有必要做具體的分析，其得失利弊，影響選舉結果的程度應作權衡，例如「光碟案」、「病歷案」、「走路工案」等。

⑤將鄉鎮市長選舉與縣市長、縣市議員合併選舉的利弊得失值得分析，執政的民進黨的初衷無非希望以其行政資源實施拔樁、割喉，「母雞帶小雞」結果是否適得其反，或是得不償失，「偷雞不成反蝕一把米」，這也值得進一步探討，選後黨籍立委對此已提出質疑及要求檢討。

二、關於「三合一」選舉結果之後臺灣政黨格局變化及其影響的觀察

1.2005年底「三合一」選舉與2008年大選的關聯性。「三合一」選舉結果與2008年大選結果無必然的因果或連鎖關係，亦即沒有直接的影響，但二者有相當的關聯性。也許人們聯想到1997年底民進黨在縣市長選舉獲勝後的兩年半之後，贏得2000年大選的勝利而上臺執政。誠然此次選舉無疑影響今後臺灣的政黨格局、各政黨實力的消長及內部關係、2008年大選候選人的政黨提名等問題。從而將間接影響2008年大選的結果，這種影響經歷兩年半的臺灣政經局勢的演變，尚有諸多變數。因此，由這次「三合一」選舉結果推測2008年大選結果，顯然為時過早。

2.此次縣市長選舉結果顯示，臺灣已逐步走上兩黨制，小黨及無黨籍的生存空間正在萎縮，2006年北高市長選舉及2007年採取「單一選區兩票制」的立委選舉，乃至2008年大選都是單一選舉，基本態勢應是民進黨與國民黨的對決，那麼今後一個時期兩大陣營內部如何整合，將是一個跌宕起伏的過程，呈現一個錯綜複雜的局面，這正是考察臺灣政黨互動格局走向的一個重要方面。

「國親合併」是現階段「泛藍陣營」支持群眾的普遍要求，親民黨實力逐步衰弱走向泡沫化已是無可避免；「臺聯黨」隨著李登輝影響力的日薄西山及內部矛盾的加劇，實力將進一步削弱，誠然臺聯黨的大部分人馬將為民進黨所收編或者留在「泛綠陣營」，但不排除有部分人馬游離第三勢力或回歸「泛藍陣營」。今後一個時期，兩大陣營的票源結構將基本持續穩定，實力對比難有大幅度改變，仍將維持「泛藍陣營」實力大於「泛綠陣營」的格局。

　　3.此次縣市長選舉結果將對民進黨造成很大的衝擊，引發黨內的強烈「地震」，可能成為民進黨推動新一輪黨務革新的契機，不亞於1996年大選受挫之後的內訌及路線大辯論，然而形勢與當年有著極大的不同，現階段民進黨處於執政地位，並無當年的生存危機或發展瓶頸的緊迫感，且負有主要責任的陳水扁缺乏連任的壓力和帶領民進黨長期執政的使命感，因此選後由陳水扁主導的黨內的反省與檢討難以彰顯成效。倘若未能取得成效，反倒可能加劇黨內的派系矛盾、世代矛盾以及圍繞權力資源重新分配的鬥爭，選後由蘇貞昌引咎辭職及由呂秀蓮代理黨主席引發的「府」內扁呂隔空叫罵，而後黨主席選舉導致黨內派系的激烈競爭，謝長廷被迫下臺而由蘇貞昌上臺重新組閣等一系列事件充分證明了這一判斷。誠然這一鬥爭的持續也包括2006年北高市長候選人及2008年大選候選人的競爭，也許透過這場有人喻為「腥風血雨」的搏鬥之後，北高市長候選人及2008年大選候選人都將紛紛粉墨登臺。

　　4.此次縣市長選舉結果使民進黨掌權的地方版圖大幅縮小，儘管仍然維持原有票源的基本盤，但黨內的氣勢、士氣都處低落的狀態，加之陳水扁選後不思反省檢討的一系列言行，並由此引發兩岸關係的惡化和美臺關係的緊張，在野勢力窮追不捨地揭露民進黨執政當局的貪瀆腐敗的重大弊案，步步逼近陳水扁及其夫人子女，更使黨內人心渙散。可以認為民進黨總體實力已呈下滑的趨勢，這顯然對於民進黨參與2006年年底北、高市長選舉、2007年立委選舉和2008年「大選」是較為不利的。不難看出，今後「單一選區」的劃分實際上與現有某些縣市是重疊的，其票源結構從此次縣市長選舉即可見端倪。民進黨內因為此次選舉結果受傷最為嚴重的當屬陳水扁，其次為謝長廷，反倒是呂秀蓮在選後處於較為主動有利的境地。而蘇貞昌主動承擔敗選「非戰之罪」責任引咎辭職，轉而出任閣

揆，似有以退為進之勢，有望東山再起，但如何面對「朝」小野大形勢，應對反覆無常的陳水扁及自始難以處理的黨政關係，將是一條障礙重重的坎坷道路。

5.此次選舉結果相當程度提升了國民黨的士氣，增強國民黨內部的凝聚力，有利於其內部團結。可以認為，馬英九是此次選舉的最大贏家，歷經此次選舉是他就任黨主席之後面臨的最為嚴峻的考驗與挑戰，選舉結果穩固了他在黨內的領袖地位，從而也確立了其2008年大選候選人不可挑戰的地位，客觀上已經成為「泛藍陣營」的共主確如謝長廷驚呼的「馬英九現象」。這勢必有利於馬英九在黨內推動改革及與以王金平為首的黨內本土勢力的合作。毫無疑義，馬英九在政壇上要「更上一層樓」，尚有艱難的道路前行，但畢竟沒有如同此次選舉所面臨的險峻態勢。選後，國民黨接連在嘉義市立委補選及臺東縣長補選中獲勝，馬英九的助選加持功不可沒；馬英九的歐洲之行和美國之行更是風靡一時，尤其是訪美受到高規格接待，颳起一陣「馬英九旋風」可謂達到人氣聲望的最高點。然而如何在今後的近兩年內維持這一水平的人氣聲望，確實難上加難。換言之，馬英九要贏取2008年的大選仍然存在諸多的變數。

6.在臺灣政壇上，因為此次選舉結果受傷程度僅次於陳水扁的似乎應當算是宋楚瑜，不管他選後如何閉門思過，他也似乎已在臺灣政壇出局。他已喪失了在「國親合併」占據有利地位的時機，似乎愈來愈成為「國親合併」的障礙。選舉之後親民黨主要骨幹力量的新一波的出走潮流，將加速親民黨的實力削弱以至走向泡沫化，客觀上有利於泛藍陣營的整合及國親兩黨的合併。這也從一個側面證明馬英九在處理國親兩黨協商選舉合作事宜的態度和做法是有利於泛藍陣營的整合趨向。選後親民黨高層似已把國親兩黨合併問題提上議事日程，誠然這還有諸多的困難和障礙必須克服，因為涉及利益及資源的分配及某些人的政治前途等重大問題，難免一波三折。即使宋楚瑜「大材小用」屈就出馬競選臺北市長以作「政治生命」的最後一搏，也難以踰越「泛藍」合作提名這一關。

7.此次選舉之後，陳水扁及民進黨面臨如何緩和由於選戰惡質化而進一步加劇的朝野尖銳對立的矛盾，面臨行政部門與黨務部門的權力重組問題及紓解黨內派系矛盾與世代矛盾。這兩大問題都十分棘手，而前提則是首先如何應對社會及

黨內要求反省、檢討的呼聲。面對在「立院」占過半席次，地方版圖超過三分之二的在野勢力，不推行朝野和解，怎能順暢施政？由來已久的朝野尖銳對立又如何和解？有著連宋的前車之鑒，馬英九怎敢再冒風險而輕易接招？而民進黨內矛盾重重、群龍無首，陳水扁以往的強勢主導能力已經嚴重削弱，內憂外患，民進黨面臨著嚴峻的挑戰。黨內普遍憂心忡忡，新生代更是疾呼進行改革，甚至提出「開除陳水扁」。然而擬議舉辦的大陸政策大辯論則胎死腹中。部分黨籍立委聚集召開「黨是會議」，更有黨籍立委公開宣布退黨。民進黨原本「民主、改革、清廉」的光環已在逐漸褪去。

8.此次選舉之後，「泛藍陣營」實力更加增強，「朝野」對抗更加激烈，「朝」小野大，行政與立法相互抗衡的局面依然持續。「泛藍陣營」挾「立法院」多數席次在執政當局推出的人事案、預算案和法案上擁有否決權。陳水扁「會不出行政院」，施政無法順暢；「泛藍陣營」繼續推動「3‧19」槍擊案真相調查使陳水扁連任及民進黨執政的合法性所遭的質疑無法消弭；「泛藍陣營」窮追猛打，狠揭執政當局的一系列貪瀆腐敗的弊案，步步緊逼「第一家庭」。黨內的不安、不滿情緒及要求改革的聲音，派系圍繞權力資源、接班卡位的鬥爭，世代的矛盾互相交纏。陳水扁在黨內的主導權和影響力進一步削弱，陷入內外交困的境地。從「積極管理」到「終統」的一系列挑動兩岸關係敏感神經的言行一定程度反映了陳水扁轉嫁危機，轉移視線，主導操弄議題，短期之內紓解困境的企圖，但這無非是飲鴆止渴。

三、關於民進黨發展前景問題的觀察

以上分析涉及了民進黨面臨的基本形勢，總體上對其在2006年年底北、高市長選舉及2007年底立委選舉是不利的，尤其是對其獲取2008年大選的勝利以力爭「長期執政」的目標確實有著難以踰越的障礙。然而不可諱言，民進黨的歷史發展與現實狀況仍然存在著以下主客觀的有利因素：

1.民進黨是現階段臺灣政壇實力最強的政黨之一,正在並將至少執政到2008年,掌握著行政資源,可以利用執政優勢,繼續分化、拉攏第三勢力及「泛藍陣營」的本土派及其他人士,爭取中間選民,拓展自身的實力和社會支持基礎;可以利用自己善於主導議題、引導民意、煽動民粹的特點推動某些民生法案的通過和實施,由此獲取政黨的利益。2003年「公投立法」及而後的「公投綁大選」的過程就是前車之鑒。

2.民進黨的發展歷史和經驗積累使其當之無愧地成為臺灣最擅長選舉的政黨。不論是主導選戰議題、文宣造勢,還是組織動員、輔選助選,或者是選情評估與拉抬、謀略制定與應用,都堪稱得心應手,加上黨內相關制度較為完善,人才輩出,在2008年大選頗具競爭力的可能候選人及搭檔人選似已呈現政治舞臺且擔當重任。反觀「泛藍陣營」,至今只見馬英九「一枝獨秀」。在享有連續兩屆執政權力的既得利益之後,民進黨上下勢必合力爭取2008年大選的勝利,奮力保住執政地位。

3.民進黨在兩大陣營內部整合的問題上有一定優勢。兩大陣營各有兩個政黨的整合問題。相對而言,「泛藍陣營」的國親兩黨整合問題較為棘手,儘管「國親合併」是「泛藍陣營」支持群眾的普遍要求,但高層的利益考量及杯葛掣肘,加上執政黨從中作梗,將使兩黨合併難以推動。相較之下,民進黨與臺聯黨實力懸殊,且「臺聯黨」實力沒落的趨勢明顯,民進黨在處理與臺聯黨關係上採取的策略較為得當,兩黨的整合問題並不急迫,將隨著時間的推移而得以解決。

4.臺灣政治發展的客觀環境已不可能再出現「一黨獨大」的局面,因此,不論是民進黨還是國民黨,拓展社會基礎,提升自身實力的空間都是有限的,終究都無法發展成為一個超強實力的政黨而長期執政。然而應當看到,民進黨是臺灣政壇具有雄厚本土社會背景與實力基礎的政黨,是自1980年代中期臺灣政治轉型以來發展最為穩定的政黨。在現階段臺灣的所有政黨中,只有民進黨能夠單獨推舉候選人參與總統大選且具有相當競爭力,而國民黨還須有「國親整合」作為前提與基礎。因此,即使民進黨未能長期、連續地在臺灣執政,也起碼具有「輪替執政」的實力和能力,倘若成為在野黨,將是一個比之於以往更為強大的、更

難以應對的反對黨。

臺灣當局舉辦「防禦性公投」的過程與影響[329]

林勁

「公投」問題是一個時期以來引發臺灣政壇激烈抗爭、嚴重衝擊兩岸關係、造成臺海局勢緊張的重大事件，引起國際社會的普遍關注，導致美國、日本和歐盟直接公開的介入。這一事件過程幾乎貫穿了2003年，直至2004年3月大選投票日，也將影響未來一個時期的臺灣政局與兩岸關係以及國際形勢。「公投」及「公投立法」問題是由陳水扁及民進黨當局策劃挑起和推動的，「朝野」政黨圍繞「公投立法」問題展開激烈的鬥爭。2003年11月底「立法院」終於通過以國親版草案為主要內容的「公投法」。此後，在民進黨痛感受挫和臺灣當局針對「公投法」擬提出復議的同時，陳水扁立即抓住「公投法」中有關「防禦性公投」的條款，宣稱將於2004年「大選」投票日一併舉辦針對大陸「武力威脅」的「防禦性公投」（後改稱為「防衛性公投」、「和平公投」）。而後，陳水扁及臺灣當局置多方反對於不顧，著手展開配套的籌備、遊說及宣導活動，「防禦性公投」如期在大選投票日舉辦，因參與投票者未過選民總數的一半而以無效告終，但仍然對臺灣政局及兩岸關係造成一定的影響。本文將就臺灣當局舉辦「防禦性公投」的過程（包括美臺互動，臺灣政壇朝野互動）、動因與影響作一初步的分析。

一、臺灣「公投法」的通過與陳水扁提出舉辦「防禦性公投」

2003年11月27日，臺灣「立法院」就「公投法」草案進行表決，三讀通過

以「國親版」為主要內容的「公投法」[330]。列入表決程序的「公投法」草案共有六個版本，依次為蔡同榮版、「臺聯黨」版、民進黨版、「行政院」版、無黨籍版和國親版，「行政院」版和民進黨版本質上屬一個版本。關於「公投適用範圍」問題，因涉及是否納入「統獨公投」，各版本攻防激烈，其他爭議性條款的攻防，主要在國親版和「行政院」版之間進行。

在通過的「公投法」中，除「防禦性公投條款」來自「行政院」版外，其他皆採用國親版。因「防禦性公投條款」付諸表決時，國親「立法院」黨團採取開放投票，因部分國親立委投了贊成票致使該條款以128票得以通過，其他條款基本上以112-115票贊成獲得通過，這實際上是「泛藍陣營」的立委加上個別無黨籍立委的票數。可以看出，此次表決結果是「泛藍陣營」在「立院」席次占據優勢所造成的。「公投法」中備受各方關注的內容及其影響包括以下方面：

1.「公投」適用範圍。規定「全臺性公投」適用於：法律複決；立法原則之創制；重大政策之創制或複決；「憲法修正案」之複決。並未明確將「國旗、國號、領土變更」等內容作為排除事項，即仍可依「憲法修正程序」進行，然後作為「憲法修正案」提交「公投」，民眾只具有「修憲」的複決權，不具有「修憲」的發動權，只能就「立法院」通過「憲法修正案」進行表決。此條款還需進行「修憲」將「公投入憲」之後才能付諸實施，否則只能依據現行「憲法」規定進行「修憲」。「公投法」的適用範圍並未排除「國號、國旗、領土變更」。儘管涉及「修憲」的程序繁瑣，門檻極高，似乎不存在立即推動的可能，但是在內外形勢發生演變的情況下，分裂勢力將可依法推動「修憲」乃至「制憲」，以實現「正名」、「臺獨」的目標；在政壇實力對比發生變化的情況下，分裂勢力亦可透過修改「公投法」，實施「統獨公投」，這勢必引發兩岸關係的嚴重危機，在臺海造成災難性後果。這種危險是現實存在的。應該看到，臺灣「公投」及「公投立法」問題走到是時的境地，正是陳水扁及民進黨把握時機、步步緊逼的結果，前車之鑒、不容忘卻。

2.「公投」提案權。規定「行政機關不得藉用任何形式對各項議題辦理或委託辦理公民投票事項」，並且明定處罰辦法，排除了「諮詢性公投」的推動。規

定了「人民提案權」的提案門檻和連署門檻與「立法院」提案權的運用程序及時間要求，致使民進黨無法發動與2004年大選同步舉辦公共政策議題的「公投」。

3.「公投」審議機關。規定應專門設立隸屬「行政院」的「公投審議委員會」專事審議「公投」議題，設置委員21人，任期三年，由各政黨依「立法院」席次比例推薦，排除了行政機關對「公投」的審議權。

4.「防禦性公投」條款。規定「當『國家』遭受外力威脅、致『國家』主權有改變之虞，『總統』得經『行政院』院會之決議，就攸關『國家』安全事項，交付公民投票」。這為陳水扁在任內推動「公投」打開方便之門。

此外，「公投法」規定「公投」可在「總統大選」投票日舉行。「公投法」接納「行政院」版的「防禦性公投」條款，就長遠而言，這賦予臺灣當局領導人抵制「一個中國」原則，抗拒統一的武器，將成為「臺獨」勢力追求政治目標的誘因，亦即成為臺灣統「獨」紛爭不息的亂源。現階段這一條款的針對目標無疑就是大陸，發動主導者是陳水扁。雖然在正常情況下，該條款並不具有實質性意義，但對於分裂主義勢力，卻是挑戰「一個中國」原則、引發大陸激烈反應，煽動民眾敵視大陸，獲取政治利益的重要工具，尤其適逢大選在即更為難得。正因如此，「公投法」一通過，陳水扁幾乎在第一時間就表示要在2004年大選投票日舉辦針對「大陸武力威脅」的「防禦性公投」。此後，「防禦性公投」便成為陳水扁持續炒作的競選議題，直至「3‧20」大選投票日，這為日後的兩岸關係留下隱憂。

「公投法」是在國際及兩岸關係形勢影響下臺灣內部政治鬥爭的結果。總體上「泛藍陣營」似乎獲得勝利，因為通過的是以國親版為主體的「公投法」，在審議表決過程中逼使民進黨在「統獨公投」議題上全面退卻，從而扭轉了選戰議題被動應對的局面，值得一提的是，在「立法院」審議表決過程中，由於泛藍立委的堅持，具有「統獨公投」特色的「蔡同榮版」草案撤案未成，而付諸表決的結果是民進黨立委全部棄權，只是「臺聯黨」立委14票贊成，不僅致使「統獨公投」未能通過，而且迫使民進黨在臺灣民眾面前公開表態放棄「統獨公投」。

而「泛綠陣營」並非一無所得，在推動「公投立法」過程中逼使「泛藍陣營」在「統獨公投」問題作出妥協而採取開放包容態度，並且公開宣示不否認「一邊一國」，不排除「臺獨」選項，更主要的是陳水扁依法獲得任內發動主導「防禦性公投」的權力。

「公投法」通過之後，民進黨在受挫失利情況下召開記者會表達強烈抗議，抨擊國親兩黨主導通過的仍然是「鳥籠公投法」，完全違反民意，造成一些「憲改議題」無法「公投」，由於提案時間的限制，使2004年大選也無法合併舉辦「公共政策」方面議題的「公投」，更有多項條款內容「違憲」，「行政院」擬就部分條款提出復議[331]；陳水扁則抓住「公投法」的「防禦性條款」，宣稱要在2004年大選投票日同時舉行針對大陸「武力威脅」及「導彈部署」的「防禦性公投」，以捍衛「臺灣主權和安全」，向大陸展示「臺灣民意」[332]。國親兩黨發表說帖表明，支持「公投立法」並不等同於「臺獨」，宣示「捍衛『中華民國』立場不變，維護臺海穩定政策不變，反對『統獨公投』立場不變」[333]。

2003年12月上旬，「行政院」按法定時間就「公投法」的「公投審議委員會」機制及「立院」的「公投」提案權等部分條款向「立法院」提出復議，12月19日，「立法院」否決了「行政院」的復議案，維持三讀通過的原決議。12月底，由陳水扁簽署正式頒布「公投法」。

二、臺灣當局籌劃舉辦「防禦性公投」及美臺的相關互動

臺灣「公投法」通過之後，關於「公投」問題的爭議和炒作並未畫上休止符，根本原因就是陳水扁利用「公投法」的有關條款，宣稱要在2004年大選投票日舉辦針對「大陸武力威脅」的所謂「防禦性公投」。此後，陳水扁及臺灣當局置國際社會、大陸及臺灣政壇的關注、質疑和反對於不顧，執意進行舉辦「防禦性公投」的宣導籌劃準備工作。

2003年11月29日，陳水扁先後在多場集會講話中宣示，將援引「公投法」第17條規定（即「防禦性公投條款」）於2004年3月20日「進行臺灣歷史上第一次『公投』，捍衛『國家』主權和安全」，他聲稱：「臺灣遭遇外力威脅是現在進行式，『國家』的主權隨時都可能被改變」。目標直接針對所謂大陸的「武力威脅」和「對臺部署496顆飛彈」[334]。對此在野黨指出，「防禦性公投」有嚴格的前提，如果陳水扁「違法違憲」也要推動，無異「玩火自焚」。連宋嚴詞批判陳水扁是一意孤行，完全忽略臺灣80%民眾希望兩岸維持現狀的心聲，以為只要挑釁中共，製造臺海緊張關係就可以勝選[335]。許多學者質疑陳水扁推動「防禦性公投」的適法性。事隔兩天，美國國務院發言人在例行簡報會上針對陳水扁要舉辦「防禦性公投」一事表示「反對任何會改變臺灣地位或走向臺灣獨立的公民投票」[336]。隨後，臺灣「行政院長」在「立法院」答詢時回應美方相關態度稱，美國希望中國不武、我方不獨，但如果中共動武，「四不一沒有」就不算，屆時「兩國論入憲」、「統獨公投」、「更改國號」等都可以做。[337]就美國而言，當「公投法」未能如民進黨版本通過後，原本鬆了一口氣，沒想到蹦出「防禦性公投」這一新問題。

　　由於陳水扁關於舉辦「防禦性公投」的言論引發海內外的疑慮，民進黨高層經過多日會商達成共識，將「公投法」第17條定調為「防衛性公投」，即由具被動防守之意的「防禦性」改為具有預防性且有「保衛和平」之意的「防衛性」[338]。12月5日，陳水扁接受《紐約時報》專訪時，正式將「防禦性公投」改為「防衛性公投」，亦即「預防性公投」，並向美方傳達相關的題目內容，主要方向是要求中共放棄武力犯臺[339]。此前他在會見美國參議員時表示，舉行「公投」的目的，就是要維持現狀，不但不涉及統「獨」，也不會違背「四不一沒有」[340]。12月7日，陳水扁在一場選舉造勢大會上首度公開宣布，「防禦性公投」的題目就是「2300萬臺灣人民非常堅定要求中華人民共和國應該撤除瞄準對臺灣的飛彈，公開宣示放棄對臺使用武力」，「臺灣人民要大聲說出『要民主、要和平、反飛彈、反戰爭』的心聲」。並且強調，舉辦「公投」，大陸不能反彈，美國也不能反對[341]。12月9日，溫家寶總理在美針對陳水扁的「防禦性公投」指出，臺灣當局假借民主，搞所謂「防禦性公投」，企圖把臺灣分割出去，

對這種分裂活動,我們絕不能容忍。表明了中國政府的嚴正立場[342]。同日,美國總統布希和到訪的中國國務院總理溫家寶一起會見記者時表示,「美國反對任何由臺灣及中國片面改變現狀的決定,而臺灣領導人最近的言論及行動,顯示他可能已經決定要片面改變現狀,這是我們所反對的」[343]。導致布希如此言重的原因,正是陳水扁故意忽視淡化美國一次比一次強烈的警告,以至布希最後派遣密使攜帶信件赴臺要求停止「公投」行動,但陳水扁仍不為所動。此前歐盟15國做成決議向臺灣當局傳達對陳水扁舉辦「公投」問題的極度關切。日本政府亦透過訪臺的森喜朗和駐臺交流協會官員對臺灣舉辦「公投」表示關切。12月10日,陳水扁在會見美國眾議員柏頓時針對布希的講話,強調2004年「3·20」仍將舉行臺灣史上第一次「公投」,題目很簡單、很具體,但很重要,「我們要求中國撤除飛彈,並公開宣布放棄對臺動武」。重申「防禦性公投」不涉及統獨爭議與「四不一沒有」,「我們無意改變臺灣現狀,也不允許臺灣現狀被改變」[344]。可以認為,陳水扁自提出要舉辦「防禦性公投」時就決心已定、難以動搖。臺灣當局面對國際社會的壓力,則準備採取遊說溝通的辦法爭取獲得諒解和默認。

此後,陳水扁不失時機地在各種場合為舉辦所謂「防禦性公投」宣傳造勢。12月16日,陳水扁接受美國《金融時報》專訪時表示,若大陸同意立即撤除對臺灣的飛彈部署、放棄武力犯臺,「防禦性公投」就可以不舉辦,如果選舉時出現大陸飛彈試射情形,就是挑釁行為,「四不一沒有」的承諾就不存在,臺灣不排除任何可能性,包括改變「公投」內容[345]。同日,民進黨中常會決議指出,2004年「3·20」將進行「反飛彈、反戰爭」的公民投票,表達臺灣人民希望維持臺海和平現狀,並避免現狀被強制、片面改變的堅定立場[346]。翌日,臺灣「外交部」向各國「駐臺使節代表」提出「防禦性公投說帖」,就相關的八項問題作了較為深入的說明。據報導,陳水扁此前致信美方表達「防禦性公投」不會改變臺海現狀,並稱臺灣已是「主權獨立國家」,沒有為獨立舉行「公投」的必要[347]。僅12月17日,美國國務院就兩次針對臺灣「防禦性公投」發表談話,重申「反對任何會改變臺灣地位或走向獨立的『公投』」[348]。12月22日,陳水扁宣稱,2000年就職演說保證的「四不一沒有」是以「中國不對臺動武」為前

提，中國繼續擴充軍備，提高國防經費，部署飛彈，這就是意圖動武的憑證，「四不一沒有」早就沒有了。「防衛性公投」是「和平公投」，是維持現狀最謙卑的訴求和呼籲。在此，陳水扁把「防衛性公投」改稱為「和平公投」[349]。在此之前，美國國務院一位資深官員將臺灣可能舉行的「公投」分為三類，並明確表示美國的態度：第一類是走向「臺獨」的「公投」，美國反對；第二類是公共政策「公投」，美國無意見；第三類是具有政治意義但不會有實質結果，卻會升高兩岸緊張情勢的「公投」，美國不支持，而且非常關切。所謂「防禦性公投」毫無疑問是屬於第三類，他說「我甚至可以先預料到『公投』的結果，那就是99%以上的公民會投票贊成」[350]。美國政府再三對陳水扁執意舉辦「防禦性公投」表達強烈不滿的訊息；對臺灣當局一再以「選舉策略語言」或「不會改變臺海現狀」來解釋所謂「公投」或近來的言行已表示不能接受；美方擔心陳水扁會利用「防禦性公投」結果，在選後宣稱臺灣應放棄「四不一沒有」，而且在制定「新憲法」下明白走向「獨立」[351]。然而，美國除了就原已定調的表態方式繼續向臺灣當局重複表明立場，似乎難有進一步的施壓動作，只是靜觀陳水扁如何動作。原因在於：一是不願意因採取進一步的動作被候選人所利用，影響臺灣大選選情，從而被認為干預臺灣內部選舉，美方實際上已將陳水扁視為參選的候選人，將其「防禦性公投」的言行視為競選活動的組成部分。二是不願意引發來自美國政壇部分親臺勢力的反彈，影響布希自身的選情。同時美方派出若干訪問團赴臺瞭解情況及進行斡旋，陳水扁及臺灣當局一再表示重視美國政府的關切，仍然以「防衛性公投」（「和平公投」）不是「統獨公投」，也不會違背「四不一沒有」承諾；而是為了維持臺灣目前的現狀，避免臺灣目前的現狀被片面改變進行辯解。

圍繞「防禦性公投」問題，美臺互動逐步陷入僵局，臺灣面臨嚴峻的「外交危機」，陳水扁推動「防禦性公投」以來遭遇最棘手的問題就是引發美國政府的明確反對及美臺關係的緊張。但是臺灣當局高層人士仍然對內表示會繼續與美日等國溝通，並且辯稱「關切不等於反對」；「防禦性公投」一定要舉辦，議題正在研擬，內容將會有「政策性意涵」而非無實質意義和結果。美國的持續施壓，臺灣當局感受空前的壓力，決定由「國安會」策劃派遣三支「公民投票國際宣達

團」於2004年1月中旬赴美國、日本及歐洲進行溝通遊說，豈料啟程前夕，赴美國、日本兩團竟無法成行，美日兩國明確拒絕提供「宣達」空間，拒絕與臺灣當局溝通。此外，臺灣當局透過一定的管道希望獲得美國的「建議與忠告」以求解困，所得到的答案則是，美方的立場已經表明，不會給忠告，也不會給建議。美國學者認為布希政府已經動怒，不會幫助陳水扁解困[352]。美白宮前國家安全顧問指出，如果臺灣對中共挑釁，美國不會無條件「防衛臺灣」，這是1972年以來的基本立場，布希是第一位把這項立場公開陳述的美國總統[353]。美國務院前副發言人認為，陳水扁執意「公投」威脅美國國家利益，美國人不會替一些錯誤的政治判斷背書，而讓自家人白白送命[354]。美國政府的立場和態度已逐漸在臺灣民眾中產生影響，對陳水扁主張的「防禦性公投」愈來愈為質疑和憂慮。

無法再行掩飾的內外交困局面引起臺灣當局高層及民進黨內的憂慮。時任總統府祕書長邱義仁表示，「公投」可能使美臺非零和關係演變為零和關係。時任「國安會」祕書長康寧祥呼籲臺灣民眾協助陳水扁自「防禦性公投」脫困。民進黨新生代頭面人物公開要求陳水扁應為「防禦性公投」的孤注一擲所造成的困境負責。對此，連戰從競選迎合民意的角度呼籲當局馬上成立危機處理機制，國親兩黨願意幫助當局解決問題，尋找對策[355]。事至如此，陳水扁稍有收斂，未再提升炒作「防禦性公投」，甚至避免提及，偶爾利用機會作些解釋而已，但這只是策略的變化，決心仍然未變。陳水扁一方面公開表示，「3·20大選」兩大任務是「公投」與連任，如果這兩項任務必須抉擇的話，排先後順序，「公投」是他最優先的選擇[356]；另一方面向美方放話，不要在意他選舉時的言行，而要注意他連任後的就職演說及四年任期的言行，換言之，即要美國政府相信他目前的言行只是為了選舉造勢，倘若當選連任就會變回來，但美方未能接受[357]。

陳水扁及臺灣當局在推行「防禦性公投」過程陷入困境的原因在於：一是誤認為打著「民主」、「人權」的招牌推行「公投」就可以獲得國際社會的支持；二是執政以來的一系列言行反覆擺盪，不斷試圖碰觸美國政策底線的做法使美國政府對其誠信持懷疑態度；三是對美國表達的立場態度或者作錯誤的解讀以致誤判情勢，或者刻意忽視、刻意淡化；四是自以為臺灣現階段在美中戰略關係中有

著極為重要的地位。美國之所以明確地反對臺灣當局舉辦「防禦性公投」，是擔心此舉引發臺海衝突，把美國捲進去；疑慮臺灣當局利用「防禦性公投」的結果放棄「四不一沒有」承諾，走向「公投制憲」，勢必惡化兩岸關係，影響亞太局勢穩定，這都不符合美國的戰略利益。

三、「防禦性公投」題目的公布及其影響

2004年1月16日，陳水扁出乎意料地發表電視講話，公布所謂的「3‧20和平公投」題目：一是，「臺灣人民堅持臺海問題應該和平解決，如果中共不撤除瞄準臺灣的飛彈，不放棄對臺灣使用武力，您是否贊成政府增加購置反飛彈裝備，以強化臺灣自我防衛能力？」二是，「您是否同意政府與中共展開協商，推動建立兩岸和平穩定的互動架構，以謀求兩岸的共識與人民的福祉？」[358]

不難看出，如此時候公布如此內容的「公投」題目，這是陳水扁在各方壓力下作出的重大策略調整，藉以緩和緊張氣氛、擺脫內外困境，為此相當程度改變他原先發動「防禦性公投」的意圖。

1.從題目公布的時間來看，臺灣當局多次正式表示「公投」題目將在2月底公布。陳水扁及民進黨企圖以突襲的手法，在距大選僅20日突如其來地公布「公投」題目，配合「2‧28」發動百萬人參與的全島「牽手護臺灣」大規模活動，在十分緊縮的時間中，製造出異常尖銳的政治衝突，激盪起敵愾氛圍，將滿懷悲情與仇怒的臺灣選民送到大選投票箱前。正如臺灣報紙社論指出，陳水扁已打定主意，要在選前20天，將臺灣民眾、大陸及美國政府，一併捲入一個措手不及的政治風暴[359]。然而，在各方的壓力下，為了脫困的需要，陳水扁提前將「公投」題目公之於世，表明其內容並非「片面改變現狀」，不涉及統「獨」問題和「四不一沒有」，力圖消除國際社會和臺灣民眾的疑慮與不安，修補先前對選情造成的損害。

2.從題目的性質來看，陳水扁及臺灣當局自始即宣稱「防禦性公投」就是要

向國際社會和大陸表明「反飛彈、要民主、反戰爭、要和平」的臺灣民意，這實際僅具有政治性宣示的意義，而公布的題目不僅仍然具有政治性宣示的意義，而且具有政策性主張的意涵，包括「武器採購」和「兩岸協商」兩項政策，期以排除外界普遍認為「防禦性公投」並無「實質的意義和結果」的異議。

3.從題目內容的訴求對象來看，不僅訴求於臺灣民眾，而且訴求於美國政府。對於臺灣民眾而言，以此既要表明反對大陸「武力威脅」、「對臺導彈部署」的態度，又要支持當局採取相應具體的防衛的措施，同時要求展開兩岸協商，緩和改善兩岸關係，既非要「片面改變臺灣現狀」，也非「蓄意挑起臺海緊張局勢」，藉此安撫臺灣社會，爭取中間選民。對於美國政府而言，以此既要表明準備增加購買防禦性武器，改變美方認為「臺灣只挑釁大陸，但不增加軍備」的態度，又呼應美方提出「兩岸恢復協商」的主張，把「兩岸協商」因為預設前提而無法恢復的責任推給大陸[360]。藉由這兩項題目迎合美方的立場與態度，力求美方對舉辦「防禦性公投」的諒解和支持，並且利用「反飛彈武器採購」設法將美國牽扯進來。

綜觀陳水扁公布的「防禦性公投」的兩項題目內容，與原本企圖引發大陸激烈反應，在選舉中煽動起不理性的民粹情緒，炒作選情、火中取栗的冒險計劃，似乎有較大的落差。

據臺灣媒體報導，在陳水扁公布「3·20公投」題目之前，臺灣當局已透過「外交部」將題目的確切文字告知美國、日本與歐盟，美方的初步反應並無反對之意，也不打算作針對性表態，以免被視為背書[361]。

在陳水扁公布「3·20公投」題目的當天，鮑威爾接受媒體訪問表示，已經獲得臺灣「公投」題目的消息，美方認為陳水扁已在政策上表現出靈活彈性，美方會繼續仔細研究這兩個題目[362]。翌日，白宮發言人表示，美國並不反對「公投」，也不為任何特定「公投」背書，但美國也理解，提出「公投」的結果與臺灣承諾維持現狀無關。美國國務院發言人表示，美國沒有必要為臺灣「公投」背書，美國也注意到陳水扁承諾不改變現狀，並尋求與北京對話，這兩點都是美國過去支持的做法[363]。顯而易見，美國政府對於臺灣「防禦性公投」的態度發生

了微妙的變化，採取了容忍和靜觀的態度。陳水扁及臺灣當局因此鬆了一口氣。1月27日，臺灣「外交部」針對法國總統希拉克在胡錦濤主席訪法期間發表反對臺灣「公投」的談話，發表聲明宣稱，「3·20公投」是臺灣民主化進程重要里程碑，外國政府無權干涉[364]。陳水扁亦公開指責希拉克稱：「我真的無法瞭解這樣一個國家的領導人竟然干涉另一國家的內政」[365]。

1月30日，美國務院副國務卿阿米蒂奇在北京表示，「公投」通常是用來解決非常分歧、非常困難或者非常重大的議題或問題，就當前我所看到的「公投」的文字，似乎既不重大、也不困難，所以我想這會引發一些有關推動此事者的動機問題[366]。這是陳水扁公布「公投」題目之後美國高層首度對「公投」題目的公開評論。2月2日，美國助理國務卿薛瑞福表示，在正常的民主體制下，「公投」是解決分歧重大、比較困難的問題，但是臺灣付諸「公投」的問題確實不符合任何一類，我們質疑建議「公投」的動機，並稱阿米蒂奇闡述的是代表美國政府的立場、反映的是美國政策[367]。此後薛瑞福在美國有關聽證會上重申，「公投」應當是用來解決困難與分歧問題，應當是由下而上提出，而臺灣現今所提「公投」題目並非如此。美國將相當關切臺灣是否有意片面改變政治現狀，美國必須考慮到「公投」所產生的影響與後續發展[368]。

與此同時，臺灣當局加緊「3·20公投」的宣導及準備工作。「行政院」決定動支第二預備金，推出送達每戶的「公投宣導手冊」；並製作若干電視廣告在各電視臺播放；在報紙刊登大幅廣告；印製海報張貼於公共場所；「研考會」架設「公投」訊息單一入口網站；派遣以彭明敏為首的宣達團赴美遊說，進一步向美方說明「公投」的內容。2月3日，陳水扁舉行記者會拋出所謂「兩岸和平穩定互動架構」的「一個原則」和「四大議題」構想，「一個原則」即「確立和平原則」，「四大議題」是：一、建立協商機制；二、對等互惠交往；三、建構政治關係；四、防止軍事衝突[369]。臺灣當局希望藉此強化「防禦性公投」第二題目的說服力，安撫並爭取美方對於臺灣「無意改變現狀」的信任，力圖緩和兩岸因「公投」引發的緊張氣氛，明知大陸不可能呼應並與之互動，卻欲以此欺騙臺灣社會，尤其是爭取希望改善兩岸關係的中間選民，拉抬選情。可以看出，從企

圖激化兩岸關係的尖銳對立，轉變為希冀緩和兩岸關係，致力推動協商的姿態，這一變化似乎與其推動「公投」的初衷大相逕庭，但實質與目的是一致的，為了選情需要，這一轉變為了取得美國的諒解，為了扭轉臺灣民眾的看法，消除普遍的憂慮。與此同時，臺灣多家媒體所做的相關民調顯示，多數受訪者認為沒有必要舉辦此次「公投」，不贊成花費數億元舉辦此次「公投」。事已至此，陳水扁執意舉辦「防禦性公投」，既是臺灣歷史的第一次，又是在第一任期達成，他所需要的是這一形式和過程，僅此而已，不需要強調內容，內容已無關緊要，「公投」就是內容、內容就是「公投」。

　　2月上旬，臺灣「行政院」決議通過陳水扁提交的「3・20公投」題目，並轉交「中央選舉委員會」辦理，隨後「中選會」研議表決確定了公投選票樣式、投票動線、選票有效性認定等重大「公投」選務規劃。臺灣當局籌備舉辦有關「公投」的辯論會和說明會。2月11日，鮑威爾在美國眾議院國際關係委員會的聽證會表示，美方看不出臺灣有必要舉行「公投」，「我們對兩個『公投』議題中的任何一個都不表示支持」[370]。對於陳水扁及臺灣當局來說，這只是美國因應大陸要求的例行性表態。2月29日至3月14日，圍繞「防禦性公投」2項議題，臺灣當局舉辦5輪10場的公開辯論會，正方代表由當局選派，反方代表由於「泛藍陣營」因為「公投」合法性的爭議拒絕派代表參加，則由社會人士主動報告參加，各個場次的激烈論爭和答辯，擴大了「防禦性公投」內容的宣導力度，為絕大多數民眾所瞭解，以利於其判斷和選擇。

四、國親聯盟因應「防禦性公投」的策略變化及其作用

　　在陳水扁推動「防禦性公投」過程中，國親聯盟雖然多次進行沙盤推演，研擬制定因應策略也根據形勢變化調整策略，但總體上圍繞著陳水扁的推行步驟打轉，被動應對。未能形成主導選戰的議題，以取代陳水扁主導的「防禦性公投」議題。從連宋選情出發，國親聯盟擬訂的應對辦法多未實施，不但未能有效地牽

制「防禦性公投」的推動，而且在策略運用上顯現左右搖擺，「前怕虎、後怕狼」的態勢，臺灣媒體稱為「再陷公投泥沼之中」。

在陳水扁提出要在2004年「大選」同時舉辦「防禦性公投」之初，國親聯盟著重針對其正當性和適法性進行批判，並且指出其挑釁大陸、製造兩岸衝突的嚴重危害性。此後，國親聯盟擬採取以「公投」制衡「公投」的方法，連戰提出要在「3‧20大選」同時舉辦五大議題公投，部分親民黨人也主張至少要發動「核四公投」「逼民進黨表態」，不過「公投法」的行政配套措施尚未出爐，這些「公投」主張付諸實施的可能性不大，只能是造造聲勢，用以牽制陳水扁的「防禦性公投」，但效果不彰。在美臺圍繞「防禦性公投」問題互動陷入僵局之際，國親聯盟高層密集討論，在對形勢研判及選情評估的基礎上，確定暫緩發動任何形式的「公投」，採取「只觀戰、不參戰」的策略，不插手美方與陳水扁當局的交涉，不理會陳水扁的「公投」訴求，謹守觀戰分際，樂見陳水扁身陷困境，適度提醒選民「已在危險邊緣」的訊息，同時提防大陸的強烈反應或美方的溫和讓步為選局帶來變數[371]。

在王永慶、李遠哲、林懷民就當前臺灣競選活動情況及政經形勢聯名發表廣告文章《沉重告白》後，國親聯盟作出呼應，並欲借力使力，集中批判陳水扁。未曾想到隔天陳水扁公布「防禦性公投」題目使形勢發生變化，國親聯盟高層評估陳水扁舉辦「防禦性公投」的幾率很高，而且來自美國訊息透露美方不可能公開表態同意或不同意「防禦性公投」，因此決定放棄「公投休兵」策略，將此「防禦性公投」定位為「違法公投」、「濫用預算公投」，挑戰其正當性與適法性，希望能稀釋「公投」在「大選」中的能量；「泛藍陣營」縣市長就「公投」一案提請大法官解釋，在解釋未頒布前，將不承諾配合辦理「3‧20公投」。國親聯盟擔心屆時美國與大陸各自冷眼旁觀臺灣舉辦「防禦性公投」，繼續批判陳水扁反而衝擊連宋選情[372]。在陳水扁將「公投」題目送交「行政院」議決前，國親聯盟就「公投」題目的因應之道進行研商，決定「就法論法」、「見招拆招」，從各層面質疑「公投」的適法性、正當性及必要性等問題，讓民眾清楚瞭解以便判斷，確立「完全不擋、柔性勸說」的因應主軸，認為陳水扁發動「公投」勢在必行，在民意尚不熟知「公投法」內涵的情況下，一味反對「公投」易

被「泛綠陣營」汙名為「反改革」，因此決定不再阻擋，改為柔性宣導式的勸說，並且取消「泛藍陣營」縣市長申請大法官法律解釋的構想，讓民進黨承擔舉辦「防禦性公投」的全部責任。

在「行政院」通過「公投」兩項題目後，國親聯盟研擬在「立法院」提案表決這兩項題目，一旦形成決議，將引用「公投法」第20條，要求「中選會」停止「公投」程序[373]。而後國親聯盟又放棄該計劃，只是提案主張「立法院」對這兩項題目表示同意，因為高層確定在「公投」問題上採取「不求戰」的因應策略。甚至拒絕參與有關「公投」的辯論。

上述可見，在「公投法」接納「行政院」版「防禦性公投」條款並開放表決通過問題上負有不可推卸責任的「泛藍陣營」，在因應陳水扁推動「防禦性公投」過程中策略多變、招招不靈，只能步步退卻，顯露一付窮於應付的窘態，似乎已無支撐自己基本立場的理論論述和組織動員能力，只講利益、不講原則、只講謀略、不講是非、只求不出差錯、不求開拓局面，因此，只能固守已大量外流的基本盤，以求重新奪回執政權。

五、陳水扁執意舉辦「防禦性公投」的原因及手法

陳水扁執意舉辦「防禦性公投」，除了有其基本政治立場所決定，為「制定新憲法」奠定基礎、開闢民進黨追求政治目標的道路之外，其現實原因主要有以下方面：

1.主導選戰議題的需要。「公投」及「公投立法」一直是陳水扁在此次「大選」中極力炒作的議題，逼得「泛藍」陣營「拿香跟著拜」，隨之起舞。「公投法」通過之後，「防禦性公投」條款使陳水扁如獲至寶。據其幕僚稱，「公投法」已封殺了原先主張與「3‧20大選」同時舉辦的「核四」、「加入WHO」、「國會改選」等議題的公投，陳水扁不得不行使「防禦性公投」。他在接受《紐約時報》專訪稱，最近通過的「公投法」不完全令人滿意，幸好裡面有個非常重

要的條款，就是和「防禦性公投」有關的第17條[374]。「公投法」通過之後，陳水扁及臺灣當局所能發動及主導的只剩「防禦性公投」一項，況且現階段能發動及主導「防禦性公投」的只有陳水扁一人，真是千載難逢之機。陳水扁欲繼續炒作「公投」議題只能從「防禦性公投」下手，別無他途。在選戰的最後幾個月裡，陳水扁以「防禦性公投」主導競選議題，直至投票日，不斷變換手法，使「泛藍」陣營仍然跟著起舞，被動應對，競選議題始終無法轉移到其他方面，即使「臺諜案」和陳由豪發表公開信揭露陳水扁收取巨額政治獻金事件也只能炒作幾天而已。正如邱義仁分析，「公投」的確是一個好議題，「投不投」不重要，但可「不斷攻擊」，以政治議題壓倒一切，包括對民進黨不利的經濟議題，以此搶得選戰的議題主導權[375]。此外，繼續炒作「公投」議題已是陳水扁競選必走的道路。「公投法」通過之前，他曾信誓旦旦宣稱在2004年「大選」同時舉辦若干議題的「公投」，並且提出「公投制憲」主張，然而其他議題「公投」在他任內均無法舉辦，只能發動及主導的「防禦性公投」，才能安撫「臺獨」基本教義派及其支持群眾，穩住選舉的基本盤。

2.「防禦性公投」成為陳水扁競選的最大且最後的賭注，此次選舉無疑是陳水扁的最後一次機會，「防禦性公投」是他本屆任內舉辦「公投」的唯一最後機會，他必須放手一搏，儘管在「防禦性公投」問題上鋌而走險未必能取勝，但如果在此問題上退縮，他就連基本盤都無法保住，遑論勝選連任；倘若他放棄「防禦性公投」，無異於宣布提前敗選。因此陳水扁盡力包裝「防禦性公投」為「臺灣歷史的第一次」，「第一任期內完成公投」，「臺灣民主政治的里程碑」，以此給低迷的選情注入強心劑。面對內外壓力，陳水扁以其多變的投機性格和手法不斷調整策略、性質及意義，從「防禦性公投」變為「防衛性公投」以至「和平公投」，提前公布與先前鼓吹的內容大相逕庭的「公投」題目，對他來說，內容已不重要，重要的在於形式，只要「公投」得以舉辦，就是題目，就是全部內容。「公投」為了選舉，選舉必須「公投」，「防禦性公投」成為陳水扁選舉的最大且最後的賭注，成也「公投」，敗也「公投」。陳水扁之所以敢冒天下之大不韙、孤注一擲、不惜一切進行豪賭，正是因為如果敗選，他將失去一切，什麼都不是，如果勝選，他將保住一切，什麼都是，是也是，非也是。只要獲勝連

任，陳水扁將以四年的時間換取活動的空間，美國和大陸都必須以他為對手，與他打交道，作為投機政客，屆時再作政策調整、關係修補，並非難事。眼下如何以「防禦性公投」獲取政治利益、贏得選戰，是陳水扁推行「防禦性公投」的出發點和歸宿，至於民眾的福祉、政局的穩定、民進黨的前途都不是他考量的重心。此外，民進黨高層評估，依照美國經驗，只要「公投」和選舉一起辦，通常可以提高4%—8%的投票率[376]。舉凡選舉與「公投」同時舉行，候選人且又是「公投」發動者往往可以提升一定的得票率，西方選舉史上多有先例，陳水扁及其幕僚亦是心知肚明，正如臺灣媒體批判陳水扁有著把「公投」與「大選」綁在一起的如意算盤。

基於上述原因，陳水扁舉辦「3·20防禦性公投」勢在必行，有如箭在弦上，不得不發。

概括而言，陳水扁及臺灣當局宣導「防禦性公投」的手法有以下若干方面：

1.民進黨於1999年5月通過的《臺灣前途決議文》明確主張行使「防禦性公投」。該決議文的核心條文寫道：「臺灣是一個主權獨立的國家，任何有關獨立現狀之更動，必須經由臺灣全體人民以公民投票的方式決定」，「臺灣不屬於中華人民共和國，『一中原則』和『一國兩制』根本不適用於臺灣」，「要盡速完成公投法制法工程、落實直接民權」[377]。《臺灣前途決議文》已經取代「臺獨」黨綱，成為現階段指導民進黨兩岸關係政策的基本原則。推動「防禦性公投」是落實黨的政治綱領，就是為了「避免臺灣現狀被改變」。

2.「公投」是基本人權和普世價值，是直接民權的體現，臺灣人民應該享有，不應該受到剝奪和限制；臺灣實施「公投」是民主鞏固、民主深化的必然要求。

3.「防禦性公投」不涉及統「獨」問題、不牴觸「四不一沒有」承諾，無意改變臺灣現狀，也不允許臺灣現狀被改變。

4.「防禦性公投」就是「和平公投」就是為了追求和捍衛和平權，不僅是為了臺灣人民的和平、臺海的和平，也是為了世界和平。

5.將會審慎沉穩地處理「防禦性公投」問題與臺美關係，國際社會及臺灣民眾應可放心，在野黨不需要危言聳聽和挑撥分化。

6.因為選舉的緣故，兩岸之間難免有些選舉的語言和動作，「5·20」之後兩岸應能夠展開下一階段的良性互動。

至於「適法性」問題，亦即對臺灣「公投法」第17條（「防禦性公投」條款）的認知和解釋，關鍵在於對「主權有改變之虞」的解釋，見仁見智，陳水扁及臺灣當局作了種種有利於推動舉辦的解釋，前已述及，不再贅述。

六、臺灣當局舉辦「防禦性公投」的影響

陳水扁及臺灣當局傾力推動的「防禦性公投」如期在2004年3月「大選」日舉辦。儘管此次「公投」因參與投票人數未達到選民總數的一半而以無效告終，並因選後「朝野」抗爭而似乎被人們淡忘，但仍然對臺灣政局及兩岸關係造成一定的影響。

1.臺灣「公投法」的「防禦性公投」條款針對的目標就是大陸，臺灣當局無疑將大陸視為現階段危害「臺灣主權及安全」的主要威脅所在。設置「防禦性公投」條款就是為了藉助臺灣民意挑戰「一個中國原則」，抗拒大陸統一的要求。陳水扁所謂舉辦「防禦性公投」是為了「避免臺灣現狀被改變」，國親兩黨高層宣稱，臺灣「公投法」是一部維持現狀的「公投法」，兩種論調異曲同工。「防禦性公投」的結果將規範和約束本屆臺灣領導人在兩岸關係方面的政策走向，成為放棄「四不一沒有」承諾的導因，陳水扁的導師李鴻禧即有預言。

2.推動「防禦性公投」是一個宣傳造勢、誤導臺灣民意的過程，有關「防禦性公投」的內容，舉辦的必要性和迫切性的宣導，無異於挑動臺灣民眾敵視大陸，甚至煽起民粹情緒的過程，其對臺灣民眾心態的影響及對兩岸關係的衝擊，是不可低估的。「防禦性公投」的結果是不難想見的，儘管這兩項題目尚未達到極端激烈的地步，但是無論如何將利用「公投」把廣大臺灣民眾推至大陸的對立

面，推至兩岸爭端的第一線，正如臺灣學者趙春山所言，「3·20公投將使臺灣人民與中國成為對立的兩面」[378]。這將使大陸今後「做臺灣人民工作」，落實「寄希望於臺灣人民」的政策更為艱巨和複雜。

3.陳水扁在此次「大選」獲勝連任，與「大選」捆綁舉辦的「防禦性公投」對其獲勝是有助益的，至於提升多少得票率，是否如民進黨當初預估增獲50萬票，目前尚無具體的數字可以說明。但是，由研究選舉的臺灣學者概括出來起碼兩種跡象顯示陳水扁因「防禦性公投」而在「大選」獲利：一是許多「泛藍」支持者為了拒絕參與「防禦性公投」而未前往參與選舉投票，二是某些傾向「泛綠」原本不想參與「大選」投票的中間選民因為履行「防禦性公投」的民主權利而同時參與「大選」投票。「原本支持陳水扁的選民不願意去投票，但『公投』招數一出，這些支持者願意投票了，陳水扁的基本盤因此穩住了」[379]。

4.此次「防禦性公投」是在海內外巨大壓力下執意舉辦，開啟臺灣歷史上第一次「公投」，確實做到了「臺灣第一次，世界都在看」，雖然因參與人數未達選民總數一半而告無效，但並不因此改變臺灣當局原定的巨額購買美國武器準備的計劃。對於此次「公投」結果的具體情況，儘管無法得到詳細的數據加以分析，正如臺灣《聯合報》社論寫到，「選民們可能投同意票，可能投不同意票，可能不領票，可能投廢票，也可能分裂投票」[380]，甚至可能出現一定數量的「臺獨基本教義派」不認同「建立兩岸和平穩定互動架構」而投棄權票或反對票，但是從臺灣當局公布的統計數據來看，透過此次「公投」反映的臺灣民眾的相關心態，對陳水扁日後推行其政策是有利的：

「泛藍陣營」及其支持群眾反對此次「公投」是適法性及「公投」與「大選」捆綁等形式方面的問題，並非反對「公投」的內容，絕大多數民眾是認同「公投」題目所闡明的政策的。

雖然參與「公投」的民眾只占選民總數的45%，但是卻占參與選舉投票民眾的56.3%。投「公投」票人數比實際拒領「公投」票人數多出166萬，比陳水扁的得票高出98萬，說明「泛藍陣營」的支持者中仍有15.2%參與「公投」投票，而且未參與選舉及「公投」的民眾未必全然反對此次「公投」的舉辦，更無法視

為反對「公投」的內容。

在此次參與「公投」的民眾中，支持「強化國防」議題達91.8%，支持「兩岸對等談判」議題的達92.1%。儘管這兩個題目並不很激烈，但其中蘊涵的「臺灣主體意識」是不言而喻的，「公投」結果所顯示的臺灣民眾心態對日後兩岸關係的負面影響是不容輕忽的。

5.此次「防禦性公投」開啟了全臺性「公投」的先例，為日後臺灣當局推動舉辦各種議題的「公投」奠定了實踐性基礎，並從中汲取正反兩方面的經驗，甚至透過「公投入憲」、修訂「公投法」等步驟為追求政治目的完備法律手段。

臺灣統「獨」鬥爭中的中間勢力分析[381]

林勁

在涉及臺灣主權歸屬及其前途走向以及兩岸政治定位問題上，臺灣政壇分為統一、分裂和中間三股勢力，它們持有各自的主張和立場，展開一系列的鬥爭，不僅影響臺灣政局的穩定，而且影響兩岸關係的穩定。

統一、分裂和中間勢力的區別在於這些政治勢力對於統「獨」議題的主張，反映在其政治綱領與政策主張和社團宗旨、章程中，並指導其政治行動及方針政策的推行，這一區別也將影響其組織的其他特徵及社會支持基礎。

應當指出，臺灣有些政黨及政治社團的統「獨」主張並不清晰，甚至未予涉及；同時政黨及政治社團的統「獨」主張並非是一成不變的，有些政黨及政治社團為適應形勢而對統「獨」立場進行調整，出現了模糊化的趨向，因此，對於這些政黨及政治社團不能一概而論地以統「獨」立場加以劃分。雖然統「獨」主張是臺灣主要政黨及政治社團的重要政治主張，但也僅僅是政治主張的重要組成部分；政黨及政治社團成員對政黨和政治社團的認同並不完全依據對統「獨」主張的立場，成員因政治態度、感情、省籍、族群、社會階層、經濟地位的差異，而

對政黨及政治社團相關統「獨」立場的認同也有一定的差異，有的差異甚至很大，從理論上可以以政黨及政治社團的統「獨」主張劃分政黨及政治社團為某種政治勢力，但在實踐上則不能簡單地以政黨及政治社團的統獨主張將其所有成員都歸屬為某種政治勢力，而必須做客觀的、具體的分析，以有利於我們相關工作的推展。

一、臺灣中間勢力的界定

在臺灣前途及兩岸關係問題上臺灣政壇介於統一勢力與分裂勢力之間的中間勢力就是既不贊同統一，也不贊同分裂而主張維持現狀的勢力。理論上，似乎可以將中間勢力定位為除了明確主張統一、明確主張分裂的政黨、政治社團之外的政黨及政治社團，屬於政治學定義，那麼具體定位如下：

政黨：除了明確主張統一的政黨，含新黨、親民黨與國民黨中的部分人員；明確主張獨立的政黨，含「建國黨、臺灣團結聯盟、民進黨」中的部分人員外，其他均屬於中間勢力。

政治社團：除了明確主張統一社團，中國統一聯盟等；明確主張獨立社團，含「臺灣獨立聯盟、臺灣教授協會、基督教長老教會、外省人臺灣獨立促進會、南社、北社、中社、東社」外，其他的政治社團均屬於中間勢力。

然而，臺灣政壇及社會的實際情況並非如此整齊劃一，清晰可辨。因為，臺灣政壇並沒有一個政黨或者政治社團明確地、清晰地主張「不統不獨，維持現狀」，有的刻意模糊，有的亦有一定傾向，有的未涉及這方面的主張。由此，中間勢力並沒有以某個政黨或政治社團為主導，無法以自己的相關主張形成風潮、舉辦活動、推展運動。可以說沒有明確的主要代表。而是存在於各個政黨及政治社團之中，尤其是國民黨、民進黨兩大政黨內部都存在著相當部分中間勢力，但其組織歸屬仍脫離不了其所屬政黨。同時，中間勢力廣泛地分布於目前活躍於政壇的幾個政黨的支持群眾和無政黨傾向的民眾之中。應當看到，中間勢力不僅是

客觀存在的，而且是一股強大的社會力量和政治力量，一方面，中間勢力在臺灣社會代表了主流民意，即海內外普遍認為「現階段大多數臺灣民眾是希望安定、安全，希望維持現狀」這一基本判斷，另一方面，中間勢力在臺灣政壇有著巨大的影響力，既影響著當局的施政和「立法院」的問政、議政，又透過各項選舉影響著各政黨在權力資源上的消長和實力的發展，迫使致力於鞏固執政權和爭取執政權的政黨在政治主張及政策制定方面往中間靠攏，迎合主流民意，爭取中間勢力的支持，以利於鞏固和攫取政治利益，擴展政黨實力。

以上對在臺灣前途及兩岸關係問題上的中間勢力，換言之，即在統獨問題上的中間勢力做了明確的界定。現階段海內外媒體和學術界在有關報導及評論頻繁出現的兩個概念：一是「中間選民」，一是「第三勢力」（有的亦稱之為「中間勢力」）。這兩個概念與在「統獨」問題上的「中間勢力」是不同的，在此有必要釐清他們之間的區別：

所謂「中間選民」，是由選舉的投票取向加以定義的。在現階段臺灣「泛藍」、「泛綠」兩大陣營角力的選舉政治生態中，中間選民就是介於且游離於藍綠支持基礎（亦稱為「基本盤」）之間的選民，包括有三種狀況：一是不認同政黨，完全沒有政黨屬性；二是雖有藍綠陣營的政黨屬性，但因各種主客觀因素的影響，促使個人的政黨忠誠度淡化，不屬於藍綠兩大陣營各自的基本盤；三是在單一選舉且出現藍綠一對一競爭狀態，屬藍綠之外黨派的支持群眾。中間選民從政治態度的光譜考察可區分為中間偏藍、中間和中間偏綠三類。選舉民調結果顯示，臺灣中間選民約占選民總數的20%左右，中間選民的特徵是其投票取向已不具有政黨傾向，對政治尤其是選舉政治較為冷淡，投票率不高，是政治參與冷漠的群體，或者不參與投票，或者在強力動員下進行某種選擇。此外中間選民是不可預知、不易掌控的選民群體，在特定的情況下他們的棄保選擇足以決定選舉的勝負，而當選情緊繃時，中間選民成為關鍵的因素，誰爭取到中間選民的多數，誰就能贏得選舉。中間選民與在統「獨」問題上的中間勢力是有區別的，同時也有一定的聯繫，中間選民並非沒有統「獨」傾向，其中亦有相當部分屬於在統「獨」問題上的中間勢力，與中間勢力是重疊、交叉的；在一對一選舉中的投票取向，是由政黨因素，候選人形象、競選訴求、省籍族群等多種因素綜合作用決

定的，並不與統獨問題有必然的關聯。在這一方面，中間選民與在統「獨」問題上的中間勢力是有共同之處，而選擇的考量因素則有不同，但是二者在臺灣選民中所占的比率差距頗大，因此必須作嚴格的區別。誠然，中間選民在除選舉活動之外亦有其政治傾向，但不涉及統「獨」主張。

所謂「第三勢力」（亦有媒體及學者稱之為「中間勢力」），指在2004年「大選」前後臺灣政壇出現有別於「泛藍陣營」和「泛綠陣營」的第三股政治勢力。2003年8月，在藍綠兩大陣營圍繞2004年「大選」的競爭全面展開之際，由「臺灣促進和平文教基金會」主導的九個弱勢社運團體聯合成立「臺灣公平正義聯盟」（「泛紫聯盟」），發表宣言反對各個政黨為了贏得選舉而開出空頭支票，反對缺乏整體財政規劃的社會福利支出政策，要求各個政黨在2004年「大選」前提出可行政策，構建完整的社會安全制度，負起社會責任，財務責任和長遠責任。「泛紫聯盟」表明對民進黨執政深感失望，對在野的國親兩黨也沒有期待，一定程度反映了中間選民的要求，並且表示不排除推出候選人參與2004年「大選」。「泛紫聯盟」的宣言未涉及統「獨」問題和兩岸關係，可見這一政治社團並非在統「獨」問題上與兩大陣營抗衡而成立的，由於「泛紫聯盟」勢力很小，缺乏立足於臺灣政壇的應有競爭力，根本無法與兩大陣營鼎足而立。隨著時間推移無疾而終，可謂曇花一現。在2004年「大選」之後，藍綠陣營圍繞選前的「槍擊案」及選舉結果進行激烈抗爭，臺灣社會被嚴重撕裂，陳水扁及民進黨當局的種種反民主的行徑和獨裁傾向，國親兩黨合併問題障礙重重，「泛藍陣營」欲振乏力，政治亂象叢生，政局動盪不安，臺灣政壇先後出現了以學術界、藝術界及政界知名人士聯合成立的「臺灣民主行動聯盟」和「臺灣民主學校」等政治社團，發起一系列針對當局的社會運動，展示自身的實力，並擬推薦候選人參加年底立委選舉。此外，一批原無黨籍的立委和由於種種原因脫離各大政黨的立委及政界人士聚集成立「臺灣無黨團結聯盟」，以利於今後在政壇活動及年底立委選舉中聯合行動、協同作戰，鞏固和擴展政治資源，避免因各行其是，孤軍作戰而遭兩大陣營夾雜的局面。2006年9月，施明德發起「反貪腐倒扁運動」，獲得社會廣泛響應，兩大陣營的各政黨都有人士參與，政壇許多重量級人物似有在此運動中整合形成第三勢力以攫取政治資源，「國務機要費」案偵結之後，這

一跡象暫時消匿。不難看出，第三勢力的各個政治社團並非以統獨問題而結合成立的，而且這些政治社團也未能合作形成一個有別於兩大陣營的整體。誠然第三勢力的各個政治社團成員在統「獨」問題上也有其立場傾向，其中不乏相當部分贊同「維持現狀」的人士，但第三勢力不同於在統「獨」問題上的中間勢力，其形成有其特定的政治形勢和政治議題背景，錯綜複雜，應作具體分析。

透過釐清「中間勢力」與「中間選民」、「第三勢力」的區別，無疑有助於進一步對現階段臺灣政壇及社會在統獨問題上的「中間勢力」的界定。

二、臺灣中間勢力的分類及分布特點

前已述及，中間勢力即主張或贊同現階段「不統不獨，維持現狀」，這在臺灣民眾中占大多數，是臺灣民意的主流。中間勢力包含著4種類型：一是主張先維持現狀，看情形再決定統一或獨立者；二是，先維持現狀，以後走向統一者（亦稱為「緩統派」）；三是，先維持現狀，以後走向獨立者（亦稱為「緩獨派」）；四是，永遠維持現狀者。考察臺灣各種機構的相關民意調查的統計結果，從1990年代中期開始，主張或贊同「維持現狀」者基本維持在70%左右，上下波幅不超過10%，具有相當的穩定性。其中，主張「先維持現狀，看情形再決定統一或獨立」者所占比率最高，約占25%—30%；主張「先維持現狀，以後走向統一」者約占15%—20%；主張「先維持現狀，以後走向獨立」者約占10%-15%，主張「永遠維持現狀」者約占10%—15%。

綜合分析臺灣各種機構相關民調結果，中間勢力各種類型的分布特點如下：

1.從教育程度看，在主張「維持現狀」的群體中，教育程度越低，主張「永遠維持現狀」的比率越高，大學以上文化程度者則呈兩極分化，即主張「維持現狀後走向統一」和「維持現狀後走向獨立」比率差距不大，前者略高一些。

2.從年齡看，在主張「維持現狀」的年齡愈大，傾向「永遠維持現狀」的比率愈高，年輕人則多為主張「維持現狀，看情形再決定走向統一或獨立」、「維

持現狀後走向統一」和「維持現狀後走向獨立」。

3.從籍貫看，在主張「維持現狀」的群體中，閩南籍民眾主張「維持現狀後走向獨立」的比率最高，大陸籍民眾主張「維持現狀後走向統一」的比率最高。

4.從社會階層看，在主張「維持現狀」的群體中，勞工與農民的比率最高，其次為工商業白領階層，表明疏離政治的階層主張「維持現狀」的比率較高。

5.從政黨傾向看，在主張「維持現狀」的群體中，支持「泛藍陣營」的民眾主張「維持現狀後走向統一」的比率較高，支持「泛綠陣營」的民眾主張「維持現狀後走向獨立」的比率較高。

6.從身分認同看，在主張「維持現狀」的群體中，認為自己既是臺灣人又是中國人的民眾比率最高，認為自己是中國人的民眾主張「維持現狀後走向統一」的比率最高，認為自己是臺灣人的民眾主張「維持現狀後走向獨立」的比率最高。

三、臺灣中間勢力的相關立場和基本心態

由上可見，中間勢力是一個複雜的群體，包含具有深厚的「中華民國」情結的民眾，也包含具有強烈「臺灣情結」的民眾，這一群體的相關立場可以區分為：

1.對「中華民國」有著強烈的認同感，有著傳統的深厚感情，在兩岸實力極為懸殊，由國民黨主導統一無望的情況下，現階段主張維持現狀。

2.反對現階段大陸以「一國兩制」統一臺灣，對「一國兩制」缺乏信心，擔心可能破壞原有社會制度和生活方式，強調兩岸意識形態和價值觀念的差異，從而主張維持現狀。

3.希望安定、安全，維護既得利益和現有的生活方式，對統一和獨立均抱有戒心和疑慮，因此主張維持現狀。

4.認同「中華民國在臺灣為一主權國家」，維持現狀即維護臺灣「主權獨立」，反對改變現狀，因此主張維持現狀。

總體而言，中間勢力普遍希望臺灣當局處理好兩岸關係，認為兩岸交流有利於促進兩岸人民的相互瞭解，降低敵意。基於維持現狀的立場，中間勢力與臺灣當局的政策時而呈現矛盾狀態，例如對兩岸協商或談判、「三通」、經貿關係等問題，但在臺灣當局的強勢主導下，卻又呈現困惑、無奈或無所適從的狀態。

中間勢力的基本心態包括以下方面：

1.安於現狀，害怕動亂。對自身的經濟狀況，生活方式和政治權益具有一定的滿足感，擔心兩岸統一後會失去既得的利益；認為兩岸目前差距較大，不具備統一條件，害怕因「實現統一」或「宣布臺獨」而引起社會動亂。

2.希望兩岸和平共處，避免發生戰爭。認為兩岸和平共處關係到臺灣政經局勢的穩定和自己的切身利益；認為如果臺灣宣布獨立，大陸會使用武力，臺海將爆發戰爭。

3.贊成兩岸協商談判，加強交流溝通，拒絕接受「一國兩制」。希望兩岸透過協商談判改善發展關係，希望兩岸加快交流的速度，盡快實現「三通」；對「一國兩制」則持反對、恐懼、防範、牴觸的心態。

四、臺灣中間勢力的實力及社會基礎

中間勢力在臺灣特殊的政治環境中有著舉足輕重的地位，可以決定選情，左右政局，影響決策。民進黨：目前，民進黨內部已衍生出「維持現狀就是獨立」的務實派系，在黨內占有相當大的比例。除了「臺獨聯盟」以外，其他派系基本上都主張維持現狀，民進黨主張「維持現狀」的兩岸關係政策走向是與明確主張獨立的政治色彩有區隔的。必須指出，民進黨務實派是基於對臺灣政治現實與兩岸關係及國際形勢的認識，從政黨利益和政黨發展需要考量而調整相關的政策主

張,採取務實路線。國民黨失去執政權後,又經立委選舉挫敗,其黨內維持現狀的人數更是占多數,而明確主張統一的越來越少。親民黨已是臺灣第三大黨,其成員大多是主張維持現狀的,該黨在未來臺灣政局及兩岸關係中的作用都是不可忽視的。其他中間勢力在臺灣政爭中的地位極為低弱,作用不大。

除了各政黨、各政治社團中的相關派別外,中間勢力的社會基礎就是主張維持現狀的廣大臺灣民眾。近10年的民調結果統計顯示,主張維持現狀的民眾的比率隨著兩岸關係的緩和與緊張而出現些微的變化,一般認為,「緩統」和「緩獨」都應納入中間勢力,即「維持現狀後走向統一」和「維持現狀後走向獨立」兩種類型,因此,中間勢力大體上維持在70%左右。

綜合臺灣政治大學選舉研究中心、柏克市場研究公司、臺灣中華徵信所、臺灣中山大學民意調查研究中心、臺灣中正大學政治系民意調查研究組等民意調查機構近年的相關民調結果,主張「維持現狀」的民眾所占比率保持在64%-74%。

2004年7月下旬,臺灣《商業週刊》公布一份民調結果,關於未來兩岸關係,多數臺灣民眾希望「維持現狀」,其中34%主張「維持現狀看情況再決定」;24%贊成「長期維持現狀」,11%主張「維持現狀走向統一」。

五、臺灣中間勢力發展原因及基本特徵

臺灣的中間勢力是在臺灣解嚴後隨著政黨政治的發展而發展的。1987年,臺灣當局頒布《動員戡亂時期人民團體組織法》,宣布開放黨禁,各種政黨如雨後春筍紛紛成立,打破了臺灣長期的「一黨專制」的政治格局,開始由一黨專制向多黨競爭轉變。隨著民進黨的發展壯大,國民黨一黨壟斷的局面逐漸被打破,政壇開始了政黨競爭,1990年臺灣當局開始推行「憲政體制改革」,這一改革打破了政治結構及制度的不合理性,增加了政黨競爭的公平性,推動了政治多元化、民主化,隨著「臺獨」言論及活動日益加劇,民進黨將「臺獨」條文列入黨

綱,政壇及社會在統獨問題上主張及心態呈多元化,「維持現狀」的主張逐漸發展,成為主流民意。

中間勢力發展壯大的主要原因如下:

1.求和平、求穩定、求發展的主流民意決定了中間勢力得以發展壯大。擔心兩岸統一使社會秩序被打亂,既得利益落空,生活水平下降;擔心「臺灣獨立」引發臺海緊張、遭受戰爭禍害;只有臺海和平、社會安定、經濟發展、生活改善是最理想的。因此,求和平、求穩定、求發展是臺灣主流民意,這就決定了中間勢力在臺灣的地位及其發展的巨大空間。

2.廣大臺灣民眾要求當家做主的願望促成了中間勢力固守其政治主張。在中國近現代史上,臺灣走過了一段獨特的路程。臺灣民眾由於特殊的歷史遭遇形成了複雜心態——強烈要求當家做主。而明確主張統一和獨立似乎都違背這一心態,唯有維持現狀才是目前臺灣大部分民眾所能接受的政治模式。因此造就了一股不斷發展的政治勢力——中間勢力。

3.對國家認同的模糊導致中間勢力的坐大。由於特殊歷史原因,臺灣民眾長期生活在一個虛擬的「國家」中。在「中華民國」被驅逐出聯合國前,國民黨當局一直在國際社會代表中國;之後,蔣氏父子仍以「國家機器」形式維持運轉;李登輝主政12年向臺灣民眾灌輸的是「在臺灣的中華民國」;民進黨為了爭取執政,承認目前的「國號」叫「中華民國」。因此在許多臺灣民眾中產生了有關國家認同的模糊,對統一、獨立都未有極大的熱情,而希望維持目前的現狀。這就給中間勢力坐大予有利的條件和環境。

4.美國干涉中國統一是造成中間勢力發展的外在因素。美國出於全球戰略需要,一直玩弄「以臺制華」的手法,不履行中美「三個公報」,相反卻強調和執行《臺灣關係法》,出售軍事裝備給臺灣,表示要協防臺灣,臺灣社會普遍認為美國根本不希望中國統一。這一客觀事實使大多數民眾希望維持現狀,產生偏安心理。據有關民調顯示,假如大陸使用武力,有64.7%的國民黨籍立委和44.4%民進黨籍立委認為美國會介入,而民眾對大陸使用武力持懷疑態度達到63%;真正相信大陸在島內發生「臺獨」和外國勢力干涉情況下會使用武力的比率僅

13%。尤其在小布希上臺後，美國多批次售臺武器及邀請臺灣高級軍事將領訪美等加強美臺軍事關係的行徑，更造成民眾的誤判。

中間勢力的基本特徵：

1.游離、觀望、不穩定。中間勢力走的是中間路線，因此表現出明顯的游離、觀望、不穩定的特徵。而這些特徵是隨選民的意願及各時期的政治議題以及兩岸關係緩和抑或緊張而飄忽不定。由於中間勢力沒有相對一致的、固定的政治主張，其政治主張一般是隨著其所屬政黨的主張，有其不穩定性。中間勢力不僅游離於統一、分裂勢力之間，而且其內部四種類型之間時而發生比率變化。

2.中間勢力迎合臺灣主流民意取向，具有務實、理性、無激烈意識形態取向的特徵。臺灣主流民意是維持不統不獨，中間勢力正是迎合這一特徵。對於臺灣前途的主張過於偏激並不是臺灣大多數民眾所願接受，也是中間勢力所不願接受的。

3.中間勢力是大陸和臺灣統獨勢力都要爭取的力量。臺灣70%—80%的民眾希望維持現狀，不僅是中間勢力賴以生存的基礎，而且是臺灣統「獨」勢力極欲爭取利用的力量。每逢選舉，各個政黨都力圖開拓中間票源。

中間勢力也是我「做臺灣人民工作」，爭取臺灣民意的重心，必須透過廣泛接觸和調查，深入研究臺灣各階層民眾的心態；避免以偏概全，防止主觀臆斷，根據各種類型的要求和心態，有的放矢地進行爭取工作，努力促進中間勢力儘可能往統一方向靠攏。

六、結語

總體而言，在現階段臺灣內部，統一勢力和分裂勢力都占少數，中間勢力占大多數。但是中間勢力是不穩定的，隨著形勢的變化而向左右分化，而統一、分裂勢力也同樣可能往中間靠攏。影響三種勢力消長趨勢的客觀因素主要有兩岸互動、大陸形勢、臺灣政局以及國際形勢。就這幾方面因素的變化及相互作用的基本態勢來看，今後一個時期，三種勢力消長趨勢的變化幅度不可能很大，中間勢力居於主導地位，分裂勢力仍將有所萎縮，統一勢力亦不具備大幅增長的環境和條件。從臺灣民意支持的角度考察，據評估，對於兩岸關係的臺灣民意，大體是統、獨、維持現狀三種。統一的支持率均在10%—20%的波幅中；獨立的支持率也在10%—20%的波幅中，維持現狀（中間勢力）的支持率居於60%—80%的波幅中。「統獨」消長波幅在非常狀態下亦難超過10%的波幅，「統獨」也常有同升情況，但「統獨」比例相加也從未超過40%，可見中間勢力的支持者還是占多數。毫無疑義，臺灣絕大多數民眾趨向求和平、求安定、求發展，這一判斷和評估應當是符合當前臺灣社會的主流民意取向的。

國民黨全面執政與兩岸關係發展前景分析[382]

陳先才

馬英九的強勢當選使在野八年的國民黨從民進黨手中全面奪回了政權，這不只是完成臺灣政黨的二次輪替，更是給島內政治生態以及兩岸關係帶來了重大的影響。

一、國民黨全面執政與島內政治生態的演變趨勢

在臺灣2008年領導人大選中馬英九以超過對手221萬張選票的絕對優勢當選，不僅把民進黨直接送回到在野黨位置，更是牢牢確立了國民黨在島內政治生態中一黨獨大的強勢地位。從目前島內藍綠政治版圖來看，以國民黨為代表的泛藍陣營可謂如日中天（見下表）。國民黨在島內的強勢地位不僅終結了民進黨長達八年主導臺灣政局的進程，而且直接影響和決定了臺灣島內政治生態的變化趨勢。從整體分析，國民黨全面執政後，島內政治生態的演變趨勢主要表現出以下幾個方面的特徵：

藍綠板塊 比較項目	泛藍 國民黨	泛藍其他力量	泛綠 民進黨
「立法委員」(113人)	81	5	27
縣市長(25人)	15	3	7
縣市議員(901人)	408		192
鄉鎮市長(319人)	173		35

（資料來源參見臺灣官方網站數據）

首先，島內政局將不斷趨於穩定。

陳水扁時期，由於國民黨主導的泛藍陣營長期占據「立法院」多數席位，在島內藍綠相爭，政黨惡鬥的環境下，民進黨當局常常面臨「朝小野大」的窘境。在2008年臺灣最高領導人選舉中，馬蕭配得票率高達58.45%，贏謝蘇配221萬選票。馬英九的強勢當選代表他民意支持率較高。由於在今年年初的立委選舉中，國民黨是大贏，民進黨在「立法院」中是絕對的少數派。目前國民黨完全執掌「府院」大權，民進黨根本沒有足夠的力量來加以制衡，臺灣政局將步入相對穩定的局面。[383]當然，由於島內兩大政黨國民黨與民進黨在兩岸政策上的立場差距較大，民進黨作為最大的本土政黨和力量最強的反對黨，對臺灣政壇還是具有一定的影響力的。從馬英九任用「臺聯黨」前立委賴幸媛為「陸委會主委」一職，說明馬英九在組建新政權過程中有穩定臺灣政局的考量因素。從目前島內政治力量對比來看，國民黨的強勢地位比較突出，臺灣今後政局的穩定性將會持續

增強。

其次,族群政治的影響不斷式微。

自1980年代後期臺灣「解嚴」以來,族群政治、省籍問題一直是影響島內政治生態發展的重要因素。長期以來,國民黨不僅背負著兩蔣時期「威權政治」的沉重包袱,而且在臺灣的族群爭議中被貼上「外省」的政治標籤。在民進黨的刻意操弄下,它又與中國大陸相聯繫,更成為「出賣臺灣」的代名詞。所以屢屢在關鍵時刻,被許多選民視為「非我族類」,無法重新獲得執政的地位。[384]民進黨人為炮製的這種「本土認同」使選民無法依據執政的表現與政績來投票,相反讓強調本土意識的執政黨獲得了極大的優勢,也使得族群政治長期以來成為本土政黨無法抗拒的誘惑。但在這次選舉中,外省籍背景的馬英九高票當選,說明民進黨長期以來堅持的激進的認同路線對臺灣政治,特別是選舉政治的影響大大降低。[385]族群政治的影響在島內不斷式微。

再次,民進黨面臨政黨轉型的嚴峻挑戰。

民進黨在2008年的兩場關鍵選舉中皆以大比分告負,使民進黨從權力巔峰直接墜入深淵。民進黨幾乎又回到了原點位置,目前它不僅面臨著建黨以來最大的危機,而且還面臨著集體失去方向的現實困境。民進黨敗選的原因非常多,但關鍵的還是民進黨八年執政的徹底失敗,陳水扁當局的貪腐形象,以及民進黨在兩岸關係及「外交」領域的衝撞行為等多種因素的綜合發酵而成。由於民進黨一直是一個派系眾多、高度選舉策略的政黨,這使得當前民進黨的反省與轉型面臨著極大的考驗。民進黨能否真正轉型成功,主要取決於以下幾個方面:一是民進黨的綱領和路線轉型問題。長期以來,民進黨擅長利用極端的意識形態來執政,無論是陳水扁為代表的激進、冒險的「法理臺獨」路線,還是以謝長廷為首的溫和的「漸進臺獨」路線。兩者在本質上都沒有放棄「臺獨」路線。隨著兩岸交流不斷深入,兩岸關係越來越成為民進黨未來發展的關鍵變量。對於民進黨而言如果徹底放棄「臺獨」理念則失去了其建黨的基本價值,背離了「基本教義派」。民進黨目前面臨是要堅持所謂有原則,而面對越來越萎縮的發展前景,還是要放棄初衷及原則,追求重新執政的機會,這是民進黨必須做出的痛苦抉擇。[386]因

此，對於民進黨而言，重新定位臺灣，重新定位臺灣與大陸的關係，是其不能迴避的。此外，民進黨轉型還面臨著人頭黨員、黨部精簡、提名制度等常務改革問題。在國民黨全面執政的政治現實中，民進黨力量如果轉型不成功，其發展必然會受到極大的限制。此外，民進黨還必須做好長期充當反對黨角色的心理準備。

最後，國民黨也面臨著政黨轉型的挑戰。

此次臺灣選舉也表明臺灣的民主化進程邁入了一個相對較為穩定的階段，政黨輪替是今後臺灣政治中的一種常態。今日的國民黨已不再是過去，特別是威權政治下的國民黨了，它也面臨轉型的考驗，只有這樣才能經受住選民對其執政的考驗。目前國民黨政黨轉型主要有以下幾個方面：一是向本土化政黨轉型。馬英九在此次選舉中大獲全勝在很大程度上是與其依靠本土力量、親近本土、認同本土意識的競選策略分不開的。今後必然會加速國民黨及其政權本土化的進程。國民黨極有可能將自己標榜為本土政權。甚至不能完全排除改名為「臺灣國民黨」的可能性；二是國民黨自身內部機制轉型。長期以來，國民黨一直是一個威權式的政黨，雖然在野八年有所改觀，但整體上講國民黨體制改革步伐仍然較慢，與民眾的期望仍有較大差距；三是國民黨再度執政，時代已然發生變化，威權時期以黨領政的局面不復存在，馬英九執政時期黨政關係必然要有一個重新的界定。

二、國民黨全面執政與兩岸關係的發展前景

主張「九二共識」的國民黨在島內全面執政後，必將對兩岸關係產生重大影響。我們應該辯證看到這種影響。

首先，國民黨在島內全面執政給兩岸關係的發展帶來了新的歷史機遇。

從總體上看，國民黨執政有助於兩岸關係的和平穩定，有利於遏止「法理臺獨」，延緩臺灣社會「去中國化」的趨勢，促進兩岸交流的進一步擴大，增進兩岸民間社會的進一步融合。特別是馬英九和國民黨普遍承認「九二共識」，這無疑給兩岸關係的改善和發展提供了重要的助推力。當前，兩岸關係發展的歷史機

遇主要表現為四個方面：一是反對「臺獨」的歷史機遇。在這次選舉中，主張「臺獨」理念的民進黨大敗，這充分表明島內「臺獨」分裂活動的高潮已經過去，兩岸關係走向緩和的氛圍已漸形成。民進黨在今年的兩場重要選舉中遭遇到重大挫敗，使島內主張「臺獨」分裂活動的激進勢力受到了沉重的打擊和削弱。民進黨在八年執政中，以意識形態掛帥，在兩岸關係上採取敵對和冒險的統「獨」戰術，造成兩岸關係長期陷入一種緊張、低谷的狀態。民進黨的敗選說明絕大多數臺灣民眾是願意與大陸發展關係的，拿兩岸關係來豪賭政治前途是短視的行為。民進黨受到的教訓也讓國民黨意識到兩岸關係的重要性。對於馬英九和國民黨來說，重新執政必然會更加重視兩岸關係的改善和發展，至少馬英九不會在兩岸關係上主動挑釁，不會去主動碰撞兩岸關係的紅線，這必然將有助於營造兩岸關係改善的整體氛圍。二是兩岸交流的歷史機遇。馬英九上臺後兩岸交流必然會大大向前推進。由於馬英九競選主軸是打經濟牌，而臺灣經濟改善很重要的一個因素還在大陸的配合與否。因此，馬英九會在兩岸經貿交流方面採取適當措施，比如在包括三通、直航等焦點問題上有可能取得重大突破。這無疑對兩岸交流起了直接的推動作用。[387] 三是政治對話的歷史機遇。可以說馬英九上臺後兩岸關係的高危期已過去，兩岸進行政治對話的條件和基礎開始形成。我們應該看到，近十年來兩岸關係之所以出現僵局，最根本的原因就是臺灣當局不承認一個中國原則，否定「九二共識」。而當前無論是國民黨還是馬英九本人均承認「九二共識」的存在，這無疑為未來兩岸關係的改善特別是為兩岸政治對話營造了有利的氛圍。兩岸重開政治對話的可能性大大提升。儘管這種對話的成果還有待觀察，但相對於過去十來年兩岸關係的緊張態勢而言，兩岸進行政治對話本身就是兩岸關係發展中的一個積極信號。四是爭取臺灣民心的歷史機遇。臺灣社會是一個選舉社會，政黨輪替是一種常態。在新的歷史時期，我黨提出了爭取臺灣民心的戰略思維。在這次選舉中，儘管民進黨大敗，但它作為最大的本土政黨，仍然擁有高達四成以上的支持率，這表明民進黨仍然具有很強的民意支持，特別是在中南部地區，深綠的力量仍然非常強大。我們如果能夠做好民進黨的工作來達到爭取臺灣民心，特別是中南部民心仍然是有可能的。目前民進黨實力大削，士氣低迷，內部分裂不斷，這正是我們深入開展民進黨工作的有利時機。

其次，國民黨在島內全面執政給兩岸關係發展也帶來了現實的挑戰。

國民黨的意識形態和大陸政策與民進黨之間有重大差異，但是兩岸關係的結構性矛盾依然存在。包括對於「中華民國」政治定位的分歧、對於臺灣當局謀求國際活動空間、要求大陸放棄使用武力乃至撤除導彈的爭議，以及由於制度差異造成的意識形態對抗等，短期內都難以化解，甚至有可能更加凸顯。具體而言，馬英九執政後，兩岸關係面臨的現實挑戰主要有：一是國民黨一黨獨大的挑戰。目前國民黨在臺灣政治生態中的地位可謂如日中天。不僅掌控著「立法院」超過四分之三的絕對多數席位，而且馬英九以超過競爭對手221萬張、在20縣市全部領先的高票當選使其以一個強勢領導人形象的面目出現。國民黨一黨獨大的的局面可能會誘使國民黨在兩岸關係的談判中自恃有強大民意為基礎，採取某些強硬的立場，甚至是對抗的姿態，這都可能會影響兩岸關係的改善與發展。二是馬英九本人反共立場的現實挑戰。我們應該看到，馬英九作為國民黨的外省籍人士，對中國共產黨有一種天然的排斥心態。我們可以從馬英九競選以前和競選期間的一些公開言論觀察出來。比如，他表示在「任內絕不談統一，四年不談，八年也不談」，[388]「不對等就不談統一問題」。他堅持「一個中國就是中華民國，中華民國是臺灣，不包括大陸」。在中國《反分裂國家法》實施三週年之際他發表強硬聲明。[389]他在勝選後的演講中拋出「臺灣不是香港，也不是西藏，是一個主權獨立的國家」等言論。在競選中對中國大陸的領導人進行攻擊，諸如攻擊溫家寶總理「蠻橫無理，自大愚蠢」，並宣稱「不排除拒絕參加奧運會」等等。[390]馬英九這些無視兩岸關係現狀的不當言論無疑將給兩岸關係的和平發展極大的戰略險情。三是「中華民國」歷史定位的挑戰。馬英九上臺後，「中華民國」的歷史定位問題將成為兩岸關係政治對話中一個新的難題。儘管馬英九承認「九二共識」，但他宣稱「一個中國」指的是「中華民國」，而且認為「中華民國在臺灣，不包括大陸」。而這一立場顯然不能為中國大陸所接受。中國大陸長期堅持認為，1949年中華人民共和國成立後，「中華民國政府」就已經不存在了。目前世界上絕大多數國家承認代表中國的是中華人民共和國。由於「中華民國」歷史定位問題直接涉及「兩個中國」的問題。顯然，在當前的政治條件下，兩岸就「中華民國」的歷史定位問題根本就沒有可以協商的空間和條件。四是

「國際生存空間」問題的挑戰。冷戰結束以來,特別是李登輝執政後期,兩岸關係之所以出現僵局,其中一個重要原因就是臺灣當局追求「國際生存空間」,大搞「務實外交」導致的。馬英九上臺之後,兩岸關係仍然面臨著這個問題的衝擊和挑戰。馬英九在競選期間提出「活路外交」是臺灣「外交」的出路。但馬英九要真正搞「活路外交」,他必須要在「九二共識」問題上與中國大陸保持一致。這就需要説服大多數臺灣人民接受「九二共識」,並以此為基礎與大陸重開談判。而且必須終止「文化臺獨」運動。當前,從馬英九近期的表現來看前景不容樂觀。例如他堅持任命「臺聯黨」前立委賴幸媛出任「陸委會」主委一職,在某種程度上表明馬英九未來的兩岸政策走向還值得觀察。[391]但我們可以預計,如果馬英九在「國際空間」問題上仍然沿用陳水扁衝撞的手法,顯然只會使兩岸在這個問題上的合作空間消失。這對兩岸關係來説存在著重大險情。

三、國民黨全面執政與我們的應對之道

儘管馬英九執政後,兩岸關係仍然面臨著重大的戰略挑戰,但我們必須看到,當前的整體氛圍對兩岸關係還是具有正面作用的,兩岸關係發展中的機遇大於挑戰。因此,我們必須妥善利用國民黨在島內全面執政這一歷史機遇,積極推進兩岸關係進入一個新的歷史階段,在牢牢把握兩岸關係和平發展大局的同時,努力推進兩岸和平統一歷史進程向前發展。

首先,用好國共交流平臺。

利用國共兩黨黨際交流的平臺,做好與國民黨和馬英九進行政治談判的準備。一方面,要對國民黨展現善意。在兩岸關係上,大陸要緊緊圍繞「展善意,爭民心,促融合」來做工作,頒布各種有創新的政策與措施,把握兩岸關係的主動權,減少外部的干擾與阻力。繼續推動國共兩黨的交流,但兩岸事務協商應以官方、半官方渠道為主,適時重啟兩岸「兩會」的對話與談判。兩岸談判仍應積極籌劃、循序漸進,先事務性談判後政治性談判。先談開放三通等經濟議題,再

談和平協議等政治議題。同時，著手開展對以王金平為首的國民黨本土派的工作。可以在某些問題上利用以王金平為首的本土派制約、制衡國民黨外省籍勢力及馬英九的強勢作為（畢竟此次獲得高票當選），應當看到，國民黨本土派缺少傳統的國民黨的歷史包袱及強烈的反共意識形態。在兩岸關係上更趨務實理性，紓緩可能出現的意識形態的尖銳對立及在國際社會的激烈角逐。另一方面，由於臺灣社會重視選舉，政黨輪替成為一種常態，應當抓住國民黨執政四年的有利時機，推動形成兩岸交流和兩岸政治關係上某些不可逆轉的趨勢和基礎。如在經貿、文化和人員交流上，推動實現兩岸全面、雙向、直接通航的局面，開放陸資進臺投資辦廠，開放大陸有關企事業與行政機構駐臺設點，開放大陸學生入臺就學，開放兩岸媒體更加廣泛的交流等等。在政治上，針對國民黨和馬英九強調「九二共識」是「一中各表」的觀點，對此，我方不必深究，而應當突出「大陸和臺灣同屬一個中國」，並儘可能將其寫入雙方簽署的法律文件，作為兩岸簽署和平協議的政治和法律基礎。

　　其次，做好臺灣民心工作。

　　儘管國民黨在全面執政，但代表「泛綠陣營」的民進黨仍然牢牢擁有四成多的基本盤。特別是在深綠勢力強大的南部地區。大選中謝蘇仍然有42%的支持率。有500多萬張選票。在此次競選過程中，民進黨炒作攻擊「共同市場」議題在民眾中也激起了一定的負面反應，表明臺灣民眾在某種程度上對大陸仍然抱有一定的戒懼心理。[392]這對兩岸關係和平發展的大局來說仍然會有一定的衝擊和挑戰。這就提醒我們今後應當深入探討兩岸經貿及民間往來方面涉及臺灣民眾現實的、切身利益的問題，以利於今後相關政策及實施能有效真正惠及臺灣民眾。我們應該看到，做好臺灣民心工作的重要環節就是努力做好民進黨的工作。民進黨長期自詡為本土政黨，因此，民進黨及其所代表的「綠色」力量在臺灣政治生態中的影響和作用不容忽視。目前，民進黨實力大大削弱，士氣非常低迷，這正是我開展民進黨工作的最佳時機。當前民進黨內部反省之風正濃，包括民進黨長期以來堅持的「臺獨」路線綱領都在檢討之列，我們應該分化民進黨和泛綠陣營內部的溫和派與激進派，加強與民進黨內溫和派的交流。在條件適宜的情況下，邀請謝長廷訪問大陸，甚至也可以邀請李登輝訪問大陸，進行尋根之旅。

再次，深化經貿文化交流。

鑒於臺灣問題的複雜性，解決臺灣問題是一個漫長的歷史過程。因此，我們必須繼續堅持改革開放以來的以經促政戰略。深化兩岸經貿往來，使臺灣經濟越來越牢牢地捆綁在中國大陸，臺灣經濟對大陸的依賴程度越高，這對遏制臺灣分離主義勢力的作用將更突出。同時加強兩岸文化交流。發揮中華文化特別是閩南文化的影響至關重要。在對臺灣文化的淵源與發展的影響噹中，閩南文化起著非常重要的作用。早在17世紀之前，閩南民眾就開始了移民臺灣的活動。此後有組織的大規模地移民臺灣的活動就有許多次。在臺灣現代居民中，大部分是閩南的移民。臺灣文化根植於大陸文化，尤其根植於閩南文化。臺灣的漢族移民，八成以上是閩南人，他們的語言、習尚、民風、文化、藝術、民間信仰等，都與閩南一脈相承，大同小異。由於文化認同是民族認同、國家認同的基礎。因此，在目前條件下，加強兩岸交流，尤其利用閩南文化的優勢，充分做好臺灣人民工作，對遏制島內的「文化臺獨」，強化臺灣民眾對中國文化和中國的認同，顯得尤其重要和迫切。

第四，妥善處理「焦點」問題。

兩岸關係中的「焦點」問題就是指兩岸之間存在的結構性問題。包括諸如「中華民國」的歷史定位問題、「國際生存空間」問題、「撤除飛彈」問題等等。而當前最為急迫最能影響兩岸關係發展的當屬「國際生存空間」問題。在這一問題上，我們必須謹慎行事，特別是要防止臺灣當局加入國際組織後對我採取敵視的行為。例如在世界貿易組織和國際奧委會這兩個國際組織中，中國大陸都同意臺灣加入其中，但臺灣在進入這些國際組織後卻與中國大陸唱反調，這嚴重影響到中國以後對臺灣加入國際組織後果的擔憂。2007年臺灣在世界貿易組織爭端解決機構會議上阻撓中國律師張月姣被任命為上訴機構法官。由於臺灣的阻撓，使原定的四名上訴機構法官任命案及其他所有議程均遭擱置，造成WTO有史以來首次上訴機構法官任命案未通過。而臺灣駐WTO常任代表林義夫宣稱的理由是，對於這第一位來自中國大陸的上訴機構法官人選，臺灣方面擔心以後處理涉臺的案件時，沒辦法保持公平性。[393]同樣，臺灣當局拒絕北京奧運聖火入臺，

創下奧運史上拒絕奧運聖火入境的首例。在國際奧運委員會與北京奧運組織委員會公布2008奧運會聖火傳遞路線，聖火將從越南胡志明市傳入臺北市，再傳進香港、澳門。臺灣「體委會」及臺灣「中國臺北奧委會」隨即舉行記者會稱，這條路線有損臺灣「主權」且有「矮化」之嫌。最後臺灣當局拒絕奧運聖火入臺。[394]這表明我們謹慎對待臺灣加入國際組織的後果。但是我們也必須考慮到在臺灣，爭取國際空間具有很強的民意基礎，我們不應一概加以反對。只要臺灣當局承認「大陸和臺灣同屬一個中國」，不妨在臺灣當局的政治定位和臺灣當局的國際活動空間方面作出某些讓步，如允許臺灣當局以適當的名義成為世界衛生組織的觀察員。總之，在一個中國的原則下，必須考慮應對臺灣的定位問題，尤其是「中華民國」名稱，以利於開展兩岸協商談判，建立兩岸和平互動架構。

最後，排除美國因素干擾。

陳水扁執政後期的「衝撞外交」使美臺關係陷入了低谷。但馬英九上臺後，美國的兩岸政策可能會向大陸傾斜到維持某種新的平衡。一方面，美國會密切關注馬英九的兩岸政策內容、走向與趨勢，關注國民黨與大陸的互動。另一方面，美國也可能從各個方面加強與國民黨的互動與聯繫，扮演某種馬英九與中國大陸互動的制衡者角色。總體來看，馬英九上臺後美臺關係升溫的可能性非常大，美臺互動必然會對兩岸關係的發展帶來重大影響。鑒於此，我們必須加強與美國的溝通，促進美中臺三方關係的良性互動發展。加強與美國小布希政府，特別是美國新一屆政府的溝通工作，使其瞭解中國大陸在兩岸關係上主張和平發展的誠意，明確表示中國大陸並不急於追求統一，以打消美國的不必要疑慮，使做臺灣人民工作能最大程度減少外部的干擾和影響。

臺灣立委選舉中的配票行為研究[395]——以2004年第六屆立委選舉為例

張文生

投票行為是政治參與的主要方式之一，投票過程是選民制度化了的表達政治意志的過程。日本政治學者三宅一郎認為：「投票行動是選舉中以投票表明自己對候選人、政黨、政策作出選擇的行動」，「在一般選舉參與政治方式中投票是最基本、最普遍的行動」[396]。然而在臺灣的選舉中卻形成了獨特的政黨影響選民投票行為的方式，即配票行為。特別是在2004年12月舉行的第六屆臺灣立委選舉過程中，島內兩大政治勢力泛藍和泛綠陣營均進行了大規模的配票操作，成為影響選舉結果的重要因素。

一、配票行為的概念、方式與條件

配票行為作為臺灣社會選舉的一種方式，最早來源於國民黨對於候選人的「責任區」劃分，國民黨為了防止黨籍候選人之間惡性競爭，以裡或鄉鎮為單位，將票源劃分給不同的候選人。1995年第三屆立委選舉，民進黨在臺北市南區參選的四位候選人打出「四季紅」的口號，採取聯合競選、聯合配票的策略，實現了四席全上的結果，使配票行為受到各黨的重視。

配票是臺灣社會特有的選舉行為。由於臺灣的立委選舉大部分選區屬於多席次的中選區或大選區，即複數選區採取單記非讓渡投票（SNTV）。選舉結果出爐後，候選人依得票數的多少依次排名，排名在應選席次內的即當選。因此每個候選人都力爭個人的得票數排在前列。但是對於政黨來說，衝高得票率不是唯一目的，取得最多的立委席位才是更重要目標，政黨不希望個別的候選人得票率過高。「選票極大化」並不必然等同於「席位極大化」，選票過多地集中於某個候選人反而會使同選區的本黨其他候選人得票過低而落選。各政黨均希望能達到同黨候選人得票平均，實現「得票極大化」與「席位極大化」的雙重目標。要實現這樣的目標，最有效的手段當然就是精確地估票和有計劃地號召支持者配票。配票行為即要求支持者依據政黨的規劃和指令投票給某個候選人的選舉行為。臺灣學者指出：「配票是複數選舉區下的產物，而且同一政黨在有兩個以上的同志參

選時，為了防止同室操戈，發揮票果，而採用的選戰策略」[397]。

配票的方式多種多樣，除傳統的依「責任區」劃分的方式配票，即依據居住區域投給不同的候選人，這是國民黨採用的傳統方式，根據不同候選人平時經營的責任區劃分不同的票源；還包括依性別分配選票，即主張「男投男、女投女」的方式，如2004年第六屆立委選舉中，國民黨在屏東縣即採用此方式；依出生月份配票，如民進黨1995年曾在臺北市南區採用「四季紅」的配票方式，即要求支持者根據出生季節的不同分別投票給四位候選人；依身分證尾數號碼的不同投給不同的候選人，如要求單雙號分別投給不同候選人或者從0到9分成5組分別投給5個不同的候選人。

但是配票的成功是有條件的，並不是政黨配票指令發出後就能保證選票的平均分配和政黨當選席次的最大化。

條件之一首先是必須有足夠充分的票源基礎。即政黨的有效選民能夠保證參與配票的候選人得票均在當選所需的最低票數以上，否則如果政黨在某個選區的票源只夠1個候選人當選，卻由2個候選人之間平均配票，就可能導致雙雙落選的結果。

條件之二是政黨提名名額適當。政黨必須在選前充分而且精確地估算各選區的票源基礎，根據各選區的選民結構和其他政黨的提名情況決定提名名額，使各選區的票源能夠有效地轉化為政黨的席位，以免發生提名名額過低或過高的情況。「如果政黨在同一選區中提名的候選人數目過多，就可能發生同室操戈，相互搶票，導致票源分散，當選席次反而減少；如果提名數目過少，則可能坐失良機，未戰選敗，將席位拱手讓人」[398]。

條件之三是有足夠的忠實支持者願意聽候政黨的規劃和指令，服從政黨的意志投票給某個候選人。實際上大部分選民都有「選人不選黨」的傾向，他們寧願相信自己的判斷和選擇把選票投給某個候選人，而不是被動地服從政黨的指令。但是也確有部分忠實的政黨支持者願意從政黨的整體利益出發，根據政黨的指令將票投給特定的候選人，島內民調評估願意服從配票指令的占政黨支持者40%左右，這些忠實的支持者是政黨配票成功的必備條件。有些臺灣學者就認為：「配

票的背後,其實是選民在表達對政黨的認同度」[399]。

條件之四是候選人願意配合政黨的配票規劃。在配票過程中,往往造成候選人個人目標與政黨總體目標之間的衝突,通常較有實力的候選人不願將個人的票源出讓給票源基礎較弱的候選人,以免操作不當造成自身票源的流失而落選。而長期投入政經資源經營選區的候選人也不願意將個人的長期努力輕易出讓給政黨提名的一些新人。如果候選人不充分配合,配票的成功率就很低。

條件之五是政黨的配票指令應當簡單、明確、唯一。比如「男投男、女投女」以及「四季紅」的模式都較為簡單明瞭,使普通選民容易掌握,不至於誤解或無法理解配票指令。如果政黨內部或候選人政出多門,各自為戰,容易使廣大的支持者無所適從,因此跨黨性質的聯合配票難度更大。成功的配票還要求候選人自始至終維持團結合作的選舉動作,否則最後階段的棄保流言有可能使配票操作功敗垂成,而這也是配票過程中最容易遭到對手破局的弱處,因為往往不知道棄保流言發自何處。

二、2004年立委選舉中各政黨的配票行為

2004年第六屆立委選舉,是「3‧20」臺灣領導人選舉的延長戰。民進黨在歷經「3‧20」臺灣領導人選舉的勝利之後,票源有所擴張,而泛藍陣營票源有所流失。但是臺灣多席次的民意代表選舉畢竟不同於單一的臺灣領導人選舉,影響選民投票行為的因素更加複雜,藍綠雙方政黨可操作的成分較小,雙方票源變動的空間有限。事實上,由於沒有任何一個政黨能夠在選舉中達到得票率過半的目標,藍綠雙方陣營都非常重視此次立委選舉中的配票操作,甚至都把各自陣營席位過半的希望寄託在精確配票的可能性上面。再加上在2001年第五屆立委選舉中民進黨成功配票的經驗,使各政黨均引以為鑒。因此,在有限的票源結構面前,如何發揮配票的有效功能,使各自政黨的席位達到最大化的目的,成為影響第六屆立委選舉的重要因素。

1.泛藍陣營的配票行為

泛藍陣營出於擴大當選席次的共識,對於第六屆立委選舉合作均表現出樂觀其成的態度。早在2004年5月,國親兩黨即達成了「總量管制」的共識,即確定國親區域立委提名席次總計107席,包括國民黨65席,親民黨42席,並且決議保留3至4席給新黨,泛藍總計提名區域立委名額約110席[400]。最後泛藍提名的區域和少數民族立委席次為116席,仍大致維持了總量管制的架構。

10月份在各界的呼聲和壓力下,國親成立「聯合輔選協調中心」。11月2日,國親兩黨祕書長舉行第二次國親聯合輔選會議,達成聯合輔選、聯合造勢、聯合配票的共識。兩黨祕書長一致強調,只要能增加泛藍席位,不排除兩黨一起配票,互相支持。泛藍陣營的國親兩黨均表示:「泛藍不要高票,但要多數當選」。國民黨主席連戰認為:「國民黨在這次『立委』選戰中主要是追求『席次極大化』,也就是花最大努力,爭取最多席次上疊,而非注重候選人是否能在選區內衝到最高票」[401]。國民黨組工會主委廖風德評估有40%的支持者願意配合配票,他表示:「國民黨將『全面配票』,希望掌握所有的游離票,爭取席次極大化」[402]。

但是客觀情勢顯然複雜得多,跨黨配票的難度較高,各黨候選人大多不願意配合。泛藍內部對於跨黨配票有不同的聲音。國民黨祕書長林豐正不得不強調,「如果候選人不同意就不能強迫」,只好採用「救弱」方案相輔相成[403]。宋楚瑜表示:「國親合作最重要的事,應該是建構願景,而不只是配票」[404]。11月18日,國親兩黨第三次會商聯合輔選事宜,達成「嚴守分際、落實總量管制、以兩黨提名候選人當選為優先」的共識,但仍未就配票問題達成共識[405]。

泛藍陣營內還有要求「先棄保後配票」的強烈呼聲,例如國民黨計劃在臺北市南北兩區提出「六六大順」國親新大配票項目,配票對像在北區包括國民黨蔡正元、丁守中、章孝嚴、新黨費鴻泰以及親民黨李永萍、秦慧珠;南區包括國民黨的陳學聖、潘維剛、周守訓、新黨賴士葆及親民黨的李慶安、林郁方。國民黨認為泛藍在臺北市南北兩區票源有限,因此配票的前提是要求親民黨放棄「南北兩國」,即北區的許淵國和南區的龐建國,而親民黨顯然出於政黨利益考慮,不

願輕易放棄可能的席位，以「還有四成民眾尚未表態，如何棄保？」為由予以婉拒。在臺北縣第一選區，親民黨立委周錫瑋也要求「先棄保再由國、親、新三黨一起聯合配票」，他認為臺北縣第一選區泛藍共提名5名候選人，但只有當選4席的實力，因此泛藍陣營應當依民調協調，「先棄保再配票」[406]。由於新黨臺北市和臺北縣的個別候選人在民調中均列入安全名單，但是面臨最後階段搶票和棄保效應的威脅。新黨主席郁慕明要求：「配票不只國親談，新黨也應列入協商才對」。他還出面呼籲，選戰最後關頭，泛藍選民應以泛藍席次過半考慮，對當選機會可能較低的泛藍候選人「斷尾配票」，讓有戰鬥力在當選邊緣的泛藍候選人當選，擴大整體泛藍席次[407]。

由於到選戰最後階段國親仍然無法就「棄保」和「配票」問題達成共識，兩黨決定採取「如果不能配，就各自配」的方式，國民黨和親民黨各自公布了配票方案。2004年12月6日國民黨公布「10縣市三不變」的黨內配票方案，即堅持「三不變原則」，包括「原規劃責任區劃分選票不變、黃復興黨部支持的對象不變、已決定支持候選人對象不變」。12月8日，國民黨與新黨協調之後，增加「新黨支持對象不變」的原則，公布最終配票方案：在「四不變原則」基礎之上，在16個選區分三種情況配票。

2004年立委選舉國民黨配票方式：

提名兩人以上選區之配票方式

一、不採任何配票方式：嘉義縣、新竹縣。

二、在四不變原則下，採平均配票方式：

四不變原則：

1.原規劃責任區支持對象不變。

2.黃復興黨部支持對象不變。

3.新黨支持對象不變。

4.已決定支持對象者不變。

（一）臺中市：

1.按出生月份，單月投單號，雙月投雙號。

2.單月（1月、3月、5月、7月、9月、11月）出生者支持7號盧秀燕。

雙月（2月、4月、6月、8月、10月、12月）出生者支持8號蔡錦隆。

（二）高雄縣：

1.按出生月份。

2.1月、2月、3月、4月出生者投給1號陳麗惠。

5月、6月、7月、8月出生者投給5號林益世。

9月、10月、11月、12月出生者請投給12號吳光訓。

（三）屏東縣：

1.按性別配票，男生選男生，女生選女生。

2.女生投給8號廖婉汝。

男生投給4號伍錦霖。

（四）臺南市：

1.按出生月份。

2.1月、2月、3月、4月、5月、6月出生者投給1號王昱婷。

7月、8月、9月、10月、11月、12月出生者投給7號林南生。

（五）臺北市第一選區：

1.按出生月份。

2.1月、2月、3月，投給8號蔡正元。

4月、5月、6月，投給12號章孝嚴。

7月、8月、9月，投給18號丁守中。

10月、11月、12月，投給19號費鴻泰。

（六）臺北市第二選區：

1.按出生月份。

2.1月、2月、3月，投給11號賴士葆。

4月、5月、6月，投給18號潘維剛。

7月、8月、9月，投給21號周守訓。

10月、11月、12月，投給25號陳學聖。

（七）臺北縣第一選區：

1.按出生月份。

2.1月、2月、3月、4月，投給3號林鴻池。

5月、6月、7月、8月，投給13號李勝峰。

9月、10月、11月、12月，投給4號李嘉進。

（八）臺北縣第三選區：

1.按出生月份。

2.1月、2月、3月，投給10號羅明才。

4月、5月、6月，投給13號洪秀柱。

7月、8月、9月，投給15號雷倩。

10月、11月、12月，投給16號張慶忠。

三、決定採責任區塊配票方式：

桃園縣、雲林縣、臺南縣、苗栗縣、臺中縣、彰化縣。

四、南投縣：跨黨救弱

（資料來源：國民黨中央全球資訊網，2004年立委選舉本黨配票方式）

在此同時，親民黨不僅公開號召「選票回娘家」，提出「再投親民黨、泛藍才過半」的口號，也單獨公布了臺北縣第一選區和桃園縣的配票方案。在臺北縣第一選區，親民黨要求泛藍支持者凡身分證字號尾數1、0者將票投給吳清池；並要求親民黨支持者出生月份1月至7月的，將票投給周錫瑋，8月至12月者將票投給吳清池。在桃園縣，親民黨規劃身分證字號末尾號碼是0或9，並且支持孫大千的選民，自動配票支持鄭金玲。

2.泛綠陣營的配票行為

民進黨把2004年立委選舉的目標確定為實現「泛綠過半」，以便全面掌控行政和立法系統，因此提出了「立委過半數、改革大進步」的選戰主軸。民進黨「立法院」黨團公開呼籲所有黨籍候選人：「目標是搶席次，不是搶高票」。民進黨當局的「總統府祕書長」蘇貞昌也表示：「這次『立委』選舉，不爭個人最高票，而是爭多席次」[408]。民進黨和「臺聯黨」之間既相互競爭，也相互配合，在個別選區甚至聯合配票、聯合競選。

「臺聯黨」主動提出在多個選區尤其是高雄市、臺南市、臺中市、新竹市與基隆市等都會選區與民進黨聯合配票的建議，在高雄市、臺南市、臺中市等選區，民進黨均表示願意推動泛綠之間的整合。在高雄市兩黨還成立了「聯合選戰中心」，提出「四不原則」，即：「泛綠同志不以任何形式攻擊同志、泛綠同志不以任何形式破壞團結、泛綠同志不以任何形式告急搶票、泛綠同志不以任何形式違反配票」[409]。但是在基隆市、新竹市和嘉義市，「臺聯黨」的要求遭到民進黨的斷然拒絕。民進黨認為，基隆市和新竹市兩地都是民、國、親三分天下的局面，嘉義市泛綠只能確保一席，民進黨與「臺聯黨」沒有任何聯合配票的空間。

2004年11月底，民進黨正式確定13個選區分別依出生月份或身分證末位數採取聯合配票的方式，其中高雄市南北區、臺南市、臺中市四個選區，民進黨與「臺聯黨」採取了「跨黨聯合配票」的方式。但是在選舉最後階段，泛綠陣營內部仍然出現相互搶票的現象，李登輝公開表示：「不配票給臺聯不公平」，並要求泛綠支持者「先生投給民進黨、太太投給臺聯黨」，甚至在投票前兩天喊出了

「全家投臺聯」的口號。

民進黨及「臺聯黨」聯合配票選區一覽表

選區	應選名額	提名人數	本黨提名人選	配票方式
高市一	6	3	林進興、李昆澤、管碧玲	依「出生月份」配票： 春(1月-3月) ——1號管碧玲 夏(4月-6月) ——3號曾燦燈 秋(7月-9月) ——4號李昆澤 冬(10月-12月) ——9號林進興
高市二	5	3	湯金全、郭玟成、黃昭輝	依「出生月份」配票： 春(1月-3月) ——1號黃昭輝 夏(4月-6月) ——3號郭玟成 秋(7月-9月) ——5號羅志明 冬(10月-12月) ——10號湯金全
北縣一	8	4	莊碩漢、張清芳、王淑慧、李文忠	依「出生月份」配票： 春(1月-3月) ——1號張清芳 夏(4月-6月) ——2號李文忠 秋(7月-9月) ——9號王淑慧 冬(10月-12月) ——14號莊碩漢
北縣二	11	6	陳茂男、吳秉叡、曹來旺、林淑芬、黃劍輝、陳景峻	依「出生月份」配票： 1月-2月 —— 1號陳景峻 3月-4月 —— 12號曹來旺 5月-6月 —— 13號陳茂男 7月-8月 —— 14號黃劍輝 9月-10月 ——17號吳秉叡 11月-12月 —— 18號林淑芬

續表

選區	應選名額	提名人數	本黨提名人選	配票方式
北縣三	9	4	周雅淑、沈發惠、陳朝龍、趙永清	依「出生月份」配票： 春(1月-3月) —— 3號周雅淑 夏(4月-6月) —— 4號趙永清 秋(7月-9月) —— 18號陳朝龍 冬(10月-12月) —— 20號沈發惠
屏東縣	6	4	邱議瑩、潘孟安、林育生、鄭朝明	依「出生月份」配票： 春(1月-3月) —— 3號林育生 夏(4月-6月) —— 7號潘孟安 秋(7月-9月) —— 2號邱議瑩 冬(10月-12月) —— 11號鄭朝明
台南市	6	3	賴清德、王幸男、唐碧娥	依「出生月份」配票： 春(1月-3月) —— 2號王幸男 夏(4月-6月) —— 3號錢林慧 秋(7月-9月) —— 8號唐碧娥 冬(10月-12月) —— 11號賴清德
台中市	8	3	王世勛、謝明源、李明憲	依「出生月份」配票： 春(1月-3月) —— 05號謝明源 夏(4月-6月) —— 09號李明寵 秋(7月-9月) —— 11號王世勛 冬(10月-12月) —— 12號何敏豪
北市一	10	5	蕭美琴、鄭遠鵬、高建智、徐國勇、林重謨	依「身分證末碼」配票： 1、2——11號蕭美琴 3、4——15號鄭鵬遠 5、6——22號高建智 7、8——16號徐國勇 9、0——4 號林重謨
北市二	10	5	段宜康、沈富雄、藍美津、郭正亮、王世堅	依「身分證末碼」配票： 1、2——3號藍美津 3、4——8 號郭正亮 5、6——9 號段宜康 7、8——10號沈富雄 9、0——30號王世堅

續表

選區	應選名額	提名人數	本黨提名人選	配票方式
宜蘭縣	3	2	陳金德、張川田	依「身分證末碼」配票： 雙數——1號陳金德 單數——4號張川田
台南縣	8	5	黃偉哲、葉宜津、侯水盛、李俊毅、鄭國忠	依「身分證末碼」配票： 1、2——12號李俊毅 3、4——15號黃偉哲 5、6——3號葉宜津 7、8——4號鄭國忠 9、0——1號侯水盛
高雄縣	9	5	林岱樺、余政道、徐志明、陳啓昱、顏文章	依「身分證末碼」配票： 1、2——號徐志明 3、4——6號余政道 5、6——11號林岱樺 7、8——13號顏文章 9、0——16號陳啓昱

資料來源：民進黨中央黨部網站http://www.dpp.org.tw/。

三、配票行為的效果分析

　　2004年12月11日，臺灣第六屆立委選舉結果出爐後，對於配票的效果可以說是反應兩極。國民黨組發會主委廖風德認為在此次「立委選舉」中國民黨首度操作組織配票和文宣配票，「是很重要的里程碑」。民進黨立委郭正亮則認為「配票制度真是爛制度」。然而無論是積極的評價還是嚴厲的批判，均說明臺灣立委選舉中的配票行為對於選舉結果產生了一定程度的影響。臺灣媒體曾經評估：「配票成敗影響藍綠各6至10席，是勝負關鍵」[410]。

　　選舉結果泛藍以總席位114席達到過半的目標。國民黨祕書長林豐正把泛藍過半，國民黨勝選歸結為三項原因：一是總量管制成功；二是國親新三黨充分合作；三是配票成功，席次衝高。為此，林豐正還特別感謝配合配票作業，作出犧牲的民調支持率高的候選人。[411]

在公共選擇理論中，選舉行為本身是選民選擇公共物品的過程，選民透過投票直接表明自己的對於候選人、政黨和政策的偏好，選舉制度則是連接公共物品需求者和供給者之間的媒介。在選舉過程中，無選是政黨還是選民個人都是追求自身利益最大化的經濟人。選民為了避免出現最不情願的結果，有時會放棄主要的偏好，去選擇次要的偏好，進行策略性投票。因此，有些學者認為：「配票不只是政黨行為，也是選民自發行為」[412]。

配票不僅建立在選民的政黨忠誠度的基礎上，而且奠基於選民的策略性投票的心理基礎之上。選前，泛藍陣營經過多次內部民調顯示，國民黨支持者約30%願意接受配票，其中都市化較高的地區接受意願更高，包括臺北市第一選區39.9%，第二選區35.6%，臺北縣第一選區41.5%，第三選區則達41.1%。[413]選後，《中國時報》的民調顯示配合政黨配票行為的選民比例顯然沒有這麼高，在投票選民中只有16%的選民參與配票；83%的民眾表示依照個人判斷投票，並沒有參加配票。而在參加配票的選民中，泛綠支持者配票意願比泛藍選民高，其中民進黨選民參與配票的比例為22%，「臺聯黨」的支持者也有22%。親民黨選民有25%參與配票，但是國民黨選民，只有15%表示有參加配票。從地區分布看，競爭較為激烈的臺北縣市與高屏地區，參與配票的選民比例都接近20%，其他地區都在15%左右。[414]

從選舉結果來看，無論國民黨還是民進黨，配票的成效都是較為顯著的。在參與平均配票的24名國民黨候選人中，僅3人落選，當選率為87.5%。泛綠陣營參與配票的候選人為61名，其中10人（「臺聯黨」1人）落選，當選率為83.61%。另外，親民黨自行規劃配票的4人均當選。而缺乏配票資源的第三勢力候選人則受到政黨配票策略的擠壓，票源空間明顯縮小，知名度較高的無黨籍候選人如許信良、施明德、蘇盈貴、鄭麗文等人均未能上榜。配票的效果也再一次反映了北藍南綠的臺灣政治生態。在臺北縣市、桃竹苗、中彰投地區，國民黨配票策略基本成功，得益於泛藍在臺灣中北部地區的堅實票源基礎。而在臺灣南部的雲嘉南和高高屏地區，經過配票操作，民進黨除個別候選人如林國華（雲林縣）、湯金全（高雄縣）、邱議瑩（屏東縣），其餘均成功上榜，尤其是在嘉義縣、臺南縣、臺南市、高雄縣，民進黨全數上榜。這說明臺灣北藍南綠的政治生

態已經具有相當的穩定性。

　　泛綠選民的配票意願比泛藍選民高的事實也在選舉結果中得以印證。在「區域立委」得票的前20名中，國民黨占了13名，親民黨2名，民進黨5名；僅在「區域立委」得票的前10名中，國民黨即占了8名。國民黨個別候選人高得票率的現象說明國民黨內部配票對於平均票源的效用有限。民進黨候選人之間的票源分配顯然更加平均，在全臺23個複數選區中，排在落選第一名的，泛綠陣營占了12名（其中6人為民進黨候選人，6人為「臺聯黨」候選人），超過一半。由此可見，相對而言，配票的效果顯然民進黨較為成功，民進黨的配票行為使選票在候選人之間的分配更加平均，但是民進黨由於票源的侷限和「臺聯黨」的衝擊，並沒有因為配票而抬高當選率，反而造成某些候選人因配票而落選的情況。如臺北市第二選區，由於民進黨票源不足和「臺聯黨」候選人黃適卓搶票，使民進黨候選人段宜康、沈富雄高票落選。

四、結語

　　配票是臺灣現有選舉制度下的產物，配票行為的出現使政黨在一定程度上得以操縱和影響選舉結果，使選前的相關民調失去了準確性，這也使得配票行為從一開始出現就受到批評。有人指責政黨操作配票，使「濫竽充數、問政極端的候選人」，可以坐收配票，穩穩當選，違背了選賢與能的初衷，「民主精神完全喪失」[415]。但也有人認為配票行為建立在選民的自願基礎之上，並不直接干預選民的投票行為，選舉結果仍然是選民自由意志的表達。

　　配票行為在理論上或有不同的爭議，但是在現實中對於各政黨來說卻是不能不務實面對的選舉策略。事實上，任何制度的設計最終都必須經過實踐的檢驗。隨著島內「憲改」進程的發展，臺灣選舉制度將朝「單一選區兩票制」的方向改革。「單一選區兩票制」可以避免同一複數選區同室操戈的情況，但是誰又能保證政黨不會在更大的範圍內即不同的選區之間操作配票，使臺灣選民出現季節性

的「選舉移民」呢？

臺灣社會的政治參與研究[416]

張文生

政治參與是公民政治行為的主要方面，政治參與的廣度和深度的拓展往往成為衡量一個社會民主化的標誌，然而過度的政治參與往往也是過度政治動員的結果。臺灣社會的政治參與隨著1980年代以來的政治轉型發生了巨大的變化，政治參與隨著選舉活動的增加而不斷擴張和深化，特別是1990年代中期以來，臺灣社會陷入高度政治參與的時期，這與臺灣社會政治意識形態的嚴重對立相關。

一、臺灣社會的政治參與方式

日本政治學者浦島郁夫認為：「所謂政治參與是旨在對政府決策施加影響的普通公民的活動」[417]。通常政治參與是指普通公民的政治活動，而不包括官僚、政治家和院外活動家作為職業的政治活動。同時，一般也認為政治參與是合法的體制內的活動，非法的暴力與恐怖活動等並不屬於政治參與的範疇。

政治參與的形態是多種多樣的，其影響力和效果也各不相同。有些政治學者將政治參與的方式劃分為投票、參與競選活動、地區活動、個別接觸四種形態[418]。在所有政治學者的研究中，均把投票行為作為政治參與的核心加以研究，投票行為是參加人數最多、成本最低、花費時間最短、資格限制最少的政治參與方式，無疑其產生的影響和效果也是最大的。而參與競選活動主要是指助選活動等，包括拜託熟人和朋友投票支持自己中意的候選人，向候選人和政黨捐資或進行募捐活動，協助開展競選運動。地區活動包括參加公民運動和居民運動，如透過社團組織參加環境保護運動、反對公害運動、婦女運動、和平運動、消費

者運動等政治性的活動。個別接觸指的是為了本人或家族利益如子女入學、就業等問題接觸官僚和政治家。

上述政治參與的四種形態在臺灣均有存在和表現,特別是1980年代臺灣開啟民主化和多元化的政治轉型之後,普通民眾政治參與的熱情被激發出來,投票行為、競選活動、社會運動、個別接觸成為臺灣社會主要的政治參與方式。

1.投票行為

投票行為是臺灣社會最為重要、最為廣泛的政治參與方式。特別是1980年代末以後,臺灣原有的國民黨一黨獨大的政治體制受到島內民主思潮和民主運動的衝擊,1986年9月反對人士聯合起來組織了民進黨,臺灣走上了多元化、民主化、本土化的政治道路。選舉成為臺灣政治生活和政黨政治的核心,從「中央」層級的總統、立委選舉,到縣市、鄉鎮的民意代表和行政首長選舉,直到基層的村里長選舉,臺灣社會幾乎是年年有選舉。投票行為成為選民表達對於政黨、政治人物、公共政策的偏好的主要形式。雖然影響臺灣選民的投票行為的因素是多方面的,既有較為普遍的對於政黨、政治人物、公共政策的偏好因素,也有人情、鄉情、同情、賄選等因素,甚至還有選民主動或被動的策略性投票——配票因素的影響,但是投票結果仍然鮮明地表達了選民對於不同政治議題、不同政黨和政治人物的態度。

2.競選活動

除投票行為外,一般選民並不熱衷於參與政黨或政治人物組織的競選活動。相對於投票行為,參與助選、造勢、拉票、捐獻等競選活動的參與強度較大,個人必須投入更多的時間、精力和金錢,必須具有更強的自發性和積極性。在臺灣,競選活動是除投票行為以外,參與人數較多的政治參與方式,這從選舉期間動輒成千上萬民眾聚會的造勢場面即可得以表現。近年來,民進黨在選舉中往往利用省籍和統「獨」議題刺激選民的政治參與,比如在2004年泛綠陣營組織所謂的「2·28百萬人手護臺灣」活動,號稱150萬人從臺灣基隆排到屏東;為了反制,泛藍陣營發起「3·13百萬人嗆聲」活動,藍綠兩大陣營均動員了上百萬人的政治參與。如果沒有意識形態的刺激,通常參與競選活動的民眾一般為政黨

中的積極分子、與政治人物關係密切的選民、有志於投身政治活動的青年、政治意識強烈的普通民眾等。

3.社會運動

在臺灣，隨著民主化、多元化的成長，社會運動作為政黨政治的補充而廣泛興起。臺灣的社會運動可以分為兩類，一類是帶有統「獨」意識形態的社會運動，如極端「臺獨」組織的「正名運動」、「制憲運動」等；一類是不帶意識形態的社會運動，如環保運動、婦女運動、消費者權益運動等。但近年來，由於「臺獨」活動的氣焰高漲，居民的維權運動的聲勢低落，甚至被帶有「臺獨」意識形態的社團所操縱和利用。

4.個別接觸

個別接觸仍是臺灣民眾必要時經常利用的政治參與方式，當個人權益受損時，個別接觸是通常較為有效的方式。臺灣各級民意代表為了穩定自身選民的隊伍，一般均設有個人的選民服務處，直接接受選民的投訴、請願、請託、關說等。臺灣民眾遭受公權力不當侵害時，個別接觸成為重要的自我救濟方式，而政治人物為了媒體曝光率、樹立揭弊案、為民請命的形象，往往也樂於協助民眾。臺灣媒體即經常披露有些家長為了子女在軍隊服役期間受虐待的事宜請託立委關照。至於婚喪喜慶、小孩升學就業等日常請託則更為常見，也是政治人物籠絡選民、服務選民的重要手段。

二、臺灣社會的政治參與特點

臺灣屬於工商業較為發達的資本主義社會，在社會政治制度上走的是西方式的多元民主制度，民眾主要透過選舉投票的方式參與政治，其選舉制度和政治文化與西方資本主義社會有相似之處，但是由於臺灣特殊的歷史和社會環境，其政治文化和選舉文化又有它的特殊的地方，臺灣社會的政治參與也顯現出不同的特點。

1.從政治參與的廣度看,臺灣民眾在不同種類的選舉中表現出較大程度的差異性。

表一　臺灣近年各類選舉投票率

選舉類別	選舉人數	投票人數	投票率
1994年「省長」選舉	11184258	8517124	76.15%
1994年台北市長選舉	1816986	1426852	78.53%
1994年高雄市長選舉	926318	746469	80.58%
1995年「立委」選舉	14153420	9574388	67.65%
1996年「總統」選舉	14313288	10883279	76.04%
1997年縣市長選舉	11809277	7784908	65.92%
1998年「立委」選舉	14961930	1018302	68.09%
1998年台北市長選舉	1868860	1511635	80.89%
1998年高雄市長選舉	1004872	807996	80.41%
2000年「總統」選舉	15462625	12786671	82.69%
2001年「立委」選舉	15822583	10469005	66.16%
2001年縣市長選舉	12835467	8529647	66.45%
2002年台北市長選舉	1947169	1374862	70.61%
2002年高雄市長選舉	1092668	779911	71.38%
2004年「總統」選舉	16507179	13251719	80.28%
2004年「立委」選舉	165559254	9796299	59.16%

從近年臺灣各類選舉的投票率分析,臺灣民眾對於各類選舉的參與廣度是有區別的,其中以臺灣領導人選舉的投票率為最高,2000年和2004年兩次的投票率均超過了80%;其次為臺北市和高雄市的市長選舉投票率,1998年超過了80%,2002年則略超70%;再次為立委和縣市長選舉的投票率,約在65%左右,而最近一次即2004年12月的立委選舉則落到60%以下。這說明政治職位的重要性和選情的對抗性均影響選民的政治參與的積極性。從表一也可以看出臺灣各項選舉的投票率基本上在60%至80%之間擺動,這說明,大約有60%的選民經常性的參與投票;有20%左右的選民偶爾參與投票;還有20%的選民通常不參與投票。

在臺灣民眾總體的政黨支持傾向上,歷年的民調支持率均表明,約有40%的民眾是中立者,沒有明確或堅定的政黨傾向,這個比例與偶爾參與投票和不參與

投票的選民比例是相同的。這也說明，40%的政治冷漠者和偶而參與者，通常也不具備鮮明的政黨傾向，一般被視作中間選民，而這部分不具有鮮明政黨傾向的選民，尤其是20%左右偶而參與選舉的選民卻往往成為最終選舉成敗的決定性力量。

表二　政黨支持度調查單位：%

政黨認同	國民黨	民進黨	新黨	「建國黨」	親民黨	「台聯黨」	中立無反應
2000年6月	23.1	25.8	2.9	0.2	6.3		41.7
2000年12月	14.5	26.6	1.0	0.1	17.5		40.2
2001年6月	14.7	25.6	0.9	0.2	17.0		41.5
2001年12月	15.0	24.0	0.9	0.2	14.1	1.5	44.2
2002年6月	14.4	25.9	0.4	0.0	14.8	1.6	43.0
2002年12月	18.9	24.8	0.7	0.0	13.4	1.7	40.4
2003年6月	23.5	22.4	0.6	0.0	12.9	1.9	38.7
2003年12月	21.4	25.1	0.9	0.0	11.2	2.1	39.3
2004年6月	21.2	24.5	1.1	0.0	10.0	2.3	40.9
2004年12月	21.9	26.3	0.5	0.0	7.1	2.7	41.5

資料來源：臺灣政治大學選舉研究中心。

2.近年來臺灣的政治參與與對立性的政治動員密切相關。

近年來臺灣各政黨和政治人物為了擴大選民的政治參與，儘可能多地獲得選民的選票支持，往往在政治動員的過程中極力利用對立性強的政治議題，如省籍和統「獨」議題，在選舉過程中透過切割意識形態達到切割選民的目的。這一點在北高市長選舉和臺灣總統選舉過程中表現得尤其明顯，而這也是其選舉投票率高漲的重要原因。

表三　近年個別國家主要選舉投票率

國別	選舉時間與項目	投票率
法國	2002年總統選舉	第一輪71.6%，第二輪81%
美國	2004年總統選舉	約60%
俄羅斯	2004年總統選舉	64.39%
伊朗	2005年總統選舉	第一輪68%，第二輪49%

表四　美國1960年以來歷屆總統選舉投票率

年份	投票率	年份	投票率
1964	61.9%	1984	53.1%
1968	60.8%	1988	50.1%
1972	55.2%	1992	55.1%
1976	53.6%	1996	49.1%
1980	52.6%	2000	51.3%

　　與臺灣總統選舉高投票率相比較，各國總統選舉投票率普遍偏低，美國總統選舉投票率在50%—60%之間。這種低投票率反而是民主與法治成熟的標誌。2002年法國總統選舉第二輪投票率超過80%，正是對於極右勢力的擔心引發選民的危機意識，從而升高了選民政治參與的積極性。臺灣選舉中以泛綠陣營為代表的高度對立性的政治動員，其目的也在於觸發選民的危機意識，從而刺激中間選民的政治參與，但也造成選後省籍分化、政黨對立、兩岸僵持的負面後果。

　　3.從政治參與的強度看，統「獨」政治勢力的政治參與反映出不同的影響力。

　　在政治參與問題上，不同性質的政治團體反映出不同的強度，這與臺灣社會近年來的整體政治環境的變遷有關。近年來，臺灣當局有意識地推行分裂主義路線，使島內「臺獨」政治勢力的活動日益猖獗，而統派的政治活動則受到打擊和壓制。在島內形形色色的社運團體中，最為活躍、最為狂熱的團體大多是「極獨」政治團體，以李登輝為首的「極獨」政治勢力宣揚「正名、制憲」等運動，糾合了臺灣「基督教長老教會」、「臺獨聯盟」、「臺灣人公共事務協會」、「臺灣教授協會」、「臺灣醫界聯盟」、「外獨會」、「建國會」、「世大會」、「南社、中社、北社、東社」等等「臺獨」社團。這些社團雖然具有一定的獨立性，但政治上支持民進黨執政，成為民進黨的外圍組織，其頭面人物也大多成為陳水扁當局的座上賓。獨派團體還定期在每年的5月11日、9月8日等舉行集會，得到執政黨和臺灣當局的支持，在政治和經濟資源的分配上占據了絕對優勢。相反，島內統派政治力量如統聯、勞動黨、愛國同心會等政治團體，不僅政經資源匱乏，而且在政治上受到臺灣當局的打壓，往往被貼上「中共同路人」、

「聯共賣臺」的標籤。臺灣當局的打壓使島內形成肅殺氣氛，許多民眾對統派的政治參與敬而遠之。

4.隨著「公投立法」的完成，法案和議題性質的「公投」成為選民政治參與的新渠道，但是臺灣民眾對於議題性政治參與較為冷淡。

2003年11月臺灣當局完成「公投立法」，2005年6月臺灣當局又完成了「公投入憲」，將公共政策、「修改憲法」、「修改國號、國土範圍」等議題均列為「公投」複決的內容。臺灣當局也在2004年3月20日實現了兩項所謂「防禦性公投」；2005年5月14日則針對「修憲案」複決問題進行了「任務型國代」的選舉。臺灣民眾的投票行為在對人的意見表達基礎上增加了對事的意見表達形式。從「3‧20公投」和「5‧14任務型國代」選舉的政治參與情況看，前者投票率約為45%，後者投票率為23.36%，顯然臺灣選民習慣於直觀而感性的對人投票，對於複雜而專業的對事投票並不積極，這是臺灣民眾政治參與表現出的新特點。然而臺灣當局為了提高「公民投票」的參與率，將儘可能把「公民投票」與選舉相結合，雖然這同時也增加了選舉和「公民投票」的複雜性。

三、臺灣社會政治參與的個案分析

青年、工商界和婦女是臺灣政治參與中的重要群體，這三個群體的投票行為往往影響選舉結果和臺灣的政局走向。可以說，青年選民是臺灣政黨和政治人物開拓票源的基礎，工商界則是臺灣各政黨和政治人物募集政治活動經費的源泉，婦女則是各政黨和政治人物進行社會動員和輿論傳播的重要工具。

1.青年學生的政治參與

青年是臺灣社會選民中的重要群體，在臺灣的選民當中，20歲到45歲的青年選民有900萬人左右，占到全部選民的一半以上。其中20-29歲的青年約有387萬人，而每四年增加的新選民數約為150到160萬人，因此，青年選民成為各個政黨必須努力爭取的對象。青年選民的政治參與主要是透過參與競選活動、校園

政治活動、網路政治意見的表達等方式體現出來。臺灣青年選民大部分受教育程度較高，自主性較強，投票行為相對理性。雖然島內各大政黨都把青年選民作為兵家必爭之地，爭相降低入黨年齡，有意識地積極介入校園活動，或者贊助學生社團活動經費，但是由於青年學生政治立場各不相同，許多學生幹部均不願政治力量過多地介入校園活動，學校也都儘可能地採取中立姿態，甚至要求教師上課迴避敏感的政治話題。

近年來，由於民進黨具有執政優勢，臺灣各類公私立大學必須聽命於「教育部」，民進黨政治人物利用各種管道介入校園，學校不得不採取低調姿態，而學生的反應則更加冷淡。除少數有志於從政的學生是主動投入競選活動，多數學生對於參加選情激烈的競選活動並不感興趣，但是對於參加較為中性的活動如電話民調、發文宣品、遊行造勢等則較有興趣，主要是抱著打工的心態參加。因為競選活動每小時工資為新臺幣100元還提供便當，比商業市場每小時65至80元的工資高，參加一天就有幾百元或上千元的收入。

可是也要看到，在校學生由於經歷單純，崇尚個人奮鬥，充滿理想主義，具有較為強烈的要求社會政治改革的傾向，比較容易受到政治議題的感染，因此在選舉中對於統「獨」政治議題是較為敏感的。青年較容易接受新生事物，民進黨在推動臺灣社會政治改革的過程中發展和成長，頭頂「民主、改革、清廉、進步」的光環，相對於島內其他政黨，民進黨在吸引青年選票方面具有一定的優勢。1996年，民進黨中央專門設立了青年發展部，把工作重心放在爭取和穩固青年選票，包括青年組織的聯繫與服務、青年人才的培訓、青年議題的推動，無不著眼於選舉的票源拓展和動員考量。在選舉期間，民進黨青年部更是直接組織青年輔選隊伍，成為島內各項選舉中重要的、引人注目的一支助選力量。

1997年縣市長選舉中，由民進黨青年支持者組成的辣妹助選團，成為選戰中的焦點，具有相當的宣傳轟動效應；1998年民進黨組織青春忍者兵團，南下高雄為謝長廷助選；1999年由當時的民進黨青年部主任周奕成帶領，成立「阿扁青春快遞」，為雲林縣長補選造勢；2000年民進黨組織了「青年扁連」以及「阿扁同學會」，前者由200多個參加過選戰營訓練的青年組成，後者則廣泛號

召全臺各地的6000多個青年支持者所組成,為陳水扁贏得50%以上的青年選票打下了組織基礎;2001年縣市長及立委選舉期間,民進黨青年部分北中南東四個區域組成四個「迷彩青年軍」,為民進黨開拓票源、贏得選舉的勝利發揮了重要的作用[419]。為了吸引青年選票,陳水扁的競選團隊強調選舉觀念、選舉文宣和選舉空間的三大改革,專門成立了「扁帽工廠」,作為青春、另類的競選總部,把競選總部設計成咖啡屋、書店的模樣,拉近與青年選民之間的距離。

在2000年大選中,20—24歲的青年學生曾經是陳水扁狂熱的支持者,民進黨執政以後,陳水扁在青年學生中的支持度雖然有所下降,但仍然是多數青年學生的「最愛」。青年選民「一邊倒」的狀況使泛藍陣營警覺,泛藍陣營的中生代開始重視青年選民的政治參與行為,特別是國民黨的馬英九和王金平均提出了「十萬青年十萬軍」等重視青年的口號。隨著年齡的增長,青年選民經過一定的社會歷練,感受到經濟不景氣,經歷就業、工作和生活的困境,幾乎共同面臨普遍的「三高」問題:消費高、負債高、失業率高,他們對於選舉議題的關注開始轉變,臺灣許多民調均顯示30歲以下的年青一代最為關注的是社會治安,31—40歲的民眾最為關注的是教育,統「獨」並非青年選民所關注的首要問題。2004年臺灣領導人選後,泛藍陣營對於「選舉不公」展開街頭抗爭,從4月2日起,來自臺灣大學、輔仁大學等多所臺灣高等院校的數十名大學生,陸續在臺北「中正紀念堂」絕食靜坐,提出「要真相、反歧視、爭未來」的訴求,要求以「特別法」成立「槍擊案真相調查委員會」,調查槍擊事件的真相。這部分青年學生發起「5·3青年運動」,要求「回歸憲政體制、維護民主制度」,他們提出了「要民主、要法治、要未來、反暴力」、「不問顏色、只要政策」的口號,使臺灣青年運動的目標在一定程度上得到昇華。

2.工商界的政治參與

馬克思主義認為,政黨是具有階級性的,是代表一定階級利益的政治集團,政黨的全部活動,包括綱領、政策和主張,目的都在於維護和實現所代表階級的利益。臺灣現階段的政黨,包括民進黨、國民黨、親民黨和「臺聯黨」,本質上都是代表和維護資產階級利益的政黨。長期以來,臺灣的工商界與國民黨的關係

緊密，國民黨政權代表了大地主大資產階級的利益，與島內大財團相互結合，形成了「黑金政治」和「金權政治」的弊病。1970年代末開始，黨外運動的興起，得到島內外本省籍的部分中小企業的暗中支持。民進黨成立以後，特別是隨著民進黨當選公職人員的增長，許多中小企業公開支持民進黨，部分大企業大財團出於政治投資的考慮，在維持與國民黨關係的同時建立與民進黨的關係。民進黨在發展的過程中，從本土中產階級包括中小企業主的代言人，逐漸向本土大資產階級即大企業大財團的利益維護者演變。

工商界的政治參與主要是透過政治捐獻、遊說議會法案、影響政策制定的方式表現出來。在臺灣，由於「政治獻金法」遲遲未能通過，對於政治捐獻的管制處於鬆散的狀態。雖然臺灣的選舉法規和「中選會」對於選舉經費的來源和花費作了明確的規範，比如規定了臺灣領導人選舉中同一組候選人競選經費的最高額，其中2000年為3億1150萬8千元新臺幣，2004年為4億1603萬6千元新臺幣，個人捐獻不得超過新臺幣2萬元，營利事業捐獻不得超過新臺幣30萬元。然而無論是臺灣的政治人物還是工商業者，顯然沒有把所謂的「選舉法規」當一回事，無論是政治捐獻還是競選花費均遠遠超出法定限額。民進黨和國民黨候選人在2000年和2004年總統選舉中的經費均超過10億元新臺幣。

工商界的政治捐獻大部分出於個人事業經營考慮，透過向政黨和政治人物捐輸財物建立政商關係，取得事業經營方面的特許和便利。當然，也有部分是出於政治理念和個人的人情因素。如民進黨執政以前，因環保、反黑金等主張，被質疑具有反商情節；同時民進黨的「臺獨」理念也引起工商界的疑慮，因此，民進黨與工商界關係較為疏遠。只有極少數主張「臺獨」的工商界人士與民進黨關係密切，甚至有些人從黨外運動或海外「臺獨」活動時期就開始資助民進黨政治人物的活動。其中包括繼承辜家部分財產的辜寬敏；長期在美國從事「臺獨」活動，擔任過「世臺會」會長的陳都；在美國經營珠寶生意的黃文局等人。

臺灣的選舉法規雖然對於捐獻的最高額度作了規定，但是工商界的捐獻總是能找到變通的方法規避法律。有的透過資助文教活動的方式捐助；有的認養立委的助理、司機或服務處；有的免費提供車輛使用；有的乾脆直接送錢款上門。在

2004年臺灣領導人選舉前,臺灣東帝士集團前總裁陳由豪即公開披露曾先後5次捐獻給陳水扁1460萬元新臺幣,另外也曾捐助民進黨1600萬元和陳水扁的親信陳哲男1000萬元新臺幣。

3.婦女的政治參與

作為具有深厚中國傳統的社會,女性在臺灣仍處於弱勢地位。長期以來臺灣婦女呈現出相當低度的社會與政治參與[420],婦女參與政治活動往往具有從屬性的特點,依附於夫家的政治背景、社會關係和經濟資源。婦女日常的政治參與如參加政黨或社團活動、參加助選活動等通常仍無法擺脫「夫唱婦隨」的傳統格局。如傳統的國民黨外圍組織「婦聯會」,便以宋美齡為首,大部分由國民黨政治人物的「官太太」所組成,後由辜振甫的夫人辜嚴倬雲負責。隨著民主選舉的推行,婦女在投票中增強了自主性,女性的自主意識強化,婦女日益表現出政治參與的獨立性。

1982年,臺灣黨外運動方興未艾,一群關心婦女權益的女性,創辦《婦女新知》雜誌社,成為戰後臺灣第一個婦女運動團體。1987年10月,在雜誌社的基礎上成立婦女新知基金會,由李元貞擔任董事長。婦女新知基金會透過街頭運動和「立法院」的遊說,推動「墮胎合法化」運動、反雛妓運動、反對禁孕條款、聲援「國父紀念館」遭解僱的女服務員、聲援「鄧如雯殺夫案」、1996年舉辦「女權火照夜路」大遊行等街頭運動,以及兩性平權法案的立法工作,包括民法親屬編與財產編修法、兩性工作平等法立法等,婦女新知基金會作為臺灣婦運團體的領頭羊,為維護臺灣婦女權益作出了貢獻,並培養了新一代的女性政治人物。婦女新知基金會執行長伍維婷曾表示,婦女新知基金會未來除持續爭取女性權益與推動兩性平權工作外,也將擴大面向關心弱勢婦女,包括外籍新娘、外籍女傭與少數民族婦女[421]。

近年來,隨著政黨之間的政治競爭日益激烈,婦女選票受到重視,選舉中針對婦女選票所開出的政策支票和進行的組織動員不斷增多。民進黨的陳水扁在2000年選舉的過程中即由支持者自發成立了「水噹噹後援會」,吸收和鼓勵家庭婦女參加,為民進黨爭取婦女選票發揮了一定的作用。然而助選只是婦女政治

參與影響公共政策的形式之一,臺灣知名婦運人士陳菊認為:「參政的形式有多方管道,除了任公職、民意代表以外,參與民間社團、投入社區公共事務的關懷與改造,更是婦女投入公共領域的最佳機會」[422]。

90年代以來臺灣民眾「國家認同」危機的成因分析[423]———一種「斯德哥爾摩現象」的解讀

孫雲　劉盛

由於遭遇特殊的歷史情境,臺灣民眾的「國家認同」和民族認同經歷了一個長期演變的過程。伴隨著「臺獨」勢力的發展和1990年代以來臺灣當局不斷推動「去中國化」,長期遭受心理綁架的臺灣民眾出現了認同危機,如同「斯德哥爾摩現象」裡的被綁架者,其自我定位和「國家認同」都發生了很大的變化。造成這種現象的原因複雜多樣,既有歷史的也有現實的。

一、臺灣民眾認同危機與「斯德哥爾摩現象」

「認同」作為一種認知、歸屬、接納的心理狀態,並不是人一出生就存在,而是來自社會的經驗和活動過程。[424]對「國家認同」的含義,學者們有不同的認知。蕭高彥認為,「國家認同」可界定為「公民對其所屬政治共同體主動的認同,由之產生的凝聚情感使公民願意積極地為共同生活效力,而且在共同體有危機時願意犧牲自我」。蕭並認為,共同體內成員政治意識的表達、理性與言語的運用過程,以及具有情感面向的凝聚力構成國家認同的三種主要特徵。[425]而江宜樺則將「國家認同」定義為「一個人確認自己屬於那個國家,以及這個國家究竟是怎樣一個國家」的心靈性活動。[426]施正鋒則從「國家認同」與「民族認同」兩個概念的差異出發,將「國家認同」視為國家「經不斷互動、協商、學

習、定義及建構而成的自我定位」。[427]也有學者認為,「國家認同」是一個多層次的複雜概念,可以再細分為「族群認同」、「文化認同」及「制度認同」。[428]

在兩蔣統治時期,「國家認同」從來不是一個重要議題。國民黨當局在臺灣施行的「一個中國」認同,透過「戒嚴」、「動員戡亂體制」建構官方意識形態,並經由學校教育、媒體管制、「國語運動」、「中華文化復興運動」等政治社會化方式加強形塑,使「臺灣是中國一部分」、「中國等於中華民國」的「國家認同」,牢牢地存在於社會精英與民眾心中,成為既是感情也是理性的認同標誌。[429]

但隨著臺灣由威權體制向民主政治的過渡,尤其在李登輝上臺後,伴隨著「本土化」、民主化的推動,臺灣民眾的「國家認同」出現了危機。人們在回答和思考「我究竟是中國人還是臺灣人,我自己屬於哪個政治共同體」等這些問題時陷入了兩難的矛盾,並且回答問題的人呈現集團性的分裂現象,因此形成了我們通稱的所謂「國家認同」危機。[430]隨著政黨競爭制的出現,政黨間有關於「國家定位」的意識形態衝突加劇,臺灣特殊的「國家認同」問題被提升至政治生活的中心。一方面,臺灣的政治精英與政黨對「國家定位」紛紛做出調整。從國民黨的情況看,國民黨有意識地在威權政體向民主政體轉型的過程中,藉著兩岸關係與「外交」政策的擬定,重新界定「國家狀態」,朝向「事實主權」的統治範圍定位。從民進黨的情況看,早在80年代初的黨外時期就提出過「住民自決」的主張。1987年11月,民進黨提出「人民有主張臺灣獨立的自由」決議文;1988年4月民進黨在「四‧一七決議文」中提出「主張臺獨的四個前提」,挑戰國民黨的一個中國「法統」;1990年民進黨通過「一○○七決議文」,明確表達了「『我國事實主權』不及於中國大陸及外蒙古。『我國』未來『憲政』體制及內政、『外交』政策,應建立在『事實領土』範圍之上。」1991年民進黨通過外界所稱的「臺獨黨綱」,主張「建立主權獨立自主的臺灣共和國」。

從這我們可以看出,伴隨著向多黨政治的過渡,臺灣政黨在「國家認同」方面出現了混亂,圍繞「國家認同」方面的鬥爭伴隨著轉型的整個過程。從總的趨

勢上看，對「一個中國」的認同逐漸鬆動，對「臺灣認同」在強化。

為了更好地瞭解臺灣民眾目前的認同狀態以及近年來所發生的變化，筆者引用了臺灣政治大學選舉研究中心的兩份例行性民意調查資料來說明問題。這兩份資料分別是「臺灣民眾臺灣人/中國人認同趨勢分布示意圖（1992—2007）」[431]和「臺灣民眾統『獨』趨勢立場分布示意圖（1994—2007）」。[432]由於這兩份資料所涵蓋的時間大致與臺灣民眾「國家」和民族認同發生劇烈變化的時間段相符，同時，民調單位政大選研中心也有一定的公信力，因此，這兩份資料對我們理解臺灣民眾認同的變遷，有一定的參考和研究價值。

1.臺灣民眾「臺灣人／中國人」認同趨勢的變化

從下圖可以很清晰地看出，從1992年至2007年這16年間，臺灣民眾對自己的身分認同發生了很大的變化，認同自己是「臺灣人」和「中國人」的兩個選項的比率變化最大。一方面，認同自己是「中國人」的比率從1992年6月的26.2%下降至2007年6月的5.5%；與之相反的是，認同自己是「臺灣人」的比率從19.3%不斷上升至43.7%，認為自己「既是中國人也是臺灣人」的比率倒沒有多大改變，維持在四成到五成之間。由此可見，從1990年代初至今，臺灣民眾的身分認同不斷趨向本土化，而對自己是「中國人」的認同卻漸趨寥落，儘管認同自己「既是臺灣人也是中國人」的比率沒有多大改變，但總體看來，臺灣民眾身分認同的「臺灣認同」的強化和「去中國化」趨勢較為明顯。

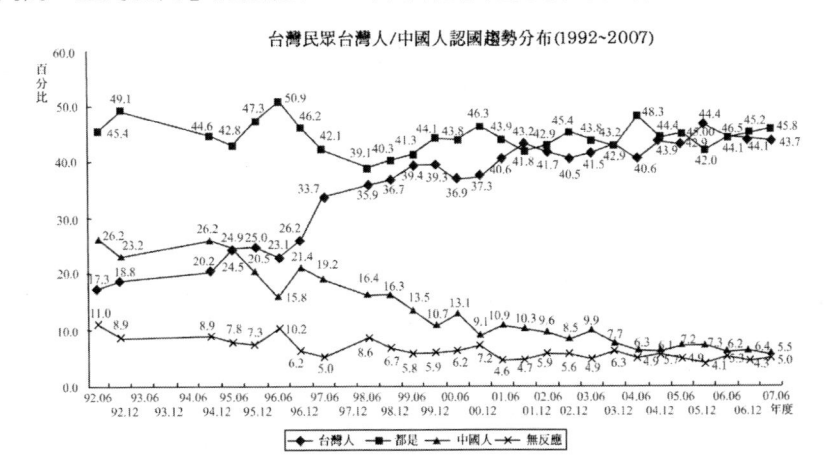

2.臺灣民眾「統獨」立場趨勢的變化

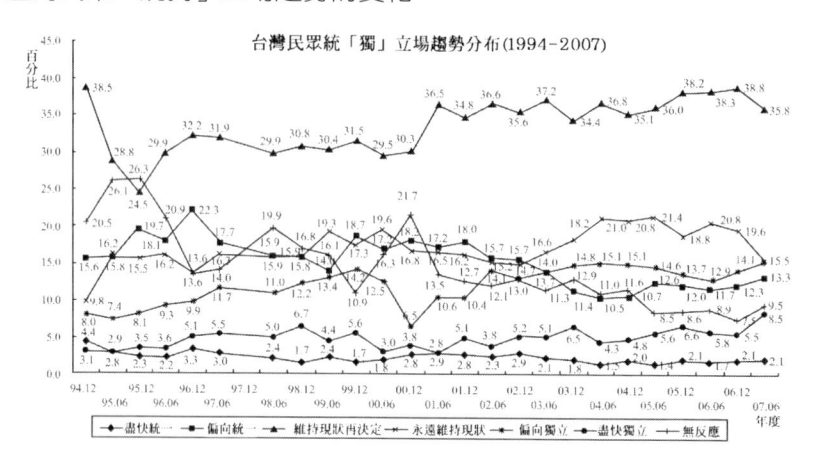

台灣民眾統「獨」立場趨勢分佈(1994-2007)

臺灣民眾的統「獨」立場趨勢分佈雖然不能直接反映臺灣民眾的「國家認同」問題，但卻間接地反映了這一問題。由上圖可以看出，從1994年至2007年的14年中，廣義的「維持現狀」（「維持現狀再決定」、「永遠維持現狀」）的比率占據最大多數，儘管也經歷不少變化，但始終維持在五、六成左右，這從一個側面反映出臺灣民眾在「國家認同」上的迷茫。同時，廣義「偏向統一」（「盡快統一」、「偏向統一」）的比率微幅下降了幾個百分點，變化並不明顯。而廣義「偏向獨立」（「盡快獨立」、「偏向獨立」）的比率卻呈上揚趨勢，由1994年的11.3%增至2007年的24%，增幅比較大。

從以上我們可以看出，90年代以來，臺灣民眾自身的「國家認同」不斷得到強化。隨著臺灣新一代住民對「中國」的歷史記憶逐漸淡化，越來越多的人不斷強化對臺灣的認同，臺灣主體意識和任何能強化臺灣「命運共同體」意識的論述或圖騰，從「公民投票」到紀念「二‧二八」事件，都繼續存在並發揮一定的功能。[433]這一方面使臺灣的政黨不斷強化臺灣認同作為爭取選民的手段和政策的優先考量，另一方面，也為政治人物在選舉期間不斷操弄「統獨」議題，激化兩岸對立，惡意挑釁兩岸關係以收割政治利益提供了某種生態環境。

二、臺灣民眾的認同出現「斯德哥爾摩現象」的原因分

析

「斯德哥爾摩現象」也稱「斯德哥爾摩綜合症」（Stockholm syndrome），是指犯罪的被害者對於犯罪者產生情感，甚至反過來幫助犯罪者的一種情結。這個情感造成被害人對加害人產生好感、依賴心、甚至協助加害人。國外有好多這方面的例子，如人質為了保護劫匪而甘願為其充當人體盾牌，更有女人質願意嫁給劫匪為妻的案例。[434]對這種被劫持者愛上劫持者的特殊現象，很多人都覺得不可思議。「斯德哥爾摩綜合徵」的形成和出現，與環境的、社會的、政治的、文化的各種因素都有一定關係。

儘管造成臺灣民眾認同危機的原因有很多，但如果回顧90年代以來臺灣當局在民眾認同「本土化」上所做的文章，再加上「臺獨」勢力的搖旗吶喊，臺灣民眾多年來遭受當局及「臺獨」勢力的「心理綁架」，其認同危機的出現其實在某種程度上可以說是「斯德哥爾摩現象」的一種表現。這種現象的出現主要源於以下幾個因素：

1.臺灣島內有關大陸訊息的單一、閉塞。

一方面，儘管臺灣在80年代後期解除「報禁」後，島內新聞媒體產業發展迅速，但是有關大陸的訊息卻相對閉塞，並以負面訊息居多，致使島內民眾對大陸及兩岸關係的真實訊息缺乏瞭解。另一方面，由於國民黨、民進黨執政時長期對大陸「妖魔化」，很多民眾也對大陸缺乏客觀真正的瞭解，多數民眾又沒有來過大陸，對大陸有這樣或那樣的疑慮、排斥甚至敵意，這為臺灣當局對民眾的「心理綁架」創造了某種心理條件。

2.臺灣民眾的「恐共懼統」心理。

由於兩岸長期政治對立，臺灣當局又不斷進行反共教育，民眾的政治認知都是國民黨灌輸的負面印象，如「共匪」、「共產暴政」、「匪偽政權」、「專制集權」等，民眾普遍懷有「恐共心理」，臺灣民眾對中國共產黨並不信任，害怕共產黨，害怕大陸的社會主義制度。在臺灣未來前途問題上，多數人並不希望改

變現狀，從而對統一持懷疑、恐懼乃至排斥的心態。

3.臺灣意識的異化。

臺灣意識是在漫長的時間裡形成並不斷演進的。作為構成中國一部分的地方意識，臺灣意識有著與中國意識相同的普遍性，同時也有著自身的一些特點；它既有愛國性、反抗性和自主性等積極正面的一面，也有抱怨性、排他性、分離性和狹隘性等比較消極負面的一面。90年代以來，島內「臺獨」勢力為了達到把臺灣從中國分離出去的目的，不惜歪曲「臺灣意識」的意寓，製造「臺灣意識」與「中國意識」對立的假象，臺灣意識被膨脹利用，發展成「分離主義的臺灣意識」。它以突出「反中國、反中華民族」的政治內容為特徵。

4.臺灣民眾「出頭天」意識的強化。

近400年來，臺灣先後遭受過西班牙、荷蘭、日本等的統治，這對大部分臺灣人（尤其是本省人）來說，大體上都稱不上什麼「愉快的記憶」，後來又長期受到國民黨獨裁統治的欺凌，因此，臺灣民眾普遍存在著不受任何外人擺布和統治，要自己當家做主的強烈願望，而由此衍生出的臺灣人要「出頭天」的意識。李登輝和陳水扁當局不斷地進行「省籍-族群」動員，將這種「出頭天」意識不斷強化並引向「臺獨」之路。

因為有以上幾個因素的存在，為臺灣民眾認同危機產生「斯德哥爾摩現象」創造了條件，無論是李登輝當局還是陳水扁當局，便利用這些因素，在臺灣民眾認同的「去中國化」中施加了巨大的影響力，許多民眾在長期的耳濡目染中心理和思想便也被無形綁架，由於沒有強大的思想外力對其施加援救（也許有深藍等勢力扮演警方角色，遺憾的是解救不力並最後成為「人質」敵視的對象），許多臺灣民眾對執政當局和「臺獨」勢力於是產生同情和協助心理，甚至最終成為他們理念的支持者。下面我們將著重對綁架者——臺灣當局（「臺獨」勢力）、人質——臺灣民眾、警方——島內外反「獨」勢力的角色進行分析。

三、臺灣認同危機的「斯德哥爾摩現象」角色分析

雖然本文把臺灣民眾的認同狀況與「斯德哥爾摩現象」進行類比，需要指明的是，這兩者之間還是有著一定的差別。首先是兩者的訊息環境不同，「斯德哥爾摩現象」產生的一個重要條件便是與外界訊息的隔絕，臺灣民眾所處的環境並不具備這一特徵。其次，臺灣民眾認同危機產生的原因有很多，當局的作用因素也只能算是其中的一方面，本文進行探討時則主要側重了當局的作用因素。最後，作為「綁架者」的臺灣當局與「被綁架者」的臺灣民眾之間的關係非常複雜，並非完全如同「斯德哥爾摩現象」裡的「恐懼—受惠—感恩」這樣一個變化的心理過程。

1. 「綁架者」——臺灣當局（及「臺獨」勢力）的角色分析

1970年代以前，國民黨當局在「一個中國只能有一個代表中國主權的中央政府」這一問題上的認知和中華人民共和國政府的認知基本是一致的，他們雖然不接受中華人民共和國已經取代「中華民國」的現實，但他們也旗幟鮮明地反對「臺灣獨立」，透過高壓政策壓制臺灣本土意識的發展，並注重向民眾灌輸「大中國」意識。因此，這一時期，絕大部分臺灣民眾是以「中華民國」為中國的認同對象，他們認同中國的主觀意願是明確的，臺灣認同和中國認同基本上是和諧的。[435]

進入70年代後，中華人民共和國取代「中華民國」成為聯合國的成員，並與世界上大部分國家建立了外交關係，因此，「中華民國」這一臺灣人的中國認同虛像開始迅速破滅，臺灣民眾的認同危機便開始出現，儘管當局仍強力壓制「臺獨」及本土意識的膨脹，但更多陷入迷茫的臺灣人開始轉向臺灣認同，並開始將臺灣認同異化為「國家認同」的虛像。

臺灣「解嚴」後，尤其是李登輝上臺後，島內政治生態發生劇變，蔣經國晚年即已抬頭的異化的臺灣本土認同不斷強化。作為本省人的李登輝因為在國民黨內缺乏支持基礎，為了穩固自己的權力基礎，首先便利用臺灣人強烈的臺灣認同意識和歷史上形成的「省籍矛盾」。李登輝在任內不遺餘力地肢解臺灣民眾以「中華民國」為對象的中國認同，同時又虛構起一系列「本土化」的臺灣認同符號。

李登輝為了重新形塑臺灣人的認同，採取了一系列的措施。首先，縱容「臺獨」勢力。李在「民主、自由、愛臺灣」口號配合下，釋放「臺獨」分子、取消禁止「臺獨」分子返臺活動的「黑名單」、修改嚇阻「臺獨」活動的「刑法100條」、邀請「臺獨」領袖參加「國是會議」等。這些措施都嚴重誤導和顛覆了臺灣民眾的「統獨」價值觀念，使主張「臺獨」的人大批進入臺灣政治體系核心。相應地，認同中國、主張統一的人卻成了政治邊緣人。到1993年初，李登輝成功地將國民黨內的反「臺獨」勢力排擠出核心。其次，膨脹臺灣認同意識。李登輝一上臺便為「二·二八」事件平反，並將「原罪」推到外省人身上，挑動省籍矛盾，從而使臺灣人的自我意識不斷膨脹。他還將國民黨政權定性為「外來政權」，這些都客觀上造成了本省人和外省人的對立，進一步促發臺灣本省人的「我族」意識。此外，李登輝還透過強調臺灣鄉土教育、貶低中國歷史等方式對民眾進行潛移默化的誤導，因此造成臺灣本已十分強烈的臺灣認同意識被人為地膨脹起來。再次，建立一系列新的認同虛像。90年代中後期，將「中華民國」拋開，先後推出「臺灣生命共同體」、「臺灣政治實體」、「分裂中國家」、「階段性兩個中國」、「特殊的國與國」、「中華民國在臺灣」等一系列模棱兩可的名詞作為「中華民國」認同的替代品。[436]透過這一系列的作為，李登輝使臺灣民眾本已存在的認同危機進一步激化，不斷受到當局及「臺獨」勢力思想鼓動的臺灣民眾的本土化認同開始迅速發酵。由上文分析過的「臺灣民眾臺灣人/中國人認同趨勢分布」示意圖便可以看出，李登輝的臺灣本土化認同導向無疑是奏效的，臺灣民眾的認同也因此呈現出更複雜更混亂的現象。

2000年陳水扁上臺後，在臺灣民眾認同本土化和「去中國化」上走得更遠、更激進。陳水扁為了鞏固個人權力、突破「朝小野大」的政治困局以及突顯其「本土政權」的正當性，在使臺灣民眾認同臺灣本土、排斥中國意識方面無所不用其極。首先，挑動族群衝突。為了擴張民進黨的政治版圖，陳水扁不斷挑弄本省/外省人的族群矛盾，製造藍綠意識形態的二元對立。一方面將國民黨貼上「外省人政黨」的標籤，將藍營支持者或認同中國的民眾定義為「不愛臺灣」，營造使民眾遠離中國認同的政治氣氛。另一方面，突顯其本土「合法」政權特徵，並與深綠勢力唱和拉抬本土認同。其次，實行「漸進式臺獨」，不斷操弄

「去中國化」和「去蔣化」。透過各種途徑抹殺臺灣屬於中國一部分的印跡，試圖割斷二者的聯繫，其中包括一系列的「正名」運動、修改教科書、毀壞蔣介石銅像等等，企圖透過去除臺灣民眾生活中細微的關於中國認同的符號，以達到強化臺灣本土意識和服務於「臺獨」的目的。再次，將民眾裹脅在「臺獨」的戰車上。陳水扁當局在「民主、自由」口號的掩護下，大規模地動員臺灣民眾參與涉及「統獨」問題的「公投」，如2008年總統選舉時推動的「入聯公投」，企圖裹脅民意、把人民綁上「臺獨」的戰車。

李登輝和陳水扁當局經過這一系列的舉措，很多臺灣民眾的「國家認同」便不自覺地發生變化，一步步趨向本土化，而民眾的認同危機也因此不斷加深，尤其是許多原來認同中國的本省人，在認同中國和認同臺灣的兩難中失去了方向。

2.「警方」——島內外反「獨」力量的角色分析

1990年代以來，「臺獨」勢力不斷壯大，臺灣當局不斷推動臺灣本土化。在這個過程中，島內外存在著抵擋這股「脫中國化」認同的力量，它們主要是島內外的反「臺獨」力量。在「斯德哥爾摩現象」中，它們扮演著警方的角色，努力地要把臺灣民眾從臺灣當局和「臺獨」勢力的思想綁架中「解救」出來。島內外的反「臺獨」力量主要包括島內反「獨」政黨、民間團體；島外則有大陸（政府）和海外反「臺獨」團體。這裡主要分析最具代表性的島內反「獨」政黨力量以及大陸（政府）的角色。

島內反「獨」力量的代表主要是維護中國認同及統一的政黨，包括李登輝時期的新黨、陳水扁時期的國民黨、親民黨、新黨等。新黨成立的一個重要原因便是不滿李登輝縱容「臺獨」的政治路線，新黨得到了國民黨傳統勢力的支持並以外省籍民眾為社會基礎，他們堅決維護中國認同和反對「臺獨」。民進黨執政後，新成立的親民黨和新黨一道成為臺灣反對「臺獨」的泛藍政黨，但影響力極為有限。臺灣在野的最大政黨國民黨因此擔起了維護中國認同和遏制臺灣認同異化的角色。遺憾的是，這些「泛藍」政黨在強大的臺灣本土化浪潮面前，由於無法提出令人信服和強有力的論述，難以感召臺灣民眾的認同，亦無法阻止當局的「臺獨」思想綁架行為，反而出現基於自身政治利益的需要而調整路線以適應這

股潮流的狀況（國民黨向本土化路線靠攏）。

從大陸（政府）因素上看，大陸（政府）在反「臺獨」上是非常堅決的，但由於兩岸關係的一些結構性的因素制約，以及對臺工作的方式方法等原因，也加劇了臺灣民眾對大陸的某種疏離感、排斥甚至敵意，這也對臺灣民眾的認同危機的出現起了某種間接的作用。由上文中的「臺灣民眾臺灣人/中國人認同趨向分佈圖」可以看出，1996年的臺海危機對臺灣民眾本土認同的上升產生了某種影響。

綜合看來，無論是島內還是島外的反「臺獨」力量，扮演的是解救不力的警方角色。反倒是使「綁架太久」的臺灣民眾對這些「警方」產生了一定程度的敵對心理。

3.「人質」——臺灣民眾的角色分析

在70年代以前，「中國意識」經過國民黨的強力運作，成為臺灣社會的主流思維。但是臺灣「民主化」之後，各種思潮紛紛湧現，其中包括「臺獨」思想，這嚴重地衝擊了臺灣民眾原有的民族認同和「國家認同」，臺灣民眾對自己的民族身分和臺灣在世界上的地位開始感到迷惑和不安。對於個人而言，身分的認同只是個人對自身及其特點的認知。總的來講，大多數人沒有身分認同的問題。當一個青年人經歷心理迷茫，或想尋求一個更清楚的自我定義，一個更能被認可的社會作用和地位時，他正面臨著身分認同的危機。從心理學角度來講，處於認同危機的年輕人可能有被虐待或受到不公平待遇的經歷。他們可能經歷過童年或家庭的不幸，或許沒有得到家庭的關愛。這樣的人可能具有無意識的恐懼和仇恨。這種對青年人認同危機的描述可能適用於大部分臺灣民眾，其中一些人正急切地尋求「臺灣的獨立」。[437]

李登輝和陳水扁當局都是利用了臺灣民眾的這一認同上的困惑，在民眾迷茫無助時把民眾的「中國認同」剝離，再重新把有利於自身政治利益的「臺灣認同」灌輸給臺灣民眾。而缺乏判斷力的民眾在遭受思想綁架後且在無外力協助的情況下患上了「斯德哥爾摩綜合症」，對綁架自身的當局或「臺獨」力量產生好感和依賴心理，甚至成為他們的鐵桿支持者，而對解救不力的援助力量（警方）

產生了不少的敵對心理。

結語

臺灣民眾的認同危機由來已久，其形成原因也極為複雜。其中重要的原因之一是臺灣當局在認同導向上向臺灣民眾施加了重大影響，許多民眾似乎在不知不覺中接受了這些被刻意灌輸的思想。細心觀察，會發現它與「斯德哥爾摩現象」有著非常類似的地方，本文因此嘗試藉此找到一個解釋臺灣民眾認同危機的解釋模式。儘管可能還不是很具說服力，也算提供了另一種思考吧。

臺灣第7屆「立法委員」選情分析

張敦財

臺灣第7屆立委選舉，事關臺灣政黨的重新洗牌；事關兩大陣營的版圖變化；事關臺灣當局推動的「入聯公投」能否繼續推動或更換議題；事關2008年總統選舉的成敗；事關臺灣民意的基本走向；事關兩岸關係是否更加緊張。

基本情況

臺灣第7屆立委選舉採取「單一選區兩票制」，單一選區指的是將25縣市劃分為73選區，一個選區選一位；兩票制指的是一票選候選人，一票選政黨。立委名額由第6屆的225位減少為113位，其中分區立委73席、少數民族6席、不分區34席。通俗的說就是選「小縣市長」。

第6屆立委選舉結果是民89席、國79席、親34席、臺聯12席、新1席、無盟6席、無黨籍4席。

現有立委217席。國90席、民90席、親21席、臺6席、無盟8席和無黨籍2席。

各政黨提名情況和目標：

國民黨在73席區域立委，提名和徵召60人，核准2人，禮讓親民黨6人，禮讓無盟4人，一個區域不提名（苗2）；少數民族提名4人，禮讓親民黨和無盟各1人；不分區全額提名，以至少過半為目標。

民進黨在73席區域立委，提名71席，不分區全額提名，以「最少50席」為目標。

親民黨由國民黨禮讓區域6席，不分區4席。11月14日宋楚瑜宣布親民黨區域和不分區立委候選人以國民黨身分參選。不再推出區域和不分區立委候選人，僅推出兩位少數民族候選人。

「臺聯黨」提名13人，不分區提名15人，希望突破政黨門檻，拼不分區席次。

新黨推出不分區立委10人。

無盟區域立委提名5人；少數民族提名1人。不分區2人。

臺灣農民黨提名區域立委10人，不分區8人。

公民黨提名區域立委10人，不分區4人。

客家黨提名區域立委10人，不分區3人。

綠黨提名區域立委10人，不分區4人。

社會黨提名區域立委10人，不分區5人。

紅黨提名區域立委11人，不分區7人。

「制憲聯盟」提名區域立委12人，不分區3人。

大道慈悲濟世黨提名區域立委8人，不分區3人。

民主黨提名區域立委5人。

世界和平黨提名區域立委1人。

洪運忠義黨提名區域立委1人。

無黨籍和未經政黨推薦的，參加區域立委選舉共有42人。

選舉特點

席次減半，黨內初選激烈。立委席次從第6屆的225席減少到113席，出現了各政黨內初選的激烈競爭。國民黨在22個選區有2位以上現任立委登記，分3次進行黨內初選。民進黨在10個選區出現了3人以上的角逐，在17個選區出現2人角逐，初選過程殺的刀刀見血。

區域擴大，政黨對決態勢明顯。從第6屆臺澎金馬的29個選區擴大為73個選區，即複數選區變為單一選區。由於複數選舉，同一選區的候選人與同黨候選人搶一塊大餅，較少與他黨候選人交戰。現在單一選區，大部分選區就是與其他黨候選人競爭，政黨對決態勢非常明顯。

配票不存在，但棄保效應仍在某些選區存在。第6屆，尤其第5屆立委選舉，民進黨能取得「立院」最大黨，與其精準的配票有一定的關係。現單一選區已不存在配票問題，民進黨也就失去這方面的「長項」。但在同一選區中出現同陣營或同性質政治傾向的候選人，最後仍有操作棄保效應或選民自動棄保的空間。

當選門檻高。以往選舉有的候選人只要兩三萬票就可以當選，拿到五六萬票就算高票當選，這一屆除花東和離島外，起碼要有五六萬票才能當選。因為選區人口平均在30萬，有資格投票約80%，為24萬票；立委投票率一般在60%，為14.4萬票，7萬票左右才能當選，3人以上的選區爭取5.6萬票才能當選。

政黨票爭奪激烈。除國民黨、民進黨要爭取政黨票衝高外,「臺聯黨」、臺灣農民黨、第三社會黨、客家黨和紅黨等小黨著力點都放在政黨票。

小黨競選空間被壓縮。依新修正通過的「選罷法」規定,區域立委需提名10位,才能加入不分區立委部分的政黨票。同時繳足20萬元保證金,對於小黨的競選經費是不小負擔。宏仁集團總裁王文洋,直接點出第三勢力整合已告失敗。因為各政黨都認為單憑一己之力,就可搶奪第三勢力的龍頭寶座。參加臺灣農民黨的柯俊雄也認為,「中選會」沒有積極宣導單一選區兩票制,是對大黨有利。

從大環境分析選情

(一)南更綠,北更藍,中部爭奪較激烈,花東和離島則是藍軍天下

根據選區的重新劃分,以2004年立委和2004年總統選舉的得票數評估,情況如下:

南更綠。南部7縣市20個選區,以總統選舉票計算,藍營僅拿下高雄市1選區,以立委選票計,則是綠營全包。部分選區強弱懸殊較大,以總統選票計,南縣第1、2選區,綠營各贏對手35%、32%;嘉縣第1、2選區也各贏對手26%、24%,以立委選票計,高市5選區和屏縣3選區綠營也各贏對手25%—30%。

北更藍。北部8縣市32個選區,北部則是藍營天下,除宜蘭仍屬綠營勢力範圍,基隆市、新竹縣市以總統、立委選票計,都是藍營雙贏。北部8個選區,藍軍僅輸掉第2選區;桃園縣6個選區,綠營也僅第2選區雙贏;北縣12個選區中,以立委選票計,藍營贏8個選區,以總統選票計,則贏得7個選區。也有幾個選區,藍營掌握絕對優勢。北縣第9選區,以立委選票計,藍贏對手37%,以總統選票計,贏對手32%;北縣第11選區,藍營贏33%—28%;北市第8選區藍贏29%—31%。苗栗第2選區藍營占明顯優勢。

中部較混亂。中部5縣市16個選區,以立委選票計,藍營在13個選區占優勢,以總統選票計,綠營則在13個選區領先,呈現藍綠互相抗衡,互有消長。

花東和離島,則全為藍軍天下。

若以第6屆立委開票結果,依新劃分選區計算,藍42席,綠31席。但依總統選舉結果計算,藍34席,綠39席。

(二)選區劃分的結果基本上對民進黨有利

由於選區的劃分關係到各政黨在各選區能否占有優勢,因此都高度重視選區的劃分。第7屆立委選區劃分的立法旨意是以「國會」同意為「常態」,「行政、立法兩院院長」協商為「例外」,但在73個選區中,扣除一個縣市一選區的10個縣市,以及「立法院」同意的南投、雲林、嘉義縣、臺南市、高雄縣等5縣市12個選區外,有10個縣市51個選區,由「立法」、「行政兩院院長」協商出臺南縣和臺中縣,但臺北市等8縣市由王金平和蘇貞昌以抽籤決定,結果是臺北市、苗栗縣、彰化縣和臺中市四縣市為「中選會」版;臺北縣抽中「臺聯」版;桃園縣抽中「民進黨」版;高雄市抽中「立法院」版;屏東縣抽中國、親、「臺聯黨」及無盟的提案,即「蔡豪版」。由於8個抽籤的縣市有4個是「中選會」的版本,1個是民進黨的版本,1個是「臺聯黨」的版本,共有6個縣市較符合民進黨的意圖,因此選區劃分的最後結果基本上對民進黨有利。

(三)「單一選區兩票制」對國民黨有利

一是在單一票的10個縣市中,除宜蘭縣外,基本是藍營勝利。二是北部有32個選區,藍營勝算多,而南部只要20個選區,僅是北部的三分之二。中部雖然2004年總統選舉綠營占勝算,但畢竟是一次較為特殊的選舉(兩槍的影響)。臺中縣本就是藍營天下,雲林縣雖是無黨籍的張家天下,但張政治是傾向泛藍的。此次現任立委張麗善與國民黨商量,計劃競選下屆縣長,而國民黨徵召張榮味的女兒張嘉郡參選。

(四)團結的泛藍對分裂的泛綠

泛藍在提名候選人基本協調成功,由國民黨禮讓6席區域立委給親民黨,雖

有中市2選區的國民黨籍盧秀燕和親民黨籍的沈智慧，彰縣4選區有國民黨籍陳朝容、民進黨籍謝章捷與國民黨提名的蕭景田、馬祖的親民黨籍林惠官與曹爾忠，但畢竟「兄弟殘殺」的區域不多。黨內上下比民進黨團結的多。反觀泛綠，民進黨和「臺聯黨」協調破裂。黃昆輝說，泛綠整合，民過去最高35%，臺為8%，應是5：1，臺聯有14-15席的空間。而民進黨因內部初選就已殺的見骨，哪有那麼多的空間給「臺聯黨」，根本聽不進去。進入11月，「臺聯黨」大動作開除兩位候選人，引起反彈又有兩位退黨，在此情況下「臺聯黨」主動退出兩選區的候選人參加競選，以示「臺聯黨」的「誠意」，但民進黨無動於衷。臺聯黨有人放話，那就兩敗俱傷。「新系」認為，「十一寇」和「新潮流」唯有民進黨選輸，才能證實他們路線正確。「新系」更指謝營「一邊喊團結，一邊揮刀砍人」。

（五）部分選區無人問律

從選區劃分頒布後，各候選人自報參選的選區看，民進黨有19個選區無人報名參選，而國民黨有11個選區無人為津，也比民進黨少8個選區，少三分之一多。

（六）從兩大陣營自己對選情評估看，民進黨不樂觀

國民黨：馬英九喊出立委過半。關中樂觀喊出「攻占6成席次」，區域和少數民族50席，不分區17席。國民黨評估，以贏10席開始起跳，席次過半甚至贏到6成席次是合理的評估。若雲林縣以南能拿下11席，估總席上看70席。

民進黨內部就不看好立委選舉。其黨中央召開第一次立委輔選會議，便碰到張俊雄、邱義仁和葉菊蘭以「公務繁忙」為由，挽據出任要職，可見高層看衰立委選情，忙推卸責任，最後由扁出馬才定下輔選幹部的人事。

10月民進黨內部民調：民進黨的優勢區僅9個，激戰選區有31個，其餘都陷入苦戰或嚴重落後，僅在雲嘉南小贏1.9%，連高高屏都淪陷擴大到10%。11月14日，民內部民調再次顯示，擠進安全名單不到10位，瀕臨邊緣大約20位，北部可能全軍覆沒。

陳水扁當時接任黨主席時，猶豫的原因之一就是立委敗選是否黨主席要下臺的問題，後經黨內達成即使立委敗選，黨主席也不要下臺的共識後，才欣然接受黨主席職務。陳本人也不看好立委選情。

　　陳水扁回任黨主席後，定下50席總目標，區域35席，不分區15席。黨內一片譁然，隨後就噤聲。民進黨內部民調，在73席區域立委中，只有在52個選區與國民黨有的拼。（52席要35席，占67.3%，是不可能的任務）。52區中民進黨領先都在南部，且領先幅度不大，但彰化以北普遍不樂觀，民進黨候選人落後幅度頗為明顯。民進黨民調分析，在52區能攻下二十幾席，加上不分區十二三席，少數民族1—2席，總計30多席，最樂觀的是接近40席。11月11日，其內部評估，區域能攻下28席，加上不分區最多40席。民進黨人士評估，藍綠實力在伯仲之間的有21席，其資深黨工說，「40席就偷笑了」。

具體選區分析

縣市	應選席次	預測各政黨當選區				激戰區
		民進黨	國民黨	「台聯黨」	無盟	
台北市	8		1、3-8			2
台北縣	12	5	1、6-12			2、3、4

續表

縣市	應選席次	預測各政黨當選區				激戰區
		民進黨	國民黨	「台聯黨」	無盟	
基隆市	單		單			
宜蘭縣	單					單
桃園縣	6	2	1、3-6			
新竹縣	單		單			
新竹市	單		單			
苗栗縣	2		1、2			
台中縣	5		1、3、4		2	5
台中市	3	2	1、3			
彰化縣	4	4	2			1、3
南投縣	2	2	1			
雲林縣	2		1、2			
嘉義縣	2	1、2				
嘉義市	單					單
南投縣	3	3	1		2	
南投市	2					1、2
高雄市	5	2、5、4	1			3
高雄縣	4	1、3、4	2			
屏東縣	3	1	1		1	
花蓮縣	單		單			
台東縣	單		單			
澎湖縣	單				單	
金門	單		單			
馬祖	單		單			
合計	73	15	42		4	12

在激戰區12席中有4個選區（臺北縣2、4；嘉義市1和高雄市3）是民進黨與「臺聯黨」重疊，若無法協調，藍軍勝算多。

有2個選區與無盟（彰化縣1）和無黨籍（彰化縣3）候選人重疊，都在彰化縣，從上屆立委得票看，均是藍軍領先較多。

另6個選區：

臺北市2選區：民進黨籍王世堅對國民黨籍周守訓。王以「打馬急先鋒」著稱，善於媒體曝光造勢，經營重心在大同和中山兩區，現選區為大同區（近13萬人口）和士林區的38個裡（近20萬人口）。周是被國民黨徵召到該區競選。

周曾任國民黨的發言人，其岳家在教育界人脈廣，在軍系也頗具實力，他本人在第6屆立委選舉中，是在臺北市第2選區，共當選10席，他得票數僅低於賴世葆，也是高票當選。在該區雖基本盤綠大於藍，但王近期受「緋聞案」干擾、大環境對其不利以及臺北市選民結構的特殊，所以較傾向周當選。

臺北縣3選區：是國民黨現任立委朱俊曉對民進黨徵召的藝人余天，雖基本盤綠大於藍，但應該是朱勝算多。11月18日，朱僅贏對手6%，王要朱不要大意。

宜蘭縣：兩位候選人均是現任立委，民進黨籍是新系人馬的陳金德，在不少深綠支持者情緒上較難接受的情況下，對陳拼選票是不利的，再加上縣長選舉是國民黨勝利，陳顯然是處於下風。

謝李靜宜，無黨籍，曾參加2005年縣長選舉，言行獨樹一幟。

臺中縣5選區：是民進黨籍郭俊銘對國民黨籍的楊瓊瓔，兩位都是現任立委，基本盤又差不多，較難判斷，先暫定楊領先。

臺南市1選區：雖然是現任國民黨立委王昱婷對民籍的陳亭妃（初選擊敗現任立委唐碧娥），但基本盤綠大於藍較多，應是綠軍贏。

臺南市2選區：是現任民進黨籍立委對國民黨籍現任立委高思博。雖基本盤仍是綠大於藍，但僅高6%，而高思博本人任內表現可圈可點。其父高育仁，人脈豐沛，其妻周韻采曾在馬市府團隊，其姐夫朱立倫是桃園縣長，這些都是保障其連任的重要支撐。連任希望頗高。

以上12席分析，藍軍仍占大多數，為11席，而綠軍僅1席。

12席中，少數民族6席，國民黨拿下3席，親民黨2席，無盟1席。

綜觀區域立委選舉分析看，在73席中，國民黨為53席，民進黨為16席，無盟為4席。

政黨得票率，預計是兩大黨的天下，其他小黨可能要突破5%門檻較困難。因此，預測國民黨政黨得票率為49%，民進黨為35%，其他合計為16%。國民黨

不分區立委可有20席，民進黨可分14席。

以上區域、少數民族、不分區立委合計：國民黨為76席；民進黨30席；親民黨2席；無盟5席。泛藍83席，泛綠30席。

2008年臺灣總統選情分析與預測

張敦財

隨著臺灣立委選舉的結束，臺灣總統選舉進入白熱化階段。這一役關係到國民黨能否奪回執政權或成為長期的在野黨；關係到民進黨能否繼續執政或再回到在野黨；兩黨都有輸不起的壓力。這也關係到兩岸關係的總體走向。

一、選情分析

（一）從選民結構看，馬、蕭明顯占上風

一是從基本盤看，藍大於綠。2004年總統選舉結果，藍綠比是49.89%比50.11%，因此，當時一般人認為藍綠基本盤是五五波。但由於「兩槍」的影響，不能一味說成藍綠基本盤就是五五波。從事後臺各報紙的報導，再結合綠營自己選前一兩天的衝票最高目標為標的計算，兩槍就影響了64萬張票（不含北部和報導所沒有提到的縣市），即5%—6%，因此說藍綠基本盤應在53%比47%之間較合理。2008年立委選後藍綠比為58%比42%，也不能一概認為這就是目前藍綠的基本結構，這其中還有很多的因素值得分析，如58.5%的投票率是哪個政黨的支持者出來投票的多等。因此認為合理評估，目前臺灣藍綠結構應該在55%比45%之間。

再從近8年的7次選舉結果分析，除2004年較為特殊的選舉結果綠險勝藍

外，其餘6次均是藍勝綠，大多數是藍領先綠8%以上，應該認為基本盤藍綠之比是55%比45%。7次選舉兩大陣營得票率如下：

選舉名稱	泛綠	泛藍		泛綠	泛藍
2000年「總統」選舉	39.30	59.94	2001年「立委」選舉	41.20	49.80
2004年「總統」選舉	50.11	49.89	2004年「立委」選舉	43.51	46.73
2001年縣市長選舉	47.27	52.73	2008年「立委」選舉	40.44	55.18
2005年縣市長選舉	45.52	54.48			

註：縣市長選舉將2002年北高市長選舉併入2001年縣市長；2006年北高市長選舉併入2005年縣市長選舉計算。

　　二是從省籍投票傾向分析，馬、蕭有優勢。從歷次選舉結果分析，一般認為客家、外省籍和少數民族分別占總投票人的13%、10%和2%。而這三個族群投票傾向藍綠之比為：客家7：3；外省9：1；少數民族9：1。馬、蕭與謝、蘇之比為25：5，即在三個族群占總人數的25%中，馬、蕭可占20.83%；謝、蘇僅4.17%。馬、蕭只要再取得30%就可當選。在閩南籍族群中藍綠之比不可能是37.5%：62.5%。一般認為在五五波。1月底，民進黨內部民調，在閩南族群中謝仍然落後馬，並認為馬不斷耕耘南部「本土」票源，對謝確實有很大威脅。說明馬、蕭在閩南族群中還有超過謝、蘇的機會，更不要說只要打平就贏的較多。

　　三是從各地區投票意向看，假設北藍南綠結構不變，中部持平，馬、蕭占先。北部8縣市人口數為800.37萬，南部8縣市人口數為492.23萬，北部比南部多300多萬。何況，臺立委選後，南部選民結構有所變化，藍營越過濁水溪，進入高雄縣市，中部更是藍營占優勢。

　　四是從新選民看，理論分析應對馬、蕭支持的多。

　　近80萬新選民，藍營耕耘較早，除中央黨部有青年團和青工總會組織外，2007年9月祕密組訓「青年軍」，分成北中南東四大區，全面激發學生族群、新選民投票意願，號召「這一票很重要」，唯有青年站出來，臺灣才不會再沉淪。近4年，新選民是17—20歲，臺灣社會所給予他們的印像是經濟不好，失業率高，自殺人多，工作不好找，薪資不高，沒有是非標準，認為執政當局隨心所

欲。新選民對民進黨的反感要比對國民黨的不好更直接感受。《蘋果日報》民調顯示，學歷越高，年齡越小的選民越看好馬英九。臺南市市長許添財認為，民進黨在立委選舉中大敗的原因之一是，民進黨嚴重流失年輕人選票。民進黨的內部民調也認為，在20—40歲之間的選民選票已經大量流失。其中20—30歲之間的選民的政黨支持度明顯落後國民黨，30—40歲之間的選民支持度民進黨仍然落後國民黨，但幅度不大。年輕人選票的流失已成為謝最大的隱憂。

（二）從民調看，馬、蕭均領先謝、蘇15%以上

馬、蕭領先多。臺灣各媒體民調如下：

民調時間	馬蕭	謝蘇	未表態	民調機構	民調時間	馬蕭	謝蘇	未表態	民調機構	民調時間	馬蕭	謝蘇	未表態	民調機構
7月11日	49	25	26	TVBS	8月13日	40	27	33	聯合	8月14日	37.	25	38	中時
8月2日	47	28	25	TVBS	8月14日	52	22	25	聯合	11月8日	36	25	39	中時
8月15日	51	30	19	TVBS	9月22日	51	27	22	聯合	11月16日	37	22	41	中時
8月28日	54	32	15	TVBS	10月24日	43	14	25	聯合	11月20日	37	21	42	中時
9月19日	43	20	37	TVBS	12月28日	52	25	23	聯合	12月28日	45	24	31	中時
1月15日	56	26	18	TVBS	1月14日	60	18	22	聯合	1月13日	51	20	29	中時
1月29日	53	26	21	TVBS	1月26日	54	23	23	聯合	2月21日	47	22	31	中時
1月31日	56	30	14	TVBS	2月14日	56	18	26	聯合	2月24日	49	23	28	中時
2月15日	53	29	19	TVBS	2月24日	49	21	30	聯合					
2月22日	53	31	17	TVBS										

從以上兩組候選人民調看，馬、蕭領先謝、蘇在13%—30%之間，大多數在20%上下。在立委選後，以上3個民調機構的民調馬、蕭領先謝、蘇均在25%以上。以未表態30%，馬領先謝20%計算，70%馬、蕭與謝、蘇之比是45%比25%，30%未表態中有20%不投票，僅剩10%，全投謝、蘇，謝、蘇也只有35%，仍落後馬、蕭10%。換算成100%，馬、謝之比就是56.25%比43.75%

再從民眾政黨傾向趨勢看，國民黨領先民進黨較多。

從臺灣政治大學選舉研究中心近兩年對臺灣民眾政黨偏好的4次民調看，民眾對國民黨偏好的總和為134.4。平均為33.6；對民進黨總和為78.8，平均為19.7；兩黨合計為53.3，兩黨相差為13.9%。相差最接近一次，即2007年6月，

民眾對國民黨偏好為29.0%，對民進黨偏好為21.7%，兩者合計為50.7%，相差僅7.3%，加上20%不投票，總和為70.7%，還有29.3%為中間選民，馬只要拿到11.1%就夠了，換句話說，29.3%的中間選民馬、謝之比40%：60%就夠了。

再從《遠見雜誌》所作的臺灣民眾政黨傾向趨勢分析。2006年1月至2008年1月，每月一次，共25次，民眾傾向國民黨總和為926，平均為37.04；傾向民進黨總和為427，平均為17.08，兩黨相差19.96%。兩黨最接近一次為2006年1月，傾向國民黨為31.5%，傾向民進黨為16.5%，兩黨相差15%，相差最高一次是2006年7月，傾向國民黨為41.5%，傾向民進黨為14.5%，兩黨相差27%。以2007年8至2008年1月這半年分析，民眾政黨傾向國民黨比民進黨高14.5%—18%之間，以16%計算。再以這半年，傾向國民黨平均為38.92%，傾向民進黨平均為21.75%，兩者合計為60.67%，加上20%不投票，合計為80.67%，還有19.33%的中間票，馬只要拿到1.03%就行了。

2007年12月31日，《中國時報》民調顯示，民眾政黨傾向為國民黨32%，民進黨15%。兩黨相差17%。

同日，「臺聯黨」也公布了民眾對政黨的滿意度：國民黨為35.3%，民進黨為14.8%，兩黨相差20.5%。

2008年1月初，《聯合報》政黨支持度調顯示：國民黨為43%，民進黨為14%。兩黨相差29%。

2008年1初：TVBS民調政黨支持度顯示：國民黨為65%，民進黨為28%，兩黨相差37%。

這四機構的近期民調顯示，民眾傾向國民黨要比民進黨高17%—35%之間。這與臺灣政大選研中心和《遠見雜誌》長期跟蹤所做的民調基本相同。

（三）從爭奪票源看，馬、蕭占優勢

1.固票：指鐵桿支持者或所謂最基本的基本盤，目前都出現問題。綠營方面：游錫堃的《正常國家決議文》、扁一直操作的「入聯公投」和各種「去蔣化」、謝的「選臺灣總統」，都是為了保深綠，謝曾幾次以經濟話題想爭取中間

選民，但都被扁回嗆。謝「閉門思過」幾天後復出，就提出要與馬辯論「入聯公投」，也可見綠營目前是深綠在鬆動，尤其是南部支持者鬆動，凸顯南部選民已不穩。再從2005年縣市長選舉結果看，綠營僅贏6席，這6席也比2001年少得多。屏東縣是在藍營有兩組人馬競選的情況下，僅贏2萬多票；南縣也僅贏1萬多票。高雄市選舉在「走路工」的影響下，才贏1000多票。再從「入聯聖火接力」看，開場在臺北市僅2000多人，到南部也沒有出現「熱烈迎聖火」的狀況。「入聯」聯署，200萬在民進黨全盛時期，支持者蜂擁而至，現在使出渾身解數，用盡吃奶力氣。2008年立委選舉投票率為58.5%，一般認為，深綠支持者被激出投票的較少，說明深綠確實難喚醒。因此，只有全力先保深綠這一塊。謝在立委選後，主導選情，先打政見牌，在政見牌失靈後，回轉固守基本盤，炒綠卡、臺商返鄉等訊息就是要回基本盤。

藍營由於黨綱去「九二共識」、提出「返聯公投」等，也得罪了深藍的支持者，後院也有起火的苗頭。但不管怎麼說，深藍這一塊還有連、王、吳及其黨中央到時的全力動員，深藍鬆動要固住要比綠營好。如立委選舉後期，吳伯雄喊出「民進黨若過50席就辭去黨主席」，一句話就激出深藍的危機意識。

因此說，固票目前都出問題，但深綠是真失望，藍營是內部宣傳不夠而失望，有質的區別。

2.催票：是針對「淺藍」、「淺綠」的選民。這要等到選舉後期將更明朗化。目前，顯然馬陣營做的工作比謝多，也有效得多，如馬的「長住計劃」造成了較好的催、拉票作用，這從立委選舉得到了印證。謝陣營目前催票找不著著力點，能刺激「淺綠」選民回籠。但民進黨擅長造勢，以造勢催出支持者熱情。

3.拉票：對象主要是中間選民，馬有成效。這主要看候選人的個人魅力、領導風格、競選策略、造勢力度、文宣手段等去爭取，馬、謝各有優勢。

個人魅力方面，馬要比謝強。立委選戰後期，國民黨評估有15個屬於艱困區，馬進行複式輔選後，確實在不少艱困區扭轉劣勢，不少獲得最後當選。謝始終給人以「奸巧」形象。

競選策略方面，呂秀蓮1月底接受新加坡《聯合早報》採訪時說，馬、蕭在

立委選舉時,就利用立委選舉為他們搭選舉舞臺,所以等於提早競選,馬也非常成功,這一點我必須肯定,把臺灣全部走遍了。而謝在立委選後才開始主導選舉。

馬、蕭拉票有成效,主要表現在:臺灣醫師公會在詹啟賢的動員下,成立了「挺馬」後援會,有400多人參加,其中不乏深綠及長期支持民進黨的重量級人士。臺南市現任和前任醫師公會理事長都轉向公開「挺馬」。民進黨創黨大佬、客家大佬、前新竹縣長范振宗公開力「挺馬」。道教領袖也公開「挺馬」。

謝在1月12-19日拜會「反扁代表人物」,20-28日拜訪「非政治圈領袖」,以強調透過「社會不同領域的力量」制衡未來在「立院」一黨獨大的國民黨。謝是想拉10%的中間選票,但綠營人士認為,搞不好40%的基本盤會跑掉。

4.綁票:即「公投綁大選」。綠營是從2004年總統選舉中嘗到了甜頭,認為「公投綁大選」對其選情有利,所以一再堅持要「公投綁大選」。

(四)從競選過程看,互有長短

競選主軸,國民黨較貼進選民。民進黨的競選主軸是「護臺灣,救民主,兩黨共治,臺灣進步」,即打的是「本土牌」。較為明顯是在鞏固基本盤的基礎上,向中間選民招手。民進黨打的是意識牌。「入聯公投」剛開始雖得到臺灣過半以上的民眾支持,但在美國等世界主要國家強烈的反對下,支持者開始逐漸明白「入聯」不能當飯吃,對「淺綠」和中間選民的號召力在下降。臺南市市長許添財說,搞激情沒有用了,把臺灣意識當成選戰主軸沒有意義,還是要重視民生、經濟議題。

國民黨是「提升競爭力,找回核心價值。」打的是民生牌。這不僅可保住深藍,對「淺藍」和中間選民都有吸引力。近幾年,臺灣不斷有人淪為卡債族進而燒炭自殺;許多學生繳不起學費和營養午餐;大學生一畢業就找不到工作且因助學貸款立刻成為負債族;中年失業情形嚴重,就算沒有失業薪水也逐年降低,難以支付生活所需。這些對現實不滿的人,當然希望能把臺灣經濟搞好。國民黨的競選主軸切中民眾心理。

2007年12月31日，《天下雜誌》民調，民眾認為目前臺灣最大的危機是經濟衰退，比例高達59%。馬拚經濟、突破兩岸僵局、重建社會價值、維持社會正義都獲得約5成民眾肯定。

2008年2月初，《遠見雜誌》也對這4項做了民調，結果與《天下雜誌》所做的民調情況基本一樣。拚經濟，馬、蕭為41.7%，謝、蘇為18.4%；突破兩岸僵局，馬、蕭為52.5%，謝、蘇為17.1%；重建社會價值，馬、蕭為49.7%，謝、蘇為22.5%；堅持社會公平正義，馬、蕭為47.7%，謝、蘇為26.9%。說明民眾認可馬、蕭對這4項都比謝、蘇強20%以上。

議題、政見攻防，歷來是民進黨占主動，但這次國民黨並非被拖著走。且有占上風的機會。多次選舉表明，選舉中的議題操作民進黨較能把握，更何況現在是執政黨，掌握有公權力。李應元說，民進黨擅長打議題戰、宣傳戰，另擅長「逆中求勝」。1998年市長、2000和2004年總統、2006年高雄市長選舉都是「逆中求勝」。

但立委選舉期間是黨主席扁比候選人謝更出彩。立委選後，謝掌控選情方向。國民黨雖給人感覺是被動挨打，但這一次給人感覺並非處處「拿香跟著拜」，有「你打你的議題，我打我的議題」的感覺，如，謝丟出「朝野共商CED組擱」議題，國民黨就不接招。國民黨是牢牢掌握民進黨最頭疼的經濟議題、民生議題。然而，競選還是要有高曝光度，現在所以媒體大多集中在意識形態方面，是對馬陣營不利的。

目前，謝只能不斷進攻，刺激對方犯錯，並增加自己可以強迫加分的機會。當輸到沒有什麼好輸的地步，出招犯錯的風險也就沒什麼好怕了。

馬的綠卡風波就操作了一個星期。結果炒成了謝的兄妹也都有「綠卡」。謝公開說馬曾經收公會政治獻金50萬，發現效果不好，再一日就改口「選舉時收政治獻金很正常，大家不要假仙」。謝指馬留美時曾任「職業學生」，蒐集臺灣留學生動態，結果被揭發出曾當臺灣在戒嚴時期調查局的「線民」，出賣黨外人士，次次搬起石頭砸自己的腳。

以馬、謝財經政策，臺灣專家認為馬可行性的多，謝口號多。馬「開放和鬆

綁」，才能為臺灣經濟注入活水，的確把握到當前臺灣經濟向下沉淪的根源所在，並提出具體做法。而謝提出「兩黨共治，除四害（失業、高物價、卡債、高房價）」，但前提是「兩黨共治」，過去8年經驗，無法做到「和解共生」，現提出「兩黨共治」是口號騙選票，且除四害有目標沒對策。

輔選、造勢活動，各有強項。立委選舉前，給人感覺是馬比謝強。顯然馬配合國民黨立委候選人的競選總部的成立，跑遍各個選區，拉抬選情，後又為29個選區需補強救弱的立委候選人跑場，不僅為本黨候選人拉抬聲勢，也使自己常常曝光。

立委選後，馬的「長住計劃」開創了「選民直銷」的輔選方式。透過立委選舉的檢驗確實是有效的。因此選後，又啟動第三波的「長住計劃」，以「關懷弱勢，疼惜臺灣」為主題，持續走訪最底層臺灣民眾。

馬、蕭登記為候選人後，國民黨輔選機制全面啟動。高層每週定期召開早餐會。61位區域立委化為馬、蕭分身，在選區分批動員文宣組織。林益世說，立委輔選，春節前，派宣傳車深入各村裡，配合立委勝選謝票、拜年兼馬、蕭拜票。節後，文宣組織動員側重與情人節結合，以溫馨訴求打動選民。情人節過後，「巷戰」開打，立委的輔選系統與馬、蕭總部各地後援會結合為一，到選區內人潮匯聚處，如市場、夜市等發馬、蕭公仔與文宣，「不放過每一張選票」。2月底，立委開議，考慮立委需要在「立院」開會不一定能返回選區，組織與文宣動員將以化整為零的方式，在各選區的交通要道與十字路口部署拜票義工，代表馬、蕭一一向選民問候、致意。選前3周，進入最後衝刺，立委所屬人力、與資源全部「空出來」，各路人馬逐一歸隊為大板塊作戰，供馬、蕭總部統一調度，打出全勝氣勢。

在立委選舉期間，民進黨方面，是扁多謝少，起碼媒體曝光多集中在扁。

民進黨在立委選後，也開始了南北合擊的輔選計劃。蘇從南往北，參加基層演講、中小型聚會；謝從北往南，深入民間團體、社團、校園等，在中部會合。

謝陣營在春節後發起「逆風行腳團」，發動百萬人「逆風行腳，守護臺灣」，從2月7日（初一）到28日。還發動「臺灣入聯苦行公投活動」，邀請扁

參加。

文宣攻勢是民進黨的「長項」，但這次給人感覺不如國民黨來的凌厲和有效。

雙方都陸續有電視廣告、大型廣告看板、「耳語部隊」四處活動、各種政見不斷拋出、內部民調也開始陸續向外公布。值得一提的是，立委選舉期間，馬陣營將民進黨執政以來的所有大弊案以撲克牌方式進行有趣的宣傳，達到了一定的效果，還開辦了「苦哈哈」網站供選民發洩，都收到好效果。立委選後，民進黨慘敗還沒有醒過來，馬、蕭支持者又連續推出有利於馬的文宣。1月中旬，推出「9萬」（馬英九和蕭萬長）吊飾，讓年輕人「輕鬆看政治」。得到熱烈響應。另一創意是馬陣營支持者搞笑文宣卡通片，以麻將方式，4人分屬臺4個族群，主要是「聽九萬」，「不要輸」（蘇貞昌），「連莊不要停」（謝長廷），「全民聽九萬」（馬英九和蕭萬長）。在網路上流傳。春節後，馬青年軍再搞創意：「阿扁下臺倒數日曆」，該日曆就到5月20日為止，得到青年的青睞。

國民黨上上下下都說：立法行政一體，做不好4年後，人民可叫下臺。這種口語非常好讓人接受。針對謝陣營打「一黨獨大」牌，吳、馬共識以「完全執政，完全負責」和「『府院』同心，人民安心；『府院』同步，臺灣進步」來消毒。

民進黨方面，被稱為臺灣「卡神」的楊惠如出任謝、蘇競選總部網路運行長，在臺灣最大的BBS「批踢踢實業坊」，取名「政黑板」。剛出任，「政黑板」就被各種冷嘲熱諷的「卡神父」給淹沒，還遭到網友炮轟：「不想當官還助選」。其他文宣並沒有大效果，起碼是沒有搏得版面。

組織動員是國民黨的「長項」。國民黨早在7月份，地方競選總部的團隊已完成，執政縣市由執政縣市長出任總部主委，非執政縣市由藍軍「議長」主持選戰，在縣市長、「議長」非國民黨的縣市邀請地方重量級人士出馬組織動員。此外，國民黨強化了基層組織，透過各縣市遴選近5萬名的基層幹部出任小組長（為榮譽職）。政黨輪替後，國民黨開展黨務改造，廢除了小組長的建制，讓基層鬆動。吳伯雄上任後才恢復。小組長除正面推動文宣，還對深綠負面耳語進行

消毒。小組長負責10位以上的黨員，平時透過電話聯繫，也有拉票效果。5萬名小組長，以每組有10人計，黨員有50萬。

18比7的縣市長；絕對多數的縣市議長；439比203的縣市議員；176比39的鄉鎮市長；這些大大小小的樁腳都有利於馬。尤其立委選舉，國民黨大勝，86席比27席。等於馬增加一大批輔選生力軍。立委不但是組織戰的拳頭部隊，也是議題戰的助攻側翼。

馬競選團隊，江丙坤出任總幹事，王金平任後援會會長，競選總部、黨中央、後援會助選團三大支柱，1月27日對外運作。各縣市設競選總部，各鄉鎮市設競選辦公室，73個選區由立委協助督戰，未當選立委由總部聘為顧問團顧問。

馬、蕭在南部設立競選總部，目的在擴大立委選後在南臺灣的選票。

民進黨方面：民進黨輔選大將吳乃仁歷次都是遲遲才同意為謝輔選，到目前也沒有看到其作為。民進黨基層組織卻不斷傳出抱怨聲，如：一地方競選黨部主委說，謝系人馬在初選時是以請託方式希望大家幫忙，但謝成為候選人以後，謝系人馬來到地方，就叫大家如何如何配合，態度前後差距太大。謝跑組織的人拜訪地方時，有幾個地方黨部主委拍桌揚言：「大不了不幹了」。

謝也成立「長工之友會」，已達3000個，每個會有30人，共有近10萬人。該會不同於「扁友會」，以30人為一單位，每個會有一個會長，直接把家人、朋友、員工找一找，就地成立一個「長工之友會」，自己躍身為會長，一些登山隊、高爾夫球隊、晨操社、舞蹈社直接轉型為「長工之友會」。2月初，民進黨成立了「臺灣青年逆轉本部」。

立委選舉慘敗後，民進黨由謝任總指揮，競選重點放在競選總部，黨扮演後援輔選角色。謝要藉助新系特有的組織和動員能力，但在初選時，謝系子弟兵參與圍剿新系，謝並沒有阻止，這創傷只有撫平，才有辦法去抬轎。許多落選的立委開始轉向賣電火棒、開花店等，不說不為謝、蘇助選，起碼不會那麼積極了。

（五）從各陣營內部民調和預測分析

團結：民進黨不如國民黨。

謝雖找蘇當副手，但謝與蘇、新系的心結未解。立委開打，民進黨內部怨聲四起，認為謝偏心，多替謝系立委站臺，其他立委總部成立很難盼到謝。謝11月替賴清德站臺，除遲到20分鐘外，全程只講「大選」政見，未提賴清德。謝競選行程就不多，臨時取消行程頻率頗高。讓地方組織人士叫苦連天，謝曾答應一立委站臺，該立委候選人在晚會前三天開始砸錢拿下地方電視廣告，也發出組織動員令，結果謝營在前一天通知喊卡，讓該候選團隊傻眼，一狀告上黨中央，黨內輔選會議還拿出來檢討。

立委選後，謝就職，呂、游沒到場；謝主持第一次中常會，呂、游、蘇都沒有出席。謝的「駱駝說」引起黨內不滿。扁出訪，扁、謝隔空喊話。民進黨內部貌合神離，「府院」對謝心結極深。

「大選」需傾全黨之力，但謝在民進黨初選後，競選總部所有主任缺口已被謝的子弟兵卡滿，導致過去參與兩度大選的操盤老手多被排除在外，連過去謝倚重的智囊，也曾因難參與核心議題而萌生辭意。

選戰至今，似乎謝及謝營核心成員在唱獨角戲。「排藍條款」傷害了新系；「正常國家決議文」風波，謝游交惡；立委選敗後，謝向扁逼宮，使扁提前跛腳，得罪了扁系；使新系、游系、扁系大將都未有積極投入謝營輔選。

反觀藍陣營，在立委大勝後，國民黨內口徑一致，其黨中央的決定基本能得到立委的支持，一改過去各行其是的風格。親民黨籍一位立委也回歸國民黨黨團運作，宋楚瑜也接受馬的懇請，出任競選總部榮譽主任委員，並答應後期為馬、蕭助選。

氣勢：民進黨明顯不如國民黨。

雖然新系定調，「共赴國難」，新系要角坦言「這種時候被吃豆腐也沒事了啦」。但邱義仁、吳乃仁不但未踐言進入謝競選總部，相反在為後路做準備，成立「達震公司」。民進黨內部只能「死馬當活馬醫」。落選的立委無心或不積極輔選，無形中自我削弱了戰鬥力。「11寇」除段宜康、蕭美琴和羅文嘉進入謝

營，其他8人都沒有進。

1月19日，謝在臺南縣市競選總部成立大會上說，「立委大敗，唯一安慰是南縣市『全壘打』，命根未完全喪失，還有一絲火花」。希望不要自暴自棄，失去信心。

呂透露，在立委大敗後，曾鼓勵謝不要灰心，從民進黨得票率分析，立委席次少了不少，但得票率沒有少，其中有200萬原本支持者，在立委中含淚不投票，建議謝要換回中間選民的心。

1月25日，臺灣六大工商團體舉辦與未來領導人對話，結果參加人員馬謝比是3比1。氣勢方面就非常清楚了。

衝票目標：民進黨基本做不到，是不可能的任務。國民黨則始終具有高度危機感，從不樂觀。一步一腳印地衝票。

2007年12月30日，謝陣營內部民調，雖在「9·15入聯公投」遊行後一度拉近到落後10%，最新民調仍落後15%。1月22日，民進黨的民調顯示，謝比立委選舉時提高了7%，主要來自泛綠支持者的表態，但仍落後馬15%。1月31日，民進黨內部民調，立委選前，謝少馬15%，選後少20%，舉辦三場晚會後少15%─20%，綠卡風波後少10%─15%，綠支持者回流，部分中間選民轉向。針對2月中旬，臺部分民調機構公布的馬謝支持度的民調，馬、蕭又大幅領先謝、蘇，民進黨也馬上公布民調，稱只落後8%，這顯然是選舉的策略，並非其內部真正的民調。

許添財分析，如南部民進黨平均拿65%，北部55%比45%就勝了。這樣藍綠比從來沒有過，顯然是不可能的。

蕭認為國民黨沒有樂觀的理由。立委投票率58.5%，民進黨為38%，國民黨為53%。總統選舉投票，綠要高20%，即300萬，這是關鍵。

2月4日，國民黨內部民調，綠卡、政治獻金、炒股等議題，馬支持度略為下滑，但仍領先謝20%，幕僚說，「綠打烏賊戰，效果非常有限」。

（六）投票率

投票率的高低取決於選戰激烈程度、造勢規模的大小以及氣候變化等情況。

投票率高低究竟對誰有利。從政治學角度看，經濟低迷時，支持執政黨的投票率比在野黨的低。一般較難評估。但中間選民和特定族群會對某候選人產生影響，如臺商大部分返鄉參加選舉或其家屬積極參與投票等。2000年總統選舉，選情抬高，刺激中間選民（對國民黨失去希望，本不想投票）和年輕族群關注而參加投票，結果對扁有利。2004年，那些對扁失去希望者（原支持者），但對連、宋也沒有好感，不準備去投票，結果在民進黨催化以及兩槍的影響，大量刺激出來投票，結果仍對扁有利。今年投票率高的話，還是對民進黨有利。因為畢竟民進黨執政已8年，不說深綠，起碼「淺綠」和中間選民不再對民進黨抱希望，但對國民黨也沒有好感，大多會選擇不投票，但一旦又被民進黨以某種方式刺激出來，只會投綠不會投藍。

本人認為，所謂投票率高，應是指75%以上。如2000年和2004年兩次總統選舉投票率都超過80%，刺激不少淺綠和中間選民出來投票，結果扁當選和連任。2001年立委選舉投票率為66.16%，比2004年的59.16%和2008年的58.5%都高出7%—8%，2001年民進黨在立委選舉中大勝，相反後兩屆就不一樣了。

（七）會不會產生「鐘擺效應」

全局的「鐘擺效應」應該不會發生，但局部的「鐘擺效應」還是會出現，僅在嘉義縣就有近2萬票，但對整個選情影響不大。一是選民受夠了「朝小野大」所產生的臺灣亂局。臺灣已有幾十年的民主選舉經驗，尤其是政黨輪替後，民進黨把民主操弄成民粹，正常的政黨民主運作被破壞。二是兩候選人的個人信譽、形象等在選民中差距太大。這從臺灣所有的民調都可看出。這種民調不同於支持誰當總統的民調，選民不需要隱瞞，是較確實反映民意的。三是競選過程的主軸、政見等，顯然馬要比謝更貼近選民。四是臺大部分學者認為，「鐘擺效應」不會產生。高輝、周陽山、沈富雄等都認為今年不大可能產生「鐘擺效應」，沈更呼籲選民，一旦泛藍立委選舉超過6成，選民總統票要投馬、蕭。

以上分析，從基本盤、民調、爭奪票源及各陣營內部民調方面看，馬、蕭占絕對優勢。從競選過程和「鐘擺效應」看，仍是馬、蕭占上風。僅在投票率方

面,投票率高對謝、蘇有利。因此,2008年臺灣總統選舉,在不發生重大事件或突發事件的情況下,馬、蕭當選應是情理之中。

二、各縣市選情具體分析

臺北市

選舉名稱	投票率	得票率		得票數	
		泛綠	泛藍	泛綠	泛藍
2000年「總統」選舉	83.53	37.64	61.69	597465	979102
2004年「總統」選舉	81.71	43.47	56.53	690379	897870
2002年縣市長選舉	70.61	35.89	64.11	488811	873102
2006年縣市長選舉	64.52	41.15	57.95	529241	745366
2001年「立委」選舉	64.42	39.42	51.42	481462	628024
2004年「立委」選舉	60.94	40.54	50.28	485548	602254
2008年「立委」選舉	62.17	36.84	62.03	455815	767558

臺北市:選民數203.43萬(以2008年「討黨產公投」人數計算,下同),投票率81%。馬、蕭與謝、蘇得票率為62.5%和37.5%,馬、蕭領先謝、蘇411945票。原因是:1.2002年馬在市長選舉中領先綠29.22%,2004年總統選舉中藍領先綠13.06%,在2006年市長選舉中郝龍斌把差距擴大到16.80%,臺北市經過1年多扁當局的無理折騰,如強制拆除「大中至正」匾等,2008年總統選舉領先再擴大8.20%,達到25%應該沒問題。2008年立委選舉藍就比綠多25.19%。2.藍軍鐵票區都能保住6成以上,謝難以突破,相反綠傳統票區有下滑的現象,如大同區和萬華區,是泛綠最穩固的大票倉,屬於老社區,居民的教育程度在臺北市各區中普遍較低,區內民眾就業謀職更較其他區的民眾困難,面對生活壓力,選民的熱情大不如前,「肚子扁扁也要挺阿扁」的迷思失靈,身處臺北市,對扁及其家人的貪腐現象親臨身受。立委選舉結果證明民進黨在該區的支持者在減少。3.臺北市市民中產階級多,知識水平較高,對於投票會較為理性,受別的

干擾較小。4.馬、蕭的形象相對要比連、宋強,更受藍軍選民喜歡。

臺北縣

選舉名稱	投票率	得票率 泛綠	得票率 泛藍	得票數 泛綠	得票數 泛藍
2000年「總統」選舉	83.77	36.73	62.61	741596	1264528
2004年「總統」選舉	81.31	46.94	53.06	1000265	1130615
2001年縣市長選舉	68.07	51.31	48.16	874495	820808
2005年縣市長選舉	66.35	44.36	54.87	798233	988739
2001年「立委」選舉	68.07	38.54	58.50	650010	857720
2004年「立委」選舉	56.89	44.87	54.58	678610	825615
2008年「立委」選舉	59.05	38.43	55.29	653192	939847

臺北縣:選民數286.88萬,投票率80%。馬、蕭與謝、蘇得票率為59%和41%,馬、蕭領先謝、蘇413108票。原因是:1.藍綠基本盤較穩,相差在10%。2.2004年總統選舉是民進黨執政,在民調沒有一家認為雙方會超過5%的情況下,選舉結果藍卻領先7%。3.這次是國民黨執政,雖周錫瑋施政並未受到大多數選民的肯定,但畢竟臺北縣在臺北市的四周,絕大部分人受臺北市文化等影響較大,選民逐步走向成熟。4.從2008年立委選舉結果看,藍比綠多16.86%。本次預測為18%。5.蘇雖然是老縣長,再在臺北縣颳起旋風,再現當年雄風已時過境遷,從2005年縣長選舉就已看出,蘇在臺北縣要拉抬選情有難度。2008年立委選舉其子弟兵吳秉睿,蘇多次為其掃街拜票,七度為曾擔任其機要祕書的李文忠站臺,兩人卻都落選。

基隆市

選舉名稱	投票率	得票率 泛綠	得票率 泛藍	得票數 泛綠	得票數 泛藍
2000年「總統」選舉	82.65	30.84	68.53	69555	154577
2004年「總統」選舉	78.35	40.56	59.44	90276	132289
2001年縣市長選舉	63.07	41.91	58.09	72212	100070
2005年縣市長選舉	64.05	31.46	41.14	58243	124094
2001年「立委」選舉	63.20	32.73	53.80	56318	92572
2004年「立委」選舉	53.18	36.83	59.03	55499	88913
2008年「立委」選舉	51.01	28.58	67.79	41709	98926

基隆市：選民數29.74萬，投票率78%。馬、蕭與謝、蘇得票率為68%和32%，馬、蕭領先謝、蘇83510票。歷來是藍營票倉。兩次總統和3次立委選舉藍都領先綠20%以上。2008年立委選舉藍領先綠39.21%。本次預測領先36%。

宜蘭縣

選舉名稱	投票率	得票率 泛綠	得票率 泛藍	得票數 泛綠	得票數 泛藍
2000年「總統」選舉	81.03	47.03	52.56	123157	137631
2004年「總統」選舉	78.46	57.71	42.29	147848	108361
2001年縣市長選舉	63.84	50.88	47.18	106313	98574
2005年縣市長選舉	70.25	47.75	51.39	112853	121463
2001年「立委」選舉	63.84	51.88	44.41	105872	90618
2004年「立委」選舉	56.39	53.57	46.44	98916	85745
2008年「立委」選舉	54.02	45.87	53.13	81984	94965

宜蘭縣：選民數34.63萬，投票率78%。馬、蕭與謝、蘇得票率為54%和46%，馬、蕭領先謝、蘇21610票。原因是：1.民進黨在該縣有穩定的支持者，2000—2004年基本盤都大於藍5%以上。但2005年縣長選舉，民進黨在該縣失去24年的執政權，藍以3.64%勝出，首次在該縣執政。「綠色執政，品質保證」已過時了。2008年立委選舉，國民黨領先民進黨7.26%。國民黨籍的林建榮勝選，為馬加分。其得票數比呂國華當選縣長還多5000多票。說明藍支持者在成長。2.縣長、立委和議長都是國民黨籍，說明宜蘭縣已完全被國民黨掌控。3.游錫堃勉強出任謝競選總部顧問，在該縣的助選力度可以預測不會太出力。本次預測領先8%。

北北基宜地區：投票數55.46萬人，投票率80.13%，馬、蕭與謝、蘇得票率為60.46%和39.54%，馬、蕭領先謝、蘇20.92%，930173票。

桃園縣

選舉名稱	投票率	得票率 泛綠	得票率 泛藍	得票數 泛綠	得票數 泛藍
2000年「總統」選舉	84.16	31.72	65.98	299120	622251

续表

选举名称	投票率	得票率 泛绿	得票率 泛蓝	得票数 泛绿	得票数 泛蓝
2004年「总统」选举	81.33	44.68	55.32	448770	555688
2001年县市长选举	68.31	44.20	55.24	353568	441827
2005年县市长选举	61.77	38.32	60.84	307965	488979
2001年「立委」选举	68.53	42.04	55.12	330739	433882
2004年「立委」选举	58.88	40.84	53.52	300953	394383
2008年「立委」选举	54.81	37.24	61.76	283701	473001

桃园县：选民数139.14万，投票率80%。马、萧与谢、苏得票率为62%和38%，马、萧领先谢、苏267148票。原因是：1.闽南族群约占一半，客家和新住民各占四分之一，少数民族约3%。2004年总统选举客家票源被民进党成功拉走一部分，该县又是「台联党」的立委大本营，选举结果由2000年总统选举蓝领先34.26%被拉近到10.64%。但在同年立委选举中被蓝营拉回到13.08%，更在2005年县长选举中一举突破20%，达到领先22.52%。朱立伦在桃县施政绩效是有目共睹。2008年立委选举，蓝领先绿24.52%，应该说62：38，蓝领先绿24%是可能的。2.谢、苏今年仍有叶菊兰力挺，但在大环境不利的情况下，要保住2004年总统选举时的客家人的成绩有难度，毕竟这4年民进党当局再没有给客家人什么好处。3.县长、所有6个选区的立委和议长也都是蓝营。本次预测马、萧领先24%。

新竹县

选举名称	投票率	得票率 泛绿	得票率 泛蓝	得票数 泛绿	得票数 泛蓝
2000年「总统」选举	85.10	24.75	72.27	61533	179673
2004年「总统」选举	81.80	35.94	64.06	92576	165027
2001年县市长选举	70.38	46.39	53.61	97420	112595
2005年县市长选举	71.12	32.91	67.09	77037	157012
2001年「立委」选举	70.61	36.99	53.03	75482	108258
2004年「立委」选举	60.33	36.90	63.09	69485	118802
2008年「立委」选举	57.14		66.52		127892

新竹縣：選民數35.72萬，投票率81%。馬、蕭與謝、蘇得票率為67%和33%，馬、蕭領先謝、蘇98372票。原因是：1.2004年總統選舉藍超過綠近30%，2005年縣長選舉超過近35%，2008年立委選舉也超過30%以上。2.該縣客家票源占85%，客家投票傾向藍綠比都在70%：30%，僅2004年總統選舉被拉到65%：35%（葉菊蘭還以此作為成績）。就以65%：35%計算，85%換算結果是55.25%：29.75%，相差25.50%。3.現任縣長鄭永金施政滿意度，臺灣多次民調都名列前茅，說明其施政得到選民的認可。中間選民多以地方首長施政的好壞決定投票的意向。4.民進黨創黨大佬、客家大佬、前縣長范振宗公開「挺馬」。5.2008年立委選舉，民進黨在該縣沒有提名。

新竹市

選舉名稱	投票率	得票率		得票數	
		泛綠	泛藍	泛綠	泛藍
2000年「總統」選舉	83.65	33.79	65.23	69760	134646
2004年「總統」選舉	81.22	44.88	55.12	96818	118924
2001年縣市長選舉	63.91	42.77	56.01	69165	90580
2005年縣市長選舉	59.60	30.73	69.27	49777	112221
2001年「立委」選舉	63.98	37.96	60.30	61405	97542
2004年「立委」選舉	54.43	44.49	48.75	65409	71679
2008年「立委」選舉	58.12	38.12	60.52	62334	99124

新竹市：選民數28.88萬，投票率81%。馬、蕭與謝、蘇得票率為61.5%：38.5%，馬、蕭領先謝、蘇53804票。原因是：1.2005年市長選舉藍領先38.54%，2008年立委選舉領先22.40%。2.新竹市是科學園區，有6所大學和較多眷村。經濟不振、失業率高，大學畢業工作不好找等目前臺灣現狀，都會影響這些人的投票意向。3.馬、蕭的兩岸政策較謝更開闊，應該更貼近這些選民的想法。

苗栗縣

選舉名稱	投票率	得票率 泛綠	得票率 泛藍	得票數 泛綠	得票數 泛藍
2000年「總統」選舉	83.59	26.81	71.74	86707	232331
2004年「總統」選舉	79.82	39.25	60.75	123427	191059
2001年縣市長選舉	67.25	23.55	75.68	61742	62613
2005年縣市長選舉	69.54	29.86	47.91	83694	182111
2001年「立委」選舉	67.33	20.52	59.06	53166	153030
2004年「立委」選舉	60.09	36.76	61.51	88165	147508
2008年「立委」選舉	59.16	27.58	71.67	65810	170987

苗栗縣：選民數41.95萬，投票率81%。馬、蕭與謝、蘇得票率為70%和30%，馬、蕭領先謝、蘇135918票。原因是：客家票源占80%，基本盤對藍非常有利。2.2004年總統選舉藍領先21.50%，3次立委選舉，都領先在25%以上，尤其2008年立委選舉，藍領先綠44.09%。所以預測領先40%。

桃竹苗地區：選民數24.569萬人，投票率80.43%。馬、蕭與謝、蘇得票率為64.05%比35.95%，馬、蕭領先謝、蘇28.10%，555242票。

臺中縣

選舉名稱	投票率	得票率 泛綠	得票率 泛藍	得票數 泛綠	得票數 泛藍
2000年「總統」選舉	85.17	36.51	62.84	305219	525331
2004年「總統」選舉	81.41	51.79	48.21	440479	410082
2001年縣市長選舉	66.27	41.02	49.48	269548	325117
2005年縣市長選舉	65.78	39.12	59.45	275153	418144
2001年「立委」選舉	66.33	39.34	51.76	260260	342523
2004年「立委」選舉	59.81	41.76	45.50	264088	287729
2008年「立委」選舉	56.75	39.70	57.94	246024	359030

臺中縣：選民數113.22萬，投票率79%。馬、蕭與謝、蘇得票率為59%和41%，馬、蕭領先謝、蘇160998票。原因是：1.一向是藍大於綠，除2004年被民進黨翻盤外，其餘6次選舉都是藍領先綠。2005年縣長選舉，藍領先20.33%，2008年立委選舉，藍領先18.24%。2.紅黑兩派2004年已盡釋前嫌，這次更整合固若金湯，兩派領袖劉銓忠、顏清標都全力為馬輔選。3.藍綠要角私下都認為，

臺灣景氣太差,這次民進黨恐怕無法樂觀。民進黨「新潮流」大佬利錦祥說,2004年社會氛圍還不錯,但今年企業界反應冷淡,這是民進黨在中臺灣的危機。4.2008年立委選舉,在人口密集的大裡、太平和豐原三市是民進黨占優勢,都沒有開出漂亮的成績單,如同2005年縣長選舉淪陷再演。

臺中市

選舉名稱	投票率	得票率 泛綠	得票率 泛藍	得票數 泛綠	得票數 泛藍
2000年「總統」選舉	83.38	36.86	62.56	193797	328877
2004年「總統」選舉	80.89	47.34	52.66	267095	297098
2001年縣市長選舉	66.04	40.74	49.08	177515	213866
2005年縣市長選舉	62.27	39.00	58.34	175592	272728
2001年「立委」選舉	66.10	42.39	55.34	183367	239385
2004年「立委」選舉	56.29	40.64	50.68	161825	201791
2008年「立委」選舉	61.24	39.29	60.12	174813	267460

臺中市:選民數76.71萬,投票率81%。馬、蕭與謝、蘇得票率為61.5%和38.5%,馬、蕭領先謝、蘇142911票。原因是:1.臺中市基本盤一向藍大於綠,近7次選舉中,藍領先綠為26%、5%、8%、19%、13%和10%。大多在10%以上。2.臺中市已邁向都會區的選民結構,選民性喜「溫和」,不喜歡口水戰,意識形態的競選策略在臺中市難有效果。3.胡志強在市民中有威望(馬立強)、施政績效也不錯,應可為馬加分。4.臺中市議長張宏年說,過去他所認識的民進黨支持者,聲音都很大,但現在都變沉默,認為生活不好,誰都看得出來。2008年立委選舉在投票率不到6成的情況下,民進黨輸8萬,比2004年投票率8成,國民黨才贏3萬,差距頗大,說明臺中市選民投票意向更趨成熟。5.2008年的情人節,國民黨在臺中市舉辦大型晚會,效果非常好。

彰化縣

選舉名稱	投票率	得票率 泛綠	得票率 泛藍	得票數 泛綠	得票數 泛藍
2000年「總統」選舉	84.08	39.63	58.79	298571	442995
2004年「總統」選舉	80.18	52.26	47.74	383296	350128
2001年縣市長選舉	68.14	49.17	41.99	257504	296560
2005年縣市長選舉	71.16	40.52	55.46	270949	370790
2001年「立委」選舉	68.17	37.54	54.46	230679	334589
2004年「立委」選舉	68.39	31.55	47.31	202880	304152
2008年「立委」選舉	60.54	31.96	53.03	184775	306565

彰化縣：選民數98萬，投票率79%。馬、蕭與謝、蘇得票率為59%和41%，馬、蕭領先謝、蘇139356票。原因是：1.此地是傳統的農業縣，選民投票重口碑，馬要比謝得人心。2.彰化縣近7次選舉中，除2001年縣長選舉領先藍7.08%和2004年總統選舉領先4.52%外，其餘5次藍領先在15%-20%之間。2005年縣長選舉，國民黨奪回政權，並以近15%勝出。3.泛藍基層實力強，鄉鎮市長、縣議員、農會、水利系統絕大部分挺藍。4.該縣地方派系長久以來扮演舉足輕重的角色，地方派系不看好謝、蘇的選情。2005年縣長選舉民進黨大敗，傳達了派系領袖在藍綠之間的抉擇。5.2008年立委選舉藍領先綠21.07%，藍營在4個選區全部當選。縣長、議長和立委全部是藍營人士。

南投縣

選舉名稱	投票率	得票率 泛綠	得票率 泛藍	得票數 泛綠	得票數 泛藍
2000年「總統」選舉	81.17	34.49	65.09	106440	200888
2004年「總統」選舉	77.97	48.75	51.25	146415	153913
2001年縣市長選舉	67.32	36.79	43.27	94631	111310
2005年縣市長選舉	70.48	30.33	45.32	144296	124777
2001年「立委」選舉	67.32	45.08	50.75	111482	125464
2004年「立委」選舉	57.27	43.44	41.90	93710	90393
2008年「立委」選舉	53.67	37.31	62.24	75886	126639

南投縣：選民數40.45萬，投票率76%。馬、蕭與謝、蘇得票率為61%和39%，馬、蕭領先謝、蘇67632票。原因是：基本盤基本上是藍大於綠，尤其是

2005年縣長選舉，國民黨一舉奪回執政權，並大幅領先綠。2008年立委選舉藍領先24.93%。

中彰投地區：選民數，32.83萬人，投票率79.10%。馬、蕭與謝、蘇得票率為59.83%和40.17%，馬、蕭領先謝、蘇19.66%，510897票。

雲林縣

選舉名稱	投票率	得票率 泛綠	得票率 泛藍	得票數 泛綠	得票數 泛藍
2000年「總統」選舉	77.23	46.99	51.98	193715	216365
2004年「總統」選舉	75.94	60.32	39.68	243129	159906
2001年縣市長選舉	63.39	38.47	61.53	128475	205500
2005年縣市長選舉	69.73	53.37	44.48	201192	167690
2001年「立委」選舉	63.41	41.27	48.33	139655	163576
2004年「立委」選舉	64.07	38.48	36.67	134626	128292
2008年「立委」選舉	57.60	46.33	52.60	145961	165709

雲林縣：選民數55.73萬，投票率77%。馬、蕭與謝、蘇得票率為54%和46%，馬、蕭領先謝、蘇34329票。原因是：1.一向藍大於綠的雲林縣，在2004年總統選舉中大幅翻盤，被民進黨領先20.64%，選民結構有一定的變化。2.2005年縣長選舉，民進黨在大多縣市淪陷，唯獨在雲林縣相反，「藍天變綠地」，領先8.89%。3.2008年立委選舉，該縣又回到了藍大於綠的基本盤。2004年張榮味官司纏身，民進黨大量吸納了張派選票，民進黨在該縣贏了近9萬票。這次立委選舉，國民黨在山線部分，許舒博喬到不分區，推出與張派結盟的張碩文，許也出任該黨部主委，全力輔選。結果雙張在雲林縣全部勝出。馬競選，張派自然會全力回報。

嘉義縣

選舉名稱	投票率	得票率 泛綠	得票率 泛藍	得票數 泛綠	得票數 泛藍
2000年「總統」選舉	78.23	49.49	50.04	157512	159298

續表

選舉名稱	投票率	得票率 泛綠	得票率 泛藍	得票數 泛綠	得票數 泛藍
2004年「總統」選舉	78.03	62.79	37.21	199466	118189
2001年縣市長選舉	64.76	47.22	44.85	124757	116908
2005年縣市長選舉	71.64	62.69	37.31	183476	109192
2001年「立委」選舉	64.80	37.92	38.82	99253	101569
2004年「立委」選舉	60.57	51.84	40.93	128852	102426
2008年「立委」選舉	59.41	49.29	50.33	121052	123620

嘉義縣：選民數42.76萬，投票率77%。馬、蕭與謝、蘇得票率為47.5%和52.5%，馬、蕭落後謝、蘇16462票。原因是：1.基本盤綠大於藍。近7次選舉，除2000年總統選舉和2008年立委選舉，藍略勝綠外，其餘6次都是綠勝於藍，尤其是2004年總統選舉在該縣大勝，領先藍25.58%，2005年縣長選舉也是領先在25%以上。2.陳明文縣長任內表現頗得選民認可。但近兩年多民進黨的表現確實讓其支持者失望。2008年立委選舉就被藍營略領先。從投票率和以往兩次總統選舉看，看不出這次立委選舉泛綠支持者沒有出來投票。3.蔡啟芳立委選舉落選後，準備開花店，前立委林國慶雖為謝輔選成員，但刺激選民的氣勢大為減弱，選民開始討厭，甚至反感過激言論或走偏鋒的選舉操作。4.現任縣長陳明文的哥哥陳明仁公開「挺馬」，「臺聯黨」該縣主委也公開支持馬。5.此地是蕭萬長可影響的勢力範圍。因此，預測綠僅領先藍5%。

嘉義市

選舉名稱	投票率	得票率 泛綠	得票率 泛藍	得票數 泛綠	得票數 泛藍
2000年「總統」選舉	82.00	47.01	53.18	70124	78443
2004年「總統」選舉	80.53	56.06	43.94	85702	67176
2001年縣市長選舉	65.08	12.04	34.71	53764	41614
2005年縣市長選舉	70.77	45.37	54.63	62122	74786
2001年「立委」選舉	65.12	45.73	42.85	54865	51403

續表

選舉名稱	投票率	得票率 泛綠	得票率 泛藍	得票數 泛綠	得票數 泛藍
2004年「立委」選舉	53.74	53.68	45.84	55404	47308
2008年「立委」選舉	57.37	52.71	46.70	59566	52774

嘉義市：選民數20.05萬，投票率79%。馬、蕭與謝、蘇得票率為53%和47%，馬、蕭領先謝、蘇9503票。原因是：1.有「民主聖地」之稱的嘉義市在2005年市長選舉中被國民黨奪回執政權，以9.26%領先，改寫了歷史。「守護民主聖地、延續綠色執政」不靈了。2.此地是蕭萬長的故鄉。3.許家班挺誰是關鍵，2005年市長選舉，民進黨講要剷除許家班，受辱的支持者當然無法相挺民進黨籍候選人，張博雅只動了3天，支持陳麗貞就有三分之一跑票了。4.2008年立委選舉得票率，民進黨領先國民黨6.01%，但當選的是國民黨籍江義雄，在市長和立委都是國民黨籍，以及原「臺聯黨」、現無黨籍的凌子楚在立委選舉中敗選的情況下，不可能去挺謝、蘇，因此認為馬、蕭勝謝、蘇6%。

臺南縣

選舉名稱	投票率	得票率 泛綠	得票率 泛藍	得票數 泛綠	得票數 泛藍
2000年「總統」選舉	82.44	53.78	45.80	347210	295660
2004年「總統」選舉	81.15	64.79	35.21	421927	229284
2001年縣市長選舉	67.27	51.50	44.47	274086	236670
2005年縣市長選舉	65.18	50.30	47.16	267583	250887
2001年「立委」選舉	67.30	49.86	46.85	265692	249631
2004年「立委」選舉	61.99	49.71	35.62	252622	181083
2008年「立委」選舉	57.23	55.48	44.30	263843	210682

臺南縣：選民數85.32萬，投票率80%。馬、蕭與謝、蘇得票率為45%和55%，馬、蕭落後謝、蘇68256票。原因是：1.此地是扁的故鄉，也是民進黨的票倉，2004年總統選舉綠領先近30%，但也應該看到一直在走下坡，2004年立委選舉僅領先14.09%，2005年縣長選舉領先幅度大幅減少，只剩下3.14%。2.已不是扁在選舉，鄉鄰鄉親的支持度就要打折扣，2005年縣長選舉就是一例。

2008年立委選舉，綠領先11.18%。但立委選後，謝對扁的切割，不大可能激起支持者的全力支持謝。3.該縣「2.28公司益和平救世會」榮譽理事長沈趁澄淵曾與臺南縣政府在2004年共同發起「2.28牽手護臺灣活動」，如今，坦言這4年對民進黨失望，公開支持馬。

臺南市

選舉名稱	投票率	得票率		得票數	
		泛綠	泛藍	泛綠	泛藍
2000年「總統」選舉	82.30	46.06	53.46	191261	221978
2004年「總統」選舉	80.93	57.77	42.23	251397	183786
2001年縣市長選舉	63.64	43.23	37.40	141840	122726
2005年縣市長選舉	58.96	45.65	41.40	190006	134248
2001年「立委」選舉	63.65	51.59	39.55	169383	129823
2004年「立委」選舉	57.91	51.82	41.09	164218	130195
2008年「立委」選舉	60.85	50.95	49.05	175155	168606

臺南市：選民數57.65萬，投票率80%。馬、蕭與謝、蘇得票率為51.5%和48.5%，馬、蕭領先謝、蘇36896票。原因是：1.此地是槍擊案所在地，基本盤綠大於藍10%左右。2.從張燦鍙到許添財，民進黨在該市執政10多年，但近4次選舉，差距在拉近。2008年立委選舉已在伯仲之間，差距僅1.95%。3.「臺聯黨」祕書長錢橙山夫婦已公開支持馬，錢夫婦在該市有4萬票的實力，占9%。錢林慧君在2008年退出立委選舉，民進黨在該市才領先1.9%。所以，分析總統大選，馬、蕭在該市會翻盤，領先謝、蘇。

雲嘉南地區：選民數26.15萬人，投票率78.79%。馬、蕭與謝、蘇得票率為49.34%和50.66%，馬、蕭落後謝、蘇1.32%，27050票。

高雄市

選舉名稱	投票率	得票率 泛綠	得票率 泛藍	得票數 泛綠	得票數 泛藍
2000年「總統」選舉	84.25	45.79	53.74	398381	447567
2004年「總統」選舉	81.81	55.65	44.35	500304	398769
2002年「市長」選舉	71.40	50.64	46.82	386384	361546
2006年「市長」選舉	67.93	49.41	49.27	379417	378303
2001年「立委」選舉	66.08	48.66	42.24	337664	293278
2004年「立委」選舉	57.53	53.30	35.28	339020	224434
2008年「立委」選舉	60.55	47.78	51.13	326727	349635

　　高雄市：選民數116.16萬,投票率81%。馬、蕭與謝、蘇得票率為53.5%和46.5%,馬、蕭領先謝、蘇65862票。原因是：1.謝長期經營的地方,任內一些政績受市民肯定。陳菊現在的一些做法也得到市民逐步認可。2.基本盤綠略大於藍,2004年總統選舉綠勝藍11.30%。但2008年立委選舉,藍領先綠3.35%。3.馬、蕭的競選經濟政策對選民有吸引力。4.國民黨市長選輸,選民會不會給予藍補償。同樣的,民進黨立委選輸,選民會不會給綠補償。5.國民黨大選在南部也設立競選總部,地址就設在高雄市,目的非常明顯：想在高雄市打翻身戰。

高雄縣

選舉名稱	投票率	得票率 泛綠	得票率 泛藍	得票數 泛綠	得票數 泛藍
2000年「總統」選舉	83.73	47.12	52.38	342593	380597
2004年「總統」選舉	81.56	58.40	41.60	425265	302937
2001年縣市長選舉	66.38	54.80	29.45	317763	170787
2005年縣市長選舉	65.47	59.14	40.86	353232	244015
2001年「立委」選舉	66.48	49.20	45.79	284696	265068
2004年「立委」選舉	60.42	53.59	41.90	292191	228385
2008年「立委」選舉	60.71	48.04	50.81	268091	284235

　　高雄縣：選民數95.21萬,投票率80%。馬、蕭與謝、蘇得票率為54%和46%,馬、蕭領先謝、蘇60935票。原因是：1.民進黨長期執政的縣,基本盤綠大於藍10%以上。2.楊秋興施政普遍受選民肯定,但能否全部轉移給謝、蘇有待觀察。3.2004年總統選舉,綠領先16.80%,2005年縣長選舉,綠領先18.28%,

但2008年立委選舉卻落後2.77%，說明選民對民進黨支持熱情在減退。4.民進黨籍的余政憲、林岱樺在立委選舉中落選，余家班和林家勢力繼續為民進黨打拚的激情已過。所以，該縣要像2004年總統選舉和2005年縣長選舉時大贏藍軍17%-18%已不可能。5.國民黨在該縣有3席立委，占75%，林益世又出任國民黨政策會執行長，挾立委選舉的氣勢，加上是王金平的故鄉，再創佳績，可「綠地變藍天」。

屏東縣

選舉名稱	投票率	得票率		得票數	
		泛綠	泛藍	泛綠	泛藍
2000年「總統」選舉	80.23	46.28	53.21	238572	274305
2004年「總統」選舉	78.92	58.11	41.89	299321	215796
2001年縣市長選舉	66.81	55.34	40.61	239284	175584
2005年縣市長選舉	70.88	46.19	41.86	216200	241185
2001年「立委」選舉	66.93	49.49	26.15	202804	107121
2004年「立委」選舉	62.80	52.69	35.12	207495	126593
2008年「立委」選舉	59.55	47.20	47.62	176260	177949

屏東縣：選民數67.87萬，投票率78%。馬、蕭與謝、蘇得票率為53%和47%，馬、蕭領先謝、蘇31764票。原因是：1.屏東縣有四大族群，民進黨在閩、客有優勢，但在9個少數民族鄉、最大票倉，也是軍眷票多的屏東市和有「黃復興之鄉」的鹽埔鄉是藍占優勢。2.13個農會信用社被接管後，農會系統對綠營普遍有不滿情緒。3.2004年總統選舉，領先藍16.22%，但2005年縣長選舉，在藍營分裂的情況下僅贏4.33%，2008年立委選舉兩大陣營基本持平。4.1月底，無盟蔡豪在立委選舉中敗選，表示加入國民黨，並被馬聘為競選總部副總幹事。這不僅保住國民黨在該縣的支持者，且又加入了支持馬的支持者。蔡本人為政治生涯計，在該縣將會拚得比自己競選立委還要賣力，是可以預期和想像的。5.曹啟鴻說，立委選舉在第一選區民進黨就比2004年少了5萬多票。所以，預測國民黨在該縣領先民進黨6%，屏東「將綠地變藍天」。

澎湖縣

選舉名稱	投票率	得票率 泛綠	得票率 泛藍	得票數 泛綠	得票數 泛藍
2000年「總統」選舉	69.05	36.79	62.80	16487	28141
2004年「總統」選舉	66.16	49.47	50.53	22162	22639
2001年縣市長選舉	60.53	36.25	55.32	14477	22094
2005年縣市長選舉	72.16	48.16	50.69	23964	25223
2001年「立委」選舉	60.53	29.03	14.62	11617	5849
2004年「立委」選舉	55.04	37.99	61.59	14933	22650
2008年「立委」選舉	54.90	39.77	50.72	15356	19584

澎湖縣：選民數7.21萬，投票率64%。馬、蕭與謝、蘇得票率為57%和43%，馬、蕭領先謝、蘇6460票。原因是：1.歷來是藍大於綠較多，但在2004年總統選舉，是民進黨籍陳光復為主帥、2005年縣長選舉時，是民進黨籍陳光復參加競選，兩次僅以1.06%和2.53%落敗。2.2008年又是陳光復出來參加立委競選，不知還會不會努力為謝、蘇抬轎。3.陳近8年在澎湖為民眾幹了不少好事，會不會轉移給謝、蘇不好說。

高高屏澎地區：選民數28.64萬人，投票率79.53%。馬、蕭與謝、蘇得票率為53.62%和46.38%，馬、蕭領先謝、蘇7.24%，165021票。

花蓮縣

選舉名稱	投票率	得票率 泛綠	得票率 泛藍	得票數 泛綠	得票數 泛藍
2000年「總統」選舉	74.84	21.42	78.09	40044	146005
2004年「總統」選舉	70.98	29.80	70.20	53501	126041
2001年縣市長選舉	60.70	41.37	39.28	47596	101343
2005年縣市長選舉	60.51	17.32	42.66	30988	104954
2001年「立委」選舉	61.25	33.66	66.34	39695	78292
2004年「立委」選舉	49.62	31.00	30.03	29687	28761
2008年「立委」選舉	48.92	28.88	66.40	27207	62548

花蓮縣：選民數26.07萬，投票率68%。馬、蕭與謝、蘇得票率為70%和30%，馬、蕭領先謝、蘇70910票。原因是：1.幾十年都是泛藍執政。該縣是閩、客、外省和少數民族均衡的地區，泛綠無法占優勢。2.選舉在正常情況下，

比例基本上在70%：30%左右。

臺東縣

選舉名稱	投票率	得票率		得票數	
		泛綠	泛藍	泛綠	泛藍
2000年「總統」選舉	68.95	23.20	76.44	28102	92572
2004年「總統」選舉	66.45	34.48	65.52	40203	76382
2001年縣市長選舉	57.31		36.91	17237	80811
2005年縣市長選舉		19.86		40173	62189
2001年「立委」選舉	59.11	33.45	66.55	23811	43345
2004年「立委」選舉	51.18	39.45	59.87	23551	38178
2008年「立委」選舉	48.57		61.09		34794

臺東縣：選民數17.79萬，投票率65%。馬、蕭與謝、蘇得票率為71%和29%，馬、蕭領先謝、蘇48567票。原因是：少數民族和外省籍占一半，軍公教、少數民族等是主要票源，這些多傾向藍。

金門縣

選舉名稱	投票率	得票率		得票數	
		泛綠	泛藍	泛綠	泛藍
2000年「總統」選舉	68.24	3.11	96.31	759	23524
2004年「總統」選舉	64.39	6.05	93.95	1701	26433
2001年縣市長選舉	64.30	6.20		1562	21372
2005年縣市長選舉	62.78				17359
2001年「立委」選舉	64.33	5.65	80.27	1413	20089
2004年「立委」選舉	48.91	5.92	69.38	1329	15573
2008年「立委」選舉	42.56	1.62	98.38	431	26133

金門縣：選民數6.49萬，投票率64%。馬、蕭與謝、蘇得票率為95%和5%，馬、蕭領先謝、蘇37382票。原因是：選情較單純。

馬祖

選舉名稱	投票率	得票率		得票數	
		泛綠	泛藍	泛綠	泛藍
2000年「總統」選舉	68.82	1.80	97.74	58	3149
2004年「總統」選舉	65.66	5.76	94.24	248	4060
2001年縣市長選舉	75.10		44.20		4568
2005年縣市長選舉	60.99				2592
2001年「立委」選舉	75.08		100.0		4552
2004年「立委」選舉	64.65	4.40	39.34	196	2504
2008年「立委」選舉	58.20	3.24	96.76	142	4246

馬祖：選民數0.79萬，投票率65%。馬、蕭與謝、蘇得票率為95%和5%，馬、蕭領先謝、蘇4621票。

花東金馬地區：選民數5.11萬人，投票率66.40%。馬、蕭與謝、蘇得票率為73.78%和26.22%，馬、蕭領先謝、蘇47.56%，161480票。

2008年臺灣總統選舉具體預測結果：投票率79.27%。馬、蕭得票率為58.36%，得票數為7996236票；謝、蘇得票率為41.62%，得票數為5700473票。馬、蕭勝謝、蘇16.74%，2295763票（具體見下表）。

縣市	投票人數/萬	投票率	有效票	得票率%			得票數		
				馬、蕭	謝、蘇	差	馬、蕭	謝、蘇	差
台北市	203.43	81	1647783	62.5	37.5	25	1029864	617919	411945
台北縣	286.88	80	2295040	59	41	18	1354074	940966	413108
基隆市	29.74	78	231972	68	32	36	157741	74231	83510
宜蘭縣	34.63	78	270114	54	46	8	145862	124252	21610
北基宜	554.68	80.13	4444909	60.46	39.54	20.92	2687541	1757368	930173
桃園縣	139.14	80	1113120	62	38	22	690134	422986	267148
新竹縣	35.72	81	289332	67	33	34	193852	95480	98372
新竹市	28.88	81	233928	61.5	38.5	23	143866	90062	53804
苗栗縣	41.95	81	339795	70	30	40	237857	101939	135918
桃竹苗	245.69	80.43	1976175	64.05	35.95	28.10	1265709	710467	555242
台中縣	113.22	79	894438	59	41	18	527718	366720	160998

續表

縣市	投票率數/萬	投票率	有效票	得票率% 馬、蕭	得票率% 謝、蘇	得票率% 差	得票數 馬、蕭	得票數 謝、蘇	得票數 差
台中市	76.71	81	621351	61.5	38.5	23	382131	239220	142911
彰化縣	98.00	79	774200	59	41	18	456778	317422	139356
南投縣	40.45	76	307420	61	39	22	187526	119894	67632
中彰投	328.38	79.10	2597409	59.83	40.17	19.66	1554153	1043256	510897
雲林縣	55.73	77	429121	54	46	8	231725	197396	34329
嘉義縣	42.76	77	329252	47.5	52.5	−5	156395	172857	−16462
嘉義市	20.05	79	158395	53	47	6	83949	74446	9503
台南縣	85.32	80	682560	45	55	−10	307152	375408	−68256
台南市	57.65	80	461200	51.5	48.5	3	237518	223682	13836
雲嘉南	261.51	78.79	2060528	49.34	50.66	−1.32	1016739	1043256	−27050
高雄市	116.16	81	940896	53.5	46.5	7	503379	437517	65862
高雄縣	95.21	80	761680	54	46	8	411307	350372	60935
屏東縣	67.87	78	529386	53	47	6	280575	248811	31764
澎湖	7.21	64	46144	57	43	14	26302	19842	6460
高屏縣	2864500	79.53	2278106	53.62	46.38	7.24	1221563	1056542	165021
花蓮縣	26.07	68	177276	70	30	40	124093	53183	70910
台東縣	17.79	65	115635	71	29	42	82101	33534	48567
金門	6.49	64	41536	95	5	90	39459	2077	37382
馬祖	0.79	65	5135	95	5	90	4878	257	4621
花東島	51.14	66.40	339582	73.78	26.22	47.56	250531	89051	161480
台灣	1727.85	79.27	13696709	58.36	41.74	16.74	7996236	5700473	2295763

以上投票人數暫以2008年臺灣立委選舉和同時舉行的「討黨產公投」人數計。2008年總統選舉人數會比該數字多近3萬人，共約有1730萬。

第五篇　臺灣對外關係理論研究

當代「臺灣民族主義」淺析[438]

沈惠平

在過去的一年多時間裡，兩岸關係得到迅速的改善。2008年年底兩岸實現了「大三通」、2009年5月首屆「海峽論壇」的成功舉辦促進了兩岸民間的大交流，如此等等，不一而足。但與此同時，也應該認識到「臺獨」勢力依存。而且，「臺獨」活動所依託的當代「臺灣民族主義」仍然沒有銷聲匿跡。更甚者，我們應該看到「民族主義」認同分歧已然成為影響兩岸關係和平發展的深層結構問題。「在兩岸的血緣、文化、經濟融合與政治脫鉤的情境中，民族主義的集體認同在理想與現實之間擺盪，並成為實質影響兩岸關係發展的深層結構問題。」[439]簡言之，在兩岸關係和平發展的過程中，當代「臺灣民族主義」是一個難以迴避的問題。本著「是什麼」、「為什麼」、「怎麼辦」這樣一種認知事物的基本邏輯，下文將分析當代「臺灣民族主義」的建構工具、性質與特徵，並探討當代「臺灣民族主義」產生的歷史與現實背景以及如何應對等，以期對這一阻礙兩岸關係和平發展的深層因素有更深入的理解與認識。

一、當代「臺灣民族主義」的建構工具

近代民族主義的核心概念，強調的是人民的民族意識及對國家的忠誠，這種

民族情緒的形成常在遭遇外來侵略壓迫時，成為團結對抗外侮的工具。[440]迄今為止，民族主義仍是世界上最為強有力的政治思潮之一。其基本內涵是：唯一適當的、具有合法性的政府，政治疆界和民族疆界一致，並且其統治者屬於該民族的成員。有關民族的定義很多，美國學者本尼迪克特‧安德森（Benedict Anderson）認為，民族「是一種想像的政治共同體——並且，它是被想像為本質上有限的，同時也是享有主權的共同體」。[441]因此，民族主義運動，即以民族為基礎創立現代國家的社會、政治、文化運動。建立民族國家是一切民族主義運動的共同趨向。

1.族群VS民族

「族群」這個概念引自於現代西方政治學界，是一個區別於「民族」的概念。西方政治學界認為，民族主義發展到現代，很多國家內部的衝突已經無法用民族衝突來定義，因而就派生出了「族群」概念，其較寬鬆的定義是指：在大的社會脈絡中一群分享共同興趣與價值的人組成的群體。這樣的群體具有共同的歷史經驗、歷史記憶，還有共同的認同目標、利益認識和情感追求。1960、70年代後，隨著ethnic group研究和討論在國際上的流行和廣泛應用，這一概念很快被引入臺灣，並被翻譯成中文的「族群」，與此相關的西方族群理論也很快找到了與之相適應的土壤。一些學者將這種情況與美國的移民社會相類比，開始對臺灣社會結構進行「族群化」研究。最初的族群概念只適用於臺灣的少數民族內部。但是，後來族群概念被廣泛應用在社會、政治、文化、學術等許多層面。

按照西方族群的劃分標準，臺灣「應該只有漢民族和臺灣少數民族兩大族群」。但是，由於臺灣政治多元化和「臺獨」勢力利用「省籍」、方言（如閩南話、客家話）等因素對漢族群體進行的「認同政治」分化，臺灣的「族群認同」又表現出社會學、政治學意義上的群體分化。這種以所謂「族群性」分化的「族群」，形成了所謂「四大族群」格局。但正如西方學者所言：「『族群』一詞已進入了臺灣的日常話語。當臺灣人試圖建構自身的認同以區別於中華民族這一認同時，『族群』是一個有助於排外的語彙。」[442]對此應該銘記於心。

2.「臺灣意識」的三種解讀

按照臺灣學者施正鋒的觀點,「臺灣意識」是一種以「臺灣」為認同對象的群體意識。簡單來説,「臺灣意識」就是「感覺到自己是臺灣人的意識」,也就是「臺灣認同」或是「臺灣人認同」。而政治學對集體認同或意識（或民族、民族認同）是如何產生的,認為存在「原生論vs.結構論vs.建構論」三種解釋：原生論認為一群人的集體認同建立於有形文化特色、或是生物上的特徵；結構論則認為一群人集體認同的產生,主要是因為不滿自己人在政治權力、經濟財富、或是社會地位上的分配不公,而血緣或文化的特色只不過是精英動員的工具罷了；建構論則主張認同都是人為建構出來的,因此強調共同歷史、經驗、或記憶等基礎（不管是真的或是想像出來的）,才是決定民族認同的關鍵。[443]在「臺灣意識」、「臺灣民族主義」的建構中,建構論是主要的理論工具之一。

　　3.民族、民族意識與民族主義的關係

　　一般認為,當代西方民族主義研究中存在三大範式即原生主義、現代主義與族群-象徵主義。首先,原生主義強調民族的原生性,大體包括兩重涵義,一是民族產生的自然性,即民族是自然形成的、而非人為建構的產物；二是民族的歷史久遠性,即民族、民族主義與現代性之間沒有聯繫,它們在現代社會前就已經存在。其次,現代主義強調民族的現代性、政治性、市民性或公民性以及緣起的西歐性等。[444]最後,族群-象徵主義則特別強調民族的族群基礎,它認為民族的基礎或核心是具有文化屬性的族群,除此民族是無法孕育的。與此同時,族群—象徵主義十分強調神話、記憶、價值和傳統等主觀象徵符號對民族和民族主義的作用。[445]這三大研究範式各有其優缺點,其中,按照現代主義學派的觀點,「民族主義早於民族的建立。並不是民族創造了國家和民族主義,而是國家和民族主義創造了民族。」[446]因此,不是有了民族的存在,才有民族,而是民族主義是民族意識的昇華,在民族意識中才有民族。可以清楚地看出,一些臺灣學者正是採取現代主義學派的觀點來建構其關於「臺灣民族主義」的論述。

二、當代「臺灣民族主義」的分析

在對當代「臺灣民族主義」進行詳細的分析之前，有必要先瞭解、認清近代臺灣的民族主義及其與中華民族主義的關係。近代臺灣民族主義是19世紀末至20世紀中葉臺灣抗日運動的產物，是一種旨在以臺灣脫離日本統治，獲得解放的政治意識形態和政治行動，它與中華民族同一血脈。主要體現在三個方面：第一，臺灣民族主義的核心是對中華民族國家為凝聚力的一種意識和行動；第二，臺灣民族解放運動與大陸的反對日本帝國主義的鬥爭是互相支持、互相依存的血肉相連；第三，從文化學角度看，臺灣民族主義與中華民族主義是一脈相傳的。首先，所謂的臺灣（本土）意識來源於中華文化，在抗日運動中產生的臺灣本土意識是中華民族文化的一個分支；其次，根植於中華文化的臺灣意識是催生臺灣民族主義的主要思想根源；最後，在抗日運動中產生的臺灣民族主義與近代中華民族主義有著直接的淵源關係，二者的目標都是反帝、反殖民、爭取獨立自主，具有承前啟後、同仇敵愾的連貫性。[447]臺灣的民族主義原本是清楚的，它與中華民族文化血脈相連，是中華民族主義的一個分支。但抗日戰爭勝利後，特別是在當代的臺灣，「臺灣民族主義」已經成為島內歧義最濫的一個政治名詞，「臺獨」分子為了分裂國家，杜撰出來所謂的「臺灣民族主義」，成為「文化臺獨」和分離國家活動的「理論」依託。

1.「臺灣民族主義」：「臺獨」式的民族主義VS國民黨的官式民族主義VS民進黨的準民族主義

按照施正鋒的分析，臺灣島內曾經存在三種「民族主義」之爭：

首先，是李登輝時代的國民黨官式民族主義：新臺灣人主義→「兩國論」。

臺灣人最嚴謹的用法是指「臺灣民族」：「凡是認同臺灣為自己的祖國，願意為她來打拚的人，就是臺灣人。」這是推動臺灣「獨立建國」者的政治用語，試圖用現代的民族觀來想像臺灣人，企盼以此來區隔中華民族、或是中國人。其實，李登輝的「新臺灣人主義」以「社群主義」來建構「臺灣生命共同體」，嘗試整合內部的多元族群，可以說是「隱性的臺灣民族主義」。[448]

其次，是民進黨的準民族主義：公投自決→主權獨立＋「制憲建國」＋住民「公投」。

民進黨雖有所謂的「公投臺獨黨綱」，其實是強調自決的過程重於獨立建國終極目標。[449]因此，民進黨本質上是不折不扣的「本省人族群政黨」，頂多是延續「自決派」的「公投派」，而「臺獨黨」的號稱則未免當之有愧。[450]

最後，是「臺獨」式的民族主義：對外是獨立「建國」＋對內是民族「國家」的建構。

在張揚更改「國號」、「國歌」、「國旗」、歷史教科書和強化使用閩南話等「臺灣人」的認同理念中，形成了對抗國民黨「中國民族主義」的「臺灣民族主義」構建，他們「所要形塑的民族是『臺灣人』；而造成目前臺灣民族沉淪的敵人，則是外來政權『國民黨』；只有讓國民黨下臺，臺灣人才能恢復民族的光榮（『臺灣人出頭天』）。」[451]「臺灣民族主義是臺灣意識的政治表現，主張臺灣島上的住民雖然未完全凝聚成臺灣民族，但已發展成福禍與共的命運共同體：對外要行使民族自決權，有權建立自己的國家，對內要確保成員的公民權。因此可以說是一種『公民民族主義』（civic nationalism）。」其目標在於，「以『多元文化主義』來建立一種超越族群的臺灣人認同：一方面尊重各個族群獨特的價值觀及文化特色，讓他們有集體的安全感；另一方面，每個人都可以坦然地同時擁有個人、族群及國家的認同。」[452]一言以蔽之，不管去臺先後，命定要安身立命於臺灣的四大族群要共同組成一個「國家」，這就是「臺灣民族主義的真諦」。

由上所述，按照施正鋒的觀點，只有「臺獨」式的民族主義才是徹底的、純粹的、正宗的「臺灣民族主義」。下面分析其基本特徵及興起的原因。

2.「臺灣民族主義」的特徵

（1）在國家認同的問題上，臺灣早已是「主權獨立國家」。近年來的民調顯示，關於「臺灣是一個主權獨立的國家，目前的名字叫中華民國」的說法已被相當部分的臺灣民眾所接受。而把海峽兩岸視同「兩個國家」的民眾也在不斷增加。尤其令人擔憂的是，臺灣民眾的「國家認同」正在被逐漸引導到「認同臺灣作為一個國家」這個方向上。

（2）在臺灣前途的問題上，儘管維持現狀（不統不獨維持現狀，等將來再決定）在臺灣仍然是多數，但把十幾年來的民調作一個趨勢分析，不難看出，支持「臺灣獨立」的有明顯上升的趨勢，支持兩岸統一的卻有明顯下降的趨勢。

（3）臺灣人就是臺灣人，不是中國人。近年來的民調顯示，儘管認為自己是中國人也是臺灣人在臺灣仍然占多數，但只認為自己是臺灣人的不斷增加，只認為自己是中國人的則趨於減少。

（4）臺灣是臺灣，中國是中國：臺灣必須與中國大陸建立一種「特殊的國與國」關係，未來時機成熟時，這種特殊關係將變成「正常的國與國」關係。[453]在臺灣流行的政治口號訴求上，以「愛臺灣」、「臺灣優先」作為最高的政治訴求，並得到臺灣各政治力量的支持，成為臺灣社會最為流行的政治口號。強調所謂「臺灣主體意識」，以臺灣為中心來思考、認識臺灣的利益和發展。更為極端的是把大陸作為敵人，強調臺灣與大陸的對抗性關係。在臺灣，現在幾乎沒有一個政治人物會利用「一個中國」、「中國」、「統一」等作為政治訴求，因為這些政治訴求已逐漸被妖魔化了。[454]

3.「臺灣民族主義」興起的原因

（1）由於外來的殖民統治和島內政治發展的特點，在臺灣知識分子和民眾之中不恰當地產生了現代國家意義上的民族主義。而臺灣的一些政治勢力積極利用和發揮這股民族主義潛流，加劇了臺灣人政治認同的混亂。這是「臺灣民族主義」興起的主觀原因。

（2）海峽兩岸的長期分離：從1949年開始，海峽兩岸的分離已近六十年。兩岸政權處於敵對狀態，臺灣為外部勢力所控制，成為對抗中國大陸的一個最主要的基地。兩岸的對抗性矛盾十分尖銳複雜。兩岸社會的政治塑造過程幾乎完全不同，甚至相互對立。客觀上為「臺灣民族主義」的興起提供了一些條件。[455]

（3）臺灣的悲情歷史被人為操控。1895年割臺之後，臺灣的歷史有其特殊的發展過程。在這個過程中，臺灣社會產生了一些「悲情意識」，對大陸產生了疏離感。這些「悲情意識」為臺灣的分裂勢力所利用，成為支持「臺灣民族主

義」情緒的一個重要支撐點。李登輝、陳水扁在臺灣執政近二十年的期間，刻意混淆「民主」、「人權」和「公投」的概念，一再極力推銷「只有臺灣二千三百萬人民才有權決定臺灣的前途」。這是居心叵測的誤導。這是企圖以所謂「民主」程序，改變臺灣現狀，是煽動分裂主義情緒，從而使所謂「臺灣民族主義」情緒得以發酵。

（4）西方反華勢力的支持。早在1945年1月15日，美國國務院遠東司司長巴特沃思在一封絕密信中曾說，「我們國務院所有的人都強烈感到我們應該用政治的和經濟的手段阻止中國共產黨政權取得對臺灣島的控制。」是年8月，美國根據中國國內形勢的發展，做出決定：「當中國的形勢發展到一定程度，我們知道我們要在臺灣和什麼樣的統治集團打交道時，美國應該設法加強一個非共產黨的地方政府並給予支持。該政府至少應提供起碼的、像樣的治理。我們應該運用影響，阻止大陸的中國人進一步流向臺灣，美國還應謹慎地與有希望的臺灣當地的領袖保持聯繫，以便將來有一天在符合美國利益時利用臺灣自治運動。」[456]由是觀之，臺灣被作為西方反華勢力的前沿陣地，長期被塑造「反共恐共」的政治思潮，培養一批「反共反華」進行「臺獨」運動的政治精英。並從經濟、政治、軍事上提供臺灣對抗大陸的資源，成為支持當代「臺灣民族主義」的外部力量。

三、當代「臺灣民族主義」的實質及其批判

當代臺灣某些人所建構的「臺灣民族主義」，其實質就是使臺灣從政治、文化、意識形態等各個方面逐漸從中國的母體中分離出去，最終走向「獨立」。對此，必須立場鮮明，態度堅決，從理論上進行徹底的批判。

1.「臺灣民族主義」的實質

首先，建構「臺灣民族主義」的根本目的是為「臺灣獨立」建立廣泛的思想基礎，培養所謂的「臺灣主體意識」，從根源上割斷臺灣與大陸的天然聯繫，淡

化中國文化對臺灣民眾的影響,用「臺灣民族是一個獨立的民族」對他們尤其是對廣大青少年進行洗腦,使其遠離中國傳統文化的熏陶和影響,從意識形態上拒絕認同中國文化,進而抗拒統一。

其次,「臺灣民族主義」向臺灣人民灌輸「臺灣人不是中國人」的意識,其實質就是弱化其對國家、民族的認同感,培植分裂主義土壤。如果按照這種趨勢發展下去,必將在兩岸人民心中形成臺灣人不是中國人,臺灣的「四大族群」不是中華民族的組成部分的認識和觀念,其後果將是極其嚴重的。因為這種局面一旦形成並處理不當,戰爭將不可避免。

最後,「臺灣民族主義」強調「臺灣人不是中華民族的一部分,已形成一個獨立的民族」,其目標就是要以潛移默化、日積月累的方式,侵蝕臺灣民眾的「中國情結」,影響其對國家與民族的認同。尤其是向廣大青少年灌輸「臺灣人不等同於中國人」,「臺灣的民主化就是要建立臺灣人自己的新國家」的思想,在深層次上影響島內民意趨向,培植分裂主義土壤,營造「臺獨」氣候。[457]

2.「臺灣民族主義」的理論批判

「臺灣民族主義」阻礙了兩岸關係的進一步和平發展。對此,必須予以理論上的剖析與批判。

首先,從建構「臺灣民族主義」時採用的「理論工具」來看,它主要採納了建構論和民族主義研究中現代主義學派的觀點。換言之,「臺灣民族主義」認為民族是一種「想像的政治共同體」,民族的認同都是經過想像、塑造或是捏造出來的。但這樣的觀點在學界並沒有得到普遍的認同。[458]另一方面,「現代主義」民族理論對民族、民族主義的論述並非無懈可擊,其中比較突出的就是過於強調民族的現代性和政治性,而忽視民族的血緣、文化等其他因素。[459]由此可見,「臺灣民族主義」的構建工具是值得商榷甚至是站不住腳的。

其次,分析「臺灣民族主義」產生的歷史和現實背景。從其思想淵源看,「臺灣民族主義」是從「本土化」思潮發展演變而來。「本土化」並不必然導致臺灣走向「獨立」,那麼,「臺灣民族主義」的產生必然有其歷史和現實的背

景，我們可以從中找到歷史的必然性和偶然性，客觀分析其歷史的合理性，指出其走向歷史偏執和荒謬有其自身的邏輯。[460]

第三，瞭解那些堅持「臺灣民族主義」論者的個人、家庭、社會境遇，分析其偏激立場的原因。如國民黨政權遷到臺灣後，在其歧視性的語言政策下，原先占據主導地位的臺灣方言（包括閩南語、客家語、少數民族語言等），不斷受到人為的壓制和破壞，淪為次等語言。國民黨當局透過其教育行政系統，以各種懲罰措施來強制學生學習「國語」。當時學生若講方言，便要被罰錢或受到體罰，有時甚至會被老師引為「壞榜樣」當眾出醜。對臺灣同胞當年受國民黨當局壓制而不能自由使用自己的語言，我們應該表示理解與同情。[461]但是，由於個人的恩怨而導致的情緒反應並不能作為「臺灣民族主義」論述的堅實基礎。

最後，從「臺灣民族主義」理論的代表人物和代表作切入，對其存在的合法基礎進行歷史和現實的審視。從「臺灣民族主義」的發展演變歷程中，可以看到史明、王育德等及其代表作《臺灣人四百年史》、《臺灣‧苦悶的歷史》在其中所起的作用。因此，必須揭露史明、王育德他們個人建立「臺灣民族主義」理論的反社會、反歷史、反科學的非理性動機，並非出於個人對歷史的尊重和歷史的公正。其著作《臺灣人四百年史》、《臺灣‧苦悶的歷史》更是對歷史的歪曲，以歷史的虛無主義手法人為創造了臺灣四百年的歷史，而武斷地割斷臺灣與大陸的歷史和文化聯繫。「獨立建國是臺灣人四百年的夢想」是虛構的，符合事實的敘述應該是「獨立建國是一部分臺灣人五十年來的夢想」。[462]從這個意義上說，諸如《臺灣人四百年史》、《臺灣‧苦悶的歷史》此類的著述都是缺乏歷史根據的書籍，建立其上的所有思想和觀點都應是值得質疑的。那麼，建立在這個不穩固基礎的「臺灣民族主義」也必然有疑問。按照最簡單的邏輯，「臺灣民族主義」缺乏合理的依據，是經受不住歷史檢驗的。

以上對「臺灣民族主義」進行了比較詳細的剖析，分析了其建構的工具，揭示了其特徵和興起的原因，並從理論上進行了深刻的批判，為人們認清當代「臺灣民族主義」思潮的真實面目，提供了重要的思想武器。「建構所謂臺灣民族主義，就是要建構獨立於中華文化之外的臺灣文化和臺灣歷史，如果將中華文化和

中國歷史抽出，所謂臺灣文化和臺灣歷史會是什麼樣呢？」「無疑會成為無源之水、無本之木，會成為缺少內涵沒有文化的文化和支離破碎殘缺不全的歷史。」因而，「不顧文化和歷史或硬性改變文化和歷史，謀求建構所謂臺灣民族主義，只能是為或是地方主義的或是分離主義的利害考量所囿的愚蠢之舉，徒勞無益。」[463]與此同時，我們必須高度重視當代「臺灣民族主義」在島內的不良影響及其對兩岸關係和平發展的嚴重危害，並制定相應的對策。

　　首先，堅持「一個中國」的原則，堅決反對所謂的「臺灣民族」、「臺灣民族主義」的論述，堅決反對任何「去中國化」的言論與行為。在堅持基本原則的同時，必須認真貫徹落實胡總書記提出的「三個有利於」：凡是對臺灣人民有利、對兩岸關係有利、對振興民族有利的事，大陸都要多做。

　　其次，客觀、全面看待臺灣的民主政治發展。以扁家弊案為例，正是由於民主制度，臺灣的人民才能更快、更準確、更充分地揭露腐敗，從而使這種伴隨新生制度而來的醜惡和其危害性降到最低。從根本上說，如果不是人民當家做主意識的提高和這種權利的行使，臺灣的腐敗就不會被這樣迅速和全面地揭露，其民主制度也不會這樣得到完善。從這個意義上說，臺灣的民主制度在付出沉重代價後，可能會上升到新的水平。就此而言，我們應該把臺灣的民主政治發展納入中國政治文明的發展軌道之中，揚長避短，為中國的政治進步提供有益的經驗和教訓。做到了這一點，就能有效地消解「臺灣民族主義」論者所堅持的臺灣「民主化」等言論對我們在政治方面上形成的壓力。

　　第三，堅持文化包容、服務於中華民族復興之中的思想。誠如胡總書記在紀念《告臺灣同胞書》三十週年的講話中提到：「中華文化源遠流長，瑰麗燦爛，是兩岸同胞共同的寶貴財富，是維繫兩岸同胞民族感情的重要紐帶，中華文化在臺灣根深葉茂，臺灣文化豐富了中華文化的內涵，臺灣同胞愛鄉愛土的臺灣意識不等於『臺獨』意識，兩岸同胞要共同繼承和弘揚中華文化優秀傳統，開展各種形式的合作交流，使中華文化薪火相傳，發揚光大，以增強民族意識，凝聚共同意志，形成共謀中華民族偉大復興的精神力量。」[464]「臺灣文化」、「臺灣文明」是中華民族文明的一部分，應該被吸收入中華民族的文明發展之中，所以在

兩岸關係和平發展的過程中,「臺灣文化」、「臺灣文明」應該值得尊重、應該被融入到共同謀求中華民族偉大復興的精神力量之中。

再次,除了加強兩岸經貿往來、經濟合作之外,要想方設法擴大兩岸的接觸、交往和交流,以加深雙方民眾的溝通與瞭解。「化解地方意識和地方主義堅冰的最好辦法就是不斷擴大雙方的接觸、交往和交流,憑藉共有的中華文化的強大磁力,構建理解和友誼。」「一旦臺灣的地方意識和地方主義弱化和淡化,分離主義也即失去了憑藉,失去了力量,兩岸關係也就會漸漸趨於穩定平和,直至最終達至統一。」[465]透過雙方交流的不斷深化、擴展,兩岸關係和平發展的理念一定能夠深入人心,從而有助於兩岸的融合。

最後,不斷增強解決臺灣問題的自信心。根據兩岸的綜合實力對比,更加堅定信心,這是因為臺灣沒有遂行「法理臺獨」等的可能性,因此給對方時間和空間,也是給自己時間和空間,對己有利。「解決臺灣問題的主導權在中國大陸,不是臺灣,但許多大陸人,包括一些領導人,認為這個主導權不在自己,老是把眼光盯在臺灣,是因為他們不是從島內的經濟、政治、社會發展的邏輯觀察臺灣問題,而是從統一或獨立的『有色眼光』去檢視臺灣島內一切政治變化和政治人物的言行。……當人們用這種眼光去看這個問題,就會矇蔽了自己正確的視線,忘了『統獨』只是島內政治人物權力鬥爭的工具,結果把工具當成了目的,導致過度防衛,造成誤判。」故而,「中國大陸應當認清這種本質,並且對解決臺灣問題拿出更大的自信心。」[466]

四、結語

「臺灣研究結合社會科學研究的本土化趨勢,是當前學術界備受重視的熱門課題。……其中無論是以所謂臺灣民族主義或是新臺灣人主義等不同詞彙,抒發看似各異的論述,本質上充斥著以臺灣人民的意志為中心的觀點,以之用來解釋臺灣過去的歷史以及文化發展現象,致使當代臺灣的本土化論述淪為蘊蓄「去中

國化」及夾帶濃厚政治意味的意義。」[467]這種現象值得警惕。「臺獨」勢力企圖透過對「本土化」、「民主化」的闡述來構建一個「臺灣民族」，並以當代「臺灣民族主義」作為理論依託來對抗大陸所倡導的「和平統一、一國兩制」的方針，從而，「臺灣民族主義」的主張已經成為阻礙兩岸關係和平發展的深層因素，甚至會把臺灣推到與大陸發生戰爭的道路上。與之相對的是，完成兩岸和解、統一，完成一個國家的正常化，開啟中華民族的復興，這應是大陸人民和臺灣人民的共同心聲。換句話說，和平統一應該成為兩岸人民最大的心願，是中華民族最大的福祉。總而言之，「和」與「合」是中華文化的精髓。「和」才能「合」，「合」增進「和」。近代以來歷經千重磨難的中華民族已經積累了鳳凰涅槃的智慧，我們相信，海峽兩岸的人民一定能以和平的方式，實現中華民族的完整合一。「周雖舊邦，其命維新」。統一後的中華民族必定能夠「苟日新，日日新，又日新」！

新制度主義視角下的社會資本和兩岸關係[468]

唐樺

長期以來，兩岸關係一向以政治經濟議題最受矚目，但實際上，靜默式的社會交流活動正逐漸地牽動兩岸社會的重構。[469]就當前兩岸交流與互動的實際情況來看，受到兩岸經貿大幅發展的影響，兩岸互訪人數逐年增加，兩岸民間社會的交流層次和數量也隨之大幅提高。「大三通」實現後，兩岸「一日生活圈」會逐步形成，兩岸人員往來更加密切，有利於增進兩岸人民的相互理解與信任。

一、兩岸關係是一種制度

以前的兩岸關係，主權爭議是其討論的主軸，現在逐漸擴張到所有社會關係

的面向。制度是人與人之間互動、交往時的行為邊界、交往行為實體的行為相互衝突、協調、合作、認同，彼此相長或制約，慢慢形成各自行為的邊界。從本體論取向看，兩岸關係是兩岸透過實踐所建構起來的，行為體面對的是一個變動中的場域。從認識論角度看，兩岸關係是一個客觀事實，是一種集合性的社會現象。對個人而言，是獨立存在的事實，不能化約為主觀理念。結合新制度主義中關於制度的幾種典型定義，[470]兩岸關係是一種制度，指的是兩岸關係是在長期的歷史過程中，在兩岸互動和博弈過程中，所形成的約束兩岸人民行為的一種規則，是維持共享信念的系統。集體意向性構成了制度事實，對象化為社會實在。[471]兩岸關係是一種制度，就制度是人類在社會交往過程中形成的社會交往行為模式而言，是一種規則和規範體系，具體指習俗、慣例、道德規範、法律制度、程序等。這裡所談的制度只涉及社會制度規範與規則，不涉及社會基本政治和經濟制度。兩岸關係包括一組正式（法律）與非正式（如宗教、習俗和社會標準）的規則，透過這些規則建構兩岸的社會互動。從理論的角度看，兩岸關係的制度要素包括：第一，制度建構的主導思想；第二，制度中所規定或產生的各種不同的社會角色以及這些社會角色在制度或組織中行為的內在規定性；第三，制度中的規則和行為規範；[472]第四，以行動者為連接點，以信任與合作為基礎的多元交叉網路。

以哈耶克為代表的自由主義者認為，社會科學領域對制度的研究存在著兩條理性主義路徑：建構理性主義和演進理性主義。前者認為人類可以按照自己的目標，利用理性計算找到合適經濟和社會發展的組織方式，建構出一套理想的社會秩序；後者承認人類理性的有限性，認為制度的形成和演進是一個自然進化的過程。在人們的社會交往行動過程中經由試錯過程和贏者生存的實踐以及累積性發展的方式而逐漸形成的社會交往就是自發秩序。[473]建構理性強調人在制度設計尤其是正式規則設計上的能動作用，演進理性著重指出在制度形成過程中的歷史和文化環境的重要性。「個人行為的規則系統與從個人依據它們行事而產生的行動的秩序，不是同一事情。」[474]「胡六點」中的第三點提到「弘揚中華文化，加強精神紐帶」就是對兩岸關係中演進理性的最好註釋。事實上，無論老制度主義者還是新制度主義者，都很難說他們絕對地屬於演進主義或理性主義。[475]兩

岸關係從制度的角度來看，可以被理解為是演進理性（文化與傳統）與建構理性（個體或集團的積極設計與行動）相結合的產物，是自發演進過程與人為設計過程相互交織的結果。兩岸關係只有在自發演進的基礎上有選擇性地施加影響才會取得較好的效果，優先建構一定是在自發秩序基礎上的補充和調整。「今天和明天的選擇是由過去決定的，過去只有在被視為一個制度演進的歷程時，才可以理解。」[476]兩岸關係和平發展是兩岸博弈的結果，同時又是兩岸博弈的規則，提供的是一種能夠使兩岸人民自由進行最大限度合作的框架。兩岸之間建立起一種制度化的協商、合作關係，在利益多元的兩岸關係框架裡，制度化合作為解決社會衝突、實現利益整合提供了良好的途徑。

二、制度變遷中兩岸合作的供給不足

作為一種制度的兩岸關係從時間上來講是一個非均衡─均衡─非均衡的過程，從空間上來講是一個路徑依賴與自我增強機制相結合的產物。相對價格變化引起的成本和收益的變化，使兩岸關係變遷過程中的代理人推動制度變遷，同時引起觀念和意識形態的變化，二者相互作用進而引起制度變遷。兩岸關係的每一步都是一次多方理性選擇的博弈過程達成的均衡（局部均衡），而這一均衡的不斷累積會從最初的理性選擇演變為非理性的慣例，這些慣例又可成為後期兩岸關係發展的參考，形成一種路徑依賴。先前的過程就成為一種保留過去的制度知識的載體，又成為一種生產新制度知識的裝置。制度變遷是指制度諸要素或機構隨著時間推移和環境變化而改變，是制度的替代、轉換和交易過程，動力來自於對更有效的制度績效的需求。「誘致性制度變遷指的是一群（個）人在響應由制度不均衡引致的獲利機會時所進行的自發性變遷；強制性制度變遷指的是由政府法令引起的變遷」。[477]也就是說，強制性制度變遷強調的是政府行政權力和立法手段等外在強制力，誘致性制度變遷更多強調民間和環境的自發力量產生的誘導力。

兩岸關係從1949年至今，經歷了早期的軍事對峙時期，到兩蔣的「漢賊不兩立」時期，再到李登輝、陳水扁執政20多年間的「意識形態對峙」時期，到現在的交流合作時期。兩岸關係四個階段的發展，尤其是前三個階段，始終都是大陸政府與臺灣當局在唱主角。它們設置兩岸關係制度變遷的基本路向和準則；以制度供給者的身分，透過法律、法規、政策等手段實施制度供給；設置制度進入壁壘，限制兩岸微觀主體的制度創新活動。兩岸關係的整個變遷都是行政部門主導的強制性制度變遷，是由兩岸關係的複雜性和特殊性決定的，同時強制性制度變遷的優勢在於，它能以最短的時間和最快的速度推進兩岸關係變遷；它能以自己的強制力和「暴力潛能」等方面的優勢降低制度變遷成本。兩岸關係的制度演進只有在兩岸行政部門的引導下，才可以在一個相對穩定的環境中避免出現大的波動。兩岸關係發展中的制度安排無法解決外部性和「搭便車」的問題，所以兩岸關係需要行政部門的強制性制度安排代替個人自願合作安排，實現制度供給。

原本兩岸事務上，如果沒有行政部門的許可或授權，民間和個人不能自主進入也難以退出由行政部門做出的制度安排。[478]哪些制度創新被許可，哪些制度創新不予許可，均由行政部門根據自己的效用和偏好來決定，微觀主體的資源安排始終控制在行政部門手中。兩岸關係進入和平發展軌道，迎來更寬廣的發展空間。如今兩岸務實地堅持「九二共識」，協商簽訂更加緊密的經貿協定，兩岸人員互訪不斷增加，越來越多的臺灣民眾選擇在大陸長期居住和就學，廈門市與臺中市、深圳市與臺南市、青島市與彰化縣、蘇州市與新竹市、寧波市與基隆市先後進行結對式交流，達成了許多有利於密切兩地同胞往來、凝聚雙方共同利益、增進兩岸同胞福祉的合作意向。兩岸關係在經歷了長期的強制性制度變遷之後，出現了一點誘致性制度安排的曙光。誘致性的制度安排是微觀主體在感知到發展機會的情況下，透過個人之間的合作，形成自願性契約而完成的，任何人可以自主行使進入或退出權。也就是說在兩岸關係發展中，強制性制度變遷創造了誘致性制度變遷的環境。同時，由於強制性制度變遷本身存在著無法克服的缺點：自上而下的制度變遷很難適用於兩岸關係的所有領域，很容易抑制兩岸個人自願合作的制度變遷的產生；統治者的偏好和有界理性、意識形態剛性、官僚政治、集

團利益衝突和社會科學知識的侷限性，[479]所以也需要誘致性制度變遷對其進行適當補充。兩岸關係制度變遷的過程中，由於改變整個制度框架的成本遠超過了現行具體制度安排創新的收益，人們選擇在現有的制度框架下儘可能從單項制度安排創新中獲得收益，同時在漸進性制度變遷中增強推動集體變遷的集體行動能力，增加改變舊有制度框架的談判力量，從而實現在舊制度框架內進行漸進性制度變遷的邊際效用最大化。[480]也就是說，兩岸關係現在已經從單純強制性制度變遷階段，到強制性制度變遷與誘致性制度變遷互相補充的發展階段。二者不是相互排斥的零和博弈，而是在適當時候成為互相補充的正和博弈。不僅強制性制度變遷為誘致性制度變遷創造環境，誘致性制度變遷也為強制性制度變遷提供激勵和監督，當然如果過於強調其中一方也可能導致對另一種制度變遷的壓制。

　　兩岸關係走向和平發展以及「胡六點」的最新提出證明兩岸行政部門主導的兩岸關係制度變遷取得巨大的成功。面對兩岸關係和平發展的新要求，深化兩岸交流，最初的政策制定和制度供給都來源於兩岸行政部門之間的交流和協商，這個過程中同樣需要不斷創造選擇性激勵使得兩岸政治領導人願意投入精力進行制度創新。兩岸正在逐步進入一個普遍交往的時代，交往範圍的擴大、交往手段的多樣化、交往領域的多層次等迫切要求促進合作的制度供給。政府有選擇地放鬆制度準入條件，促進誘致性制度變遷的發生，並提高其規範化和制度化水平。「取消一種帶限制性的政策的效應，相當於擴大制度選擇集合」。[481]「不但強制性制度變遷的實現必須透過政府的強制實施，誘致性制度變遷也必須透過政府放鬆約束才能實現。」[482]而且，自發性制度安排一般規範化水平和制度化水平較低，需要政府的介入加以完善。[483]兩岸關係的制度創新充分發揮兩岸民間組織或個人的創造性，透過民間組織或個人的試驗，被證明制度創新可以帶來利益增進，政府再進行推廣，最終由行政命令和法律確立下來。和平發展就是一種激勵個體行為的規範（則），有利於減少兩岸關係中的不確定性，可以促進自主治理結構的發展，尤其是在政府權力難以滲透的基層，更是蘊含著大量的自主治理資源，誘致性制度變遷呼之欲出。

三、社會資本：兩岸合作的行動資源

在1949年後的幾十年時間裡，海峽兩岸同胞曾處於長期的隔絕狀態。自1979年全國人大常委會發表《告臺灣同胞書》呼籲兩岸同胞開展交流交往30多年來，兩岸各領域交流與合作不斷發展，兩岸交流的內容不斷豐富，領域不斷拓展，兩岸人員往來的規模不斷增長、層次不斷提高。從2008年6月—2009年4月，10個月的時間，海協會與海基會最高領導人分別在北京、臺北、南京舉行了三次會談，雙方共簽署了9項協議和1項共識。為海峽兩岸經濟合作、人員往來，維護兩岸同胞的正當權益和正常秩序，推動兩岸關係和平發展，造成了積極的作用。[484]2008年12月15日，兩岸空運、海運直航和直接通郵啟動，標幟著兩岸全面「三通」基本實現。「加強人員往來，擴大各界交流」，[485]個體互動越多，他們之間越可能共享情感，越可能參加集體活動。[486]兩岸關係步入和平發展的軌道後，制度環境有很大的改變。兩岸關係的和平發展意在多元語境下透過公民等多種社會與政治力量的廣泛參與生成兩岸關係的基本規則。預期是行動的決定因素，很大程度上取決於信任、聲望以及互惠，進而取決於公民接觸或社會資本網路。兩岸的合作取決於這種網路所造就的預期和激勵因素。合作是一個社會資本的問題，在一個繼承大量社會資本的共同體內，自願的合作更容易出現。本文對兩岸關係中社會資本的理解建立在帕特南的觀點之上。兩岸關係中的社會資本是兩岸關係中的那些可透過促進協調行動而提高兩岸合作效能的特徵，比如信任、規範及網路等；[487]作為一種為促進兩岸共同利益而採取的集體行動的正式和非正式的規範和網路，對於兩岸個人、組織之間的生產和合作具有積極的意義。社會資本可以被界定為一種嵌入於兩岸交往中的社會關係和社會結構之中的行動資源。社會科學家們對社會資本的界定和測量不可避免地存在差異，但有一個共識，就是承認人們在互動中形成的社會關係是一種重要的行動資源。社會資本增強了制度內部人與人之間的交流，制度則為合作和信任提供了保障。兩岸關係是具有累積性的關係，[488]個人或團體透過占有資本能夠獲得更多的物質和社會資源。兩岸之間的民間組織的合作和交流最有利於在兩岸關係中產生具有高度

合作、信任以及互惠性的行為,且提供未來的合作模式。社會資本是一種社會關係投資。社會資本強調的是一個特定人群中行動相互體之間的密切關係以及由此帶來的相互之間的高度信任和對違規行為的自動懲罰機制。

兩岸關係中存著的社會資源,具體劃分為三個層次[489]:(1)微觀社會資本,強調社會資本的主體是兩岸關係中的個人,兩岸關係交往中個人擁有的各種關係資源和兩岸人民的社會參與網路,朋友、同事或更普遍的聯繫。(2)中觀層次的社會資本,強調兩岸交往的規範和兩岸間的信任對於兩岸關係的重要性。規範是指兩岸關係中一系列的準則和規定,包括道德性規範、契約性規範和法理性規範。[490]信任[491]是兩岸關係中最重要的社會資本。信任事實上是由兩部分組成的:一部分是對當事人的信任;另一部分是對維持信任機制的信任。[492]兩岸透過制度建設健全和完善法制提供有效的社會信任的監督和保障機制對兩岸關係中守信和失信行為獎懲分明,以增加守信行為的收益和失信行為的成本。同時,兩岸都必須增加制度建設及其自身在兩岸事務運作過程中的透明度,增強兩岸人民的信心。(3)宏觀層次的社會資本,是社會資本的網路嵌入政治、經濟和文化重疊的系統中,尤其強調兩岸之間的文化、宗教要素。中國傳統的倫理道德與人情關係對於社會資本有消極和積極雙重意義,對兩岸問題具有特殊的研究價值和指導意義。

新制度主義致力於對制度內涵及其在個人選擇和社會變遷中作用的重新解釋,正與社會資本所包含的對制度與文化互動關係的整合相呼應。兩岸關係是一種制度,目前進入用和平發展來規範各種社會利益與權力關係的階段。一個擁有人際互信、平等交換規範和公民參與網路的社群,為兩岸關係和平發展提供了一種社會及組織基礎。我們首先確定兩岸關係中那些在短期內或長期內直接用得到的,能保證提供物質利潤和象徵性利潤的社會關係,然後將這些看起來是偶然的關係透過「象徵性的建構」,轉變為一種雙方都從主觀上意願長期保持其存在並在體制上得到保障的持久穩定的關係。這種轉變的關鍵就是「象徵性建構」,它利用一些現存的社會體制,透過各種物質或非物質的交換,使社會資本在兩岸得以確立,並不斷地進行自我生產。社會資本是兩岸公眾有機聯繫的紐帶,替代了政府管制措施所造就的機械性團結。要實現兩岸關係和平發展,必須要有賴於兩

岸之間社會資本的塑造，因為社會資本為兩岸人民的自願合作提供了社會網路與非正式規則。內化規則既是個人偏好，又是約束性規則，減少協調成本和衝突；[493]社會資本為兩岸人民自願合作提供了信任與互惠規範；透過有代表性的社團整合利益，這些社團有發言人和談判者，相互交流和讓步，由此建立相互的個人信任；社會資本為兩岸人民自願合作提供了激勵監督機制。[494]和平發展立基於一套制度化程序，保證兩岸開放式和集體性反饋。兩岸關係和平發展是屬於漸進的制度變遷，充分吸收和利用傳統、慣例等制度和組織資源，保持制度創新中制度的相對穩定和有效銜接。從這個意義上講，和平發展為特定社會的社會資本重塑提供了良好的累積機制，從而促進社會資本在原有基礎上的增量更新；和平發展的兩岸關係制度構建，可以減少社會發生「結構性震盪」造成社會資源浪費和社會資本耗損的幾率；當制度創新的主體受制度知識的約束無法確認改革路徑時，透過逐步放鬆控制來激勵社會成員的自發改革熱情是一種風險較低的改革方式。兩岸合作一旦形成，就意味著一種良性的合作式社會均衡的實現，按照路徑依賴理論，任何均衡的實現都有自我增強的效應，會帶來信任水平的進一步提高，促進社會資本存量的穩定增長，形成一種良性的互動機制。增進兩岸社會資本的信任是一種能夠被推廣至陌生人的普遍信任，有助於建立大規模的複雜的和相互依存的社會網路。如果沒有使信任在兩岸之間普遍化，那麼社團參與社會網路中的成員關係只能促進排他主義、地方主義、褊狹、排外，以及對局外人的普遍不信任。[495]

兩岸關係發展中的社會資本來源於互惠的動機[496]、兩岸人民逐漸發展出來的社會網路、重複博弈和宗教文化。如何提升兩岸社會資本存量有兩個思路：一種是斯湯普卡所提出的自上而下的「共和主義」思路，透過消除政治制度運作中的獨斷、單中心論、保密等行為，能夠恢復和重建信任。如果制度按照講真話、守約、公平、團結的維度進行考察的記錄幾無瑕疵，那麼無論是對政府的信任還是對個人的信任都會增加。[497]另一種思路是自下而上的「公民社群主義」解決方法，公民透過與陌生人一道參與資源的聯合社團和公開的聯合社團學習彼此信任。在兩岸交往間社會資本的建構中，完全依靠社會的力量和完全依靠政府的干預都不是理想的路徑。缺少政府的參與，傳統互助組織和關係網路不會自動轉換

成現代的具有生產性的社會資本。而面對一個充滿複雜性、動態性和多元化的兩岸環境，政府無法成為制度供給的唯一提供者，必須和民眾、企業和社會組織一起來共同供給。且不同的權力中心之間不存在上下級的隸屬關係。為提升「信任」和「公民參與的網路」社會資本的存量，應同時改善政府治理方式，由政府主導型的公民社會轉變為政府與公民之間的良好合作。「胡六點」的提出，更是為我們指引了兩岸關係培育社會資本的新方向：首先，兩岸應該培育橫向的、異質的「兩岸人民參與網路」，限制庇護的、封閉的關係網路；其次，兩岸應該提供一個適用兩岸的法治環境，避免對個體創新的限制；最後，兩岸主動向民間靠攏，建立吸納民意的機構和制度。一個綜合的促進兩岸關係和平發展的社會資本培育框架應該是將政府和社會都納入進來，既有自上而下的有效控制，又有自下而上的有力推動，政府的權威結合社團交往間的自我調節，真正實現上下的良性互動。一個實踐性任務就是要探索政府政策結構與社會資本之間可能存在的聯繫。當然，在缺少宏觀制度環境支持的條件下，兩岸社會資本的衍生也會陷入困境。封閉性的社會結構是社會資本產生消極功能的根本原因。

四、社團：兩岸合作的物質載體

根據世界銀行對社會資本測量的研究結果，社團活動被認為是社會資本存在的重要載體，並常被用來測量社會資本。[498]橫向關係網路越密集，公民就越有可能進行為了共同利益的合作，[499]而垂直關係網路無論多麼密集，都無法維繫社會信任和合作。組織的建構越具有橫向性，越能夠在更廣泛的共同體內促進制度的成功。NGO主要作用就體現在橫向社會網路關係的構建上。隨著合作性自主組織的建立，兩岸人民之間橫向交流增強，任何人都可以自由地加入其他組織，跨組織、跨地區的合作受到社會的鼓勵，人們在組織中能夠修正甚至放棄自己的狹隘目標而與其他派別達成某種妥協，相互寬容和相互理解，從而形成良好的社會規範與秩序。兩岸關係中測量社會資本的維度分別是參與社團和組織、志願活動、互惠、信任。兩岸交流正進入大交流、大合作、大發展的新時期。[500]兩岸

關係走入和平發展,社會資源呈現多元化態勢,隨著技術進步帶來的通訊便利以及公民責任意識的不斷增強,很多社團正變得越來越活躍。自願社團[501]的成長促進了兩岸關係中社會資本的形成和轉化。開放兩岸社團合作和開放兩岸自組一般性社團(非政治性的自由結社權),開放兩岸婦女組織、基金會、環保組織、非政府研究機構等,在資源、人口、環境、教育、扶助弱勢人群、解決貧困等方面合作,是兩岸關係和平發展的社會基礎。社團在兩岸關係中最重要的意義不在於提供公共產品本身,而是在於服從共同考慮的成員所創造的獨特的社會資本。組織化是兩岸人民共同進行利益表達的有效方式。

透過一種兩岸人民交互參與網路,特別是兩岸間社團的合作,能更好地解決兩岸關係中集體行動的困境:(1)開放兩岸社團合作和兩岸間的自由結社權有助於兩岸人民參與兩岸事務的熱情的激發。社會團體因其具有聯合性,而比原子化的公民占有更多的社會資源;又因其組織化、秩序化程度較高,而比臨時性的公民聯合具有更強的理性判斷和行為能力。(2)當大量的兩岸人民參與社團合作或自組社團過程中,兩岸人民之間有持續性的交往,就形成「重複博弈」之局,傾向考慮長遠利益而非短期,易於形成合作的精神與習慣。(3)開放兩岸社團合作和兩岸間的自由結社權能促使兩岸人民寬容態度的養成。各方在合作過程中雖然存在爭議,但基於一種長期的依賴關係,因而在商談言辭運用中,彼此都會傾向於保持一種謙遜和相互尊重的態度,表現出一種對異己的容忍和妥協,為兩岸關係和平發展做好精神層面的準備。(4)開放兩岸社團合作和兩岸間的自由結社權有益於兩岸人民理性判斷和理性行為能力的增強。兩岸人民透過參與社團活動,彼此交流相互學習,能夠大大增強其理性思考和行為能力。溝通理性並不是理性本身,而是達致理性的方法。兩岸關係發展中,人們透過商談或對話的溝通方式建立起他們之間的關係並調整相互關係,不同的意見和觀點透過交流爭論融合而逐步趨向於共同的認識和價值觀。溝通理性的實質,乃是在於它是一種程序性理性觀念。[502](5)由於兩岸交流的複雜性和變動性,政府對兩岸關係的調整難免存在疏漏和滯後,社會團體的意義就在於發現這種不足,進而透過某種途徑與政府進行訊息交換。社團式的兩岸人民參與網路為兩岸關係的發展提供了一種訊息傳遞、建立信任、理解並達成共識的橫向交往結構。大量自治性、多

元性社會團體聚合了兩岸間的物質、精神資源,在經濟、社會和政治生活中具有一定的影響力,而且能在政府無力或不願介入的社會領域裡發揮不容忽視的作用。以具有五緣優勢的廈門為例,社會組織透過民間和半官方的形式,搭建起各種載體平臺,有力地促進了海峽兩岸的經貿合作與人員往來。[503]

開放兩岸人民間的社團合作和自由結社,作為一種公共生活形式,以合作的形式大大拓展了社會生活空間。目前來看,社團在促進兩岸關係時會遭遇激勵不足的問題,從現實分析,大陸社會組織發育不良、社會參與度及組織化程度低是其中的重要根源。如果兩岸人民能夠在這些社會關係的運作中進行自由組合,建立社區組織、行業協會、文化社團等,這些社會關係就轉化成兩岸關係和平發展中的社會資本的豐富內容。政府應當透過指定制度和創造環境,允許、鼓勵社團的成長,為各種社會組織的存在留下空間,應當從外部環境和內部治理兩方面來促進兩岸民間組織交流。從外部環境的改善來看,首先,應當改革與完善社團的註冊管理制度,調整政策,加大對兩岸非政治性自由結社的保障力度;其次,營造一種有利於兩岸社團合作發展的法律環境;最後,必須重新認識社團與政府間的關係,由單一行政管理方式向兩岸民間社團組織共同參與的社會治理的關係轉變。承認社團在兩岸關係的價值,認識它們與政府是協同的關係,其作用是政府無法替代的。同時,政府要對社團活動進行必要的干預和調節,在實行權力再分配的同時,要明確界定、劃分職責權限及輔以各種監督制約機制,對社團無力解決的矛盾進行協調。正是政府和社團組織的合作和互動,使得兩岸關係中的社會資本存量不斷提升。

我們必須從長期制度變遷的角度重新審視和對待兩岸關係。和平發展作為當前兩岸關係的一個主旋律,有利於生成兩岸公共生活的基本規則與關於社會基本結構的正當性共識,維護兩岸人民的權益。和平發展既是一種理性的存在,又是一種合理性的存在。和平發展能為主體間順利對話提供兩個前提條件:一是承認和遵守共同的社會規範;二是確立良好的對話環境。它容許一切參與者發表不同意見,照顧到一切參與者的有關利益,同時保證規範的普遍有效性。兩岸關係和平發展在一個不斷變化的環境中得以持續的條件,一是兩岸合作的自組織化。兩岸關係由於兩岸的人民能夠普遍享有共同組織起來保護自己權益的權利,從家庭

到社團再到兩岸社會,實現了自組織化,其功能在於它能在兩岸間建立起普遍性的在一切方面相互依賴的制度。二是兩岸關係制度的理性化。在理性化的兩岸個體互動過程中,產生互動形式,並慢慢成為習慣,進而上升到制度層面;建立在理性化基礎上的各種制度,一經建立,便獨立於個體而存在,對不符合理性化的社會行為進行調整,使理性化的基礎擴大、程度加深。最後,理性化的兩岸的社會組織或社會各領域的互動,進入交融和整合過程。[504]

冷戰後歐臺關係的現狀、困境及前景分析[505]

陳先才

冷戰結束前後,隨著國際形勢的急劇變化,歐臺關係在1990年代初某些領域取得了一定程度的突破性進展,突出表現在歐臺經濟關係持續升溫,歐盟對臺軍售的數量和質量大幅提升,雙方政治人物的互訪不斷加強,歐洲議會頻繁透過涉臺議案等等。歐臺關係取得的重大進展,給中歐關係的發展一度帶來了重大的負面衝擊。此後,隨著國際局勢的不斷變化,歐盟對臺政策也作出了一定程度的調整,但雙方在這些關係領域的進展並沒有因此停止,仍然在不斷延續。近年來,隨著中國綜合實力的不斷增強,在歐盟內部,有不少學者和政界人士開始越來越關注中國的持續發展,把關注的焦點放在中國快速發展對臺海區域安全造成的影響等方面。[506]越來越多的跡象表明,歐洲已浮現出對臺灣問題的戰略考量。如果這種戰略考量繼續發展,並被歐盟和越來越多的歐洲國家所接受,歐洲勢必在更大程度上可能會呼應美國的對臺政策,[507]從而形成美歐共同夾擊臺灣問題的不利局面。這對於長期以來致力於實現完全統一的中國來說,不能不是一個值得關注的動向。

長期以來,由於雙方經貿往來和文化交流使得歐臺關係發展呈現出相對穩定的狀態,歐盟在臺灣問題上並沒有太多的發言權。同時,歐盟絕大多數有別於直接干涉臺海問題的做法,恪守「一個中國」的基本框架,加之李登輝及陳水扁時

期的「臺獨」分裂活動與歐臺關係現實利益的結合點並不多，使歐臺關係在政治上的波動並不大，這是學界對歐臺關係戰略層面極少關注的重要原因。

一、冷戰後歐臺關係發展的現狀

冷戰後，隨著國際形勢的變化，特別是臺灣經濟的迅速起飛，臺灣當局利用其經濟優勢對歐盟進行了「外交」攻勢，使歐臺關係取得了重大的進展。歐臺經貿關係的加強為雙方在其他領域的合作奠定了基礎，使雙方不僅在文化、教育，科技關係領域有很大發展，甚至在比較敏感的政治和軍事領域關係也有進展。

（一）在經貿關係領域

快速發展的經濟關係是維繫歐臺關係的重要紐帶。對歐盟國家而言，經濟利益是其發展與臺灣關係的優先考慮。在冷戰行將結束之際，歐盟國家主動採取措施推動雙方經濟關係的發展。在人員簽證方面，繼法國、聯邦德國和西班牙在臺北辦理臺灣人赴當地商務、觀光和文化等簽證後，瑞典、荷蘭、比利時、奧地利和丹麥也陸續於1988年在臺北辦理商務簽證，英國則於1989年開始在臺北辦理臺灣人赴英簽證。此外，這些國家還聯合成立了「臺北歐洲商務協會」，該協會以促進臺歐文化和經貿交流為宗旨，分別設立了金融和財政、投資法令、交通運輸、文化教育等4個小組，以處理有關事宜。[508]歐盟國家除了辦理簽證外，還與臺灣方面舉辦了各種形式的經濟合作會議，以推動雙方在經貿領域的合作。隨著歐臺經貿關係的不斷發展，2003年歐盟委員會在臺灣設立了經貿辦事處，標幟著歐臺經貿關係進入了一個新的階段。

在歐盟採取一系列措施加強歐臺經貿關係的同時，臺灣當局也加大了對歐工作的力度。1989年臺灣「經濟部國貿局」推出「加強對歐經貿工作計劃綱要」，要求加強自歐洲進口，擴大雙邊貿易；加強學術交流，研究歐洲一體化對臺灣的影響及因應措施；加強雙向投資和技術合作等事項。[509]1990年臺駐比利時代表處設立了「對歐盟工作小組」，臺灣當局有關部門也於1992年成立「對

歐盟工作指導小組」，統一協調臺灣各部門對歐盟的工作。此外，在歐洲國家對臺政策出現鬆動的情況下，臺灣當局把握機會推動經濟「外交」和人員互訪，以求增進實質關係。一方面，臺灣當局負責經濟的官員不斷出訪歐洲，並與一些歐洲國家的經濟官員舉行會議，商討發展雙邊經貿關係。[510]另一方面，臺灣與歐洲一些國家開始建立起貿易溝通管道和貿易談判機制。從1981年以來，臺歐雙方每年都要舉行臺歐經貿諮商會議，1992年該諮商會議首次移至臺北舉行。從1990年開始臺灣當局與歐共體相互承認雙方之商標優先權，並與荷蘭，瑞典、英國簽署避免雙重課稅協議，排除臺歐貿易的制度性障礙。到1991年歐洲已成為臺灣第三大貿易夥伴。[511]歐臺雙方在經濟領域的積極互動使雙邊經貿關係得到強化。進入21世紀，雙方的經貿關係進入了一個新階段。2000年歐盟15國與臺灣的貿易總額高達376億美元。從2003年到2004年，臺灣從歐盟的第21大出口市場上升至第19位。[512]2005年臺歐貿易總額為398.8億美元，2008年雙方貿易總額上升為496億美元。[513]在投資方面，雖然臺對歐盟的直接投資占其對外投資的比例不高，[514]但歐盟在臺灣的直接投資自1998年起一直比較平穩。2004年歐盟對臺投資為9.36億美元，[515]成為當年臺灣最大的外資投資者。從1981年到2001年間歐臺雙向貿易成長近800%，臺灣不僅成為歐盟在全球的第十一大貿易夥伴，也是歐盟在亞洲的第四大貿易夥伴。歐臺在經貿關係的不斷深入和拓展，客觀為雙方在其他領域關係的發展奠定了重要的基礎條件。

（二）在軍事關係領域

冷戰後歐臺在軍事關係領域也取得了重大的突破。突出表現為臺灣加強了與歐盟主要國家的軍事合作關係。1991年法國正式向臺灣出售6艘不裝備武器的「拉法葉」級護衛艦；1993年法國決定向臺灣出售價值150億法郎的海軍武器，包括飛魚艦對艦導彈等等。[516]同時，法國還與臺簽訂60架幻影2000-5型戰鬥機的合約，總價值高達38億美元。[517]1996年臺灣軍方還向法國購買了第二批「拉法葉」級護衛艦。1998年法國向臺灣運交了1000餘枚反坦克火箭。[518]法國對臺軍售大大提升了臺軍的軍備與作戰能力。除了軍購之外，臺法在其他方面的軍事交流活動非常豐富。1996年臺法祕密簽署了「整體後勤支援協定」。進入21世

紀以來，臺法軍事交流活動更加頻繁。僅2001年臺法官方和民間就有近20項各層次軍事交流計劃。[519]2006年度，臺灣當局還不斷推動與法國方面開展「準軍售作業會議」，使臺軍對法軍事交流計劃增至23項，僅次於對美軍事交流的78項。[520]冷戰後，歐盟對外軍售大國德國也與臺灣加強了在軍事領域的合作關係。德國政府雖然沒有向臺出售價值125億德國馬克的潛艇和護衛艦計劃，但同意美國向臺灣出售由德國製造部分零件的「愛國者」導彈和拉姆防空導彈。[521]1991年德國仍以商業用船的名義向臺灣出售4艘掃雷艇。1995年7月德國將臺灣從「高度緊張地區」的名單中除名。[522]這意味著德國廠商將可以把軍民兩用的高科技產品出售到臺灣，為臺德進行軍事交流提供了便利。此外，冷戰後歐洲重要軍火外銷國家荷蘭與臺灣方面的軍事關係相當密切，荷蘭三軍參謀總長曾赴臺進行祕密訪問並參觀軍事設施。冷戰後，臺灣與歐盟內部的重要國家積極發展軍事關係，客觀上對於增強歐臺雙邊軍事合作具有重要的幫助作用。

（三）在政治關係領域

冷戰結束以來，歐臺關係的政治屬性不斷增強。臺灣在歐盟及歐洲各國的代表處和歐洲各國「在臺協會」是支撐歐臺互動具體工作的重要平臺。一方面，冷戰後臺灣當局不斷強化駐歐盟及各歐洲各國代表處的政治功能。特別是近年來，臺灣當局不斷提高「駐歐盟」人員等級，增加人員編制和活動經費，增強代表處的「外交」功能。另一方面，臺灣當局加強了與歐洲議會及各成員國議會的政治互動。特別是把精力放在拉攏、收買歐盟國家和歐洲議會議員身上，以此加強在歐洲的院外活動。[523]在臺灣當局的遊說下，歐洲議會連續透過多項涉及臺灣問題的決議。歐洲議會分別在1993年、1995年、1996年、1997年、2000年、2001年通過一系列支持臺灣的決議案。這些決議案的內容包括：支持臺灣加入關貿總協定；關切中國大陸對臺的軍事威脅[524]；支持臺灣參與聯合國等國際組織；要求歐盟強化與臺灣的實質關係；邀請臺灣高層官員公開到歐洲議會發表演講；呼籲歐盟各國同意臺灣領導人前往歐盟國家進行私人訪問等等。2002年歐盟通過的《亞洲戰略報告》提出支持臺灣加入世界衛生組織、要求給陳水扁等臺灣政要發放訪歐簽證等9條涉及臺灣問題、嚴重違反「一個中國」政策的內容。

從歐盟1995年以來所發表的對大陸政策文件中,我們透過其文字表述的變化也可以看到歐臺關係政策性的演變。在1998—2003年4年之間,歐盟所發表的4份文件都以簡短的文字表述對臺灣問題的原則性立場。然而,在2006年公布的對華政策文件中,卻突顯了歐盟對臺灣問題態度的轉變。該文件不僅在「國際和地區合作」的標題下討論臺灣問題,其中還有認為臺灣問題不完全是中國內政的暗示,並首次表示歐盟在維護海峽兩岸和平與穩定方面有「重要的利益」,公然提出其對臺灣的政策既要以「一個中國」為基點,也要考慮到該地區的「戰略平衡」,這必然在客觀上降低「一個中國」在歐洲對臺政策中的地位。

上述事態的出現說明,歐洲議會支持臺灣的立場已不再侷限於以往純經濟或商業利益的考慮,而是有在某些政治性議題與事務上做出對臺支持的意向,使歐洲議會與臺之間的互動在冷戰後出現新的實質性變化。雖然歐洲議會對歐盟的實質外交影響不大,但由於臺灣當局意在將歐洲議會作為其對歐關係的突破口,並且隨著歐盟一體化程度的加深,歐洲議會的權力有擴大的趨勢,臺灣當局與歐洲議會的關係動向值得關注和警惕。特別是在全球化背景下,歐盟內部主要國家對臺灣問題的重視程度不斷提高,歐洲政界、學界及媒體對臺灣問題關注度不斷提升的情勢下,我們要警惕歐臺在政治關係方面的任何進展。

二、冷戰後歐臺關係發展面臨的困境

冷戰後,歐臺關係雖然在某些領域取得了一定的進展,但隨著國際形勢的變化,特別是中國綜合國力的快速增強,中歐在戰略利益和經濟利益的不斷牽引下,歐臺關係的發展越來越面臨不可踰越的困境。

(一)影響歐臺關係發展的因素

首先,中國大陸因素。隨著世界經濟全球化趨勢不斷明顯和區域經濟一體化趨勢的不斷增強,作為世界重要經濟體一員的中國,對國際政治經濟的影響力不斷增強。而歐盟作為全球最大的經濟一體化組織,其在世界政治經濟中的份量也

在不斷突顯。隨著全球化進程的提速,世界上各主要經濟體之間的聯繫也日益密切,彼此之間已成為相互依賴的緊密關係。使它們在處理彼此關係時必須從宏觀的角度綜合考慮以最大限度地維護自身利益。單就中歐關係來說,歐盟的有效統合和中國的和平發展以及相互之間日益密切的整體關係都預示著兩個主要國際行為體將發揮越來越重要的作用,在這種情況下,臺灣問題不可能成為雙方關係發展過程中的嚴重障礙。或者說,歐盟在發展對臺關係時會把握一個度,即以「一個中國」原則為前提,這也是歐盟一貫的立場。我們看到,目前中國和歐盟在政治、經濟等領域的關係正在不斷得到加強和深化,中歐關係已成為當今國際社會最為重要的雙邊關係之一,雙方對國際社會的影響力不斷增強。在這種情勢下,歐盟對中國的巨大戰略利益需求和經濟利益需求,使歐盟在臺灣問題上會保持某種程度的謹慎和小心。當然我們也要看到,歐盟與臺灣當局的經濟關係也在日益加深,在此基礎上,雙方在政治領域也不能完全排除會有一些小動作出現。

其次,國際社會因素。

國際形勢的變化也是影響歐臺關係發展的重要變數之一。1990年代初,由於冷戰的結束,西方資本主義國家加強了對中國的攻勢,以美國為首西方國家加強了對中國的和平演變。在國際社會出現了一股強大的反華逆流。在國際形勢總體不利於中國的情勢下,歐洲一些國家加大了與臺灣進行接觸的步伐,並企圖把臺灣視為遏制中國的籌碼。這也是冷戰後歐臺在政治關係及軍事關係等領域不斷取得進展的重要根源。在這裡,我們要特別強調美國因素的影響。冷戰結束後,美國作為唯一的超級大國,其對歐洲的影響仍然存在著。冷戰後,臺灣在美國亞太戰略中仍然占據著相當重要的地位。美國把臺灣越來越視為其在東亞及亞太地區、世界戰略利益中的重要一環,特別是把臺灣問題視為牽制中國崛起的一個重要砝碼。美國對於歐盟國家在臺灣問題上的立場也比較在意,不希望看到這些國家在臺灣問題上發揮自己所不願意看到的作用與影響。因此,美國在臺灣問題上的態度和立場自然影響到歐盟國家對臺灣問題政策取向上度的把握。

再次,歐盟架構因素。

歐盟是當今世界上最有影響力的區域性經濟政治一體化組織,也是一個國家

與超國家特徵高度統一的獨特政治經濟實體，這樣一個實體充斥著眾多的利益主體，各成員國在客觀上不可能有完全一致的利益趨同點，同時各利益集團對歐盟政策的制定也從不同的角度透過不同的途徑施加影響，紛繁複雜的利益需求使歐盟的政策過程不可避免地表現為一種艱難的利益平衡過程。歐盟本身主要有五個機構組成，分別為：部長理事會，歐洲委員會，歐洲議會，歐洲理事會和歐洲法院。在歐盟體系中，歐洲委員會處於核心地位，歐洲議會是歐盟體制中唯一民選的超國家機構，成立之初僅僅是一個監督和諮詢機構，之後經歷了一個權力逐步擴大的過程，並有逐漸加強的趨勢。歐洲理事會是歐盟實行政策間合作的最高決策機構，並確定歐盟的基本政策方針。此外，歐盟作為一個一體化職能機構得以發揮作用的根本前提是歐盟成員國的認可。伴隨著歐洲一體化的發展，儘管歐盟決策的超國家成分不斷增長，但從根本上，歐盟的超國家特性仍然有限。影響歐盟政策制定過程最主要、最關鍵的制約因素仍然是各民族國家。歐盟上述的政治架構為臺灣當局開展對歐外交提供了機會。由於歐盟內部各機構和團體利益取向的多樣性，歐盟各個機構及歐盟層面和成員國層面的政策取向有分歧，而在具體執行時，各機構和成員國往往基於不同的價值理念和認知以及利益取向而採取多元化的外交途徑。

最後，臺灣島內因素。

臺灣島內因素也是影響歐臺關係發展的重要變量所在。具體而言，主要包括以下幾個方面：一是臺灣經濟發展情況。推動冷戰後歐臺關係發展取得重大突破的最主要動力還是臺灣經濟力量的顯著增長。事實上，當前歐臺關係中最活躍的部分還是體現在經貿關係上。臺灣經濟力量的增長還是衰落，在一定程度上將影響到歐臺關係的發展。二是臺灣島內政治格局的演變。長期以來，歐盟的兩岸政策就是希望維持現狀，維持臺海地區的和平與穩定。這對於維護歐盟在臺海地區的經濟利益具有重要的意義。如果臺灣當局破壞兩岸關係，導致臺海地區形勢緊張，這會影響到歐盟在該地區的實際利益。這對歐臺關係的健康發展無益，相反，如果兩岸關係比較穩定，這對歐臺關係的平穩發展相當有利。

（二）冷戰後歐臺關係面臨的困境

首先,歐臺利益取捨的困境。

由於歐臺關係不是單純的雙邊關係,其實質是直接涉及中歐之間的關係。這決定了歐臺關係的發展趨向不僅由雙方的關係狀態和主觀願望所決定,更重要的是中國因素,或者說是中歐關係的發展態勢在雙方關係中扮演著更有影響力和更具決定性的角色。對於歐盟來說,臺灣不僅是臺灣,它是其對華政策的一個部分,而對華政策也不僅僅是對華政策,它是歐盟全球戰略的重要支點。[525]歐盟及其成員國始終無法忽視中國的存在。如果在歐臺關係的互動中,臺灣方面過於關注雙方在政治及軍事方面的突破,則很可能會引發歐洲方面的擔憂,擔心會引發中國大陸的反彈,從而損害中歐關係的健康發展。因此,歐臺關係一面對臨著利益取捨的兩難困境,這也是歐臺關係始終不能在政治及外交上取得重大實質突破的根源所在。隨著中國經濟的持續發展,隨著中國綜合實力的不斷增強,歐臺關係發展將面臨愈來愈大的困境。

其次,歐臺戰略衝突的困境。

對於歐盟來說,追求經濟利益是其與臺灣發展關係的優先考慮,也是歐盟與臺灣關係中最為活躍的方面。臺灣經過幾十年的發展,在經濟發展領域取得了不小的成就,總體經濟規模和人均收入都不可小視。1991年臺灣「人均國民生產總值」為8815美元。2005年「人均國民生產總值」上升到14000多美元,外匯存底2000多億美元。臺灣也因此成為一個相當有潛力的消費市場。在經濟關係日益密切、區域經濟一體化和經濟全球化趨勢不斷強化的今天,歐盟也特別重視臺灣的經濟實力和市場。因此,從歐盟的角度來看,其積極發展對臺關係主要還是從經濟的因素出發。並把經濟利益視為雙方在其他領域保持良好互動的重要基礎。但對臺灣當局來說,發展雙方的經貿關係並非最終目的,而是其拓展對外實質關係、擴大其「國際生存空間」的最重要的籌碼所在。冷戰後臺灣之所以積極發展歐臺關係,其根本目的還在於企圖利用過去幾十年間積累的經濟實力對歐盟展開積極的經貿「外交」攻勢,以經濟利益為誘餌促使歐盟國家在對臺關係上執行一種兩面性政策。因此,隨著歐臺關係的發展,雙方在戰略目標上的衝突困境將會越來越嚴重和明顯。

最後，歐臺實力懸殊的困境。

實力懸殊也是歐臺雙邊關係發展的巨大障礙所在。歐盟作為當今世界上規模最大的一體化組織，其經濟總量高居世界前列，人口眾多。而臺灣作為一個地區經濟實體，其人口只有2300萬，經濟總量及貿易地位與歐盟相比相去甚遠。雙方根本不在一個檔次。實力懸殊的差異使歐臺關係發展中，歐盟起著決定性和主導性的作用，而臺灣方面只能造成配合和輔助性的作用。這是影響歐臺實質關係發展的重要障礙所在。我們看到，在歐臺關係的發展中，雖然臺灣方面可以透過積極作為來激勵歐盟方面的動力，但畢竟臺灣的整體實力有限，其激勵的手段與內容也相當有限，而且也不會長久，相對於中國大陸迅速發展的經濟實力，以及龐大的市場，臺灣的經濟誘餌更顯得微不足道。因此，歐臺關係的發展的大局已定，這對於臺灣當局企圖推進雙方實質外交的企圖是一個沉重的打擊。

三、冷戰後歐臺關係發展的前景

首先，歐臺關係未來發展的空間仍然存在，但不會脫離一個中國的基本框架。

在當前全球化經濟趨勢下，歐臺關係進一步發展的空間和機會仍然是存在的，尤其是雙方在經貿領域的合作將會更加持續深化下去。此外，雙方在軍事領域及政治領域的關係也會繼續發展。特別是不能完全排除歐臺在軍事領域加強合作的可能性。因為目前歐盟並沒有統一的軍售管制，不排除歐盟個別成員國出於自身利益出發向臺灣出售武器。特別是中歐關係的發展進程中，中歐之間的矛盾也開始顯現，如果中歐的矛盾不斷加劇，不排除歐盟利用臺灣問題來作為制約中國的重要籌碼。因此，中歐之間的矛盾也可能為歐臺關係在某些領域的合作提供機會和契機。儘管歐臺關係發展的空間和機會還存在，但歐臺關係的發展並不會脫離「一個中國」的基本框架。以現有的情勢來看，目前臺灣問題上的整體國際形勢在朝著有利於中國大陸的方向發展。在中國強大無法阻止的情況下，美國開始正視中國的存在。美國也開始對島內的「臺獨」勢力採取了遏制的政策。在這種情況下，歐盟在與臺灣當局發展關係的過程中將會持更加謹慎和保留的立場。同時，歐盟國家在臺灣問題上的立場從屬於它的總體對華政策，而歐盟對華政策

又取決於其全球戰略。出於全球整體戰略的考慮，歐盟國家在臺灣問題上必然首先信守涉及「一個中國」基本原則的立場，在發展對臺關係時也以這一原則為底線，「一個中國」原則仍然是中歐關係的政治基礎。

其次，歐臺關係在政治、經濟、軍事領域的可能發展趨向。

歐臺在政治關係上難有實質性地突破。從歷史來看，冷戰時期很多歐洲國家雖然與臺灣保持外交關係，但這種關係基本上都比較低調和冷淡；而在1980年代末90年代初，中歐關係處於最為嚴重的困難時期，但歐盟國家與臺灣關係仍然是以「一個中國」為原則。雖然這一時期雙方政治關係有所鬆動，但歐盟國家仍然主要是從謀求經濟利益為主軸。因此，在現有的國際形勢下，歐盟國家的對臺關係仍將較嚴格地限定在經貿、文化和科技領域，對涉及政治關係的事務則比較敏感和謹慎。歐盟將積極發展與臺灣非政治領域的各項關係。其中經貿關係仍是重點。由於經貿關係處於中國大陸可以接受的範圍之內，雙方均採取主動措施予以推動。特別是當前臺灣經濟陷入困境狀態，這在一定程度上會影響到歐臺雙方的經貿關係。但隨著臺灣經濟內部的調整及世界經濟的復甦，雙方經貿領域的關係仍會非常密切。在軍事領域，歐盟及成員國對臺灣購買武器的強烈訴求將持謹慎態度，歐盟發展對臺軍事關係總體上說是一種策略性而非戰略性選擇，歐盟國家的對臺軍售更多是根據對現實形勢的權衡，在認定對臺軍售的收益大於與大陸關係受損帶來的損失後，才會決定對臺軍售。雖然歐臺軍事關係不如美臺軍事關係那樣已形成體制化的模式。但是，由於歐盟內部的軍貿政策至今未有實質性的協調統一，[526]在售臺武器的巨大經濟利益的刺激下，歐盟某些成員國不能排除在對臺軍售的問題上時而採取違規行為和投機性的政策取向。歐盟對臺軍事關係的這種特點未來仍會持續相當長的一段時間。

最後，歐臺關係的發展趨勢取決於各方的博弈。

對於歐盟及其成員國來說，是希望在國際環境允許的範圍內大力發展與臺灣當局的各種關係，同時又能在臺灣問題上扮演某種平衡者的角色，以保持臺海局勢的穩定，從而維護自身利益。歐盟現階段在臺灣問題上的立場是比較明確的，即首先支持「一個中國」原則，承認中華人民共和國是中國唯一合法政府，在此

前提下,積極發展和推動與臺灣在經濟、貿易、商業、科技等領域的關係。當然,歐盟在臺灣問題上的基本考慮是維持現狀的基礎上力求在大陸和臺灣之間左右逢源,既不挑戰中國大陸的底線,又不給臺灣造成壓力,甚至給予某種程度的鼓勵。歐盟希望遊走於兩岸之間,以求實現自身利益最大化。而對於中國來說,臺灣因素是中國對歐關係中的重要關切點之一,透過發展與歐盟的關係,中國希望弱化歐臺關係的層級和實質內容,影響與制約其時隱時現的政治和軍事關係。對於臺灣來說,發展對歐關係是其對外關係的一個重要方向,臺灣當局希望以經貿為主軸,力求在拓展「國際空間」和對外「實質關係」方面獲得歐盟國家更多的聲援與支持。因此,各方之間的博弈是一種微妙的關係,這種狀態的發展演變將決定歐臺關係進一步的發展趨向。

四、結論

歐盟作為世界上組織程度最高、最成熟並發揮重要作用的國際政治行為體,其政策取向必須要符合它的整體國際戰略,也就是說,它與臺灣當局發展關係的主觀願望必然要受制於客觀國際形勢的影響。這其中,中國的快速發展所導致的國際局勢的變化又對歐臺關係的發展趨向有重要影響。中國和歐盟作為重要力量,都不希望臺灣問題成為雙方發展相互關係時的障礙,這涉及雙方整體國際戰略的定位,這也從根本上決定歐盟在臺灣問題上的基本立場。但同時,由於現階段中國在臺灣問題上同樣受到國際因素的影響和制約,致使臺灣當局仍保有一定的「國際活動空間」,歐盟及成員國在這一問題上也不時指手畫腳,橫加阻撓,這種現象在今後一段時間內仍將存在。由於臺灣問題並不涉及歐盟的核心利益,我們可以預見,歐盟國家將儘量維持臺海現狀,而且即使臺海有事,歐盟及其成員國也不大可能在臺海問題上採取實質性的舉措。然而,在現有的國際形勢下,如何最大限度地影響歐盟國家及歐盟各機構在臺灣問題上的政策取向,使其朝向有利於大陸的方向發展,是我們需要面對的一個重要現實問題。

美國臺海危機管理：結構模式與現實困境[527]

陳先才

  冷戰結束以來，隨著兩岸關係的發展以及島內政治生態的演變，特別是「臺獨」激進勢力的膨脹，不僅對臺海局勢造成了重大的戰略險情，而且對美國長期堅持的「維持現狀」政策帶來了衝擊，使美國的臺海危機管理模式越來越面臨著嚴重的戰略困境。我們應該看到，當前「臺獨」分裂勢力的冒險動作固然是衝擊美國臺海危機管理結構模式的重要破壞力量，但美國長期堅持「以臺制華」的冷戰思維無疑也是嚴重制約其臺海危機管理效能充分發揮的瓶頸所在。

  一、美國臺海危機管理的結構模式

  新現實主義大師華爾茲認為，任何一個系統都是由結構和互動的單元所構成。結構是全系統範圍內的組成部分，使得系統能夠被視為整體。結構是根據系統的排列原則來界定的。如果一種排列原則被另一種原則所取代，則意味著系統發生了變化。同時，結構根據不同單元的特定功能來界定。如果功能的定義和分配發生變化，那麼系統也會隨之變化。[528]在該理論中，華爾茲特別強調單元間能力分配的變化具有重要指標意義。因為能力分配的變化就會帶來系統本身的變化。如果我們把美國的臺海危機管理視為一個有效運作的系統結構看待，那麼美國、中國大陸及臺灣則是在這一系統結構中獨立運作又相互作用的互動單元。長期以來，美國在處理臺海問題的實踐中逐漸形成了以其國內法律為框架、模糊戰略為策略的臺海危機管理結構模式。具體來說，美國臺海危機管理主要就是以中美三個「聯合公報」、《臺灣關係法》、「六項保證」等為法律依據，以「模糊戰略」為基本策略來加以實施的。

  長期以來，美國臺海危機管理的結構框架主要是由相關法律、政府間協定及其他管道所構成。在美國臺海危機管理的法律來源中，三個《聯合公報》是指《上海公報》、《建交公報》和《八·一七公報》等三個由中美兩國政府簽訂並公開發表的政治協定。1972年的《上海公報》是中美第一份聯合公報。在該公

報中,中美雙方各自就臺灣問題闡明了立場。中方認為,「中華人民共和國政府是中國唯一的合法政府」、「臺灣是中國的一個省」、「中國政府堅決反對任何旨在製造『一中一臺』、『一個中國、兩個政府』、『兩個中國』、『臺灣獨立』和鼓吹『臺灣地位未定』的活動」。美國方面也聲明:「美國認識到,在臺灣海峽兩邊的所有中國人都認為只有一個中國,臺灣是中國的一部分。美國政府對這一立場不提出異議。」中美《上海公報》的發表,打破了中美關係中的堅冰,啟動了中美關係正常化的進程。1978年底中美就建立正式外交關係達成了一致意見的公報稿,這就是《建交公報》。雙方宣布自1979年1月1日起互相承認並建立外交關係。美國承認「中華人民共和國政府是中國的唯一合法政府。在此範圍內,美國人民將同臺灣人民保持文化、商務和其他非官方關係」。「美國政府承認中國的立場,即只有一個中國,臺灣是中國的一部分。」公報還涉及中美建交之後的美臺關係和今後對臺灣的安排等事項。但由於《建交公報》並未解決美國對臺軍售問題,中美建交後開始就這一問題進行長期艱苦的談判。1982年8月兩國簽署並發表了著名的《八·一七公報》。這是中美第三份聯合公報。雙方一致認為,「互相尊重主權和領土完整、互不干涉內政是指導中美關係的根本原則」。美方承諾將「不尋求執行一項長期向臺灣出售武器的政策,它向臺灣出售的武器在性能和數量上將不超過中美建交後近幾年供應的水平,它準備逐步減少它對臺灣的武器出售」,並經過一段時間導致最後的解決。該公報為解決美國售臺武器問題進一步規定了所應依據的原則和步驟。應當說,如果得以認真執行,必然將為中美關係的進一步發展掃清障礙。但事實上,裡根總統在《八·一七公報》發表前的7月14日,即以私人信件的方式向臺灣當局做出了「六項保證」。其中包括:美方不會同意設定期限停止對臺灣的武器出售;不會同意就對臺武器銷售問題和中國政府進行事前協商;不會同意在北京和臺北之間扮演調解人的角色;不會同意中國政府的要求,而重新修訂「臺灣關係法」;沒有改變其對臺灣主權問題的立場;不會對臺灣施加壓力,迫使其與北京進行談判。這六項保證充分表明,裡根政府根本就沒有認真履行即將發表的公報的誠意。1979年4月在中美建交公報正式生效不滿半年,卡特簽署並批准了一項新的國會法律「臺灣關係法」。它強調美國對臺灣安全的承諾,宣稱美國決定同中華人民共和國建

立外交關係是基於臺灣的前途將透過和平方式決定這樣的期望。並宣稱將向臺灣提供防禦性武器,使美國保持抵禦會危及臺灣人民的安全或社會、經濟制度的任何訴諸武力的行為或其他強制形式的能力。「臺灣關係法」對中美關係產生的惡劣影響已持續20多年。由於1994年生效的「穆考斯基修正案」是美國政府第一次以國內立法形式確認「臺灣關係法」在軍售問題上的效力高於《八·一七公報》。1995年美國國會再次在《國務院授權法案》中附加了有關《臺灣關係法》優於《八·一七公報》的條款。[529]這樣從美國國內法律來看,在管理臺海危機中,「臺灣關係法」無疑是優先於美國的政策聲明,包括公報在內。它在事實上造成了作為行政機構簽訂的三個「聯合公報」在美國國內法律體系中的地位遠低於作為美國國內法的「臺灣關係法」。在實踐中,「臺灣關係法」成為美國政府在臺灣問題上的一張外交王牌。此外,美國在臺海危機管理中的其他管道包括美臺私下溝通,如美國「駐臺協會」等渠道。

美國在臺海危機管理上長期奉行戰略模糊的策略。這一策略已長達數十年之久。所謂戰略模糊策略,它包括兩個層次的含義。一個是就臺海現狀和臺灣的前途而言,美國一方面實行一個中國政策,否認臺灣為一個主權國家。另一方面,美國又隱晦地「挑戰」中華人民共和國對臺灣的主權主張,展現美國對這一主張的有限接受程度。[530]另一個是就美國對臺海兩岸一旦發生戰爭是否軍事介入問題,美方也刻意維持戰略模糊姿態。顯然美國之所以在臺海危機管理上保持戰略模糊策略,其根本目的還是在於維護其國家利益的最大化,透過這種模糊策略在臺海兩岸施展操弄的空間,從而海峽兩岸都能獲得利益。從危機管理方式來看,長期以來美國臺海危機管理的方式主要表現為:一是透過「雙重威懾」和「雙重保證」模式來管理臺海危機。所謂「雙重威懾」就是指美國在處理臺灣問題時主要根據自己的界定來行動。即美國對於中國攻擊臺灣的行為不會置之不理,但也示意臺灣當局不能指望美軍不問戰爭原因,在任何情況下都將出兵保衛臺灣。所謂「雙重保證」是指美國一方面向中國大陸保證它不會單方面改變「一個中國」政策,但另一方面也向臺灣保證,它不會出賣臺灣的利益。[531]二是強調透過法律來管理臺海危機。美國為了強調其介入臺灣問題的正當性,比較重視運用法律及政府間協定來管理臺海危機。在臺海危機中,美國經常利用《臺灣關係法》及

中美「三個公報」來進行危機管理。由於擔心中方武力攻臺，美國常常引用《臺灣關係法》，聲稱美國有明確的「義務」保衛臺灣。並認為「如果中共試圖用武力來解決臺灣問題」，即使該法案沒有「合法授權美國在臺灣受到攻擊時前來救援」，美國也將會對此作出相應的反應。[532]例如，在1996年臺海危機中，美國以「臺灣關係法」為依據派出兩艘航空母艦到臺海附近干涉中國內政。同樣，為了壓制臺灣當局故意挑釁大陸，避免美國捲入與中國大陸直接交火的局面，美國又宣稱根據中美的「三個公報」，支持一個中國政策，反對臺灣宣布獨立。三是美國在臺海危機中常常使用危機升級的策略來加強管理，並靈活運用討價還價、利益交換等方式來達到目的。危機升級策略實際上是一種強制性的討價還價行為，其目的是企圖透過施加壓力的方式來迫使對手讓步或願意和解，從而以己方滿意的條件解決危機。例如1955年臺海危機時，當時美國的艾森豪威爾總統宣稱：「在亞洲發生全面戰爭的情況下，美國會使用戰術核武器。」這種典型的戰爭邊緣戰略，[533]本質上就是危機升級策略的運用。

二、美國臺海危機管理的現實困境

系統的結構是根據單元間能力的分配來界定的。而能力分配的變化必須會導致系統出現重大的變化。[534]在美國臺海危機管理系統的結構模式中，諸如美國的兩岸政策、中國大陸實力的增強以及「臺獨」勢力的膨脹等單元的互動與消長必然會對這一系統產生重大影響。當前特別是激進「臺獨」勢力的膨脹和大陸綜合實力的顯著增強，都已對美國臺海危機管理系統構成了嚴重的衝擊，使美國長期堅持的臺海危機管理系統的結構模式面臨著越來越無法迴避的困境。

首先，「臺獨」激進勢力的膨脹和冒險動作是使美國臺海危機管理陷入困境的根本原因。「臺獨」勢力已成為影響和制約美國臺海危機管理效能發揮的破壞性力量。在民進黨執政時期，「臺獨」激進勢力利用掌握行政資源的優勢，在島內外公開推行「臺獨」政策。在島內為「法理臺獨」制定時間表，掀起一波波

「去中國化」的浪潮。從「一邊一國」論到「四要一沒有」，從「修憲制憲」到「入聯公投」，「臺獨」思潮瀰漫全島，人為增加島內的「臺獨」氣氛。在島外，「臺獨」勢力不顧國際社會的普遍反對，頑固堅持「入聯公投」。當前，「臺獨」勢力之所以氣焰囂張，其根本原因還在於他們看透了美國對臺的需求心理。長久以來美國利用臺灣問題來制約中國的意圖非常明顯。這也給「臺獨」勢力造成了一個錯覺，認為美國給臺灣開了一張沒有底線的支票，認為美國無論如何都是不會放棄臺灣的，即使臺灣追求獨立，美國也是會予以支持的。這在一定程度上助長了臺灣迫使美國政策朝著毒害並非總是符合美國利益的方向發展的膽量。這也使得島內「臺獨」勢力急劇膨脹。同時面對中國大陸綜合國力的顯著增強，臺海兩岸實力懸殊的日益擴大，「臺獨」頑固勢力越來越覺得「臺獨」是前途末路。但「臺獨」頑固分子並不死心，企圖孤注一擲，透過綁架美國來作最後一搏。「臺獨」活動越發猖獗，「臺獨」勢力的變本加厲的活動，使對其臺海情勢的破壞力度呈現增長之勢，這對美國的臺海危機管理來說不啻於一場災難。「臺獨」勢力的增強，其根本目的就是要搞「法理臺獨」，達成其分裂國家之企圖。這對美國長期堅持的維持兩岸現狀政策構成了重大挑戰，並直接衝擊和危害了美國的利益。

其次，中國大陸的快速崛起也對美國臺海危機管理的結構模式帶來了衝擊。美國因素的存在一直是阻礙中國統一臺灣的最大障礙力量。而美國對臺軍售水平的提升，美國反對中國武力統一臺灣的信號，在中方看來，無疑表明了美國正在營造保護「臺獨」的條件和平臺。當前中國經濟實力已躍居世界前列，成為世界經濟增長的重要助推器，並在國際安全中扮演著舉足輕重的角色。中國大陸國力的顯著提升無疑加強了其遏制「臺獨」、推進國家統一進程的信心和意志。同時也大大制約了美國對臺戰略效能的發揮。面對當前「臺獨」激進勢力的分裂行為，中國為了保護領土完整與主權統一，必然考慮包括非和平方式在內的各種手段來促進國家的最終統一。特別是如果「臺獨」勢力公然突破兩岸和平的最後底線，大陸不得不採取軍事手段來阻止分裂事變的關鍵時刻，美國將在與大陸開戰還是放棄臺灣之間作出兩難的抉擇。因此，對於美國來說，中國的快速崛起，美國的臺海危機管理的結構模式必然要有所調整，要麼堅決打壓「臺獨」活動，要

麼與中國大陸開戰。美國長期以來在兩岸的周旋空間與機會將大大減少。同時，隨著中美相互依賴關係的進一步加深，美國的對臺戰略必然要全盤衡量其在兩岸的利害關係，而以往對臺的模糊戰略，甚至縱容策略都將失效。

最後，當前美國的臺海危機管理模式越來越面臨著嚴重的戰略困境，其根源還在於美國自相矛盾的兩岸政策。長期以來，美國向中國大陸和臺灣方面發出完全相互矛盾的訊息。這造成了兩岸對美國政策及其立場的誤解。一方面，北京可能會被美國送往臺灣的訊息所誤導，認為臺灣只能靠自己捍衛本島，因此低估了美軍干預兩岸未來戰爭的可能性。另一方面，臺北方面可能過於受到美方送往北京的信號的鼓舞，即美國在任何情況下都將介入未來兩岸間的戰爭，因此採取冒失行動，推動臺灣獨立。事實上，冷戰後臺灣當局不斷在兩岸關係上製造緊張局勢，包括1996年臺海危機，基本根源還在於美國向兩岸發出相互矛盾的訊息所致。美國在臺海危機管理中的自相矛盾立場，導致與中方溝通出現誤解。中方認為美方立場可能使北京視為美方在營造保護「臺獨」的條件。雖然目前美方清楚表明其對臺灣的安全承諾是有條件的，美國不會為臺灣「法理臺獨」提供任何防禦上的幫助，但是美國對於「臺獨」的確切定義仍然是含糊不清的。[535]這些都將對未來臺海危機管理造成很大的誤會與被動。同時，我們還要看到，美國長期以來所堅持的傳統臺海危機管理的結構模式是在冷戰時期所構建的，已遠遠不能適應當前臺海局勢的發展需要，特別是根本無法應對激進「臺獨」勢力膨脹的現實威脅。當前美國臺海危機管理的結構模式還帶有典型「以臺制華」的冷戰思維，一方面，美國利用臺灣問題來制約中國的發展，阻礙中國和平統一的進程。另一方面，美國又試圖透過自身對現狀的定義來約束臺灣當局的行為，使其不去主動挑戰臺海和平與穩定的底線。但現實問題是「臺獨」勢力不斷利用美國「以臺制華」的戰略需求來試圖把美國捆綁在「臺獨」的戰車上。這顯然是美國所不願意的。很顯然，美國在遏制中國與遏制「臺獨」之間的戰略上出現了自相矛盾。

三、美國臺海危機管理的出路

当前「臺獨」勢力在島內急劇膨脹對美國臺海危機管理構成的重大挑戰,其根源還在於美國長期堅持錯誤的兩岸政策所致。解鈴還須繫鈴人,美國要想真正擺脫臺海危機管理的困境,其出路就是必須要走出冷戰思維的認識誤區,對當前的兩岸政策作出戰略反思。具體而言,美國臺海危機管理的出路有以下幾個方面:

首先,改變臺海危機管理的模式。

由過去的戰略模糊轉向為戰略清晰。當前美國臺海危機管理的「模糊戰略」策略,其本身是為了謀求美國在臺海兩岸國家利益的最大化,而實際情況是,美國的臺海危機管理越來越面臨嚴重的戰略險情。如果美國最終不能控制住「臺獨」冒險勢力的膨脹野心,美國將可能會因助長「臺獨」而吞下苦果。因此,美國必須認識到臺灣的緊張局勢,在很大程度上在於美國的模糊戰略,它造成了臺灣當局對美國戰略的誤解,「臺獨」勢力認為無論在何種情況下,美國都將可能會幫助臺灣對付大陸的軍事進攻。因此,對於美國來說,放棄行之五十多年的模糊戰略模式,而追求一種戰略清晰的模式,這無異於對維持其自身的戰略利益是有幫助的。

其次,參與反「臺獨」機制的建設。

冷戰結束以來,「臺獨」勢力的不斷膨脹已成為臺灣政治生態中的顯著特徵。如何看待「臺獨」勢力的膨脹,是美國決策者們必須面對的重大問題。對於美國的臺海戰略來說,不支持「臺獨」是正確的選擇,因為支持「臺獨」勢必引發中美之間的一場戰爭。冷戰後臺灣分離主義運動不斷高漲,而且時常對美國的反對之聲也不理睬。這使美國的對臺戰略處在了一個歷史的拐點上。如果對臺灣的分裂勢力不加遏制,則可能最終導致兩岸衝突,甚至使美國捲入到一場與中國大陸爆發核衝突的危險之中。如果對臺灣的分裂活動加以控制,那麼在多大程度上加以控制,控制的力度和效果有多大,都是值得思考的問題。自2007年陳水扁提出「入聯公投」議題後,美國不斷加大打壓的力度,雖然「入聯公投」最終因領票率過低而未能通過,但由此我們也應該反思美國打壓的效果。因此,對於美國來說,如果要擺脫「臺獨」戰車,就需要配合中國大陸,包括與國際社會一

道建立起反「臺獨」機制，主動宣示不支持「臺獨」的聲明，甚至中美之間可以就反「臺獨」機制達成共識並發表聯合公報，這些舉措都是非常重要的。

最後，正確定位與看待兩岸關係。

當然，對於美國來說，要想真正擺脫臺海危機管理的困境，其根本出路還在於回到「一個中國」原則，堅持對中國人民負責任的態度。徹底改變遏制中國、敵視中國的態度。從中美關係的根本大局出發，重新定位與看待兩岸關係，為中國的最終統一作出自己的貢獻。特別是當前，隨著國民黨在臺灣全面執掌政權，兩岸關係將迎來一個新的機遇。在這種歷史條件下，美國應該站在維護兩岸關係和平發展的角度，主動支持與引導兩岸關係的全面改善，這不僅有利於維持臺海現狀，更有利於從根本上維護美國在臺海地區的重大利益。

四、結論

從美國臺海危機管理的實踐來分析，維持兩岸現狀仍然是其基本的戰略目標。這一點顯然與中國大陸維持現狀的基本目標有相近之處。區別只是在於在維持現狀的動機與意圖上。美國維持現狀的動機是透過維持現狀，避免臺海出現重大事變，甚至衝突與戰爭，直接波及美國在海峽兩岸的國家利益。因此，美國所謂的「維持現狀」政策，其根本目的就是要維護兩岸目前「不統不獨、不戰不和」的局面，以實現其國家利益最大化。因此，對於美國來說，為實現其在海峽兩岸都獲利的目的，它即不想兩岸關係走得太近，但也不想兩岸關係走得太遠，更不想讓自己與「臺獨」戰車捆綁在一起。而中國維持現狀既是基於臺灣問題的歷史考察及現實因素的綜合考量，又是基於對臺工作的關鍵環節還在於爭取臺灣民心上，這就決定瞭解決臺灣問題的複雜性和艱巨性。

隨著中美兩國共同利益的不斷增長，兩國在臺灣問題上的共識不斷增加，中美在臺海危機管理方面合作的需求也將會大大增長。當前，「一個中國」原則、維持現狀、反對臺灣獨立已成為兩國在臺海危機管理上的三大共識，這是中美兩

國成功管理臺海危機的重要保障基礎。我們應該看到，當前中美兩國在臺海危機管理上面臨的困境和挑戰在很大程度上是因美國錯誤的兩岸政策所造成。美國在臺海危機管理中之所以採取戰略模糊策略，從根本上講還是從自身利益出發，帶著典型的冷戰思維，試圖以臺灣問題來遏制中國的發展和強大。但同時我們也要注意到，由於「臺獨」分裂活動不斷製造事端，影響臺海地區的和平與穩定，也對美國在海峽兩岸的利益構成了極大的挑戰，反對臺灣獨立已逐漸成為美國政策中的兩岸政策的一項重要內容，這對於當前和今後的臺海危機管理無疑具有重要意義。

當前，對於中國來說，在「臺獨」分裂活動不斷加劇的情勢下，我們必須繼續做臺灣人民的工作，加強兩岸在政治、經貿、文化及人員等方面的交往，增強雙方的互信，爭取兩岸同胞共同反對和遏制「臺獨」分裂活動。同時，大力加快大陸的經濟發展，不斷增強國家的綜合實力，牢牢把握好二十年的發展機遇期，為最終解決臺灣問題奠定堅實的物質基礎。我們必須相信，臺灣問題的最終解決必然取決於我們自身的發展情況，取決於我們的國家實力。

冷戰後美日對臺戰略的比較研究[536]

陳先才

冷戰後美日兩國介入臺灣問題的力度不斷加大，用臺灣問題來阻礙中國發展與強大的意圖不斷明顯。我們應該看到，兩國的對臺戰略從根本上講都是為各自的國家利益服務，由於兩國的國家利益、國情及歷史因素等方面不盡相同，因此它們的對臺戰略既有一致性，又有很大的差別性。隨著中國綜合實力的不斷增強，美日這種「以臺制華」戰略的結構困境將越發突出，美日對臺戰略最終將不可避免地走向失敗。

一、影響美日對臺戰略的因素分析

在當代國際關係中，國家利益已被普遍視為指導國家對外活動的基本動因和根本準則。國家利益已成為一國制定對外政策的最高準則和對外戰略追求的根本目的。[537]首先，國家的一切外交活動都必須服從國家利益，國家的對外政策和對外戰略必須有利於國家利益的充分實現。國家利益反映的是處於特定環境的國家作為一個社會組織而存在和發展的各種需求，當國家的需求得到滿足時，我們就說國家利益得到實現。不同的國家可能有不同的國家利益，即使是同一個國家在不同的時期也會產生不同的需求，即表現為不同的國家利益。其次，不同的國家對國家利益的界定也是各不相同和各有側重的。這種差別源於每個國家自身的國家實力以及所處的國內外環境的現實制約。例如在美國，2000年國家利益委員會發表的《美國國家利益》研究報告，詳細分析了美國的國家利益及實現國家利益的手段，建立了美國國家利益輕重緩急的分析體系。[538]對於美國來說，凡是有利於美國實現這一戰略目標的都可能看做是美國的國家安全利益。最後，國家利益的分類沒有一個統一的標準。按內容與領域可以分為「政治利益、安全利益、經濟利益和文化利益」。[539]也可分為國防利益、經濟利益、世界秩序利益和意識形態利益等等。[540]一般來說，從國家對外戰略的角度來看待，國家利益應包括國家的戰略利益、經濟利益以及意識形態利益等方面。

下面著重從國家的戰略利益、經濟利益和意識形態等三個方面來探討美日兩國對臺戰略考量的異同之處。

首先，美日對臺戰略在戰略利益上的考量。

在戰略利益的考量上，美日兩國的戰略目標具有高度一致性，但在側重點上有所不同。對美日兩國來說，維持兩岸「不戰」、「不獨」、「不統」的現狀是實現其國家利益最大化的最佳選擇。無論是美國還是日本，都不希望一個統一強大的中國出現，而保持目前兩岸分裂的現狀就成了美日制約中國發展和強大的最有效工具。但美日兩國對臺戰略的側重點是有所區別的。美國突出臺灣的「戰略

價值」,而日本則強調臺灣的「安全價值」。這是兩國在對臺戰略方面的最大分野。美國對臺戰略是基於臺灣在美國全球戰略與其亞太安全戰略中的戰略利益來加以考慮的,因此,美國強調突出臺灣的「戰略價值」。自從臺灣問題產生以來,美國一直把臺灣視作其亞太戰略甚至全球戰略中的重要一環,認為臺灣安全問題與美國的國際安全戰略息息相關。冷戰時期,美國一直將臺灣視作遏制中國大陸,威脅中國東南沿海安全的一塊戰略跳板。冷戰結束後,臺灣再次成為美國實施歐亞地緣政治大戰略中不可或缺的一部分。由於蘇聯的消失,特別是中國近年來綜合國力的不斷增強,美國開始把中國視為未來可能挑戰美國霸權的主要力量,為了遏制中國可能對美國的霸權地位形成的挑戰,美國甚至有人提出重新武裝臺灣,認為「臺灣對美國具有長久的地緣戰略利益……臺灣作為美國在西太平洋的潛在的作戰基地,是美國軍事計劃制定者所不應丟棄的戰略資產」。[541]由此可見,美國對臺灣的「戰略價值」的考量比較明顯。而日本的對臺戰略是基於臺灣在維護日本國家安全戰略中的重要性為出發點,故日本強調臺灣的「安全價值」。由於地理位置的特殊原因,日本認為臺灣的地理位置非常重要,直接關係到日本海上生命線的安全。由於臺灣海峽扼守日本通往東南亞和印度洋的咽喉,因此有不少日本人提出「臺海安全攸關日本生死存亡」的觀點。[542]特別是當前中日兩國在東海石油開發、釣魚島主權等問題上一直存在爭執,兩國間缺乏充分的信任。日本試圖透過加大介入臺海問題的力度,希望透過關注臺灣問題來構築有效實現其國家安全的屏障,特別是為其南海和臺灣海峽航道的通暢增加保險係數。

其次,美日對臺戰略在經濟利益上的考量。

在經濟利益的考量上,美日兩國的目標基本一致,略有細微的區別。美日兩國在臺灣都有著重要的經濟利益。到目前為止,美國在臺灣的投資額約為123億美元,臺灣是美國的第8大貿易夥伴,臺灣大部分外匯儲備存放在美國。儘管美臺之間的經濟關係在美國對外經濟中所占比重較小,卻扮演著不可替代的角色。美國是臺灣的第2大貿易夥伴,吸收了臺灣20%的出口產品,也提供了臺灣16%的進口產品。2006年美臺雙邊貿易額達550.3億美元,2007年1—10月,美臺雙邊貿易額就高達483.1億美元。[543]此外,美國對臺軍售,也帶來了相當大的經濟

利益。據美國《時代週刊》報導，臺灣穩居美國武器買主第2位，僅次於以色列。由於歷史的原因，日本在臺灣也擁有巨大的經濟利益，僅從近年來雙邊貿易就可窺見一斑。從2001年到2005年，日臺雙邊貿易額由46648.7億日元增長到68011.13億日元，5年中增長了45.8%，高於同期日本對外貿易總額的增長幅度。2005年日本對臺灣的出口占其總出口的7.3%，來自臺灣的進口占其總進口的3.5%。[544]臺灣也是日本第4位貿易夥伴，在日本的出口排行榜上名列第4，進口排第7位。此外，臺灣還是日本重要的貿易順差來源地。由此來看，美日兩國在臺灣都擁有重要的經濟利益，差異之處在於美國除此以外還有對臺軍售帶來的經濟收益，而日本在這方面卻缺失。

最後，美日對臺戰略在意識形態上的考量。

在意識形態的考量上，美日的側重點不盡相同。儘管美日兩國都認為與臺灣擁有共同的民主政治制度，擁有共同的價值觀念。可以說相同的意識形態是美日「同情臺灣」的重要根源。但是意識形態在兩國對臺戰略中的重要性並不完全相同。美國在對臺戰略中特別強調維護臺灣的「民主政治成就」，而日本的對臺戰略更多注重日臺之間的歷史情感聯繫。美國一直聲稱維持臺灣的「安全承諾」，除了實現其國家利益外，還有一個重要的理由就是美國要支持「民主的臺灣」。美國認為與臺灣當局有著傳統的「友誼」，是長期的盟友，而這種友誼在某種程度上是建立在意識形態基礎上的。[545]1980年代以來，隨著臺灣「政治民主化」的展開，美國刻意彰顯臺灣的「民主化成就」。柯林頓時期美國更是將拓展民主作為對外政策的一個重要內容，認為臺灣已經成為「亞洲地區國家的民主楷模」，是美國在亞洲推廣西方價值的一面旗幟，[546]是中國大陸政治改革應當效仿的榜樣，而美國國會支持李登輝訪問美國是「對李登輝和他在臺灣領導的民主化進程的人道主義支持」。[547]小布希上臺後，美國仍然把臺灣視為「民主夥伴和朋友」，2002年9月20日，布希政府在其第一份《美國國家安全戰略報告》中就提到「民主程序在我們臺灣和韓國的朋友中深入人心」。[548]由此可見，美國一直把臺灣視為其主導下的「全球民主同盟」的重要一員。而日本在對臺戰略的考量中，更注意歷史情感的因素。由於日本曾經對臺灣進行了長達50年的殖民

統治，至今在日本社會還有所謂的「臺灣情緒」存在著。而臺灣也確實存在一種親日風潮，這也吸引了許多日本觀光客前來旅遊。這種具有殖民情感色彩的歷史因素，也是造成冷戰後日本不斷介入臺灣問題的重要根源所在。

二、美日對臺戰略表現特徵的比較分析

國家實力是決定一國對外戰略成敗的核心要素和關鍵變量。國家實力是指一個國家所擁有的生存和發展的內部力量以及對外部世界發揮影響能力的總和。在當代，國家實力更多的是表現為綜合國力的競爭。其中科技和經濟競爭是核心要素，而軍事競爭是後盾。綜合國力競爭是一種全方位的競爭，從世界各大國的現有的綜合國力水平來分析，美國無疑占有很大的優勢。而在軍事實力方面，美國在當今世界大國中更是處於絕對的優勢地位。由於美日國家實力不同，特別是軍事力量的懸殊，直接決定了兩國對臺戰略的基本特徵方面存在很大差別。

首先，美國對臺戰略的主動、強勢特徵突出。

冷戰後，美國超強的國家實力決定了其對外戰略的強勢地位。由於蘇聯的解體，美國作為全球唯一的超級大國，其國家利益遍及世界各地，擁有相對於世界其他大國的巨大優勢。特別是美國憑藉其超強的軍事、經濟實力，在對外戰略中突出強調軍事威懾，這在美國對臺戰略中非常典型。自2003年以來，美軍不斷在西太平洋增加兵力和軍事配備，已經在太平洋地區部署了4個軍種、多達30萬大軍以維持亞太安全和阻嚇臺海危機。[549]這些部署客觀上為美國干預臺灣問題提供了便利條件。正是由於美國在當前超強的軍事勢力和全球戰略優勢地位，使得美國對臺戰略中表現出明顯的主動出擊和強勢干預的特徵，這當然與美國一直防範中國的戰略意圖有很大的關係。在美國政壇很大影響力的保守派勢力一直高唱「中國威脅」論，他們強調，應對中國潛在威脅「將是贏得反恐戰爭後歷史對我們提出的新挑戰，甚至在反恐戰爭結束之前就必須面對。」[550]他們認為只有美國在臺海問題上表現出強勢干預的姿態，才有可能遏制中國對臺動武的念

頭。具體而言，美國對臺戰略的主動、強勢特徵主要體現在以下方面：一是美國加強協助臺灣的安全及防禦。集中體現在美國不顧中國的強烈反對、一直堅持對臺軍售，提升售臺武器的數量與質量，企圖增強臺灣當局武力拒統的能力。[551] 二是拉攏國際力量，企圖干預臺海局勢。近年來美拉攏日本通過防衛「新指針」，將臺海地區納入其關注和干預的範圍。三是美國能夠對「臺獨」勢力施加重大影響。美國為防止「臺獨」勢力突破兩岸現狀的底線，也對「臺獨」勢力破壞臺海安全底線的行為加以控制和打壓。目前來看，美國是制約「臺獨」勢力冒險行為的重要力量。此外，在實施對臺戰略的方式和途徑上，美國可供選擇的手段也比較多。無論是軍事、外交手段，還是政治、經濟手段都可以成為其手中的重要籌碼。從對臺海危機或衝突的控制上來說，美國是全球唯一有能力既能對大陸又能對臺灣當局施加某種影響和壓力的國家。

其次，日本對臺戰略的低調、隱蔽特徵顯著。

日本儘管是當今世界第二大經濟科技強國，但在臺灣問題的表態上，日本卻沒有美國那種強勢干預、主動介入的表現，相反表現出低調、隱蔽的一面。自1972年中日建交以來，日本在政治經濟上維持著與中國大陸的全面關係，而與臺灣的官方聯繫就異常謹慎和低調，只是與臺北維繫著頻繁的經濟利益、文化交流和政治聯繫網路。這就是所謂的「日本模式」，此後，這一模式為今日大多數國家所採用。[552]冷戰結束以來，特別是1990年代中後期，由於李登輝拋出「兩國論」，從而引發了兩岸局勢緊張的臺海危機，以臺海危機風波為契機，日本開始重新檢視與中國大陸的關係，並擔憂臺海衝突對日本國家安全的負面影響。特別是隨著中國綜合國力的不斷增長，國際影響力的顯著增強，日本政壇一部分人重提「中國威脅論」，[553]試圖加大日本干預臺灣問題的力度，進而維持臺海現狀。從總體來看，日本目前在臺灣問題上還沒有完全表現出強勢介入的跡象。但我們應該看到，日本政府之所以沒有強勢介入臺灣問題，是因為它受制於以下幾個因素：一是臺灣問題涉及中日關係的政治基礎，特別是中日建交30多年以來，中日兩國之間在經濟、政治、安全、文化等諸多領域的共同利益需求和發展潛力已經遠遠超過日臺之間的利益。二是由於臺灣問題涉及到美國的全球戰略和亞太戰略利益，日本能夠獨立發揮影響的空間非常有限。三是由於日本曾經有過

對臺灣的殖民統治歷史經歷,使得中國大陸幾乎明確反對日本對臺灣問題所採取的任何舉動和野心。在這裡,可以看出日本對臺戰略之所以表現出低調、隱蔽的特徵,是與日本受到諸如各種歷史和現實條件的制約分不開的,而日本儘管不直接參與,不主動發力,不明確表態,但日本卻能夠依靠美國來有效地實現其在臺灣問題上的戰略利益。當前日本對臺戰略呈現退縮觀望但無所不在的一面,因此,今後日本對臺戰略的走向值得高度關注。

三、美日對臺戰略的結構困境及其出路

美日對臺戰略的一個重要目的在於透過打「臺灣牌」來遏制中國崛起。我們應該看到,儘管美日對臺戰略的實施增加了我們解決臺灣問題的難度和成本,但隨著時間的推移,美日對臺戰略越來越遭遇到無法避免的結構困境,使其對臺戰略的效應大打折扣。

首先,美日面臨利益取捨的兩難困境。

目前,美日與中國具有巨大的利益聯繫。無論是經濟利益,還是戰略利益,臺灣都不可能與大陸等量齊觀,這也從根本上決定了美日對臺戰略是嚴重脫離實際的空中樓閣。在經濟利益方面,目前美中、日中兩國在某種程度上已經形成了相互依賴的局面。中美建交28年來,兩國經貿合作發展迅速,雙邊貿易額從1979年的25億美元發展到2006年的2627億美元,增長了100多倍。截至2006年年底,美國在華投資設立企業5萬多個,實際投資超過540億美元;中國企業在美設立企業1100多家,透過各種方式投資約30億美元。目前,中美互為對方的第2大貿易夥伴。同時中國購買了大量的美國國債,透過貿易與投資中國經濟與美國緊緊地綁在了一起。[554]中日之間也已形成了相互依賴的經濟關係。根據中國商務部公布的數據,中日雙邊貿易額由1972年的11億美元增加到2006年的2073.6億美元,增長近200倍。目前,日本已經成為中國第3大貿易夥伴,中國也已經成為日本第2大貿易夥伴。日本對中國投資總量不斷增加,投資領域不斷

拓寬。根據中國政府公布的數據，截至2006年末，日本在中國實際投資累計達到579.7億美元，累計投資項目為37714個，有數千家日本企業活躍在中國各個地區。[555]在戰略利益方面，美日兩國需要中國的配合和支持。對美國來說，中國作為當今世界舉足輕重的大國，作為安理會常任理事國，目前許多重大國際問題都需要中國的配合和支持，比如在國際反恐問題、朝鮮核問題、伊朗核問題、蘇丹達爾富爾問題以及環境、能源等方面都需要中國的有力支持。中美在重大國際問題及雙邊問題的合作，使中美雙邊關係發展成「一種相互信任的關係」。[556]對日本而言，要走出經濟大國、政治侏儒的現狀，就必須得到中國的支持，特別是在日本「入常」等關鍵問題上更不能離開中國。顯然對於美日兩國來說，對中國這種戰略需求是絕對的，這也是臺灣無法提供的。

其次，美日面臨中國崛起的兩難困境。

近年來，中國社會經濟不斷發展，綜合國力不斷上升，國際影響力大幅增加，大陸國家實力的顯著增強，大大制約了外部勢力對臺灣問題的干預力度。從某種程度上說，中國的和平崛起使美日對臺戰略的戰略效應大打折扣，甚至從根本上決定了美日對臺戰略最終必將破產的命運。改革開放以來，大陸保持了年均9.6%的經濟增長速度，經濟總量增長了11倍。2006年大陸國內生產總值已達到20.94萬億元，比上年增長10.7%。大陸的GDP占世界經濟的份額從1978年的1.8%提高到2006年的5%，僅次於美國、日本和德國，居世界第4位。據世界銀行資料，2000年至2004年，中國經濟增長對世界經濟增長的平均貢獻率為15%，僅次於美國，已日益成為世界經濟增長的一個重要助推器。[557]隨著經濟實力的增強，中國在國際事務中的作用和地位不斷突出，為推動國際和平與發展做出了重要貢獻。近年來，大陸提出建構和諧世界的理念，主張國際成員不分大小強弱，在政治上平等民主、經濟互利合作、文化上交流共進，透過國與國之間的友好合作，共同應對全球性的傳統和非傳統安全挑戰，實現世界的持久和平與共同繁榮。中國政府倡導的構建和諧世界的主張得到了世界輿論的高度讚賞。在國際安全事務中，中國的作用也越來越突出，無論是朝核危機、伊朗核問題、蘇丹達爾富爾衝突中都表現出重要的影響力。中國不斷崛起已成為舉世不爭的事實。弱國無外交，中國國力的顯著增強，國際影響力的不斷增加，中國堅持和平

統一臺灣的自信心也大大提高，可以說中國的和平崛起已成為制約美日對臺戰略發揮效應的關鍵因素。面對中國的不斷強大，美日為了各自的國家利益考量，在對臺戰略方面也必然會做出戰略性的調整，隨著中國實力的進一步增強，美日對臺戰略必然會越來越重視中國大陸這一因素。

最後，美日面臨「臺獨」坐大的兩難困境。

當前「臺獨」勢力不斷膨脹，企圖突破兩岸關係的現狀。而美日對臺戰略的一個根本目的就是有維持臺海均勢，保持臺海現狀的目的。「臺獨」勢力破壞兩岸現狀與美日「維持現狀」之間形成了根本的對立，這是當前美日對臺戰略面臨的又一大困境。冷戰結束以來，美日等國不斷加強干預臺海局勢的力度。例如美國不斷提升售臺武器的數量與質量，企圖提高臺灣「以武拒統」的能力。由於美日對臺戰略中利用臺灣來制約中國大陸的意圖非常明顯，這也給「臺獨」勢力造成了一個錯覺，以為美日等國給臺灣開了一張沒有底線的支票。美國「以臺制華」政策，在一定程度上助長了臺灣迫使美國政策朝毒害並非總是符合美國利益的方向發展的膽量。[558]這也使得島內「臺獨」勢力急劇膨脹，「臺獨」活動越發猖獗，嚴重影響到臺海局勢的穩定，也最終必然危及美日在臺海地區的戰略利益和經濟利益。面臨「臺獨」日漸膨脹的現狀，美日等國也感受到了「臺獨」不斷坐大的巨大壓力。為了防止被拖上「臺獨」的戰車，美日等國表達了反對「臺獨」的聲音。2002年美國國家安全委員會發言人麥科馬克、美國國務院副發言人裡克一再表示，「我們對中國和臺灣的政策眾所周知，是長期的，沒有發生變化。我們的政策是一個中國政策，我們不支持臺灣獨立」。[559]2004年當陳水扁當局推出「臺獨路線圖」時，美國表示積極鼓勵兩岸進行對話，並且明白告誡臺灣，美國沒有給臺灣「抵抗這種對話的空白支票。」[560]2007年臺灣當局為了2008年的「大選」，提出「入聯公投」議題，作為「法理臺獨」的重大步驟，嚴重衝擊和危害兩岸關係的現狀，引發了國際社會的普遍關注，美日對陳水扁當局「入聯公投」明確表達了打壓的態度，[561]這充分表明美日長期以來利用臺灣來遏制中國大陸的戰略目前面臨著「臺獨」激進勢力不斷坐大的戰略風險，在臺灣局勢已大不同往日的今天，美日「以臺制華」的模糊戰略將不斷失效。

從上面分析來看，美日對臺戰略之所以面臨三大結構性困境，其根源還在於兩國對華戰略思維上的錯誤認知。長期以來，美日在對臺戰略中一直存在著「以臺制華」的思維和心態，企圖利用臺灣問題來達到制約中國崛起的目的。但是，我們應該看到，在全球化時代，隨著中國綜合實力的增強，中美、中日相互依賴關係進一步加深，美日對臺戰略的結構性困境將越發突出，必然將給中美、中日關係的全面健康發展帶來重大的戰略險情。美日要想擺脫這種戰略困境的後果，必須重新調整其對臺戰略，回到堅持「一個中國」的原則上來，這才是根本出路。

四、結論

　　從上面的分析來看，美日對臺戰略儘管有所區別，但其根本目的都是為了維護其國家利益的最大化，都是利用打「臺灣牌」來達到阻撓中國統一、遏制中國強大的目的。

　　美國仍然是當前影響臺灣局勢，特別是對「臺獨」勢力具有重大影響力的外部力量。在今後相當長的時間內，美國仍然會在「維持現狀、不統不獨、以臺制華」的戰略原則下，一方面，加強美臺關係，特別是在軍事領域的合作關係。另一方面，由於「臺獨」激進勢力的坐大，對美國長期堅持的「維持現狀」政策構成了重大的戰略險情，反對「臺獨」越來越成為美國當前兩岸政策的一項主要內容。對於我們來說，應該充分利用美國反對「臺獨」的現實壓力，與美國一道共同建立「反獨」機制，以保持兩岸和平與穩定的態勢，實現胡錦濤總書記強調的牢牢把握兩岸關係和平發展的主題，無疑具有重要的現實意義。同時我們應該看到，臺灣問題並不直接涉及美國的國家安全利益，因此，隨著中美相互依賴關係的加深，兩國在臺灣問題上的溝通和理解不斷加強，中美在臺灣問題上形成一個高度的共識是完全可能的，這對臺灣問題的最終解決將產生積極作用。

　　冷戰後日本不斷提升介入臺灣問題的力度，這是當前我們必須面對的挑戰。

但我們應該看到，日本對臺戰略在很大程度上是基於其國家安全利益的考量，在這方面，中日之間完全可以透過協商與談判，透過戰略對話來加強雙方的溝通，甚至可以用條約或文本的形式來保證日本南下海運通道的順暢，以減少日本對其自身海上通道的擔憂和顧慮，從而達到制約日本介入臺灣問題的目的。

[1]本文原載於《臺灣研究集刊》2006年第4期。

[2]參見1945年10月12日重慶《新華日報》。

[3]張明貴：《「中華民國憲法」新論》，臺北：商鼎文化出版社，2002年版，第100頁。

[4]蔡慧貞文：《扁：對待不好的總統，「憲法」有規定》，臺北：《中國時報》2006年8月13日A2版。

[5]齊光裕：《「中華民國」的「憲政」發展》，臺灣：揚智文化事業股份有限公司，1998年版，第54頁，第88、89頁。

[6]同上。

[7]齊光裕：《「中華民國」的「憲政」發展》，臺灣：揚智文化事業股份有限公司，1998年版，第54頁，第88、89頁。

[8]張俊宏：《邁向公與義的社會：對21世紀臺灣永續經營的主張》（上），臺北：時報文化出版事業有限公司，2000年版，第443頁。

[9]朱雲漢：《憲政主義的退化與重建》，見《邁向公與義的社會：對21世紀臺灣永續經營的主張》（上），臺北：時報文化出版事業有限公司，2000年版，第412頁，第410頁，第440頁。

[10]朱雲漢：《憲政主義的退化與重建》，見《邁向公與義的社會：對21世紀臺灣永續經營的主張》（上），臺北：時報文化出版事業有限公司，2000年版，第412頁，第410頁，第440頁。

[11]臺灣中央社1999年7月9日報導。

[12]呂學樟：《「修憲」風雲錄——凍省祕辛》，臺北：五南圖書出版股份有限公司，2003年版，第161頁。

[13]齊光裕：《「中華民國」的「憲政」發展》，臺北：揚智文化事業股份有限公司，1998年版，第183頁。

[14]參見李炳南《「憲政」改革與「國是」會議》，臺北：永然文化出版股份有限公司，1992年版，第257頁。

[15]朱雲漢：《憲政主義的退化與重建》，見《邁向公與義的社會：對21世紀臺灣永續經營的主張》（上），臺北：時報文化出版事業有限公司，2000年版，第412頁，第410頁，第440頁。

[16]本文原載於《臺灣研究集刊》2006年第3期。

[17]參見《中時電子報》。

[18]同上。

[19]臺灣《中國時報》2003年9月29日。

[20]臺灣《聯合報》2003年10月7日。

[21]臺灣《中國時報》2003年10月26日。

[22]臺灣中央社2004年3月29日自華盛頓報導。

[23]《中國時報》2004年5月21日。

[24]臺灣《青年日報》2004年6月17日。

[25]陳水扁參加臺灣新「憲法」國際研討會致詞，臺灣總統新聞稿，參見臺灣總統府網站。

[26]2005年1月1日陳水扁發表的題為《開啟協商對話的安定新局》的元旦祝詞，臺灣總統府新聞稿，參見臺灣總統府網站。

[27]臺灣中央社2005年6月7日電。

[28]臺灣《中國時報》2005年6月7日。

[29]臺灣中央社2005年6月7日電。

[30]臺灣《中國時報》2005年7月21日。

[31]臺灣《聯合報》2005年6月26日。

[32]臺灣《「司法院」公報》第48卷第2期，2006年2月出版，第1-7頁。

[33]臺灣《中國時報》2006年2月27日。

[34]2004年10月05日陳水扁會見美國紐約大學法律學者孔杰榮（Jerome A. Cohen）教授夫婦，臺灣總統府新聞稿。

[35]臺灣《中時晚報》2003年9月29日。

[36]臺灣《聯合報》2003年9月29日。

[37]臺灣《聯合報》2004年5月21日。

[38]2004年11月27日陳水扁參加群策會舉辦的「臺灣新憲法」國際研討會致詞，臺灣總統府新聞稿。

[39]2004年7月1日陳水扁會見國際通訊社代表，臺灣總統府新聞稿。

[40]2004年9月19日陳水扁參加青年「國是會議」，臺灣總統府新聞稿。

[41]2005年5月17日陳水扁參加「綠島人權音樂祭」講話內容，臺灣總統府新聞稿。

[42]2004年7月30日陳水扁參加「國家」發展研究班第四期暨女性領導發展研究班第四期聯合開訓典禮的講話，臺灣總統府新聞稿。

[43]臺灣中央社2005年7月20日臺北電。

[44]2005年5月19日，陳水扁參加「中華民國憲政」檔案展開幕儀式講話內容，臺灣總統府新聞稿。

[45]參見臺灣《中國時報》2005年6月17日。

[46]臺灣《聯合報》2005年9月4日。

[47]臺灣《中國時報》2006年3月15日。

[48]臺灣《聯合報》2006年2月21日。

[49]臺灣《中國時報》2006年5月5日。

[50]本文為2007年6月24日中國政法大學臺灣法研究中心「臺灣政治發展與兩岸和平統一學術研討會」論文。

[51]本文原載於《臺灣研究集刊》2007年第3期。

[52]國臺辦2007年3月28日新聞發布會，人民網。

[53]臺灣《聯合報》2006年9月21日。

[54]臺灣《中國時報》2006年9月24日。

[55]臺灣《聯合報》2006年10月16日。

[56]參見2006年11月3日臺灣總統府新聞稿。

[57]李登輝、中嶺雄著，駱文森、楊明珠譯：《亞洲的智略》，臺北：遠流出版事業股份有限公司，2000年版，第42頁。

[58]群策會策劃：《從T到T+：臺灣21世紀「國家」總目標》，臺北：玉山出版事業股份有限公司，2003年版，第28頁。

[59]臺灣《聯合報》2006年10月16日。

[60]臺灣《中央日報》1999年7月10日。

[61]群策會策劃：《從T到T+：臺灣21世紀「國家」總目標》，臺北：玉山出版事業股份有限公司，2003年版，第37頁。

[62]財團法人臺灣智庫、中華亞太菁英交流協會主辦：審議式民主：「中華民國第二共和憲法」草案研討會會議手冊，第7頁。

[63]同上。

[64]參見臺灣總統府新聞稿，2005年4月5日陳水扁召開因應兩岸政經新形勢「府院」黨黨團會議並做成七點結論。

[65]談火生：《審議民主的基本理念和理論流派》，《教學與研究》2006年第11期，第50頁。

[66]財團法人臺灣智庫、中華亞太菁英交流協會主辦：審議式民主：「中華民國第二共和憲法」草案研討會會議手冊，第24頁。

[67]臺灣《中國時報》2007年6月13日。

[68]臺灣《聯合報》2007年3月19日。

[69]臺灣總統府新聞稿2005年3月1日，「陳水扁晚上透過視訊會議與歐洲議會議員及新聞媒體進行對話」。

[70]臺灣《聯合報》2006年10月17日。

[71]臺灣《聯合報》2007年3月20日。

[72]臺灣《聯合報》2007年3月23日。

[73]臺灣《聯合報》2007年3月20日。

[74]臺灣年代民調中心，2007年3月7日，陳總統四要一沒有及民眾統「獨」看法民調。

[75]臺灣《中國時報》2006年10月17日。

[76]《人民日報》2005年3月5日，第一版。

[77]《人民日報》2005年3月15日，第一版。

[78]本文原載於《臺灣研究集刊》2006年第3期。

[79]高寶華：《臺灣的「憲政改革」及其影響》，《世界經濟與政治論壇》，2002年第1期，第73頁。

[80]余偉：《憲政秩序論略》，《武漢大學學報（哲學社會科學版）》，1998年第1期，第58頁。

[81]張文顯、信春鷹：《民主+憲政=理想的政制》，《比較法研究》，1990年第1期，第42頁。

[82]郭道暉：《憲政簡論》，《法學雜誌》，1993年第5期，第26頁。

[83]秦強：《憲法的邏輯分類與憲法發展中的釋憲與修憲之爭》，《太原師範學院學報》，2005年第4期，第39頁。

[84]余偉：《憲政秩序論略》，《武漢大學學報（哲學社會科學版）》，1998年第1期，第59頁。

[85]范希周：《國民黨的政治改革及對大陸政策的影響》，《臺灣研究集刊》，1988年第2期，第61頁。

[86]朱天順：《臺灣當局的「法統」困擾》，載朱天順主編：《當代臺灣政治研究》，廈門大學出版社，1990年版，第4頁。

[87]楊立憲：《透視臺灣的「憲政改革」》，載中國社會科學院臺灣研究所主編：《臺灣研究論文集（第五輯）》，中國人民大學出版社，1993年版，第39頁。

[88]盛健、黨朝勝：《試論臺灣「憲改」的法律作用》，《臺灣研究》，1995年第1期，第55頁。

[89]民進黨中央文宣部：《陳水扁中常會談話稿》，2003年9月30日。

[90]「陳水扁2004年就職演說全文」，臺灣總統府網站。

[91]王三秀：《社會轉型與憲政秩序的構建》，《當代法學》，2001年第7期，第2頁。

[92]強世功：《憲法司法化的悖論—從「憲法司法化」的話語悖論看公共知識分子在推動憲政中的困境》，《中國社會科學》，2003年第2期，第22頁。

[93]苗連營：《關於制憲權的行而下思考》，《上海交通大學學報（哲學社會科學版）》，2003年第2期，第15頁。

[94]《馬英九明確表態反對「修憲」》，中國臺灣網。

[95]《馬英九：現在應是「行憲」非「修憲」》，臺灣：《中華日報》，2006年2月6日。

[96]陳慈揚：《「行憲」比「憲改」重要？》，臺灣：《自由時報》，2005年10月28日。

[97]高寶華：《臺灣的「憲政改革」及其影響》，《世界經濟與政治論壇》，2002年第1期，第72頁。

[98]陳水扁：《邁向正常、偉大而完整的現代化「國家」》，載《臺灣「新憲法」：群策會臺灣「新憲法」國際研討會論文集》，臺灣「群策會」，2005年版，第13頁。

[99]李登輝：《制定新憲化解主權爭議》，載《臺灣「新憲法」：群策會臺灣「新憲法」國際研討會論文集》，臺灣「群策會」，2005年版，第19頁。

[100]黎家維：《民進黨推動二次「憲改」論點之評析》，中國國民黨國政研究基金會網站。

[101]網路家庭新聞。

[102]陳慈揚：《臺灣「新憲法」：「制憲」乎？「修憲」乎？從制憲權理論談起》，載《臺灣「新憲法」：群策會臺灣「新憲法」國際研討會論文集》，臺灣「群策會」，2005年版，第19頁。

[103]黎家維：《民進黨推動二次「憲改」論點之評析》，中國國民黨國政研究基金會網站。

[104]劉文斌：《臺灣國家認同變遷下的兩岸關係》，臺灣：問津堂書局，2005年版，第22-31頁。

[105]趙建民、劉文斌：《從「中華民國」到「中華民國（臺灣）」——自制度面解釋國家認同問題》，載施正鋒主編：《臺灣國家認同》，臺灣「國家展望文教基金會」，2005年版，第94-95頁。

[106]劉文斌：《臺灣國家認同變遷下的兩岸關係》，臺灣：問津堂書局，2005年版，第147頁。

[107]臺灣「行政院陸委會」編著：《李登輝「特殊國與國關係」：「中華民國」政策說明文件》，臺灣「行政院大陸委員會」，1999年版，第2頁。

[108]蘇起：《危險邊緣：從「兩國論」到「一邊一國」》，臺灣：天下遠見出版公司，2003年版，第86頁。

[109]趙建民、劉文斌：《從「中華民國」到「中華民國（臺灣）」——自制度面解釋國家認同問題》，載施正鋒主編：《臺灣國家認同》，臺灣「國家展望文教基金會」，2005年版，第117-118頁。

[110]陳水扁：《「中華民國」各界慶祝「九十三年國慶」大會致辭全文》，臺灣總統府網站。

[111]《陳水扁2006元旦文告全文》，臺灣總統府網站。

[112]陳水扁：《邁向正常、偉大而完整的現代化「國家」》，載《臺灣「新憲法」：群策會臺灣「新憲法」國際研討會論文集》，臺灣「群策會」，2005年版，第14頁。

[113]張文生：《「臺獨」勢力的「制憲」活動與主張分析》，《臺灣研究集刊》，2004年第3期，第14頁。

[114]本文原載於《臺灣研究集刊》2007年第3期。

[115]黃俊杰：《臺灣意識與臺灣文化》，臺灣：正中書局，2000年版，第12頁。

[116]辛旗：《時代悲情、文化變遷、兩岸關係》，海峽學術出版社，2003年版，第1、5頁。

［117］同上。

［118］燕繼榮：《現代政治分析原理》，高等教育出版社，2004年6月第1版，第295頁。

［119］加布里埃爾‧A.阿爾蒙德、G.賓厄姆‧鮑威爾著，曹沛霖等譯：《比較政治學：體系、過程和政策》，上海譯文出版社，1987年版，第29頁。

［120］Lucian W.Pye, Aspects of Political Development, Boston and Toronto, Little, Brown and Compa-ny, 1966, pp.33-45, pp.45-48。

［121］辛旗著：《時代悲情、文化變遷、兩岸關係》，海峽學術出版社，2003年版，第14頁。

［122］黃國昌著：《中國意識與臺灣意識》，臺灣：五南圖書出版公司，1992年版，第256頁。

［123］燕繼榮：《現代政治分析原理》，高等教育出版社，2004年版，第335頁。

［124］《商務部：兩岸經貿關係日益密切——貿易額首破千億》，中央政府門戶網站。

［125］王宗銘：《臺灣民眾認對岸不友善比例驟降》，《東森新聞報》，2005年5月20日。

［126］王曉德：《「美國例外論」與美國文化全球擴張的根源》，摘自《世界經濟與政治》，中國社會科學院世界經濟與政治研究所主辦，2006年7月，第311期。

［127］唐正瑞著：《中美棋局中的「臺灣問題」》，上海人民出版社，2000年版，第299頁。

［128］參見臺灣《中國論壇》，1990年10月10日，第361期，第11頁。

［129］澄社：《臺灣民主自由的曲折歷程——紀念雷震案三十週年學術研討會論文集》，臺灣：自立晚報社文化出版部，1992年11月第1版，第169頁。

［130］轉引自王曉波：《統派觀點》，臺灣：海峽出版社，1997年版，第9頁。

［131］林怡君：《從李登輝看「皇民史觀」的遺禍》，新華網，2007年6月18日。

［132］黃文雄：《臺灣人的價值觀》，臺灣：前衛出版社，2000年版，第240頁。

［133］黃文雄：《臺灣——國家的條件》，臺灣：前衛出版社，1990年版，第83頁。

［134］王俊彥：《戰後臺日關係祕史》，福建人民出版社，2000年版，第230頁，第210頁。

［135］同上。

［136］李軍、朱松嶺：《日本大國戰略中的「臺灣要素」》，摘自《現代臺灣研究》，2006年第3期，第63頁。

［137］本文原載於《臺灣研究集刊》2006年第3期。

［138］李敖：《二二八和族群無關》，鳳凰臺，2005年3月17日《李敖有話說》。

［139］賴澤涵等：《「二‧二八事件」研究報告》，臺灣：時報文化出版事業有限公司，1994年版，408頁。

［140］臺灣《聯合報》2006年2月28日。

[141]黃秀政等：《臺灣史》，臺灣：五南出版公司，2003年版，第253頁。

[142]戴國輝著：《臺灣總體相》，臺灣：遠流出版公司，1989年版，第107頁。

[143]戚嘉林著：《臺灣史》，臺灣：農學股份公司，1998年版，第2053頁。

[144]www.228.org.tw/history228-general.php？id=11。

[145]蕭玉珍口述：《「二·二八事件」中被遺忘的章節》，《世界日報》1997年2月16日。

[146]唐賢龍：《臺灣事變內幕記》，見《臺灣文獻匯刊》第6輯，第16冊，第375頁。

[147]李敖：二二八事件，2005年1月4日，鳳凰臺，《李敖有話説》。

[148]朱浤源：《「二·二八事件」真相還原》。

[149]張炎憲等編：《「二·二八事件」回憶錄》，第123頁，臺灣：稻鄉出版社，1989年版。

[150]黃秀政等：《臺灣史》，臺灣：五南出版公司，2003年版，第253頁。

[151]陳孔立：《簡明臺灣史》，第207頁，九州出版社，1998年版。

[152]陳興唐主編：《「二·二八事件」檔案史料》，上卷，臺灣：人間出版社，1992年版，第22頁。

[153]小書僮：《你所不知道的二二八》。

[154]曾可今：《臺灣別記》。

[155]許雪姬：《光復初期的民變：以嘉義三二事件為例》，引自賴澤涵主編：《臺灣光復初期歷史》，「中研院」三民所，1993年，第201頁。

[156]《本省外省互助更顯人性可貴》。

[157]本文原載於《臺灣研究》2004年第5期。

[158]張文生：《從「罷免案」看臺灣政治的結構性矛盾》，《臺灣研究集刊》，2001年第2期，第61頁。

[159]鄭楚宣等著：《政治學基本理論》，廣東人民出版社，2001年版，第153、168頁。

[160]唐士其：《西方政治思想》，北京大學出版社，2002年版，第265頁。

[161]閻鋼：《試論國家政府的誠信建設問題》，《西南民族大學學報》（人文社科版），2004年第1期，第370頁。

[162]閻鋼：《政府誠信缺失的本源性探索》，《四川大學學報》（哲學社會科學版），2004年第2期，第54頁。

[163]劉國深：《當代臺灣政治分析》，九州出版社，2002年版，第37-43、52-85頁。

[164]S.M.李普塞特：《政治人：政治的社會基礎》，上海人民出版社，1997年版，第55-60頁。

[165]馮仕政：《我國當前的信任危機與社會安全》，《中國人民大學學報》，2004年第2期，第28頁。

[166]馮仕政：《我國當前的信任危機與社會安全》，《中國人民大學學報》，2004年第2期，第28頁。

[167]周方銀：《國際問題數量化分析》，時事出版社，2001年版，第125-126頁。

[168]胡元梓：《論中國實現有效治理的社會政治心理基礎》，《文史哲》，2004年第1期，第158-159頁。

[169]鄭楚宣等著：《政治學基本理論》，第106頁。

[170]劉松陽、劉鋒：《政治心理學》，河南人民出版社，1991年版，第112頁。

[171]陳水扁2004年總統就職演說：《為永續臺灣奠基》。

[172]本文原載於《臺灣研究》2006年第2期。

[173]〔美〕阿爾蒙德：《比較政治學》，上海譯文出版社，1987年版，第29頁。

[174]胡海東：《營造真正的「選舉文化」》。

[175]石紹斌：《論我國選舉文化的三個層次》，《安徽警官職業學院學報》，2005年第2期，第8頁。

[176]李永展：《杜絕惡質選舉文化》，《Taiwan News財經·文化週刊》，2005年第210期，第51頁。

[177]方前福：《公共選擇理論——政治的經濟學》，中國人民大學出版社，2000年版，第77頁。

[178]A.Downs， An Economic Theory of Democracy， New York：Harper & Row 1957，p28.

[179]張麟征：《虛擬的國家、扭曲的民主》，《海峽評論》2004年3月，第159期，第21頁。

[180]郭中軍：《臺灣民粹主義下泛藍各政黨核心價值的迷失》。

[181]張文生、王茹：《民進黨選舉策略研究》，九州出版社，2004年版，第81-83頁。

[182]方前福：《公共選擇理論——政治的經濟學》，中國人民大學出版社，2000年版，第2頁。

[183]倪星：《選民投票行為：理性抑或非理性——公共選擇學派的投票理論述評》，《政治學研究》，1999年第1期，第76頁。

[184]〔美〕邁克爾·羅斯金等著，林震等譯：《政治科學》（第六版），華夏出版社，2001年版，第237頁。

[185]轉引自臺灣「聯合新聞網」。

[186]吳澤俊、李平香：《群體決策中的投票行為分析》，《江西社會科學》，2001年第4期，第164-165頁。

[187]〔美〕邁克爾·羅斯金等著，林震等譯：《政治科學》（第六版），華夏出版社，2001年版，第243頁。

[188]本文原載於《社會主義研究》2007年第3期。

[189]燕繼榮：《發展政治學：政治發展研究的概念與理論》，北京大學出版社，2006年版。

[190]〔美〕阿爾蒙德、維巴:《公民文化:五國的政治態度和民主》,浙江人民出版社,1989年版。

[191]〔美〕塞繆爾‧亨廷頓:《第三波:20世紀後期民主化浪潮》,三聯書店,1998年版。

[192]蕭功秦:《族群撕裂:臺灣民主發展的困境》,《新聞週刊》,2004年7月19日。

[193]Cabriel A.Almond,「The Development of Political Development」, in Myron Weiner and Samuel P.Huntington(ed.), Understanding Political Development, Little Broun And Company, 1987.

[194]李鵬:《臺灣惡質選舉文化對民眾投票行為的影響分析》,《臺灣研究》,2006年第2期。

[195]〔美〕塞繆爾‧亨廷頓:《變革社會中的政治秩序》,華夏出版社,1988年版。

[196]阿爾蒙德、鮑威爾:《比較政治學:體系、過程和政策》,上海譯文出版社,1985年版。

[197]本文原載於《重慶社會主義學院學報》2008年第2期。

[198]本文原載於《臺灣研究》2006年第6期。

[199]〔美〕阿爾蒙德、維巴:《公民文化》,徐湘林等譯,華夏出版社,1989年版,第17頁。

[200]姜湧:《政治文化簡論》,山東大學出版社,2002年版,第68頁。

[201]施正鋒:《臺灣客家族群政治與政策》,臺灣:新新臺灣文化教育基金會,2004年版,第37頁。

[202]〔美〕伊薩克:《族群》,鄧伯宸譯,臺灣:立緒文化事業有限公司,2004年版,第178頁。

[203]王甫昌:《當代臺灣社會的族群想像》,臺灣:群學出版有限公司,2003年版,第128頁。

[204]王甫昌:《當代臺灣社會的族群想像》,臺灣:群學出版有限公司,2003年版,第129頁。

[205]〔美〕伊薩克:《族群》,鄧伯宸譯,臺灣:立緒文化事業有限公司,2004年版,第225頁。

[206]羅祥喜:《李永得談臺灣的客家人與客家文化》,《中國評論》2005年10月號。

[207]〔美〕阿爾蒙德、維巴:《公民文化》,徐湘林等譯,華夏出版社,1989年版,第17頁。

[208]徐正光主編:《徘徊於族群和現實之間:客家社會與文化》,臺灣:正中書局股份有限公司,1991年版,第4頁。

[209]謝重光:《閩臺客家社會與文化》,福建人民出版社,2003年版,第198頁。

[210]〔美〕伊薩克:《族群》,鄧伯宸譯,臺灣:立緒文化事業有限公司,2004年版,第63頁。

[211]《臺灣客家族群史(總論)》,臺灣:「國史館」臺灣文獻館編印,2004年版,第49頁。

[212]施正鋒:《臺灣客家族群政治與政策》,臺灣:新新臺灣文化教育基金會,2004年版,第90頁。

[213]〔美〕阿爾蒙德、維巴:《公民文化》,徐湘林等譯,華夏出版社,1989年版,第17頁。

[214]劉國深:《試論百年來「臺灣認同」的異化問題》,載《臺灣研究25年精粹(政治篇)》,九州出版社,2005年版,第308頁。

[215]《族群問題的提出與「四大族群」劃分》,《瞭望新聞週刊》2006年第3期。

[216]本文原載於《臺灣研究集刊》2004年第4期。

[217]鄭楚宣等編著:《政治學基本理論》,廣東人民出版社,2001年版,第153、168頁。

[218]關培蘭編著:《組織行為學》,武漢大學出版社,2000年版,第524頁。

[219]孫彤主編:《組織行為學教程》,高等教育出版社,1990年版,第384頁。

[220]許玉林主編:《組織行為學》,中國勞動社會保障出版社,1996年版,第355頁。

[221]朱天順主編:《當代臺灣政治研究》,廈門大學出版社,1990年版,第324頁。

[222]臺灣:《中央日報》,1986年10月1日。

[223]張建賡、王英:《民進黨政治實力分析》,見全國臺灣研究會編:《九十年代之臺灣》,中國友誼出版公司,1993年版,第167頁。

[224]張建賡、王英:《民進黨政治實力分析》,見全國臺灣研究會編:《九十年代之臺灣》,中國友誼出版公司,1993年版,第164頁。

[225]郭定平:《政黨與政府》,浙江人民出版社,1998年版,第14頁。

[226]王國元:《組織行為與組織管理》,中國統計出版社,2001年版,第311、319頁。

[227]龔敏編著:《組織行為學》,上海財經大學出版社,2002年版,第332頁。

[228]http://www.ettoday.com/2004/07/18/108-1640814.htm。

[229]陳振明主編:《政策科學》,中國人民大學出版社,1998年版,第59頁。

[230]本文原載於《臺灣研究》2006年第6期。

[231]塞繆爾·亨廷頓:《變革社會中的政治秩序》,華夏出版社,1998年版,第59頁。

[232]〔美〕阿爾蒙德和鮑威爾:《比較政治學:體系過程和決策》,上海譯文出版社,1987年版,第29頁。

[233]燕繼榮:《發展政治學:政治發展研究的概念與理論》,北京大學出版社,2006年版,第219、221頁。

[234]楊沫:《「一把手」腐敗現象與制度性缺陷》,《國家行政學院學報》,2005年增刊,第114頁。

[235]張文生:《從「罷免案」看臺灣政治的結構性矛盾》,《臺灣研究集刊》,2001年第2期,第62頁。

[236]臺灣《聯合報》,2006年6月28日。

[237]James C.Scott,「The Analysis of Corruption in Developing Nations」,Comparative Studies in Soci-ety and History,II(2),1969,p325.

[238]燕繼榮:《發展政治學:政治發展研究的概念與理論》,北京大學出版社,2006年版,第219、222頁。

[239]張莎、聶志毅:《論腐敗行為與行政權力腐敗的法律控制》,《經濟師》,2004年第4期,第60

頁。

[240]龍虎：《臺灣金權政治：從公共選擇理論角度分析》，《臺灣研究集刊》，2003年第1期，第17頁。

[241]《臺開案北檢起訴書全文》，臺灣《中時電子報》。

[242]陳振明主編：《政治學》，中國社會科學出版社，1999年版，第312頁。

[243]中國臺灣網。

[244]James C.Scott，「The Analysis of Corruption in Developing Nations」，Comparative Studies in Soci-ety and History，II（2），1969，p340.

[245]陳振明主編：《政治學》，中國社會科學出版社，1999年版，第306頁。

[246]Robin Theobald， Corruption：Development and Underdevelopment， Duke University Press，1990，p.142.

[247]本文原載於《世界經濟與政治論壇》2006年第5期。

[248]燕繼榮：《發展政治學：政治發展研究的概念與理論》，北京大學出版社，2006年版，第164頁。

[249]Cabriel A.Almond，「The Development of Political Development」，in Myron Weiner and Samuel P.Huntington（ed.），Understanding Political Development，（Little Broun And Company，1987），pp.442-443.

[250]燕繼榮：《發展政治學：政治發展研究的概念與理論》，北京大學出版社，2006年版，第168頁。

[251]張文生：《從「罷免案」看臺灣政治的結構性矛盾》，《臺灣研究集刊》，2001年第2期，第61頁。

[252]《陳水扁凱校演説全文刊出》。

[253]周育仁：《當前「憲政」體製面臨的挑戰與展望》，國民黨智庫「國政研究基金會」。

[254]王浦劬：《政治學基礎》，北京大學出版社，2006年版，第84頁。

[255]余偉：《憲政秩序論略》，《武漢大學學報（哲學社會科學版）》，1998年第1期，第58頁。

[256]中國臺灣網。

[257]臺灣《聯合報》，2006年6月28日。

[258]本文原載於《臺灣研究集刊》2006年第4期。

[259]格林斯坦、波爾斯比主編：《政治學手冊精選》（下卷），商務印書館，1996年版，第230頁。

[260]Cabriel A.Almond，「The Development of Political Development」，in Myron Weiner and Samuel P.Huntington（ed.），Understanding Political Development，（Little Broun And Company，1987），

pp.442-443.

[261]燕繼榮主編：《發展政治學：政治發展研究的概念與理論》，北京大學出版社，2006年版，第163頁。

[262]蔣雲根：《政治人的心理世界》，學林出版社，2002年版，第5頁。

[263]布魯斯·拉西特、哈唯·斯塔爾：《世界政治》，華夏出版社，2001年版，第240頁。

[264]劉國深：《民進黨意識形態析論》，《臺灣研究集刊》，2004年第3期，第4頁。

[265]蔣雲根：《政治人的心理世界》，學林出版社，2002年版，第200頁。

[266]何子倫：《疼惜美麗寶島唯有「執政獨裁」？》，中國國民黨「國政研究基金會」網站。

[267]蔣雲根：《政治人的心理世界》，學林出版社，2002年版，第152-153頁。

[268]宋元：《跛腳陳水扁》，《鳳凰週刊》，2005年第33期。

[269]鞠海濤：《從「派系共治」到「以黨輔政」：民進黨決策模式分析》，《臺灣研究》，2001年第4期，第24-25頁。

[270]戴煒華：《行為模式理論》，《上海理工大學學報》（社會科學版），2001年第1期，第50頁。

[271]陳孔立：《臺灣政治的「省籍—族群—本土化」研究模式》，《臺灣研究集刊》，2002年第2期，第8頁。

[272]何亮亮：《陳水扁的政治性格》，人民網海峽兩岸。

[273]燕繼榮：《發展政治學：政治發展研究的概念與理論》，北京大學出版社，2006年版，第188頁。

[274]燕繼榮：《發展政治學：政治發展研究的概念與理論》，北京大學出版社，2006年版，第188頁。

[275]本文原載於《兩岸關係》2005年第11期。

[276]本文原載於《兩岸關係》2009年第2期。

[277]本文原載於《臺灣政局發展與兩岸關係》，臺海出版社，2008年版。

[278]陳林：《「臺獨」的淵源與實質》。

[279]傅白水：《漸進式「臺獨」》。

[280]http://www.hanhuncn.com/Html/Bdgk/20060517131210369.html。

[281]http://www.bullog.cn/blogs/jajia/archives/60701.aspx。

[282]http://www.china.com.cn/overseas/txt/2006-09/27/content_7196308.htm。

[283]林勁：《海外「臺獨」運動的指導思想和理論特徵》，《臺灣研究集刊》，1990年第1期。

[284]http://news.xinhuanet.com/tai_gang_ao/2007-06/13/content_6235670.htm。

[285]http://www.chinanews.com.cn/2002-01-25/26/157227.html。

[286]http://www.fawang.net/Article/xf/200601/1867.html。

[287]俞可平：《馬克思論民主的一般概念、普遍價值和共同形式》，見中國政府創新網。

[288]http://blog.sina.com.cn/s/blog_4c2dd5e501000811.html。

[289]本文原載於《臺灣研究》2008年第3期。

[290]劉子琦：《重返基層是民進黨的活路》，臺灣《中國時報》，2008年1月16日；另參見陳宗逸：《凝聚五百萬民意，等待再一次逆轉》，臺灣《新臺灣新聞週刊》，第627期。

[291]郭正亮：《選舉總路線下的民進黨》，見游盈隆主編：《民主鞏固或崩潰——臺灣二十一世紀的挑戰》，臺灣：月旦出版社股份有限公司，1997年版，第204-222頁。

[292]楊毅周：《民進黨組織派系研究》，九州出版社2004年版，第102頁。

[293]民主進步黨網站。

[294]福建省臺灣研究會編：《臺灣民主進步黨概覽》，第274頁。

[295]《民主進步黨村裡「黨務專員」招募》，民主進步黨臺中市黨部。

[296]《開民主學院，募黨務專員》，臺灣《新新聞》，第1076期。

[297]高世垣：《選區服務與個人選票之建立》，臺灣政治大學政治學系碩士論文，2001年7月，第121頁。

[298]這些數字是根據「立法院」全球資訊網上面的立委簡介資料計算所得。

[299]轉引自高世垣：《選區服務與個人選票之建立》，第79頁。

[300]《立委頭痛選區服務五花八門！》；另參見「選民服務春夏秋冬大不同」，臺灣《聯合晚報》，2007年9月18日。

[301]《選區變小，立委當成里長選》，臺灣《中國時報》，2007年10月25日。

[302]田麗紅：《「國會」助理工作手冊》，臺灣：新自然主義股份有限公司，2001年版，第165-167頁。

[303]《藍營民代：蘇貞昌想藉地方工程利多分裂國民黨》，中國臺灣網。

[304]趙永茂：《地方派系與選舉之關係：一個概念架構的分析》，臺灣《中山社會科學季刊》，1989年第4卷3期，第58-70頁。

[305]王建民：《臺灣地方派系與權力結構》，九州出版社，2003年版，第16、17頁。

[306]在臺灣，以往絕大多數基層金融機構長期被支持國民黨的地方派系所占據，因而被視為泛藍陣營金脈、人脈的彙集地。

[307]本文原載於《臺灣2006》，九州出版社，2007年版。

[308]《人民日報·海外版》，2006年11月27日。

[309]《中國時報》,2006年11月25日。

[310]http://hi.baidu.com/maen/blog/item/a0f4ac318864bca85edf0eb2.html。

[311]范曉軍、林曉光:《從「藍綠對決」走向兩黨政治》,《戰略與管理》2003年第6期。

[312]本文原載於《臺灣研究集刊》2009年第3期。

[313]文建東:《公共選擇學派》,武漢出版社,1996年版,第58頁。

[314]詳細選舉介紹參見臺灣「中央選舉委員會」網站,另本文所有選舉數據除特別表明外均來自「中選會」網站。

[315]《連宋配不成,王又曾失望》,臺灣《經濟日報》,1999年7月17日。

[316]《連宋配連戰:沒有不成局的打算》,臺灣《聯合報》,2003年1月25日。

[317]以被稱為民進黨「立法院」三寶之一的蔡啟芳為例,改制前的第六屆(2004年)立委選舉以得票率15.11%當選,而第七屆(2008年)立委選舉卻以42.53%的得票率敗選。

[318]方福前:《公共選擇理論》,中國人民大學出版社,2000年版,第87-91頁。

[319]盛興湲、陳義彥:《政治分歧與政黨競爭——2001年「立法委員」選舉的分析》,臺灣《選舉研究》2003年第3期。

[320]表一和表二數據均參見政治大學選舉研究中心相關民意調查,表一中原統「獨」立場民調數據將「維持現狀」細分為「維持現狀再決定」與「永遠維持現狀」兩種,本文為討論的需要,不做如此細分,取兩者的和,視為廣義上的「維持現狀」。

[321]甘峰:《公共選擇視野中的兩黨制目標——試析2003年日本眾議院議員選舉》,《日本學刊》2004年第3期。

[322]陳陸輝、周應龍:《臺灣民眾統「獨」立場的持續與變遷》,臺灣《東亞研究》2004年第2期。

[323]游清鑫、蕭怡靖:《以新選民的政治態度論臺灣民主的未來》,臺灣《臺灣民主季刊》2007年第3期。

[324]《聯合行銷研究公司調查臺灣青年約5成有意登陸就業》,臺灣《聯合報》,2004年11月3日。

[325]〔美〕安東尼·唐斯:《民主的經濟理論》,第118頁。

[326]楊方儒:《20世代大調查,對自我樂觀,對臺灣悲觀,未來我當家別叫我草莓族!》,臺灣《遠見》2006年7月號。

[327]《馬英九滿意度與總統選舉一年後民調》顯示「如果現在是民進黨執政,38%的臺灣民眾認為不會比國民黨好,17%認為會」,參見TVBS民調網站。

[328]本文原載於《北京臺研論壇》第一輯,九州出版社,2006年版。

[329]本文原載於《臺灣研究集刊》2006年第4期。

[330]以下「公投法」的內容及投票情況均引自臺灣《聯合報》、《中國時報》,2003年11月28日。

[331]臺灣《自由時報》,2003年11月28日。
[332]臺灣《中國時報》,2003年11月30日。
[333]臺灣《聯合報》,2003年11月28日。
[334]臺灣《聯合報》,2003年11月30日。
[335]臺灣《中國時報》,2003年11月30日。
[336]臺灣《中國時報》,2003年12月3日。
[337]臺灣《聯合報》,2003年12月3日。
[338]臺灣《中國時報》,2003年12月6日。
[339]臺灣《聯合晚報》,2003年12月6日。
[340]臺灣《聯合報》,2003年12月6日。
[341]臺灣《自由時報》,2003年12月8日。
[342]《人民日報》,2003年12月10日。
[343]臺灣《中央日報》,2003年12月10日。
[344]臺灣《聯合報》,2003年12月11日。
[345]臺灣《聯合報》,2003年12月17日。
[346]臺灣《中國時報》,2003年12月17日。
[347]臺灣《中國時報》,2003年12月17日。
[348]臺灣《中央日報》,2003年12月18日。
[349]臺灣《聯合報》,2003年12月23日。
[350]臺灣《中央日報》,2003年12月21日。
[351]臺灣《聯合報》,2003年12月21日。
[352]臺灣《聯合報》,2004年1月12日。
[353]臺灣《聯合報》,2004年1月11日。
[354]臺灣《聯合報》,2004年1月13日。
[355]臺灣《聯合報》,2004年1月12日。
[356]臺灣《聯合報》,2004年1月16日。
[357]臺灣《聯合報》,2004年1月14日。
[358]臺灣《中國時報》,2004年1月17日。
[359]臺灣《聯合報》,2004年1月7日。

[360]臺灣《聯合報》,2004年1月17日。

[361]臺灣《聯合報》,2004年1月17日。

[362]臺灣《中國時報》,2004年1月17日。

[363]臺灣《中國時報》,2004年1月18日。

[364]臺灣《中央日報》,2004年1月28日。

[365]臺灣《聯合報》,2004年1月30日。

[366]臺灣《聯合報》,2004年1月31日。

[367]臺灣《聯合報》,2004年2月3日。

[368]臺灣《中央日報》,2004年2月8日。

[369]臺灣《中國時報》,2004年2月4日。

[370]臺灣《聯合報》,2004年2月12日。

[371]臺灣《中國時報》,2004年1月6日。

[372]臺灣《聯合報》,2004年1月17日。

[373]臺灣《聯合報》,2004年1月18日。

[374]臺灣《聯合晚報》,2003年12月6日。

[375]臺灣《新新聞週刊》,2003年12月24日。

[376]臺灣《新新聞週刊》,2003年12月24日。

[377]臺灣《中國時報》,1999年5月9日。

[378]臺灣《聯合報》,2004年1月17日。

[379]臺灣《聯合報》,2004年2月11日。

[380]臺灣《新新聞週刊》,2003年12月24日。

[381]本文原載於中共福建省委統戰部「充分發揮統一戰線優勢做好臺灣人民工作」理論研討會論文集。

[382]本文原載於《世界經濟與政治論壇》2008年第5期。

[383]《國民黨整碗捧政局恐陷擺盪》,《臺灣時報》,2008年3月23日。

[384]《國共論壇出賣臺灣》,《中華日報》,2008年3月11日。

[385]《人民用選票打破族群意識形態》,《中華日報》,2008年3月12日。

[386]趙少康:《民進黨兩難》,《鳳凰博報》,2008年4月4日。

[387]《人心思變,經濟因素致勝》,《臺灣時報》,2008年3月24日。

[388]馬英九接受臺灣《自由時報》採訪的表態，2008年3月28日。

[389]《馬：臺灣前途臺灣人民決定》，《中華日報》，2008年3月15日。

[390]《中國「鎮壓」西藏，馬痛批蠻橫》，《中華日報》，2008年3月19日。

[391]劉兆玄：《任命賴幸媛的確衝擊兩岸》，中評社香港電，2008年5月5日。

[392]《「一中」市場爭議，馬赴南投消毒》，《臺灣時報》，2008年3月20日。

[393]《我阻WTO任命中共法官案》，《聯合報》，2007年11月20日。

[394]《應循東京奧運模式「國進國出」》，《自由時報》，2008年4月28日。

[395]本文原載於《臺灣研究集刊》2005年第1期。

[396]〔日〕三宅一郎著，馮建新譯：《投票行動》，經濟日報出版社，1991年版，第1頁。

[397]林水波：《第五屆立委選舉配票解析》，《「立法院」院聞》第30卷第8期，第15頁。

[398]張文生、王茹著：《民進黨選舉策略研究》，九州出版社，2004年版，第32-33頁。

[399]鄭進耀：《仙丹或毒藥只在一線間》，臺灣《新新聞週報》（2004年11月11-17日）923期，第46頁。

[400]臺灣《聯合報》2004年5月19日。

[401]中央社2004年11月24日電。

[402]中央社2004年11月25日電。

[403]臺灣《中國時報》2004年11月3日。

[404]中央社2004年11月3日電。

[405]臺灣《中國時報》2004年11月19日。

[406]臺灣《聯合報》2004年12月7日。

[407]臺灣中央社2004年12月2日電。

[408]臺灣中央社2004年11月27日電。

[409]臺灣中央社2004年11月25日電。

[410]臺灣《中國時報》2004年11月20日。

[411]臺灣《中國時報》2004年12月12日。

[412]廈門大學臺灣研究院客座研究員、香港鳳凰衛視著名主持人楊錦麟先生2005年1月8日在廈門大學演講觀點。

[413]臺灣《聯合晚報》2004年12月6日。

[414]臺灣《中國時報》2004年12月12日。

[415]參見臺灣《聯合報》，2004年12月7日、8日。

[416]本文原載於《臺灣研究》2005年第4期。

[417]〔日〕浦島郁夫：《政治參與》，解莉莉譯，經濟日報出版社，1991年版，第291頁。

[418]同上

[419]參見張文生、王茹著：《民進黨選舉策略研究》，九州出版社，2004年版，第132頁。

[420]陳菊：《臺灣婦女的政治參與》。

[421]臺灣《中國時報》2002年6月23日。

[422]陳菊：《臺灣婦女的政治參與》。

[423]本文原載於《臺灣研究》2009年第4期。

[424]參見韓建慧：《全球化下的國家認同——臺灣大學生之研究》。

[425]蕭高彥：《民主化與國家認同在臺灣》，江宜樺、李強主編：《華人世界的現代國家結構》，商周出版公司，2003年版，第132頁。

[426]江宜樺：《自由主義、民族主義與國家認同》，臺北：揚智文化公司，1998年版，第12頁。

[427]參見陳牧民：《臺灣國家認同研究的現況與展望》。

[428]劉文斌：《臺灣國家認同變遷下的兩岸關係》，臺北：問津堂書局，2005年版，第22頁。

[429]戴寶村：《臺灣政治史》，臺灣：五南圖書出版公司，2006年版，第406頁。

[430]江宜樺：《自由主義、民族主義與國家認同》，臺北：揚智文化公司，1998年版，第11-12頁。

[431]臺灣政治大學選舉研究中心網站。

[432]同上。

[433]陳牧民：《臺灣國家認同研究的現況與展望》。

[434]http://zhidao.baidu.com/question/14721793.html？si=2。

[435]劉國深：《試論百年來「臺灣認同」的異化問題》，《臺灣研究集刊》1995年第1期。

[436]劉國深：《試論百年來「臺灣認同」的異化問題》，《臺灣研究集刊》1995年第1期。

[437]汪天德：《臺灣的認同危機和「臺獨」勢力的發展》，《思想戰線》2007年第4期，第15頁。

[438]本文原載於《貴州民族研究》2009年第5期。

[439]石之瑜：《兩岸關係的深層結構：文化發展與政治認知》，臺北：永然文化出版公司，1992年版，第133-286頁。

[440]林國章：《民族主義與臺灣抗日運動（1895～1945）》，臺北：海峽學術出版社，2004年版，第93頁。

[441]本尼迪克特·安德森：《想像的共同體：民族主義的起源與散布》，上海人民出版社，2003年版，第5頁。

[442]郝時遠：《臺灣的「族群」與「族群政治」析論》，《中國社會科學》，2004年第2期，第129、136頁。

[443]施正鋒：《臺灣政治建構》，臺北：前衛出版社，1999年版，第1-3頁。

[444]葉江：《當代西方的兩種民族理論》，《中國社會科學》，2002年第1期，第148頁。

[445]閆偉杰：《當代西方民族主義研究範式論述》，《民族研究》，2008年第4期，第104頁。

[446]埃裡克‧霍布斯鮑姆：《民族與民族主義》，上海人民出版社，2000年版，第10頁。

[447]田子渝：《臺灣民族主義與中華民族主義》，《學習與實踐》，2007年第8期，第105-107頁。

[448]施正鋒：《臺灣人的民族認同》，臺北：前衛出版社，2000年版，第16-17頁。

[449]施正鋒：《臺灣民族主義》，臺北：前衛出版社，2003年版，第82頁。

[450]施正鋒：《臺灣政治建構》，臺北：前衛出版社，1999年版，第30頁。

[451]王甫昌：《臺灣反對運動的共識動員：一九七九——一九八九年兩次挑戰高峰的比較》，《臺灣政治學刊》，1996年第7期，第183頁。

[452]施正鋒：《臺灣政治建構》，臺北：前衛出版社，1999年版，第30-31頁。

[453]馬若孟：《臺灣面對新挑戰衝突：信念的調和》，《國際政治研究》，2002年第3期，第53頁。

[454]楊毅周：《「臺灣民族主義」的興起》，中國網，2004年9月9日。

[455]同上。

[456]網上資源。

[457]謝郁、劉佳雁：《臺灣當局「去中國化」的實質與危害》，《統一論壇》，2002年第2期，第12頁。

[458]吳瑛：《多維視野下的民族主義的詮釋》，《當代亞太》，2008年第2期，第151-152頁。

[459]葉江：《當代西方的兩種民族理論》，《中國社會科學》，2002年第1期，第146-157頁。

[460]王續添：《利害和文化糾結下的臺灣走向與兩岸未來》，《中國圖書評論》，2008年第11期，第107-112頁。

[461]李道湘：《「文化臺獨」理論及其批判》，《中央社會主義學院學報》，2003年第6期，第34頁。

[462]徐宗懋：《務實的臺灣人》，臺北：天下文化出版股份有限公司，1995年版，第95頁。

[463]王續添：《利害和文化糾結下的臺灣走向與兩岸未來》，《中國圖書評論》，2008年第11期，第112頁。

[464]《胡錦濤在紀念〈告臺灣同胞書〉30週年會上講話》。

[465]王續添：《利害和文化糾結下的臺灣走向與兩岸未來》，《中國圖書評論》，2008年第11期，第112頁。

[466]明永昌：《廈門大學劉國深教授：解決臺灣問題主導權在大陸》，新加坡：聯合早報網，2008年11月27日。

[467]林國章：《民族主義與臺灣抗日運動（1895～1945）》，臺北：海峽學術出版社，2004年版，序言Ⅰ。

[468]本文原載於《臺灣研究集刊》2008年第3期。

[469]陳重成：《全球化下的兩岸社會交流與互動：一個從他者轉向自身的歷程》，遠景基金會季刊第九卷，2008年第1期。

[470]〔美〕諾思：《制度是一種規則或規範體系》，見道格拉斯·C.諾思：《制度、制度變遷與經濟績效》，劉守英譯，上海三聯書店，1994年版，第5頁；〔美〕康芒斯：《制度是集體行動控制個體行動》，見康芒斯：《制度經濟學》（上），於樹生譯，商務印書館，1962年版，第86頁；〔美〕亨廷頓：《制度就是穩定的、受珍重的和週期性發生的行為模式》，見塞繆爾·亨廷頓：《變化社會中的政治秩序》，王冠華等譯，生活·讀書·新知三聯書店，1989年版，第12頁；〔日〕青木昌彥：《制度是關於博弈重複進行的主要方式的共有信念的自我維繫系統》，見青木昌彥：《比較制度分析》，周黎安譯，遠東出版社，2001年版，第5頁。

[471]〔美〕約翰·塞爾：《心靈、語言與社會》，李步樓譯，譯文出版社，2001年版，第65頁。

[472]趙靖偉：《中國社會轉型中的制度變遷研究》，西北農林科技大學碩士論文，2008年。

[473]一方面，過去制度與規則中較為適應的部分得以保留，不適應的部分得以修正或淘汰，從而形成一種漸進演化；另一方面，在互動博弈中，個體及人群實現了訊息與知識的充分交流與共享，從而進一步促進了制度的演進。〔英〕弗里德里希·馮·哈耶克：《自由憲章》，楊玉生譯，中國社會科學出版社，1999年版，第89頁。

[474]〔英〕弗里德里希·馮·哈耶克：《哈耶克論文集》，鄧正來譯，首都經濟貿易大學出版社，2003年版，第16頁。

[475]〔英〕M.盧瑟福：《經濟學中的制度：老制度主義與新制度主義》，郁仲莉等譯，中國社會科學出版社，1999年版，第25頁。

[476]〔美〕道格拉斯·C.諾思：《制度、制度變遷與經濟績效》，劉守英譯，上海三聯書店，1994年版，第48頁。

[477]〔美〕科斯：《財產權利與制度變遷》，劉守英譯，上海三聯書店，1994年版，第384頁。

[478]楊瑞龍：《中國制度變遷方式轉換的三階段論——兼論地方政府的制度創新行為》，《經濟研究》，1998年第1期。

[479]林毅夫：《關於制度變遷的經濟學理論：誘致性變遷與強制性變遷》，見《財產權利與制度變遷——產權學派與新制度學派譯文集》，上海人民出版社，1994年版，第28頁。

[480]王宏強：《從新制度主義視角看政治發展的戰略機遇期及其選擇》，《教學與研究》，2006年第2期。

[481]林毅夫：《關於制度變遷的經濟學理論：誘致性變遷與強制性變遷》，見《財產權利與制度變遷——產權學派與新制度學派譯文集》，上海人民出版社，1994年版，第386頁。

[482]苗壯：《制度變遷中的改革戰略選擇問題》，《經濟研究》，1992年第10期。

[483]郭小聰：《中國地方政府制度創新的理論：作用與地位》，《政治學研究》，2000年第1期。

[484]《兩岸邁向全面「三通」時代》，人民日報網站。

[485]胡錦濤在紀念《告臺灣同胞書》發表30週年會上講話全文。

[486]〔美〕林南：《社會資本——關於社會結構與行動的理論》，張磊譯，上海世紀出版集團，2005年版，第28頁。

[487]〔美〕羅伯特·帕特南：《使民主運轉起來》，王列等譯，江西人民出版社，2001年版，第195頁。

[488]〔法〕皮埃爾·布迪厄：《資本是一種累積的勞動》，見皮埃爾·布迪厄：《實踐與反思——反思社會學導引》，李猛等譯，中央編譯出版社，1998年版，第98頁。

[489]周紅雲：《當代西方社會資本理論述評》，見李惠斌：《全球化與公民社會》，廣西師範大學出版社，2002年版，第325-329頁。

[490]童星、羅軍：《社會規範的三種形式及其相互關係》，《江海學刊》，2001年第3期。

[491]在理性選擇學派看來，信任是一種風險性行為，而理性人的行為目的在於增進自身福利的最大化。只有在確信信別人可能使自己受益的情況下，才會選擇信別人。這通常取決於潛在利益與潛在損失的比較和雙方失信的可能性。王紹光提出了一個修正的信任理性解釋模型，即在對待失信可能帶來的損失的判斷上，理性的行為者更看重其自身對於對方失信所可能帶來的損失的承受力能力。

[492]張靜：《信任問題》，《社會學研究》，1997年第2期。

[493]〔德〕柯武剛、史漫飛：《制度經濟學——社會秩序與公共政策》，韓朝華譯，商務印書館，2000年版，第123頁。

[494]吳光藝、楊龍：《超越集體行動的困境：社會資本與制度分析》，《東南學術》，2006年第3期。

[495]〔美〕瓊·科恩：《信任、自願社團與有效民主：當代美國的市民社會話語》，見〔美〕馬克·沃倫：《民主與信任》，吳輝譯，華夏出版社，2004年版，第206頁。

[496]某一時期建立互惠關係的投資能在未來某個時期獲得更高的收益，即使建立互惠的人們沒有意識到建構的社會資本。

[497]楊秋菊：《良性互動：社會資本建構的綜合分析框架》，《求實》，2005年第7期。

[498]胡榮：《社區社會資本測量：一項基於經驗數據的研究》，《社會學研究》，2008年第3期。

[499]橫向關係網路把具有相同地位和權力的行為者聯繫在一起，而垂直關係網路將不平等的行為者綜合到不對稱的等級和依附關係之中。〔美〕羅伯特·帕特南：《使民主運轉起來》，王列等譯，江西

人民出版社,2001年版,第205頁。

[500]戴肖峰:《今年大陸將繼續加大兩岸文化交流力度》,國務院臺灣事務辦公室網站。

[501]民政部把全部社會團體分成學術性團體(指從事自然科學、社會科學以及交叉學科研究究的團體」,行業性團體(同行業的企業自願組織的團體),專業性團體(指由專業人員組成或以專門技術、專門資金為從事某項事業而成立的社會團體),聯合性團體(人群的聯合體或團體的聯合體)。張喜紅:《當代中國社會團體政治參與問題研究》,吉林大學博士論文,2004年。

[502]〔德〕哈貝馬斯:《在事實與規範之間——關於法律和民主治國的商談理論》前言,童世駿譯,生活·讀書·新知三聯書店,2003年版,第5頁。

[503]佚名:《廈門社會組織在海峽兩岸交流中地位和作用研究》,廈門社會科學網站。

[504]李南海:《韋伯的理性化思想及其現代啟示》,《贛州師範學院學報》,2006年第2期。

[505]本文原載於《臺灣研究》2009年第6期。

[506]EberhardSandschneider, Is China's Military Moderrnisation a Concern for the EU？In Facing China's Rise：Guideline for an EU Strategy, Chailllot Paper No.94, Institute for Security Studies, December 2006.

[507]David Shambaugh, China-Europe Relations Get Complecated, Brookings Northeast Asia Commentary, May 2007.

[508]臺灣《經濟日報》,1989年1月5日。

[509]臺灣《工商時報》,1989年1月13日。

[510]臺灣《聯合報》,1992年9月23日。

[511]臺灣《臺灣日報》,1992年7月19日。

[512]http://www.deltwn.cec.eu.int/eutwfactlile2005.pdf。

[513]參見臺灣「經濟部」統計處資料。

[514]http://www.deltwn.cec.eu.int/eutwfactlile2005.pdf。

[515]http://www.deltwn.cec.eu.int/eutwfactlile2005.pdf。

[516]路透社1993年10月20日巴黎電。

[517]臺灣《中國時報》,1992年11月19日。

[518]臺灣《聯合報》,1998年7月13日。

[519]臺灣《自由時報》,2001年7月1日。

[520]臺灣《中國時報》,2005年9月1日

[521]法新社1993年2月13日波恩電。

[522]臺灣《聯合報》,1995年6月3日電。

[523]《馬可波羅俱樂部第一屆年會透過會議結論聲明》,臺灣「外交部」新聞稿。

[524]Joint motion for a Revolution, European Parlianment, 14 Feb, 1996.

[525]肖元愷著:《世界的防線——歐洲安全與國際政治》,新華出版社,2001年版,第348頁。

[526]劉惜戈:《淺析中國同歐盟的外交與安全合作》,《國際問題研究》2003第6期。

[527]本文原載於《學習與實踐》2008年第8期。

[528]〔美〕肯尼思·華爾茲著:《國際政治理論》,上海人民出版社,2003年版,第106-110頁。

[529]Shirley Kan, Taiwan：Annual Arms Sales Process, CRS Report RS20365, updated Jun.5, 2001.

[530]Alan D.Romberg, Rein In the Brink of the Precipice：American Policy toward Taiwan and U.S.-PRC Relations, Washington, D.C.：Henry L.Stimson Center, 2003, pp.7.

[531]Kenneth Lieberthal,「Preventing a War over Taiwan」, Foreign Affairs, Vol.84, No.2, March/April 2005, p.55.

[532]美國參議院托馬斯(Craig Thomas)在「冷戰結束以來的中美關係」學術研討會上的午餐說辭,2005年5月9日,美國華盛頓威爾遜國際學者中心。

[533]《人民日報》,1955年3月17日。參見《核危機祕聞錄》,黃甫生著,1995年版。

[534]〔美〕肯尼思·華爾茲著:《國際政治理論》,上海人民出版社,2003年版,第110頁。

[535]Charles Snyder,「U.S.Congressman Warns Taipei Not to Play TRA」, Taipei Times, April 26, 2007.

[536]本文原載於《臺灣研究》2008年第1期。

[537]金應忠、倪世雄著:《國際關係理論比較研究》(修訂本),中國社會科學出版社,2003年版,第182頁。

[538]http://bcsia.ksg.harvard.edu/BCSIA-content/documents/AmerNatInter.PDF。

[539]閻學通:《中國國家利益分析》,天津人民出版社,1996年版,第23-25頁。

[540]Donald Nuechterlein, National Interests and Presidential Leadership, pp.4-5.

[541]李鵬著:《臺海安全考察》,九州出版社,2005年版,第239頁。

[542]〔日〕岡崎久彥等著,林玉珮譯:《2005年美日中決勝臺灣》,臺灣:先智出版事業股份有限公司,2001年版,第65頁。

[543]參見臺灣「陸委會」網站。

[544]〔日〕總務省統計局:《日本統計月報》,2006年3月號,第85頁。

[545]費正清著,張理京譯:《美國與中國》,世界知識出版社,2000年版,第15-16頁。

[546]〔美〕吉姆·赫爾姆斯、詹姆斯·普里斯特主編:《外交與威懾:美國對華戰略》,新華出版社,1998年版,第60頁。

[547]President Delivers State of the Union Address,the White House.http://www.whitehouse.gov/news/releases/2002/01/20020129-11.html。

[548]The White House, The National Security Strategy of the United States of America, September 2002, p.3。

[549]Taiwan's Security：Maintaining Deterrence Amid Political Accountability, http://www.jstor.org/view/03057410/ap020139/02a00120/0。

[550]Charles Krauthammer, Threat of Tomorrow, Washington Post, January 21, 2005.

[551]Martin Laster, Principles of Deterrence in Taiwan Strait, Westview Press, 1991, p.86.

[552]Daojiong Zha,「The Taiwan Problem？」art, cite, p.206.

[553]《遠東經濟評論》週刊，2002年7月4日，第16-17頁。

[554]《中國產品過去10年給美消費者節省6000多億美元》，新華社電2007年8月23日。

[555]參見中國商務部網站。

[556]Armitage says, U.S.-China Relations Reflect Growing Confidence, WF, Feb.2, 2004, p.2.

[557]The World Bank Group.http://devdata.worldbank.org/external/CPProfile.asp？PTYPE=CP&CCODE=CHN.

[558]尼克森中心2002年9月發表的戴維‧蘭普頓和理查德‧厄溫合寫的文章：《「9‧11」事件以後世界上的美中關係》。

[559]Taiwan's Leader Supports a Vote on Independence, Wall Street Journal, August 5, 2002.

[560]Kelly Says Taiwan RelationsAct Key to West Pacific Stability, Washington File, April 22, pp.5～12.

[561]參見美國國務院網站。

國家圖書館出版品預行編目(CIP)資料

臺灣研究新跨越.政治思辨 / 張文生 主編. -- 第一版.
-- 臺北市：崧博出版：崧燁文化發行, 2019.02

　　面；　　公分
POD版
ISBN 978-957-735-666-6(平裝)

1.臺灣政治 2.文集

573.07　　　　108001815

書　　名：臺灣研究新跨越.政治思辨
作　　者：張文生 主編
發行人：黃振庭
出版者：崧博出版事業有限公司
發行者：崧燁文化事業有限公司
E-mail：sonbookservice@gmail.com
粉絲頁　　　　　　網　址：
地　　址：台北市中正區重慶南路一段六十一號八樓815室
8F.-815, No.61, Sec. 1, Chongqing S. Rd., Zhongzheng
Dist., Taipei City 100, Taiwan (R.O.C.)
電　　話：(02)2370-3310 傳　真：(02) 2370-3210
總經銷：紅螞蟻圖書有限公司
地　　址：台北市內湖區舊宗路二段 121 巷 19 號
電　　話：02-2795-3656　傳真：02-2795-4100　網址：
印　　刷：京峯彩色印刷有限公司（京峰數位）

　　本書版權為九州出版社所有授權崧博出版事業股份有限公司獨家發行電子書及繁體書繁體字版。若有其他相關權利及授權需求請與本公司聯繫。

定價：750元

發行日期：2019 年 02 月第一版

◎ 本書以POD印製發行